十九大以来广州改革发展主要文献选编
（2018—2022）

中共广州市委党史文献研究室　编

光明日报出版社

图书在版编目（CIP）数据

十九大以来广州改革发展主要文献选编：2018—2022 / 中共广州市委党史文献研究室编．－－北京：光明日报出版社，2023.5
ISBN 978－7－5194－7260－3

Ⅰ.①十… Ⅱ.①中… Ⅲ.①改革开放—文献—汇编—广州—2018－2022 Ⅳ.①D619.651

中国国家版本馆 CIP 数据核字（2023）第 088937 号

十九大以来广州改革发展主要文献选编：2018—2022
SHIJIUDA YILAI GUANGZHOU GAIGE FAZHAN ZHUYAO WENXIAN XUANBIAN：2018—2022

编　　者：中共广州市委党史文献研究室	
责任编辑：房　蓉	责任校对：郭玫君　李　兵
封面设计：中联华文	责任印制：曹　净

出版发行：光明日报出版社
地　　址：北京市西城区永安路 106 号，100050
电　　话：010-63169890（咨询），010-63131930（邮购）
传　　真：010-63131930
网　　址：http://book.gmw.cn
E － mail：gmrbcbs@ gmw.cn
法律顾问：北京市兰台律师事务所龚柳方律师

印　　刷：三河市华东印刷有限公司
装　　订：三河市华东印刷有限公司

本书如有破损、缺页、装订错误，请与本社联系调换，电话：010-63131930

开　　本：170mm×240mm	
字　　数：575 千字	印　张：33
版　　次：2024 年 1 月第 1 版	印　次：2024 年 1 月第 1 次印刷
书　　号：ISBN 978－7－5194－7260－3	
定　　价：165.00 元	

版权所有　　翻印必究

编辑说明

本书收录自党的十九大以来至2022年10月党的二十大召开前，国务院、广东省出台的有关广州改革发展重要文件及广州市出台推进改革发展的主要文件，包括部分地方性法规，市政府的相关决定、意见，市直部门的有关规范性文件，反映和记录了广州市经济建设、政治建设、文化建设、社会建设、生态文明建设的重要情况。

本书秉持尊重原文的原则，采用资料选编形式，包括全文收录、摘录和附录，均为公开文件，一些文件编入本书时，做了少量的文字订正。选编分别按国务院，省委、省政府及省有关部门，广州市出台的文件时间先后排序，并根据文件重要程度和关联性将部分文件前置。节选和部分文件删略了附件中的任务分工表等，并在文后标注。部分实施意见或意见，删略了责任部门、牵头部门、配合部门和任务分工表。全书共收录文献52篇，另附2018—2022年广州市人大常委会出台的地方性法规一览表、2018—2022年广州市人大常委会有关决议决定（节选）、《广州市人民政府公报》刊登2018—2022年政府文件目录（节选）。

目　录

国务院关于印发广州南沙深化面向世界的粤港澳全面合作总体方案的通知（2022年6月6日）……1

中共广东省委全面深化改革委员会关于印发广州市推动"四个出新出彩"行动方案的通知（2019年10月8日）……10

国务院关于中新广州知识城总体发展规划（2020—2035年）的批复（2020年8月26日）……37

广东省人民政府关于印发中新广州知识城总体发展规划（2020—2035年）的通知（2020年9月28日）……39

国务院关于同意在广东省广州市设立华南国家植物园的批复（2022年5月30日）……64

广东省人民政府办公厅关于印发广东省广州市建设绿色金融改革创新试验区实施细则的通知（2018年5月5日）……66

广东省人民政府办公厅印发关于培育广州南沙进口贸易促进创新示范区工作方案的通知（2021年4月16日）……72

广东省人民政府关于设立广州琶洲经济开发区的批复（2022年10月8日）……77

广州市人民政府关于印发广州市创建国家知识产权强市行动计划（2017—2020年）的通知（2018年1月18日）……79

广州市人民政府关于修订广州市降低实体经济企业成本实施方案的通知（2018年2月5日）……89

广州市人民政府关于印发广州市促进健康及养老产业发展行动计划（2017—2020年）的通知（2018年2月23日）……100

广州市人民政府关于珠三角国家自主创新示范区（广州）先行先试的若干政策意见（2018年3月9日）……114

广州市人民政府关于修订广州市建设"中国制造2025"试点示范城市实施方案的通知(2018年3月12日) ……………………………… 120

广州市人民政府关于推广实施中国(广东)自由贸易试验区广州南沙新区片区第三批改革创新经验的通知(2018年7月2日) ……………… 138

广州市社会工作服务条例(2018年7月26日) ……………………… 148

广州市人民政府关于市属国有企业发展混合所有制经济的实施意见(2018年7月30日) ……………………………………………… 156

广州市人民政府关于加快工业和信息化产业发展的扶持意见(2018年8月28日) ……………………………………………… 162

广州市人民政府关于印发支持广州区域金融中心建设若干规定的通知(2019年1月8日) ……………………………………………… 168

广州市人民政府关于印发广州市加强基础与应用基础研究实施方案的通知(2019年3月14日) ……………………………………………… 175

广州市人民政府关于印发广州市深化商事制度改革实施方案的通知(2019年3月16日) ……………………………………………… 180

广州市人民政府关于印发进一步加快促进科技创新政策措施的通知(2019年7月14日) ……………………………………………… 185

广州市人民政府关于加强农村集体经济组织管理的指导意见(2019年9月24日) ……………………………………………… 188

广州市人民代表大会常务委员会关于加强我市历史文化资源保护、传承和发展的决定(2019年11月20日) ……………………………… 195

广州市人民代表大会常务委员会关于支持深圳建设中国特色社会主义先行示范区推动广州实现老城市新活力的决定(2020年1月3日) …… 199

广州市非物质文化遗产保护办法(2020年2月8日) ……………… 201

广州市人民政府关于贯彻落实《政府投资条例》的实施意见(2020年2月23日) ……………………………………………… 208

广州市人民政府关于印发广州市坚决打赢新冠肺炎疫情防控阻击战努力实现全年经济社会发展目标任务若干措施的通知(2020年3月4日) ……… 214

广州市人民政府关于印发广州市加快打造数字经济创新引领型城市若干措施的通知(2020年4月2日) …………………………………… 228

广州市人民政府关于加快服务贸易和服务外包发展的实施意见(2020年4月2日) ……………………………………………… 236

广州市文明行为促进条例(2020年7月29日) ………………………… 241
广州市人民代表大会常务委员会关于加快我市职业教育发展的决议(2020年
　　10月28日) ……………………………………………………………… 253
广州市优化营商环境条例(2020年11月27日) ……………………… 258
广州市人民政府关于实施健康广州行动的意见(2020年12月15日) …… 283
广州市人民政府关于印发进一步支持中国进出口商品交易会提升影响力辐射
　　面的通知(2020年12月17日) ………………………………………… 292
广州市人民政府关于印发广州市全面推进农房管控和乡村风貌提升实施方案
　　的通知(2020年12月21日) …………………………………………… 296
广州市人民政府关于印发广州市精准支持现代物流高质量发展若干措施的通
　　知(2021年3月3日) …………………………………………………… 301
广州市科技创新条例(2021年3月18日) …………………………… 306
广州市人民政府关于印发广州市用绣花功夫建设更具国际竞争力营商环境若
　　干措施的通知(2021年5月8日) ……………………………………… 326
广州市人民政府关于印发积极应对新冠肺炎疫情影响着力为企业纾困减负若
　　干措施的通知(2021年6月22日) ……………………………………… 334
广州市人民政府关于印发广州市建设国家数字经济创新发展试验区实施方案
　　的通知(2021年7月18日) …………………………………………… 338
广州市临空经济区条例(2021年9月29日) ………………………… 351
广州市人民政府关于印发广州市加快培育建设国际消费中心城市实施方案的
　　通知(2021年11月5日) ……………………………………………… 358
广州市人民政府关于印发广州市数据要素市场化配置改革行动方案的通知
　　(2021年11月24日) …………………………………………………… 372
广州市平安建设条例(2021年12月1日) …………………………… 377
广州市人民政府关于印发广州市推进制造业数字化转型若干政策措施的通知
　　(2021年12月9日) …………………………………………………… 389
广州市人民政府关于印发广州市建设国家营商环境创新试点城市实施方案的
　　通知(2022年1月25日) ……………………………………………… 395
广州市生态环境保护条例(2022年1月16日) ……………………… 404
广州市人民政府关于印发广州市全民科学素质行动规划纲要实施方案(2022—
　　2025年)的通知(2022年3月29日) …………………………………… 417
广州市数字经济促进条例(2022年3月29日) ……………………… 432

广州市人民政府关于印发广州市贯彻落实国务院扎实稳住经济一揽子政策措施实施方案的通知(2022年6月20日) ………………………………… 453

广州市人民政府关于印发广州市支持汽车及核心零部件产业稳链补链强链若干措施的通知(2022年7月6日) ………………………………… 474

广州市绿化条例(2022年7月28日) ……………………………… 481

附录1:2018—2022年广州市人大常委会出台的地方性法规一览表 ……… 500

附录2:2018—2022年广州市人大常委会有关决议决定(节选) …………… 503

附录3:《广州市人民政府公报》刊登2018—2022年政府文件目录(节选)……
…………………………………………………………………………… 505

后　　记 ……………………………………………………………… 517

国务院关于印发广州南沙深化面向世界的粤港澳全面合作总体方案的通知

国发〔2022〕13号

各省、自治区、直辖市人民政府，国务院各部委、各直属机构：

现将《广州南沙深化面向世界的粤港澳全面合作总体方案》印发给你们，请认真遵照执行。

国务院
2022年6月6日

广州南沙深化面向世界的粤港澳全面合作总体方案

加快广州南沙粤港澳重大合作平台建设，是贯彻落实《粤港澳大湾区发展规划纲要》的战略部署，是建设高水平对外开放门户、推动创新发展、打造优质生活圈的重要举措。为加快推动广州南沙深化粤港澳全面合作，打造成为立足湾区、协同港澳、面向世界的重大战略性平台，在粤港澳大湾区建设中更好发挥引领带动作用，制定本方案。

一、总体要求

（一）指导思想。以习近平新时代中国特色社会主义思想为指导，全面贯彻落实党的十九大和十九届历次全会精神，坚持稳中求进工作总基调，完整、准确、全面贯彻新发展理念，加快构建新发展格局，全面深化改革开放，坚持创新驱动发展，推动高质量发展，坚持以供给侧结构性改革为主线，坚定不移贯彻"一国两制"方针，深化粤港澳互利共赢合作，厚植历史文化底蕴，加快建设科技创新产业合作基地、青年创业就业合作平台、高水平对外开放门户、规则衔接机制对接高地和高质量城市发展标杆，将南沙打造成为香港、澳门更好融入国家发展大局的重要载体和有力支撑。

（二）空间布局。本方案实施范围为广州市南沙区全域，总面积约803平方公里。按照以点带面、循序渐进的建设时序，以中国（广东）自由贸易试验区南沙片区的南沙湾、庆盛枢纽、南沙枢纽3个区块作为先行启动区，总面积约23平方公里。充分发挥上述区域依托交通枢纽快捷通达香港的优势，加快形成连片开发态势和集聚发展效应，有力带动南沙全域发展，逐步构建"枢纽带动、多点支撑、整体协同"的发展态势。

（三）发展目标。到2025年，南沙粤港澳联合科技创新体制机制更加完善，产业合作不断深化，区域创新和产业转化体系初步构建；青年创业就业合作水平进一步提升，教育、医疗等优质公共资源加速集聚，成为港澳青年安居乐业的新家园；市场化法治化国际化营商环境基本形成，携手参与"一带一路"建设取得明显成效；绿色智慧节能低碳的园区建设运营模式基本确立，先行启动区建设取得重大进展。

到2035年，南沙区域创新和产业转化体系更趋成熟，国际科技成果转移转化能力明显提升；生产生活环境日臻完善，公共服务达到世界先进水平，区域内港澳居民数量显著提升；国际一流的营商环境进一步完善，在粤港澳大湾区参与国际合作竞争中发挥引领作用，携手港澳建成高水平对外开放门户，成为粤港澳全面合作的重要平台。

二、建设科技创新产业合作基地

（四）强化粤港澳科技联合创新。推动粤港澳科研机构联合组织实施一批科技创新项目，共同开展关键核心技术攻关，强化基础研究、应用研发及产业化的联动发展，完善知识产权信息公共服务。创新科技合作机制，落实好支持科技创新进口税收政策，鼓励相关科研设备进口，允许港澳科研机构因科研、测试、认证检查所需的产品和样品免于办理强制性产品认证。加强华南（广州）技术转移中心、香港科技大学科创成果内地转移转化总部基地等项目建设，积极承接香港电子工程、计算机科学、海洋科学、人工智能和智慧城市等领域创新成果转移转化，建设华南科技成果转移转化高地。开展赋予科研人员职务科技成果所有权或长期使用权试点。推动金融与科技、产业深度融合，探索创新科技金融服务新业务新模式，为在南沙的港澳科研机构和创新载体提供更多资金支持。支持符合条件的香港私募基金参与在南沙的港资创新型科技企业融资。

（五）打造重大科技创新平台。高水平建设南沙科学城，布局前沿交叉研究平台，建设世界一流研究型大学和研究机构，增强原始创新能力。加快中科院明珠科学园建设，整合中科院在广州研究所、全国重点实验室等科技创新资源，打造具有竞争力的中试和应用推广基地。推动海洋科技力量集聚，加快与中科院、香港科技大学共建南方海洋科学与工程广东省实验室（广州），加快冷泉生态系统观测与模拟大科学装置、广州海洋地质调查局深海科技创新中心、南海生态环境创新工程研究院、新一代潜航器项目等重大创新平台建设，打造我国南方海洋科技创新中心。健全科技成果交易平台，完善科技成果公开交易体系。

（六）培育发展高新技术产业。发展智能制造，加快建设一批智能制造平台，打造"智能制造+智能服务"产业链。加快建设智能网联汽车产业园，推进智能纯电动汽车研发和产业化，加强智能网联汽车测试示范，打造智能网联汽车产业链和智慧交通产业集群。推进专业化机器人创新中心建设，大力发展工业机器人和服务机器人，推进无人机、无人艇等无人系统产业发展。发展数字产业，加快下一代互联网国家工程中心粤港澳大湾区创新中心建设，推进互联网协议第六版（IPv6）行业应用示范、下一代互联网算力服务等业务发展。发挥国家物联网公共标识管理服务平台作用，促进物联网、云计算等新兴产业集聚发展。加快建设南沙（粤港澳）数据服务试验区，建设国际光缆登陆站。建设好国家科技兴海产业示范基地，推动可燃冰、海洋生物资源综合开发技术研发和应用，推动海洋能发电装备、先进储能技术等能源技术产业化。对南沙有关高新技术重点行业企业进一步延长亏损结转年限。对先行启动区鼓励类产业企业减按15%税率征收企业所得税，并按程序制定优惠产业目录。

（七）推动国际化高端人才集聚。创新人才政策体系，实施面向港澳人才的特殊支持措施，在人才引进、股权激励、技术入股、职称评价、职业资格认可、子女教育、商业医疗保险等方面率先取得突破。对在南沙工作的港澳居民，免征其个人所得税税负超过港澳税负的部分。支持南沙实行更大力度的国际高端人才引进政策，对国际高端人才给予入境、停居留便利。实施产学研合作培养创新人才模式，加快博士后科研流动站、科研工作站以及博士后创新实践基地等载体建设,鼓励国际高端人才进入南沙。大力发展国际化人力资源服务,搭建国际人才数据库,建设好人力资源服务产业园区,允许符合条件的取得内地永久居留资格的国际人才创办科技型企业、担任科研机构法人代表。

三、创建青年创业就业合作平台

(八)协同推进青年创新创业。深入推进大众创业、万众创新,聚众智汇众力,更大激发市场活力。进一步优化提升粤港澳(国际)青年创新工场、"创汇谷"粤港澳青年文创社区等平台环境,拓展服务内容。鼓励现有各类创业孵化基地、众创空间等开辟拓展专门面向港澳青年的创新创业空间。营造更优双创发展生态,整合创业导师团队、专业化服务机构、创业投融资机构等各类创业资源,加强创新创业政策协同,构建全链条创业服务体系和全方位多层次政策支撑体系,打造集经营办公、生活居住、文化娱乐于一体的综合性创客社区。支持符合条件的一站式创新创业平台按规定享受科技企业孵化器税收优惠政策。符合条件的港澳居民到南沙创业的,纳入当地创业补贴扶持范围,可同等享受创业担保贷款和贴息等当地扶持政策。获得香港特别行政区政府"青年发展基金"、"创意智优计划"资助的创业团队,以及获得澳门特别行政区政府"青年创业援助计划"资助的创业团队,直接享受南沙创业扶持政策。大力开展"创业导师"、"创业大赛"、"创业培训"等创新创业赛事和培训活动,发掘创业典型案例,加大对南沙创业投资政策环境的宣传力度,营造优质创新创业生态圈。

(九)提升实习就业保障水平。深入实施港澳青年"百企千人"实习计划,落地一批青年专业人才合作项目。支持香港特别行政区政府扩大"内地专题实习计划",提供更多有吸引力的专题实习岗位。支持香港特别行政区政府实施"大湾区青年就业计划",为在南沙就业的香港大学生提供津贴。探索推动南沙事业单位、法定机构、国有企业引进符合条件的港澳青年人才。建设公共就业综合服务平台,进一步完善有利于港澳居民特别是内地学校毕业的港澳学生在南沙就业生活的政策措施,维护港澳居民在内地就业权益。加强就业配套服务保障,在住宿公寓、通勤、子女入托入学等方面提供便利条件,帮助港澳居民解决到南沙工作的后顾之忧。

(十)加强青少年人文交流。在南沙规划建设粤港澳青少年交流活动总部基地,创新开展粤港澳青少年人文交流活动,积极开展青少年研学旅游合作,打造"自贸初体验""职场直通车""文体对对碰"等品牌特色项目。定期举办粤港澳青年人才交流会、青年职业训练营、青年创新创业分享会等交流活动。携手港澳联合举办多种形式的文化艺术活动,引导粤港澳三地青少年积极参与重大文化遗产保护,不断增强认同感和凝聚力。

四、共建高水平对外开放门户

(十一)建设中国企业"走出去"综合服务基地。依托广州特别是南沙产业和市场基础,携手港澳不断深化对外经贸合作。发挥外国驻穗领事馆集聚优势,深入对接"一带一路"沿线国家和地区发展需要,整合珠三角优势产能、国际经贸服务机构等"走出去"资源,加强与香港专业服务机构合作,共同构建线上线下一体化的国际投融资综合服务体系,提供信息共享、项目对接、标准兼容、检测认证、金融服务、争议解决等一站式服务。集聚发展香港专业服务业,在做好相关监管的基础上,研究进一步降低香港专业服务业在内地提供服务的准入门槛。完善内地与港澳律师事务所合伙联营机制。推动建设粤港澳大湾区印刷业对外开放连接平台。

(十二)增强国际航运物流枢纽功能。按照功能互补、错位发展的原则,充分发挥香港国际航运中心作用及海事专业服务优势,推动粤港澳大湾区内航运服务资源跨境跨区域整合,提升大湾区港口群总体服务能级,重点在航运物流、水水中转、铁水联运、航运金融、海事服务、邮轮游艇等领域深化合作。加快广州港南沙港区四期自动化码头建设,充分利用园区已有铁路,进一步提高港铁联运能力。支持广州航运交易所拓展航运交易等服务功能,支持粤港澳三地在南沙携手共建大湾区航运联合交易中心。加快发展船舶管理、检验检测、海员培训、海事纠纷解决等海事服务,打造国际海事服务产业集聚区。遵循区域协调、互惠共赢原则,依托广州南沙综合保税区,建立粤港澳大湾区大宗原料、消费品、食品、艺术品等商品供应链管理平台,建设工程塑料、粮食、红酒展示交易中心,设立期货交割仓。

(十三)加强国际经济合作。全面加强和深化与日韩、东盟国家经贸合作,支持南沙高质量实施《区域全面经济伙伴关系协定》(RCEP),率先积累经验。对标《全面与进步跨太平洋伙伴关系协定》(CPTPP)、《数字经济伙伴关系协定》(DEPA)等国际高水平自贸协定规则,加大压力测试力度。

加强与欧盟和北美发达经济体的合作，推动在金融、科技创新等领域对接，进一步融入区域和世界经济，打造成为国际经济合作前沿地。

（十四）构建国际交往新平台。鼓励引导港澳商会协会在南沙设立代表处。支持港澳全面参与和助力"一带一路"建设，促进与"一带一路"沿线国家和地区以及全球主要自贸区、自贸港区和商会协会建立务实交流合作，探索举办"一带一路"相关主题展会，构筑粤港澳大湾区对接"一带一路"建设的国际经济合作新平台。办好国际金融论坛（IFF）全球年会等国际性主题活动，积极承办国际重要论坛、大型文体赛事等对外交流活动。

五、打造规则衔接机制对接高地

（十五）打造国际一流营商环境。深化"放管服"改革，持续打造市场化法治化国际化营商环境。探索试行商事登记确认制，开展市场准入和监管体制机制改革试点，加快建立健全全方位、多层次、立体化监管体系，实现事前事中事后全链条全领域监管，依托国家企业信用信息公示系统，实现涉企信用信息互联互通、共享应用，创新推进部门联合"双随机、一公开"监管、企业信用风险分类管理。加快建设"数字政府"，完善"互联网+"审批体系，推进政务服务"即刻办+零跑动"。健全多元化纠纷解决机制，搭建一站式民商事纠纷解决系统平台，促进诉讼与仲裁、调解等多元化纠纷解决方式信息互通、有机衔接。

（十六）有序推进金融市场互联互通。支持符合条件的港澳投资者依法申请设立证券公司、期货公司、基金公司等持牌金融机构。积极支持南沙参与粤港澳大湾区保险服务中心设立。支持南沙在跨境机动车保险、跨境商业医疗保险等方面先行先试，促进粤港澳三地保险市场融合发展。支持开展移动支付创新应用。加快研究按程序在南沙设立粤港澳大湾区国际商业银行。支持推进外汇管理改革，探索开展合格境内有限合伙人（QDLP）境外投资等政策试点，支持粤港澳三地机构合作设立人民币海外投贷基金。加强金融监管合作，提升风险监测、预警、处置能力。

（十七）提升公共服务和社会管理相互衔接水平。推动粤港澳三地加强社会保障衔接，推进在南沙工作和生活的港澳居民享有市民待遇，提高港澳居民社会保障措施的跨境可携性。配合香港特别行政区政府建立医疗机构"白名单"制度，扩大香港"长者医疗券"使用范围，推动将"白名单"内的南沙医疗机构纳入香港医疗费用异地结算单位，并逐步将支付范围从门诊扩大到住院。组织制定与国际接轨的医院评审认证标准，在南沙开展国际医院评审认证，便利国际保险偿付。建立健全与港澳之间食品原产地可追溯制度，建立食品安全风险交流与信息发布制度，提高大湾区食品安全监管信息化水平。加强与港澳的交通衔接，加快建立南沙枢纽与香港的直接交通联系，进一步优化南沙客运港航班和广深港高铁庆盛站等经停班次，推进实现"一票式"联程和"一卡通"服务。在严格做好疫情防控等前提下，稳妥推进粤港澳游艇自由行，细化完善港澳游艇出入境政策体系、管理机制和操作规范。

六、建立高质量城市发展标杆

（十八）加强城市规划建设领域合作。坚持尊重自然、顺应自然、保护自然的生态文明理念，加强文明传承、文化延续，抓好历史文化保护传承，加强乡土树种、古树名木保护，用"绣花"功夫做好城市精细化治理。引入高水平规划策划设计单位及专家团队参与南沙规划编制、设计研究，探索引入港澳规划、建筑、设计、测量、工程等顾问公司和工程承建商的准入标准。对具有香港协会（学会）资格的香港建筑师、结构工程师、建筑测量师与内地相应协会会员资格互认。强化工程建设领域合作，借鉴港澳在市政建设及服务方面的经验，邀请港澳专家以合作或顾问形式参与建设管理，支持港澳业界参与重大交通设施、市政基础设施、文体设施和连片综合开发建设，允许港澳企业在南沙独资或控股的开发建设项目采用港澳工程建设管理模式，推进建筑师负责制和全过程工程咨询项目试点，允许取得建筑及相关工程咨询等香港相应资质的企业和专业人士经备案后直接提供服务。

（十九）稳步推进智慧城市建设。运用下一代互联网、云计算、智能传感、卫星、地理信息系统（GIS）等技术，加快南沙智慧城市基础设施建设，实现第五代移动通信（5G）全覆盖，提高基础设施管理和服务能力。加快建设交通信息感知设施，建立统一的智能化城市综合交通管理和服务系统，全面提升智能化管理水平。推进建设南沙智能电网、智能气网和智能供排水保障系统。

（二十）稳步推进粤港澳教育合作。在南沙划定专门区域，打造高等教育开放试验田、高水平高校集聚地、大湾区高等教育合作新高地。支持依法合规引进境外一流教育资源到南沙开展高水平合作办学，推进世界一流大学和一流学科建设。深化粤港澳高等教育合作，充分发挥粤港澳高校联盟等作用，鼓励三地高校探索开展相互承认特定课程学分、实施更灵活的交换生安排等方面的合作交流。完善在南沙设立的大学对港澳考生招生机制，参考中山大学、暨南大学自主招生方式，进一步拓宽港澳籍学生入学渠道。鼓励港澳职业教育培训机构与内地院校、企业、机构合作建立职业教育培训学校和实训基地。深入开展姊妹学校（园）交流合作活动。规划建设外籍人员子女学校或国际化程度较高的中小学校，落实港澳居民在内地申请中小学教师资格有关政策，鼓励发展0—3岁托育服务。从就医、购房跨境抵押、资格互认、创业支持等方面优化就业创业配套环境，实现教育、创新、创业联动和就学就业互促，增强对港澳青年学生就学吸引力。

（二十一）便利港澳居民就医养老。积极增加优质资源供给，携手港澳共建国际健康产业，加快国家健康旅游示范基地建设，支持港澳医疗卫生服务提供主体按规定以独资、合资方式设立医疗机构。参照香港大学深圳医院投资运营管理模式，在南沙建设由地方政府全额投资、引进港澳现代化管理模式的大型综合性公办医院。开展非急重病人跨境陆路转运服务，率先在南沙公立医院开展跨境转诊合作试点。加快实施《粤港澳大湾区药品医疗器械监管创新发展工作方案》，允许指定医疗机构使用临床急需、已在港澳上市的药品，以及临床急需、港澳公立医院已采购使用、具有临床应用先进性的医疗器械，由广东省实施审批。支持国家药监局在粤港澳大湾区内地区域加强药品和医疗器械审评检查工作。增强南沙养老机构对港澳老年人吸引力，提高南沙公办养老机构面向非户籍人口的床位比例，试点赋予港澳居民申请资格。支持香港扩大广东院舍住宿照顾服务计划，将南沙符合条件的养老机构纳入其中，香港老年人入住享受与香港本地同等补助。

（二十二）强化生态环境联建联防联治。加强节能环保、清洁生产、资源综合利用、可再生能源等绿色产业发展交流合作，在合作开展珠江口海域海洋环境综合治理、区域大气污染防治等方面建立健全环保协同联动机制。坚持陆海统筹、以海定陆，协同推进陆源污染治理、海域污染治理、生态保护修复和环境风险防范。实施生态保护红线精细化管理，加强生态重要区和敏感区保护。深入推进节能降耗和资源循环利用，加强固体废物污染控制，构建低碳环保园区。打好污染防治攻坚战，全面落实河长制、湖长制，消除黑臭水体，提升河流水质。实施更严格的清洁航运政策，减少船舶污染排放。

七、保障措施

（二十三）全面加强党的领导。坚持和加强党的领导，增强"四个意识"、坚定"四个自信"、做到"两个维护"，不断提高政治判断力、政治领悟力、政治执行力，把党的领导始终贯穿南沙建设发展全过程。坚持以党的政治建设为统领，坚持思想建党和制度治党紧密结合，加强党风廉政建设，以一流党建引领南沙发展。加强基层党组织建设，引导基层党组织和广大党员在推动南沙建设中发挥战斗堡垒和先锋模范作用。

（二十四）加强资金、要素等政策支持。2022—2024年，每年安排南沙100亿元新增地方政府债务限额，并统一计入地方政府债务余额。结合地方财力、债务风险情况以及项目融资需求，广东省在分配有关财政资金和新增地方政府债券额度方面对南沙予以倾斜支持。对主要投资港资澳资企业的创业投资基金，在基金注册、营商服务等方面提供便利。探索建立刚性和弹性有效结合的国土空间规划管理机制，严格耕地保护，在严守耕地红线和永久基本农田控制线、生态保护红线和不突破城镇开发边界的前提下，按程序开展土地管理综合改革试点；广东省和广州市要采取用地指标倾斜等方式，合理增加南沙年度用地指标。支持按程序推进解决龙穴岛南部围填海历史遗留问题。

（二十五）创新合作模式。探索采取法定机构或聘任制等方式，积极引进港澳专业人士、国际化人才参与南沙建设和管理。支持港澳积极参与南沙开发建设，优先导入符合本方案产业导向的港澳项目。建立由政府、行业协会商会、智库机构、专家学者等代表共同参与的发展咨询委员会，为南沙建设提供咨询建议。

（二十六）加强组织实施。各有关部门在重大政策实施、重大项目安排、体制机制创新等方面给予指导支持，粤港澳大湾区建设领导小组办公室要加强统筹协调、跟踪服务和督促落实。按照南沙发展新要求，研究修编南沙发展规划。广东省要与港澳加强沟通协调，积极为南沙建设发展创造良好环境，给予大力支持。广州市要落实主体责任，高标准高水平规划、建设和管理，整体谋划、分步实施。要强化底线思维，敬畏历史、敬畏文化、敬畏生态，加强风险防范化解，确保南沙健康有序可持续发展。

中共广东省委全面深化改革委员会关于印发广州市推动"四个出新出彩"行动方案的通知

粤改委发〔2019〕16号

省委全面深化改革委员会各专项小组，省委各部委，省直各单位，省各人民团体，中直驻粤有关单位，广州市委全面深化改革委员会：

《广州市推动综合城市功能出新出彩行动方案》《广州市推动城市文化综合实力出新出彩行动方案》《广州市推动现代服务业出新出彩行动方案》《广州市推动现代化国际化营商环境出新出彩行动方案》已经省委领导同志同意，现印发给你们，请结合实际认真贯彻落实。

广州推动"四个出新出彩"实现老城市新活力是习近平总书记对广州、也是对广东的重要指示要求，各地各部门要提高政治站位、深化思想认识，把支持广州"四个出新出彩"实现老城市新活力与支持深圳先行示范区建设紧密结合起来，以同等的力度，全力推动实施。省委办公厅、省政府办公厅要参照支持深圳建设先行示范区模式，牵头建立支持广州的工作机制和特事特办机制。省委改革办要强化督促指导，省有关改革专项小组要统筹推进，省直有关部门要结合自身职能，主动协调解决广州遇到的困难和问题，推动各项改革任务落地见效。广州市要切实负起主体责任，调动全市资源，凝心聚力狠抓工作落实，充分发挥好粤港澳大湾区和深圳先行示范区"双区驱动效应"，不断强化广深"双核联动"，深化珠三角城市战略合作，加快推进"四个出新出彩"实现老城市新活力，为构建"一核一带一区"区域发展新格局提供有力支撑。

广州市推动综合城市功能出新出彩行动方案

为深入贯彻落实习近平总书记视察广东重要讲话精神，推动广州综合城市功能出新出彩，更好发挥对全省的支撑引领作用，制定本方案。

一、工作目标

紧密对接国家战略，贯彻省委"1+1+9"工作部署，大力弘扬逢山开路、遇水架桥的开拓精神，紧紧扭住粤港澳大湾区建设这个"纲"，增强粤港澳大湾区区域发展核心引擎功能，在支持深圳建设中国特色社会主义先行示范区中实现"双核联动、双轮驱动"，着力建设国际大都市。力争到2022年，城市能级、经济规模、创新带动力、要素集聚力和集中力量办大事能力明显提升，经济中心、枢纽门户、科技创新、文化引领、综合服务、社会融合等功能取得新突破，为全国全省发展大局提供有力支撑。

二、主要任务

（一）全力提升经济中心功能

1. 建设先进制造业强市。实施协同构建粤港澳大湾区现代产业体系行动计划，建设穗港智造特别合作区。与深圳加强上下游产业链合作，与佛山共建万亿级产业集群。融入珠江东西岸高端电子信息和先进装备制造产业带，壮大新一代信息技术、人工智能、生物医药、新能源、新材料、高端装备、绿色低碳、海洋经济等战略性新兴产业。培育新能源汽车、超高清视频及新型显示等世界级先进制造业集群。推动工业互联网、大数据、人工智能和传统产业深度融合，打造国家服务型制造示范城市和全球定制之都。

2. 建设现代服务业强市。支持广州开展国家服务业扩大开放综合试点。持续深化与港澳服务贸易自由化，建设粤港澳专业服务集聚区。与深圳共同打造国际多式联运中心、全球供应链管理中心、国际物流航运中心。加快广州创新型期货交易所和粤港澳大湾区国际商业银行落地，争取试点深化外汇管理改革。深化建设国家绿色金融改革创新试验区，推动碳资产抵押贷款业务。与深圳共同办好中国风险投资论坛。推动内外贸高质量发展，优化促进消费体制机制，完善市场采购等试点政策体系，依托重点商圈建设国际消费城市示范区，打造一批地标性夜间经济集聚区，做强国际商贸中心。

3. 提升重大发展平台。推动自贸试验区重大政策创新。加强南沙粤港澳全面合作示范区和前海深港现代服务业合作区的合作，加快南沙粤港深度合作园、粤澳合作葡语国家产业园、穗港澳国际健康产业城规划建设。优化广州南站功能，完善站场设施配套，谋划建设国际医学中心。推动部省市共建国家级软件产业基地等重大平台。探索促进私募股权交易的便利举措，加快建设民间金融街、国际金融城。进一步优化营商环境，支持创建国家级营商环境改革创新实验区和科技型民营中小企业发展先行示范区，试行香港工程建设管理模式，放宽港澳专业人才在穗执业。

（二）全力提升枢纽门户功能

4. 增强国际综合交通枢纽功能。发挥广州市国土空间总体规划引领作用，全面提升海陆空枢纽能级和功能，实现全球重要综合交通枢纽发展目标。完善并推进实施广州综合交通枢纽总体规划，建设优化江海、铁水、公水、海空、空铁等立体化交通联运网络，加快建设国际物流中心。共建大湾区世界级机场群，加快白云国际机场三期扩建，推动第四、第五跑道建设，拓宽航线网络，壮大临空经济示范区。支持广深两地深化港口基础设施建设合资合作，争取国际航运保险增值税免税政策落地，加快建设世界级港口群。支持广州建设世界级高铁枢纽，谋划建设广深第二高铁，推进广湛、广汕汕高铁等标志性骨干工程和广佛环线、穗莞深等城际轨道项目，加快广州地铁线网向周边城市延伸。支持广州建设世界级都市数字交通体系，打造多模式多业态城市综合公共交通体系，持续增强城市综合交通精准动态协同服务能力。

5. 建设国际信息枢纽。加快布局建设 5G 网络，推进智慧灯杆和智能电网试点，培育引进核心企业，建设 5G+无人机（车/船）试验场地，打造面向 5G 技术的物联网与智慧城市示范区。加快发展 5G+4K/8K 产业，建设花果山超高清视频产业特色小镇，办好世界超高清视频产业发展大会。争取国家支持数字经济创新发展，推动数据要素流通和深度融合。

6. 加快建设国际交往中心。支持"广交会"提升影响力和辐射面，建设高水平会展综合体，与深圳共同争取国际国内重大展会落户两市并合理布局。发挥世界大都市协会联合主席城市作用，创设粤港澳大湾区国际论坛，扩大从都国际论坛等影响力。支持广州加强国际城市合作，带动珠三角拓展友好城市、友好港口。

7. 建设"一带一路"重要枢纽城市。携手港澳建设企业"走出去"综合服务基地。推动"单一窗口"与港澳、"一带一路"沿线口岸互联互通，支持南沙建设全球进出口商品质量溯源体系。推进中欧班列等跨国物流发展。支持黄埔区建设"一带一路"创新合作区，创建拥有广州市级管理权限的创新城区样板。深化中新广州知识城合作以及中欧、中以、中日、中瑞（士）等科技和产业合作。支持广州承办"一带一路"重大主题活动，推动海丝博览会升格为国家级展会。

8. 服务全省"一核一带一区"区域协调发展。强化广州—深圳"双核联动、双轮驱动"作用，深化产业、科技、金融、基础设施等领域合作，共同做优做强做大珠三角核心区。强化广州—佛山极点带动作用，推动广佛全域同城化。建设广清经济特别合作区。支持广州与肇庆、云浮、韶关等城市加强商贸、物流、农产品等领域合作共建。深化与东莞、中山等周边城市战略合作。在推动全省革命老区、原中央苏区振兴发展和少数民族地区加快高质量发展中当好表率。

（三）全力提升科技创新功能

9. 推进广深港澳科技创新走廊建设。围绕打造科技创新强市和国际科技创新枢纽，规划建设粤港澳大湾区国际科技创新中心广州创新合作区，支持广州参与共建综合性国家科学中心，加强南沙科学城、中新广州知识城、广州科学城、琶洲人工智能与数字经济试验区（含广州大学城）与光明科学城、深港科技创新合作区、西丽湖国际科教城、东莞中子科学城等重大创新载体的对接合作，打造南沙庆盛科技创新产业基地等一批创新节点。推动科技服务平台设施共建共享，推动财政科技经费跨境使用，共建穗港科技合作园。

10. 加强创新基础能力建设。深化与重点高校、中央和省直属企业、科研院所等合作，与深圳共建人工智能与数字经济省实验室，共同打造数字经济创新发展试验区。开展重点领域研发计划，争取设立更多国家级或省级制造业创新中心。建设冷泉生态系统、人类细胞谱系、天然气水合物钻采船、大型水下智能无人系统、太赫兹国家科学中心等重大科技设施和研究平台，引进动态宽域飞行器实验装置，支持在穗省实验室建设。探索符合国际规则的创新产品政府首购制度。

11. 深化科技体制改革。健全高校和科研院所科研评价和分配激励机制，探索赋予科研人员科技成果所有权或长期使用权。推动广州科技成果产业化引导基金落地实施。改革国有企业创新考核激励制度，探索开展员工持股改革试点。加强中新广州知识城国家知识产权运用和保护综合改革试验区和中国（深圳）知识产权保护中心的合作，联合港澳创建知识产权跨境交易平台。支持广州设立军民融合知识产权运营平台，承办粤港澳大湾区知识产权交易博览会。

12. 厚植人才创新创业沃土。实施广聚英才计划，落实粤港澳大湾区个人所得税优惠政策，发挥好中国海外人才交流大会等平台作用，集聚战略科学家等急需紧缺人才。支持南沙粤港澳人才合作示范区先行先试。推动广州开发区开展技术移民试点。建设国家级人力资源服务产业园。实施支持港澳台青年来穗发展行动计划，建设青年创业就业试验区、创新工场（基地），支持广州举办"一带一路"青年创新大会。

（四）全力提升文化引领功能

13. 打响文化品牌。打响红色文化、岭南文化、海丝文化、创新文化等品牌，支持广州岭南文化中心和对外文化交流门户建设，打造文化强市。支持设立中共三大历史研究中心。推进历史建筑保护利用试点城市建设。完善广州地区文明城市创建工作机制。推进广东美术馆、非物质文化遗产展示中心、文学馆"三馆合一"项目和广州"五馆一院"等文化惠民工程。支持广州与深圳加大文化创意产业合作力度，与港澳、佛山、中山等共建世界美食之都，推进"粤菜师傅"工程。实施文艺高峰攀登行动，推出一批精品力作。在广州建设文化体制改革创新试验区。

14. 深化文商旅融合。支持广州申报"文化系统装备设计与研发"重点实验室，培育旗舰型文化领军企业。扩大文交会影响力，落实国家扩大文化消费试点工作。推进国家旅游综合改革和全域旅游示范区创建试点，推动从化、花都、增城联合清远共建粤港澳大湾区北部生态文化旅游合作区。支持南沙创建国家邮轮旅游发展实验区，争取邮轮入境限时免签政策。加快构建穗港马匹运动及相关产业经济圈。

15. 培育提升教育中心功能。支持部属、省属高校等在穗高校"双一流"建设，加快建设香港科技大学（广州）和华南理工大学广州国际校区。探索建立与国际先进教育体系接轨的办学机制。争创国家首批产教融合试点城市，推动产教协同育人。支持加快广州科教城建设，联合深圳、港澳共建职业教育基地。推进学前教育普惠健康发展和基础教育优质均衡发展，创建品牌学校。推进全国智慧教育示范区、全国青少年校园足球改革试验区建设。

（五）全力提升综合服务功能

16. 提升城市规划建设管理品质。加快报批和实施广州市国土空间总体规划。推动一批省级自然资源审批事项下放到广州市，支持在南沙开展土地管理改革综合试点。支持黄埔区争创"三旧"改造改革创新国家级试点。深化查控拆除违法建设行动，坚决遏制新增违法建设，出台存量违法建设分类处置办法。实施村级工业园、专业批发市场和中心城区物流园区整治提升行动计划，加快专业市场转型升级。落实城市信息模型（CIM）平台建设试点工作。推进智慧城市建设，用绣花功夫治理"大城市病"。完善城市能源保障体系，推进北江引水工程，加快建设世界一流配电网。

17. 推进生态文明建设。加强粤港澳大湾区生态环保联防联治，推进广佛跨界河流综合整治，建设三十公里精品珠江，打造美丽广州。完善河长制湖长制与网格化治水机制，加大"散乱污"场所整治力度，高标准建设千里碧道，建设人水互动的美丽水岸。加强重点地区水土流失治理，落实小水电生态流量泄放措施，不断修复河道水生态环境。落实蓝天保卫战工作方案，不断改善空气质量。建立完善广州地区生活垃圾分类协调工作机制，全链条提升垃圾分类体系，加快处理设施建设，打造全国垃圾分类样板城市。持续治理修复土壤污染场地。加快推进白云山、麓湖、越秀山及周边还绿于民，加快建设广州花园。深入推进城乡"厕所革命"。

18. 培育提升医疗中心功能。服务好在穗部属、省属医院，支持广州三甲医院在深圳设置分支机构，促进广州地区优质医疗资源更好服务周边城市群众，争取国家呼吸医学中心、中南地区国家区域儿童医学中心等落户广州。落实国家药品集中采购试点工作。加快中医药创新发展和中药产业现代化，与港澳创设中医药产品质量标准。争取复制海南医药试点的核心政策，打造国家生物医药和健康服务创新政策试验区。鼓励多层次社会办医，放宽外资参股医疗机构的股比限制。

19. 提升社会保障水平。增强公共服务供给能力，建设幸福广州。率先全面提升养老服务水平，开展国家级医养结合试点，探索"大城市大养老"模式。推进高龄重度失能老年人照护商业保险等试点，建设社区嵌入式养老机构。推进集体建设用地建设租赁住房试点，培育市场化住房租赁企业。贯彻国家关于港澳居民在内地参加基本养老保险相关政策，研究探索粤港澳大湾区社保制度衔接。完善困境儿童分类救助帮扶制度，建设未成年人救助保护综合平台。优化城乡居民大病保险待遇标准调整机制。

（六）全力提升社会融合功能

20. 推进依法治市。建设法治政府，深入推进依法行政。深化司法体制综合配套改革，推动粤港澳大湾区司法协作。推进港澳律师在内地执业试点，建设粤港澳大湾区仲裁联盟。提升广州知识产权法院、广州互联网法院服务大湾区水平。支持广州开发区创建国家级信用经济试验区，率先实现信用联合奖惩"一张单"。

21. 建设平安广州。深入开展扫黑除恶专项斗争。推进南沙新警务改革，完善立体化治安防控体系。建设应急综合指挥调度中心。推进"广州街坊"群防共治。总结推广P2P等重点领域整治经验，探索对新技术新业态的风险管控。构建"令行禁止、有呼必应"基层党建引领社会治理体制创新工作格局，开展创新城乡社区治理改革试点。优化来穗人员基本公共服务提供机制。创新与港澳社会组织合作交流机制。

22. 推动城乡融合发展。完善城乡融合发展体制机制和政策体系，在全省乡村振兴中当好示范和表率。支持增城创建国家城乡融合发展试验区、从化创建全国全省乡村振兴示范区。支持广州率先复制推广土地制度改革经验，推进集体经营性建设用地入市试点。共建大湾区"菜篮子"生产流通服务体系，建设广州国家现代农业产业科技创新中心和国际种业中心。

三、组织保障

坚持和加强党的全面领导，深入贯彻落实省委、省政府部署安排，凝心聚力推动各项改革举措落地见效。省经济体制改革专项小组要强化统筹协调，省各有关单位要拿出具体举措，主动研究提出相关配套政策，及时协调解决方案实施中遇到的困难和问题。广州市要履行好主体责任，对接国家战略，融入全省发展大局，明确分工、压实责任、狠抓落实，做好舆论引导，确保完成各项改革部署。

广州市推动城市文化综合实力出新出彩行动方案

为深入贯彻落实习近平总书记视察广东重要讲话精神，建设粤港澳大湾区文化中心，推动广州城市文化综合实力出新出彩，制定本方案。

一、工作目标

坚持中国特色社会主义先进文化的前进方向，围绕举旗帜、聚民心、育新人、兴文化、展形象使命任务，全力打响红色文化、岭南文化、海丝文化、创新文化四大文化品牌，建设社会主义文化强国的城市范例。力争到 2022 年，实现城市文明显著提升，文化事业繁荣兴盛，文化产业竞争力进一步增强，岭南文化中心地位更加彰显，对外交流门户作用充分发挥，城市文化综合实力与国家中心城市、国际大都市功能互促共进。

二、重点任务

（一）习近平新时代中国特色社会主义思想凝心聚魂工程

1. 坚定不移用习近平新时代中国特色社会主义思想武装头脑。深化实施理论学习头雁工程，扎实开展"不忘初心、牢记使命"主题教育，把习近平新时代中国特色社会主义思想、党的十九大精神、习近平总书记对广东重要讲话和重要指示批示精神，作为党委（党组）会议第一议题，推动习近平新时代中国特色社会主义思想在广州落地生根、结出丰硕果实。

2. 深入推进党的创新理论学习传播。建好用好新时代文明实践中心（所、站），擦亮"百姓宣讲"品牌，打通理论宣传"最后一公里"。推动思想政治理论课改革创新，推出一批 21 世纪马克思主义理论精品课程。实施"网上理论传播"工程，用好"学习强国"平台，办好"新思想引领新时代"媒体理论特刊和高质量理论传播节目。

3. 打造马克思主义理论研究高地。加强习近平新时代中国特色社会主义思想研究及相关研究基地建设，鼓励有条件的高校申报和建设全国重点马克思主义学院，组织推出一批重大理论成果。实施广州青年马克思主义者培养工程，建设一批研究基地和实践基地。加强与中国社科院等国家高端智库合作，统筹推进 15 至 20 个人文社科重点研究基地向新型专业智库转型，擦亮"广州学术季""广州研究"品牌，提高研究成果转化率。

（二）红色文化传承弘扬工程

4. 建设红色文化传承弘扬示范区。支持建设广州市（越秀）红色文化传承弘扬示范区。整体规划保护中共三大旧址、广州起义烈士陵园、农讲所、中华全国总工会旧址、第一次全国劳动大会旧址、杨匏安旧居等红色革命遗址，连片打造革命史迹主题区域，擦亮英雄城市品牌。

5. 打造广州红色文化地标。完善红色革命遗址保护利用机制，实施红色文化设施和革命遗址保护规划建设提质工程。规划建设"中共三大纪念广场"

与纪念群雕，整治提升海珠广场广州解放纪念雕像周边环境，建设东江纵队纪念广场。推动广东革命历史博物馆、广州博物馆与中国人民革命军事博物馆开展合作，定期在广州举办革命历史文化主题展览。

6. 深化红色文化研究教育。加强与中央党史和文献研究院合作，支持在广州建设党史展览馆，设立中共三大历史研究中心。整合全省红色文化资源，加快红色革命遗址普查建档，建立广州红色历史资源数据库和广州革命历史文献资源库。统一红色革命遗址挂牌标示。办好新时代红色文化讲堂，把革命遗址打造成为各级党校教学课堂和爱国主义教育实践基地。

7. 打造广州"红色之旅"名片。开展红色旅游资源全国普查试点工作。结合乡村振兴战略和特色小镇建设，鼓励文创企业、旅游企业进行红色旅游资源开发。规划建设红色旅游经典景区，精心打造"红色之旅"精品旅游线路及城市间红色之旅专线。加强红色文艺精品创作。

（三）人文湾区共建工程

8. 创新人文湾区建设合作机制。推动建立穗港澳文化交流合作常态化机制，研究制定文化交流合作便利化政策，简化港澳企业及个人来穗文化活动审批程序，促进文化交融，共建人文湾区。争取文化和旅游部在广州创立粤港澳大湾区艺术创研中心。联合香港、澳门开展跨界重大文化遗产保护，建设粤港澳文化遗产游径。打造"穗港澳青少年文化交流季"活动品牌。加快构建穗港马匹运动及相关产业经济圈，深化从化无规定马属动物疫病区与香港在进出境检验检疫和通关等领域合作。

9. 推动湾区公共文化服务共建共享。强化广州国家中心城市、省会城市文化服务功能，构建标准化均等化现代公共文化服务体系。实施博物馆倍增提质计划，建设"图书馆之城"和"博物馆之城"。推进广东美术馆、广东非物质文化遗产展示中心、广东文学馆"三馆合一"项目，广州美术馆、广州文化馆等省、市重大文化基础设施建设。支持广州建设大湾区影视后期制作中心，引进世界级影视特效创意设计资源，引导设立电影发展基金，争取粤语电影审批权限落地广东（广州）。支持广州牵头建立大湾区演艺联盟，打造粤港澳大湾区演艺中心。创新实施文化惠民工程，办好粤港澳大湾区文化艺术节，打造大湾区标志性文化品牌。

10. 共建世界美食之都。实施"粤菜师傅"工程，联合香港、澳门、佛山、中山等共建世界美食之都，建设粤港澳大湾区美食博物馆，成立粤港澳大湾区美食研究院，定期举办国际美食文化节，申请加入联合国教科文组织

"世界美食之都"网络城市体系。

（四）新时代精神文明建设提质工程

11. 大力培育和践行社会主义核心价值观。深入推进铸魂立德工程及社会主义核心价值观建设工程，大力弘扬敢想会干、敢为人先、开放包容、务实创新的城市精神。推进公民道德建设，大力弘扬以爱国主义为核心的民族精神和以改革创新为核心的时代精神，着力培养担当民族复兴大任的时代新人。

12. 深化全域文明创建。出台《广州市文明行为促进条例》，实施公共文明指数测评，开展"四级文明联创"推进文明理念培育行动，开展道德模范学习宣传活动，策划建设市民荣誉馆。发展志愿服务，打造一支文化旅游专业志愿者队伍，建设"志愿之城"。推进诚信建设制度化。

13. 创新文艺精品创作生产机制。实施文艺高峰攀登行动，发布广州文艺创作生产引导目录和项目题材库，安排专项经费扶持文艺精品创作。紧扣重大时间节点和重大题材，创作推出一批在全国有重要影响的文艺精品力作。制定网络文艺繁荣促进计划，支持广州地区高校文学院开设作家班，推动成立花城文学院，打造全国文学高地。

（五）岭南文化中心建设工程

14. 建设中华优秀传统文化传承创新示范区。支持设立以广州、佛山为核心的中华优秀传统文化传承创新示范区。深入研究和挖掘岭南文化、广府文化内涵，支持建设广州市（荔湾）岭南文化中心区，扩大岭南文化的吸引力影响力辐射力。加快广州粤剧院建设，建设省级粤剧文化生态保护实验区，推动粤剧振兴。推动岭南画派创新发展，支持广州建立全国美术写生创作基地，推动岭南雕塑艺术创新发展。继续推进《广州大典》编纂研究工作。建设广州记忆数字平台。

15. 强化历史文化名城空间活化利用。开展面向2035年的历史文化名城保护规划修编，编制岭南文化名城空间战略，将历史建筑保护规划纳入城乡空间规划"一张图"管理。推进住建部历史建筑保护利用试点城市建设，加快推动历史文化街区及历史风貌区改造，推进西关历史文化街区活化提升，推动昌兴街、同文坊、靖远路改造提升。推出西关寻踪路、珠水丝路等9条历史文化步道游径。活化华侨历史文化景观。

16. 构建云山珠水城市文化景观视廊。开发利用亚运文化遗产，整合提升广东省博物馆、广州图书馆、广州大剧院、海心沙等场馆设施及周边环境，打造广州艺术广场暨城市文化客厅。编制文化名城云山珠水艺术提升总体设计，规划建设环白云山文化生态带，推进白云山还绿于民整治工程，推进长洲岛"珠江国际慢岛"、南海神庙历史文化景观带建设。

（六）文化产业壮大工程

17. 培育发展文化创意产业。加强粤港澳数字创意产业合作。推动电子竞技产业发展，培育具有国际一流水准的广州原创游戏品牌、团队和企业，打造动漫游戏产业之都。办好中国国际漫画节，将中国动漫金龙奖（CACC）办成具有全球影响力的动漫领域顶级专业奖项。加快发展文化装备制造业，支持广州企业制定和发布全国文化装备类行业标准和行为规范，推动建设中国（广州）文化装备产业集聚区（基地）。

18. 创新文化市场主体培育壮大机制。深化市属国有文化企业股份制改造和混合所有制改革，推动国有文化企业兼并重组、转型升级。落实有利于文化企业的税收优惠政策，引进世界500强文化类企业地区总部和全国30强文化企业总部及其研发基地、交易中心落户广州，培育"专、精、特、新"文化创意"小巨人"企业群。

19. 搭建"文化+"发展战略平台。建设广州高新区国家级文化和科技融合示范基地，加快5G技术与高清/超高清视频技术的结合应用。支持广州创建国家文化与金融合作示范区，支持中国文化产业投资基金（二期）在广州设立粤港澳大湾区文化产业基金。做强广州市天河区国家文化出口基地、中国（越秀）国家版权贸易基地。将广州文化产业交易会打造成国家级文化产业交易平台。

20. 深化文化旅游融合发展。创建北京路国家级文化产业示范园区，打造具有世界影响力的文化旅游目的地。实施广州市沙河片区文化振兴计划。加强文化古村落保护利用和旅游开发。支持南沙区积极申报中国（南沙）邮轮旅游发展实验区，推动南沙游艇会成为开放口岸。

（七）对外文化交流门户建设工程

21. 加强"一带一路"沿线城市文化交流。发挥广州作为海上丝绸之路申遗牵头城市作用，与香港、澳门一道联合海上丝绸之路沿线城市共同开展申遗。深化海丝遗产保护研究，完善文化遗产管理机制。做强文化金融服务、旅游资源交易等对外文化贸易，发展新型文化服务离岸外包业务。

22. 推动优秀岭南文化走出去。依托国际友城、世界大都市协会资源，推进岭南文化海外传播。鼓励符合国家"走出去"政策的各类文化企业在境外开展文化领域投资合作。加强对外文化学术交流合作。深化与国际主流媒体及海外华文媒体合作。推动文化领域国际机构（组织）在广州设立分支机构。

23. 培育提升文化交流品牌。办好全球市长论坛暨广州国际城市创新奖、从都国际论坛、中国（广州）国际纪录片节等高端文化论坛、节展。办好广州国际传播年暨城市品质提升年活动，实施"广州故事海外传播使者行动"，拓宽国际传播渠道。打造一批赛事品牌，建设体育名城。

（八）文化体制改革创新工程

24. 建设文化体制改革创新试验区。赋予试验区省一级文化管理权限，实施文化优先发展战略，优化文化发展政策环境，探索一批可在全国复制推广的文化体制改革经验。

25. 创新媒体融合发展机制。加快建设市、区融媒体中心。支持成立媒体融合发展基金，推动成立融媒发展集团。同人民日报社、新华社、中央广播电视总台等开展战略合作，支持中央广播电视总台在广州设立粤港澳大湾区总部、广东总站。加强网络内容建设，支持社会新媒体以导向正确为前提发展壮大。

26. 创新文化发展投融资机制。成立广州文化发展集团，打造文化产业投融资综合载体。支持粤港澳大湾区文化产业基金（筹）牵头，联合广东南方媒体融合发展投资基金、广东省新媒体产业基金、广东全媒体文化产业基金等发起组建广州文化产业投融资平台。

27. 创新文化人才发展机制。赋予广州省一级文化人才管理权限，实施更加积极开放有效的文化人才政策，协同湾区城市引进国际顶尖文化人才（团队）并推动交流共享。实施"广聚英才计划"，健全人才政策体系，完善文化人才评价机制，建立健全符合文化人才成长发展规律的体制机制及文化艺术荣典制度，在入户、住房、子女就学等方面给予文化人才特定激励措施。实施文艺名家大师引进扶持计划，大力培养青年文艺人才和文艺创新创业团队。

三、组织保障

（一）强化组织领导。深入贯彻落实省委、省政府部署安排，省文化体制改革专项小组要强化统筹协调，省各有关单位要积极支持配合，广州市要负起主体责任，健全工作机制，有效整合资源，形成强大合力。

（二）加大资金保障。广州市要加大财政资金投入，整合现有扶持文化产业发展的各项财政资金，设立广州市文化产业发展专项资金，支持重点产业、园区、企业、平台和项目建设发展。制定文化产业发展专项资金管理办法，确保资金有效监管和使用。广州市各区要根据自身实际情况参照设立文化产业发展专项资金。

（三）加强督查考核。省文化体制改革专项小组要加强对广州文化改革发展的督促检查，及时评估工作成效。广州市各级宣传文化主管部门要发挥组织协调作用，加强对本方案实施情况的跟踪分析、监测评估和监督检查，确保各项任务措施落到实处。

广州市推动现代服务业出新出彩行动方案

为深入贯彻落实习近平总书记视察广东重要讲话精神，推动广州现代服务业出新出彩，加快建设具有国际影响力的现代服务业强市，制定本方案。

一、工作目标

把握粤港澳大湾区全面合作战略契机，以创新为主要动力，以打造高端化专业化发展平台为重要抓手，着力提升广州现代服务业发展能级，加快推进国际商贸、国际科技创新、国际文化、国际教育医疗"四个中心"和国际物流、国际金融"两个枢纽"建设。力争到2022年，现代服务业持续快速增长，占地区生产总值比重稳步提高；内需动力充分释放，人民群众消费升级需求进一步满足；人工智能、云计算、大数据、物联网等先进技术与服务业深度融合，新技术、新业态、新模式对产业优化升级的驱动作用持续增强；现代服务业开放程度和国际化水平显著提高，具有全球影响力的现代服务经济中心建设取得明显进展。

二、工作任务

（一）推动传统商贸业转型升级，建设国际商贸中心

1. 全面提升口岸保障服务能力。加快大通关建设和口岸智能化改革，推进国际贸易"单一窗口"应用主要项目全覆盖，探索推进"单一窗口"平台与港澳、"一带一路"沿线国家口岸的互联互通。推进口岸全天候通关通航，全面推广内外贸和进出口"同船运输"模式。积极争取海关特殊监管区域企业"一般纳税人"资格政策试点。

2. 加快发展新型贸易方式。深入推进平行进口汽车试点，在南沙区尽快形成国际进口汽车贸易中心。引进保税加工、维修、研发等高端项目，推动境外高端汽车等装备保税维修项目落地。探索开展"两头在外"航空器材包修转包区域流转试点。

3. 提高跨境电商便利化水平。推动利用保税进口模式开展跨境电商业务。探索跨境电商分类监管模式，试点保税免税一体化监管运营，建立跨境电商商品流通追溯体系。探索建设中国跨境电商国际枢纽港。深化粤澳跨境电商直通车，建立南沙与澳门之间的陆运快速贸易通道。

4. 提升国际会展服务能力。探索"新业态+会展"模式，推动数字化产业链等新兴产业与会展融合发展。精简国际展览品检疫审批流程，争取对相关展览品免于检验。争取允许展会展品提前备案，以担保方式放行，展后结转进入保税监管场所或海关特殊监管区域予以核销。推动车辆展品依法留购并给予展示交易便利。

5. 推进高端专业服务业与国际标准对接。积极争取扩大穗港澳专业服务资格互认范围。探索允许具有港澳执业资格的金融、建筑、规划、专业代理等专业人才，经备案后按规定范围提供专业服务。加快穗港澳工程项目合作，确定若干建筑服务合作具体项目。支持天河中央商务区打造粤港澳服务贸易自由化示范基地。

6. 推动商贸业态创新发展。推动服务设施智能化改造和业态调整，打造体验式智慧商圈。策划推进一批文商旅融合发展的特色夜间经济集聚区，打造国际知名的"广州之夜"品牌。按照"一场一策"原则对专业批发市场进行分类处理，加快推动市场转型升级和非中心城区功能疏解。

（二）加快完善大物流格局，共建国际物流枢纽

7. 提高国际航运服务能力。打造黄埔港新贸易创新中心，加快建设现代服务创新区。推动建设邮轮物资配送中心，研究开展国际航运保险等创新型保险要素交易。推动实现南沙与香港快速联检，争取将南沙港作为实施启运港退税政策的离境港，争取在南沙实施国际航运保险免征增值税政策。

8. 提升国际航空枢纽服务便利性。支持白云国际机场申报国家指定进口口岸资格，提升机场保税物流规模。发展机场口岸新型货运方式，探索建设海关多程多式联运监管中心。探索加快完善"生鲜包机"等业务的航空冷链"产业链+物流链"，围绕机场加快布局建设"低温货站"，打造全产业链"国际生鲜港"。

9. 优化物流配套体系。与深圳等重点港口城市深化港口基础设施建设合资合作，探索港口资源优化配置，协同强化港口集疏运体系建设，共同打造国际多式联运中心、全球供应链管理中心、国际物流航运中心。规划建设支撑物流园区合理布局、集约发展的路网体系，结合城市更新和区域产业升级，疏解一批非中心城区功能的物流园区。

（三）完善现代金融服务体系，共建国际金融枢纽

10. 扩大金融业对外开放合作。放宽银行、证券、保险行业外资股比限制，扩大外资金融机构在穗业务范围。争取大湾区飞机租赁业务创新政策试点，携手香港共建全球飞机租赁中心。利用"一带一路"国际金融平台拓宽项目投融资渠道，携手港澳建设中国企业"走出去"综合服务基地。在符合法律法规及监管要求的前提下，支持保险机构与港澳合作开发跨境机动车保险和跨境医疗保险产品，为跨境保险客户提供便利化承保、查勘、理赔等服务。在CEPA框架下，争取在广州设立港澳保险公司内地保险服务机构和港资独资证券公司、基金公司等金融机构。

11. 推进金融创新多元化。推进国家绿色金融改革创新试验区建设，探索开展碳资产抵押贷款等业务，以及排污权、水权、用能权等交易，支持在绿色循环低碳领域发行绿色债券融资。推动设立粤港澳大湾区国际商业银行、广州创新型期货交易所。争取国家支持开展知识产权金融创新及知识产权证券化试点。与深交所合作共建广州科技金融路演中心，为企业上市创造便利条件和环境。

12. 支持发展金融创新平台。支持区域性股权市场、产权市场及大宗商品交易中心加快发展，推动广东股权交易中心发挥资本市场重要平台作用。推进广州商品清算中心打造供应链金融服务平台。支持广州金融资产交易中心依法依规开展金融产品交易等业务。建设创投风投集聚地。鼓励与港澳资本联合成立创投基金，建立适应科技成果转化需求的信贷、保险机制。

（四）提升信息与科技服务业核心竞争力，共建国际科技创新中心

13. 优化科技服务创新环境。支持以龙头企业为主体建立创新联合体。深化科技计划项目管理权下放试点，建立主要由市场决定的项目管理、评价机制。探索开展科技经费管理"负面目录"试点，放宽科技经费使用门槛。实施科技成果转化行动，在高校、科研机构开展将科技成果转化所得全部用于奖励科研人员试点，探索对科研人员实施股权、期权和分红激励。争取科研类事业法人单位以及民办非企业科研类单位享有进口自用仪器设备购买免税

资质。

14. 加大区域协同创新力度。推动穗港澳科技人员往来畅通、财政科研资金跨境使用、科研仪器设备通关便利、大型科学设施和科技资源共用共享。深化与港澳生物医药科技创新合作，对科研合作项目需要的生物样品，在限定的高校、科研机构和实验室跨境使用进行优化管理。简化研发设备、样本样品进口手续，联合港澳高校设立实验室、工程中心和创新中心。支持创建粤港澳大湾区大数据技术国家工程实验室，推进大数据中心（IDC）项目建设。探索建立粤港澳三地数据流动融合机制。积极参与共建综合性国家科学中心，与深圳共建人工智能与数字经济省实验室。

（五）促进文商旅融合发展，建设国际文化中心

15. 建设高水平文商旅融合示范区。将弘扬红色革命精神融入城市文化，创建国家级红色文化传承弘扬示范区。探索允许外商在特定领域和区域投资音像制品制作、演出场所等业务。争取在广州设立国家视听许可证发放、变更审批机构粤港澳大湾区分支机构。依托空铁联运交通枢纽，建设粤港澳大湾区北部生态文化旅游合作区。建设广州国际马匹检测中心和马术运动综合体，构建穗港马匹运动及相关产业经济圈。

16. 提升旅游便利化水平。积极争取南沙口岸邮轮外国旅客入境免签政策。推进落实粤港澳游艇"自由行"，创新游艇进境担保方式。开通广州南沙—香港启德邮轮码头的多点挂靠业务，进一步探索实施邮轮旅游通关便利措施。争取外商投资旅行社经营出境游业务试点。依托白云国际机场组建空铁一体化游客换乘综合交通枢纽，加快建设广佛环城际、穗莞深城际等重大基础设施。

（六）深化对外开放合作，打造国际教育医疗中心

17. 支持开展国际及穗港澳教育合作。探索与港澳学分互认、师生交流交换等共享模式。积极争取国家支持广州探索建立与国际先进教育体系接轨的办学机制，引进世界知名大学、开办特色学院，高标准建设国际教育示范区。推进香港科技大学（广州）项目建设，与港澳高校合作开展酒店管理与旅游人才培养。丰富穗港澳教育交流形式，推动建设港澳子弟学校或设立港澳儿童班。探索建立粤港澳大湾区专业技术人才职称评价和职业资格互认工作机制，促进港澳专业技术人才在湾区内便利执业。

18. 创新发展生物医药服务业。争取国家药品监督管理局在广州设立药品和医疗器械审评检查机构，提供药品医疗器械上市审评注册"一站式"服务。

争取对港澳已依法批准上市但未获得内地进口注册许可的药品（含进口疫苗）和医疗器械，在指定的医疗机构使用。

19. 加快发展高端医疗服务业。争取国家试点放宽外资参股医疗机构的股比限制，联合香港开展全科医生培养项目。推动港澳医疗服务提供者开办医疗机构采用港澳审批标准，香港个人在广州开办诊所实行备案制，简化港澳医师转内地医师资格认证手续，香港注册中医师可按程序转内地中医师资格。加强与港澳地区医疗服务业的交流合作，进一步配套完善港澳居民在穗的医疗服务保障机制。积极争取来华就医签证制度落地。充分发挥在穗高水平医疗机构作用，加快一批医疗联合体建设。推动与港澳共建国际健康产业城，在广州南站地区加快建设国际医学中心。支持与港澳科研机构共同建立国际认可的中医药产品质量标准，推进中医药标准化、国际化。

20. 大力发展健康服务业。建设穗港澳养老产业合作开发示范基地。统筹推进中央财政支持居家和社区养老服务改革试点、广州市"3+X"创新试点。加强社区嵌入式养老机构建设，提升社区居家养老服务专业化水平。深入开展长期护理保险制度试点工作，完善长期护理保险政策，增强定点服务机构长期照护供给能力。

（七）高标准打造创新发展载体，推动现代服务业集聚发展

21. 打造中新广州知识城粤港澳大湾区知识创造示范区。加快布局建设太赫兹国家科学中心等高端科研基础设施，加快清华珠三角研究院中新知识城创新基地、中新国际智慧产业园等项目建设。深化国家知识产权保护和运用综合改革试验，推动建设国家知识产权服务业集聚发展试验区、北京大学粤港澳大湾区知识产权发展研究院。支持开展粤港澳知识产权金融、保险、交易、贸易活动，建立粤港澳知识产权国际协作体系。

22. 打造南沙粤港澳全面合作示范区。充分发挥国家级新区和自贸试验区优势，建立与国际投资和贸易规则相适应的高标准制度规则。加快建设大湾区国际航运、金融和科技创新功能的承载区，建设高水平对外开放门户。率先放宽具备港澳职业资格的金融、建筑、规划等专业人才从业限制。加快南沙庆盛科技创新创业基地等建设，培育一批创新孵化器和服务平台，打造创新发展示范区。规划建设南沙粤港深度合作园，探索建设国际数据安全流动试验区。打造国家级智慧交通示范区，实施智慧城市示范工程。

23. 推动现代服务业集聚联动发展。科学布局，合理分工，错位发展琶洲人工智能与数字经济创新试验区等一批聚集高端要素的现代服务业集聚区。

加强与周边城市战略合作及产业链对接，为加快建设广深港澳科技创新走廊、珠江两岸产业带提供配套服务。推动新一轮广佛同城化战略合作，打造"1+4"广佛高质量发展融合试验区。推动广清一体化高质量发展，与清远共建广清经济特别合作区。

三、组织保障

（一）加强统筹推进。深入贯彻落实省委、省政府部署安排，省经济体制改革专项小组要强化统筹协调，省各有关单位要拿出具体措施，支持广州开展国家服务业扩大开放综合试点。广州市委、市政府要主动对接国家战略，融入全省发展大局，进一步压实责任，确保各项措施尽快落地实施。

（二）强化项目支撑。广州市委、市政府要加强现代服务业项目的谋划和推进，提高项目用地保障和服务能力，优先保障现代服务业项目合理用地需求。实施创新型产业用地相关支持政策，对新产业、新业态、新商业模式的项目用地实行差别化管理。

（三）优化人才发展环境。广州市委、市政府要实行外籍人才办理外国人工作许可证、居留证"一窗受理、并行办理"。建立专门针对外籍人才的多语种、一站式政务服务与社会服务网站。加大人才公寓建设力度。推进共有产权住房试点。在养老保险、医疗保险、住房公积金等社会保障体系方面与港澳加强对接，按照国家和省的部署，完善便利港澳居民在穗发展的政策措施。

广州市推动现代化国际化营商环境出新出彩行动方案

为深入贯彻落实习近平总书记关于广州率先加大营商环境改革力度、在现代化国际化营商环境方面出新出彩的重要指示精神，率先对接国际先进营商规则，打造具有全球竞争力的营商环境，推动广州现代化国际化营商环境出新出彩，着力建设国际大都市，制定本方案。

一、行动目标

紧紧扭住粤港澳大湾区建设这个"纲"，对表对标最高最好最优，聚焦企业和群众最关切的环节，着力减流程、减时间、减成本、优服务，解决营商环境最突出的问题，以改革实效更大程度激发市场活力，增强内生动力，释放内需潜力；以"数字政府"建设加快促进政府职能转变，提升政府服务效能，推动治理体系和治理能力现代化。2019年构建更有效率的企业全生命周期服务体系，营造更有吸引力的投资贸易环境，营商环境显著提升；2020年争取与国际先进营商规则初步衔接，营商环境位居全国前列；到2022年营造国际一流营商环境，打造现代化国际化营商环境"广州样本"。

二、主要任务

（一）开办企业

实施新一轮商事制度改革，创新商事登记模式，推动"人工智能+机器人"全程电子化商事登记全业务、全流程、全区域覆盖，全面提升开办企业时效，推动企业"准入""准营"同步提速。2019年将全市开办企业时间压减至1个工作日内，2020年压减至0.5个工作日内。

1. 全面提升开办企业时效。推行开办企业"一网通办、并行办理"，优化部门间数据联动共享，实行线上线下"全渠道"快速商事登记、"全网办"刻章备案和新办纳税人"套餐式"服务模式，推动全程电子化商事登记全覆盖。

2. 实施"证照分离"改革。2020年对所有涉及市场准入的行政审批事项按"证照分离"模式，推动实行直接取消审批、审批改备案、实行告知承诺、优化准入服务等分类管理，实现"照后减证"和"准入""准营"同步提速。

3. 创新商事登记模式。在黄埔区试点"区块链+商事服务"模式，探索打造共享式登记模式。在有条件的区复制推广越秀区实现企业开办最快一天的典型经验做法。在南沙自贸片区深化"一照一码走天下"和商事登记确认制改革。

（二）办理建筑许可

进一步深化工程审批制度改革成果，精简审批环节，减少审批时间，提高审批效能。2020年实现政府投资项目从立项到办理施工许可控制在78个工作日内；社会投资项目从签订土地使用权出让合同到办理施工许可控制在28个工作日内。

4. 对工程建设项目审批制度实施全流程、全覆盖改革。持续推进全流程网办，提高审批效能。综合区域评估、多规合一等相关联的改革，将技术审查过程纳入监管范围，取消建筑施工噪声排污许可证核发、白蚁防治工程验收备案、招标文件事前备案，取水许可审批调整至开工前完成，探索"一套图纸"贯穿项目建设全流程，实施全程免费代办服务。

（三）不动产登记

着力打造全国一流的不动产登记政务服务品牌。预告登记、抵押权注销登记等13项业务1小时办结，企业不动产转移登记、变更登记、一般抵押登记当日办结，其余业务4个工作日内办结。2020年全面推行不动产登记网上申请，继续增加1小时办结业务种类。

5. 减少登记环节。将办理不动产登记压缩为"签订合同与申请不动产登记缴纳税费、领取不动产权证书"两个环节。设置企业服务部门（窗口），建立总部企业、优质企业绿色通道，专岗专责对接涉企业务。

6. 减少申请资料。推进"一表"申请，企业可以单凭申请表办理不动产登记业务。推广"e登记"服务品牌，扩大网上申办业务范围，实现办理抵押登记"零跑动"。建立"不动产登记+税务+民生服务"一体化服务专窗，整合线上平台，共享信息数据。

7. 实行容缺受理。企业或代理人书面承诺在10个工作日内补齐欠缺资料的（涉及权属争议的除外），不动产登记部门可以先行容缺受理。

8. 提升土地管理质量指数。通过人脸识别，实现不动产登记资料查询"零跑动"。实时更新不动产宗地及其附图、不动产登记信息等数据库。健全土地权属争议调处机制，开放法院已判决土地纠纷案例等信息查询。

（四）缴纳税费

深入开展"互联网+税务"行动，完善电子税务局功能，逐步实现网上办税业务全覆盖，着力打造国内税收营商环境新标杆。纳税人办税资料再精简25%以上，实现70%以上涉税事项一次办结，新办企业税务信息确认和首次申领发票时间压缩至1个工作日。

9. 提升税费缴纳便利化水平。制定5大类128项涉税费事项"一次不用跑"清单，简化小税流程。推行增值税纳税人"一键申报"，实现发票数据自动汇总和申报表数据自动生成。健全电子税务局功能，实现文化事业建设费等10项非税收入业务全程网上办理，推广"税链"区块链电子发票平台，实现发票使用全免费、管理自动化。

10. 降低企业纳税负担。全力落实国家降低制造业、交通运输业、建筑业和小微企业税收负担政策，将制造业等行业税率降至13%，交通运输业、建筑业等行业税率降至9%，扩大小规模纳税人、小型微利企业和投资初创科技企业优惠范围，按照50%的最高幅度顶格减征增值税小规模纳税人资源税、城市建设维护税、房产税、城镇土地使用税、印花税（不含证券交易印花税）、耕地占用税和教育费附加、地方教育附加等"六税两费"。

11. 降低企业缴费费率和比例。落实国家部署，2020年执行全省统一的城镇企业职工基本养老保险用人单位缴费费率14%规定，工伤保险缴费费率阶段性下调30%，延长用人单位职工社会医疗保险缴费费率降为6.5%政策期限。企业可在5%至12%之间自主选择确定住房公积金缴存比例，生产经营困难企业可申请降低缴存比例或缓缴住房公积金。

（五）跨境贸易

全面优化口岸通关流程，降低合规成本，充分利用信息化、智能化手段，提高口岸监管执法和物流作业效率，持续提升贸易便利度，推动各项服务达到全国领先水平。在南沙、白云机场等具备条件的监管现场实现全年"7×24"小时通关。

12. 优化口岸通关流程。拓展升级国际贸易"单一窗口"功能，由口岸通关领域向国际贸易管理全链条延伸，2019年实现货物、舱单、运输工具申报等主要业务应用率达到100%。加快智慧海港、智慧空港建设，推动口岸通关全流程无纸化、智能化。深化"三互"大通关改革，推动监管场地、设施共享共用。完善海运口岸24小时通关模式，优化出口方向"厂港联动""场港一体"业务流程，扩大试点范围，实现企业跨境贸易全天候通关。

13. 进一步压缩通关时间。提升口岸基础设施建设和作业水平，公示口岸通关流程、环节、时限和所需单证。推广"提前申报"模式，对进口铁矿、锰矿、铬矿、铅矿及其精矿，锌矿及其精矿推行"先验放后检测"监管方式，推进出境运输工具一次性联合检查，加快建设全流程"线上海关"。

14. 降低进出口环节合规成本。全面实行口岸收费目录清单制度，清单之外一律不得收费。深化全市港口口岸和白云机场口岸实施免除查验没有问题外贸企业吊装、移位、仓储费用试点。免除货物港务费地方政府留存部分。

15. 创新口岸通关管理模式。加强与港澳在溯源、采信、检验检测、认证许可等互认合作。打造粤港澳大湾区"水上货运巴士"，整合内外贸同船、驳船水运中转和内贸跨境运输等多种水路运输模式，固定航线和航次，多港停靠、随装随卸，24小时通航。

（六）获得电力

推动从企业用电申请到获得电力业务办理全流程重构，供电企业低压电接入办理时间不超过 3 个工作日，高压电接入办理时间不超过 15 个工作日。电力接入外线工程行政审批总时间不超过 5 个工作日。公告范围内的高压电外线工程、用电容量 200 千伏安及以下的低压电实现接电"零审批、零成本、零跑动"。全市中心城区平均停电时间不超过 1 小时。

16. 提升用电报装服务水平。申请人凭《建设用地规划许可证》、政府立项文件、物业权属证明或镇级以上人民政府出具的可供电证明等"任一"文件即可用电报装。高压电报装程序精简为"业务受理、方案答复、竣工装表"3 个环节，低压电报装程序精简为"用电申请、勘察装表"2 个环节。推行"互联网+用电报装"服务，主动公示报装和电价实施信息，实现"一次都不跑"。

17. 优化接入外线工程审批。接入外线工程行政审批并联办理，总时间不超过 5 个工作日，其中，规划许可办理时限压减至 4 个工作日内，交通疏解审核意见、开挖许可、绿化工程审批、水利工程审批办理时限压减至 5 个工作日内。

18. 推行"一窗式"审批服务。政务服务管理部门统一受理业务，推送至对应政府审批部门并汇总审批结果。建立"统一收件、统一出件、资料共享、同步审批"的网上并联审批机制。

19. 实行"信任审批、全程管控"。公布公共设施报装和报建领域承诺制信任审批事项清单，对于实行承诺制信任审批的事项，允许申请人在做出具有法律效力的书面承诺后即可获得审批，事后在规定期限内交齐全部审批要件。对违背信用承诺的失信企业，将其失信行为记入信用档案，依法依规予以限制。

（七）获得用水

推动从企业用水申请到获得用水业务办理全流程重构，优化供水企业报装流程，有外线工程办理时间不超过 10 个工作日，无外线工程办理时间不超过 4 个工作日。用水接入外线工程行政审批总时间不超过 5 个工作日。

20. 优化用水接入外线工程审批，推行"一窗式"审批服务，实行"信任审批、全程管控"。统一精简和规范全市各供水企业报装服务程序，报装流程精简为"受理报装、施工报建、装表通水"3 个环节，申请材料精简为"身份证明材料、可供水证明"。提升用水报装服务水平，在土地出让时提供用水连接技术指标清单，推动用地受让单位实施的供水工程与主体工程同步实施、同步完工、同步供应。推行网上申报服务。

（八）获得用气

推动从企业用气申请到获得用气业务办理全流程重构，优化供气企业报装流程，有外线工程办理时间不超过 10 个工作日，无外线工程办理时间不超过 4 个工作日。燃气接入外线工程行政审批总时间不超过 5 个工作日。

21. 优化燃气接入外线工程审批，推行"一窗式"审批服务，实行"信任审批、全程管控"。统一精简和规范全市各供气企业报装服务程序，报装流程精简为"用气申报、验收通气"2 个环节，申请材料精简为"身份证明材料、可供气证明"。探索建立公示开挖范围和施工周期内的燃气外线工程事项免审批机制。从严审核定价成本，降低城镇管道天然气输配气价格。

（九）获得信贷

优化金融信贷环境，提升小微企业信贷可获得性，扩大科技信贷风险补偿资金池规模，破解民营企业融资难、融资贵等问题。

22. 设立融资风险补偿资金。广州市财政 3 年共安排 5000 万元资金，支持银行与融资性担保公司、再担保公司等合作为小微企业提供贷款业务并给予风险补偿。扩大科技型中小企业信贷风险损失补偿资金池规模，拓宽资金池受益企业范围，2019 年实现合作银行翻番，发放贷款累计超 120 亿元。

23. 建立市区两级政策性融资担保体系。通过新设、控股、参股等形式以及联合担保、再担保业务合作方式，发展一批政策性融资担保机构。对新设立和新增资的区级政策性融资担保机构，市财政按不超过区财政出资额 40% 的比例配资，建立科学有效的风险分担机制。

24. 建设推广金融基础设施平台。建设中小微企业融资对接平台，逐步实现电水气等涉企信息接入，为金融机构向中小微企业授信提供支持。推广应用人民银行征信中心"应收账款融资服务平台""动产融资统一登记系统"。

（十）知识产权创造、保护和运用

深化国家知识产权运用和保护综合改革试验，在探索知识产权证券化等方面先行先试。全面提升知识产权创造质量和运用效益，建立衔接配套、相融互补的多元化知识产权纠纷解决机制，打造全方位高效率的知识产权保护体系，创建"对标国际、引领全国、服务湾区"的知识产权强市。

25. 建立最严格的知识产权保护制度。强化司法保护主导地位，充分发挥广州互联网法院、知识产权法院作用，大力压缩立案、审判期限，落实知识产权侵权惩罚性赔偿制度，推广适用技术调查官制度、举证妨碍规则，完善知识产权民事、刑事和行政案件审判"三合一"工作。细化司法保护、行政监管、商事仲裁、专业调解间的协调与衔接,统一知识产权行政执法立案标准,规范涉嫌犯罪案件的移送规则。探索推进粤港澳大湾区知识产权保护政策和执法机制对接,推动形成联合执法机制。充分发挥广州各类维权机构功能,建立知识产权"一站式"维权平台。加强知识产权信用监管,将侵犯知识产权行为纳入企业和个人信用记录,健全知识产权失信主体联合惩戒机制。

26. 促进知识产权创造提质增量。优化专利资助政策,重点支持高新技术企业和科技创新小巨人企业专利创造工作,提升国际专利拥有量。实施专利强企工程,加大高价值专利培育和小微企业自主知识产权扶持,加强对高价值专利产业化的资助力度。完善专利导航工作体系,加强专利信息分析利用,定期发布重点领域知识产权动态,引导企业进行专利布局。支持指导企业申请驰名商标认定保护,培育一批具有国际影响力的广州品牌。

27. 优化知识产权运营服务。推进商标注册、版权登记便利化,提供知识产权质押登记全流程服务,商标、专利质押登记办理时限分别压缩至3个和5个工作日内。高标准建设中新知识城知识产权服务园区和越秀知识产权综合服务中心,引进知识产权代理、法律、评估、运营等机构,打造知识产权全链条服务业态。扩大市重点产业知识产权运营基金投资规模,重点投向支柱产业和战略新兴产业,助推企业知识产权成果转化。多模式开展知识产权融资工作,建立银行、保险、财政分担风险的专利质押融资机制。

(十一)打造"智慧政务"平台

在"数字政府"建设框架下,逐步实现全市政务服务"一窗受理、一网通办",建成纵横全覆盖、服务全渠道、事项全标准、内容全方位的"互联网+政务服务"体系。2019年建成政务数据高度共享、涉企审批事项高度整合、政务服务各环节与所需数据高度对接的"智慧政务"平台。

28. 建成"一网通办、全市通办"的总门户。整合各部门现有政务服务系统,重点推动开办企业、不动产登记、通关贸易等事项并联审批,推行集网上申办、网上审批、快递送达于一体的"零跑动"审批服务。依托市工程建设项目联合审批平台,实现电水气线性工程联合审批。2019年实现跨部门、跨区域、跨层级数据共享、身份互信、证照互用、业务协同。

29. 加快推动"一窗受理、综合服务"。将部门分设的办事窗口整合为综合窗口,实现重点领域和高频事项"线上一网通办、线下只进一扇门、现场办理最多跑一次"。2019年全面实施"前台综合受理、后台分类审批、窗口统一出件"模式。

30. 实现"信用奖惩、一键搞定"。将信用信息查询、联合奖惩措施应用嵌入各部门行政审批、事中事后监管等业务流程中。2019年实现自动推送信用核查信息、自动匹配红黑名单、自动嵌入奖惩措施、自动汇集反馈实施情况的"信用奖惩、一键搞定"便捷模式。

（十二）促进营商环境在更高水平上全面提升

推进破产制度体系建设，保护中小投资者，加强执行合同，提升法治化营商环境水平。强化劳动力市场监管，推进政府采购公开透明，破除招标投标隐性壁垒，培育和完善统一开放、公平竞争的市场秩序。加快构建以信用为核心的新型市场监管机制，构建更加弹性包容的新经济审慎监管制度，率先形成新经济企业成长加速机制。

31. 提高办理破产效率。完善破产程序启动机制和破产企业识别机制，大力推广预重整制度，建立常态化的府院联动机制。推行破产案件繁简分流制度，推进"繁案精审，简案快审"，缩短破产案件审判周期，依法处置企业财产。

32. 保护中小投资者的合法权益。依法加强对中小股东依法享有的表决权、知情权、利润分配请求权、监督权等权利的司法保护，正确运用股东派生诉讼制度。

33. 加强执行合同。强化合同权益保护，合理判断各类交易模式和交易结构创新的合同效力，提高法院审判执行效率。健全商事合同纠纷非诉解决、速调速裁机制，探索国际商事网上调解方式，快速解决商事争议。

34. 加强劳动力市场监管。开展劳动力市场监管专题研究，对劳动力聘用情况、工作时间、工作质量以及裁员规定、裁员成本进行全面摸查。规范人力资源市场秩序和用人单位招用工行为，构建权责明确、透明高效的人力资源市场事中事后监管机制。

35. 加快推进政府采购公开透明。实施提升中介服务业发展质量的专项方案。建设与电商同步、交易自主、行为可溯的政府采购电子卖场，推进网上竞价和自主询价。进一步建立健全政府购买服务目录管理制度，扩大政府购买服务的范围和规模。

36. 破除招标投标隐性壁垒。简化审批程序，不超过项目概算的政府投资项目单项工程合同变更及免招标由行业主管部门审批。全面取消招标文件事前备案。推进设计招标制度改革，落实招标人负责制，工程设计公开招标可实行"评定分离"制度。

37. 建立以"信用+监管"为核心的新型市场监管机制。建立健全全市统一的公共信用信息服务平台和联动体系，扩大信用信息数据归集范围。将信用信息查询和联合奖惩措施应用嵌入行政审批、事中事后监管、公共资源交易、招投标等业务流程，率先实现信用联合奖惩"一张单"。依托"双随机、一公开"综合监管平台，实现联合抽查常态化和抽查检查结果跨部门互认、应用。

38. 构建包容普惠创新的新经济监管制度。实施广州市推动高质量发展实施方案，按照"鼓励创新、包容审慎、分类监管"的原则，推行综合监管、信用监管、柔性监管、沙盒监管等新模式，探索容错机制、包容期管理、多元化场景应用服务，构建适应新技术、新产业、新业态、新模式等"四新"经济发展的监管机制。

三、保障措施

39. 加强组织实施。深入贯彻落实省委、省政府部署安排，省经济体制改革专项小组要强化统筹协调，省各有关单位要积极支持配合，主动做好政策配套。广州市委、市政府要履行好改革主体责任，研究制定具体工作方案或实施细则，明确各项工作的时序进度和目标节点，确保改革落地见效。

40. 坚持企业需求导向。将市场主体的期盼和诉求作为推进改革的首要目标，将市场主体的获得感和满意度作为衡量改革的首要标准。设立多种形式的营商环境咨询、投诉、建议平台，畅通反馈渠道，专人负责收集企业诉求，及时回应社会关切，以优质的服务让广州营商环境更有温度。

41. 持续优化审批流程。广州市各相关部门要立足提高企业和群众办事的体验感和获得感，对行政审批事项进行全面梳理，按照即来即办、网上审批、上门服务、联合审批、容缺受理等类别逐项确定办理方式和流程。探索大数据审批服务新模式，应用云计算等先进信息技术，实现网上审批事项"应上尽上、全程在线"。制定公布"一站式审批"标准清单，实行动态管理，促进审批标准明确、流程优化、材料精简，进一步增强透明性和可预期性。

42. 突出试点带动。广州高新区（黄埔区）要率先对接港澳投资贸易规则，聚集创新要素，推动高质量发展，着力打造粤港澳大湾区营商环境示范区，争创国家级营商环境改革创新实验区。南沙区要充分发挥国家级新区和自贸试验区优势，创建粤港澳大湾区营商环境试验区，建设成为大湾区国际航运、金融和科技创新功能承载区，打造粤港澳全面合作示范区。

43. 加大宣传推介力度。在广州市政府门户网站设立"优化营商环境"网站专栏，展示全市各区各部门优化营商环境的经验成果、典型案例。及时全面公开优化营商环境政策制度，做好政策解读推介工作，实现各项制度文件一键可查，提升政策认知度、可及性。

中共广东省委全面深化改革委员会办公室 2019 年 10 月 8 日印发

国务院关于中新广州知识城总体发展规划（2020—2035年）的批复

国函〔2020〕119号

广东省人民政府、商务部：

你们关于呈请批准《中新广州知识城总体发展规划（2020—2035年）》（送审稿）的请示收悉。现批复如下：

一、原则同意《中新广州知识城总体发展规划（2020—2035年）》（以下简称《规划》），请认真组织实施。

二、《规划》实施要以习近平新时代中国特色社会主义思想为指导，全面贯彻党的十九大和十九届二中、三中、四中全会精神，统筹推进"五位一体"总体布局，协调推进"四个全面"战略布局，坚持以人民为中心的发展思想，坚持稳中求进工作总基调，坚持新发展理念，坚持以供给侧结构性改革为主线，认真落实党中央、国务院决策部署，以创新驱动高质量发展，着力汇聚知识型人才、发展知识型经济，打造知识创新高地，大力吸引国际创新人才，深入推进开放合作，更好服务"一带一路"建设和粤港澳大湾区高质量发展需要。

三、广东省人民政府要加强组织领导，衔接国土空间规划，依据《规划》抓紧制定具体实施方案，明确责任分工，确保《规划》确定的主要目标和重点任务落实到位。《规划》实施中涉及的重大事项、重大政策和重大项目按规定程序报批。

四、国务院有关部门和单位要按照职责分工，加强对《规划》实施的协调和指导，在项目安排、政策实施、体制机制创新等方面给予积极支持，协调解决中新广州知识城建设中遇到的困难和问题。

五、商务部要加强对《规划》实施情况的跟踪分析和督促指导，注意研究新情况、解决新问题、总结新经验,推动《规划》目标任务落实。重大问题及时向国务院报告。

国务院

2020 年 8 月 26 日

广东省人民政府关于印发中新广州知识城总体发展规划（2020—2035年）的通知

粤府函〔2020〕272号

各地级以上市人民政府，省政府各部门、各直属机构：

根据《国务院关于中新广州知识城总体发展规划（2020—2035年）的批复》（国函〔2020〕119号），现将《中新广州知识城总体发展规划（2020—2035年）》（以下简称《规划》）印发给你们，并就有关事项通知如下：

一、中新广州知识城是粤港澳大湾区建设的重大创新载体之一，是我国与新加坡共同打造的国家级双边合作项目和国际化知识创新平台。各有关单位要认真贯彻落实国务院的批复精神，把《规划》实施作为深化服务"一带一路"建设和粤港澳大湾区高质量发展的重要举措，全面提升创新驱动力，深入推进开放合作，为推动形成国内大循环、国内国际双循环相互促进的新发展格局提供有力支撑。

二、省有关单位要加强与国家对口部门的沟通请示，按照职责分工，研究制定支持中新广州知识城的具体政策措施，在重大项目建设、体制机制创新等方面给予积极支持，协调解决遇到的困难和问题。

三、广州市人民政府要切实加强组织领导，衔接国土空间规划，依据《规划》抓紧制定具体实施方案，扎实推动工作落实，确保目标任务如期完成。《规划》实施中涉及的重大事项、重大政策和重大项目按规定程序报批。

四、省商务厅要会同有关单位加强对《规划》实施情况的跟踪分析和督促指导，注意研究新问题、解决新问题、总结新经验，推动《规划》目标任务落实，重大问题及时报告。

广东省人民政府
2020年9月28日

中新广州知识城总体发展规划
（2020—2035 年）

2020 年 8 月

目　录

第一章　规划背景
第一节　发展基础
第二节　机遇挑战

第二章　总体要求
第一节　指导思想
第二节　基本原则
第三节　战略定位
第四节　发展目标

第三章　提高科技创新能力
第一节　集聚全球科技创新要素
第二节　完善科技创新体系
第三节　深化科技体制改革

第四章　打造全球知识产权高地
第一节　推动知识产权创造与运用
第二节　强化知识产权保护
第三节　发展知识产权服务业

第五章　构建知识密集型产业体系
第一节　发展知识密集型产业
第二节　完善知识密集型产业服务体系
第三节　优化产业空间布局

第六章　打造高水平对外开放新平台
第一节　深化中新全方位合作
第二节　打造粤港澳大湾区高质量发展重要引擎
第三节　拓展共建"一带一路"开放合作

第七章　建设绿色智慧城市

第一节　构建便捷高效交通网络
第二节　创新绿色低碳发展模式
第三节　推进数字知识城建设
第八章　构建国际化知识社区
第一节　提升公共服务水平
第二节　增强社会治理能力
第三节　健全人才服务体系
第九章　保障措施

第一章　规划背景

2010年奠基以来，中国—新加坡广州知识城（以下简称知识城）建设取得长足进展，品牌优势明显，作用日益突出。知识城升级为中新国家级双边合作项目，为知识城未来发展提供了重要机遇和强大动力。

第一节　发展基础

知识城位于广州市黄埔区、广州开发区北部，北面与白云区钟落潭镇、从化区太平镇接壤，南面与黄埔区萝岗街、永和街接壤，东面与增城区中新镇相接，西面为帽峰山风景名胜区。知识城位于粤港澳大湾区湾顶，区位优势明显，发展空间充裕，生态环境与资源环境承载能力较强。

奠基10年来，知识城各项建设任务扎实推进，基础设施建设日益完善，现代产业体系雏形初具，知识产权综合改革成效显著，科技创新平台有序布局，体制机制优势逐步显现，中新合作全面深化，具备加快发展的良好基础和突出优势。

第二节　机遇挑战

从全球看，当前国际环境正面临深刻变化，国际政治经济分工格局、国际秩序和规则面临重大调整，新兴经济体孕育着新的发展机遇。全球新一轮科技革命和产业变革加速演进，颠覆性技术不断涌现，新兴产业快速发展，新业态、新模式、新动能应运而生。中国与新加坡与时俱进地推动全方位合作伙伴关系深入发展，双方将在中国新一轮对外开放中，围绕"一带一路"倡议和粤港澳大湾区建设等国家战略，进一步深化科技创新、高端制造、知识产权、人才培养等重点领域的合作，把知识城打造成为中新合作新典范。

从国内看，我国经济由高速增长阶段转向高质量发展阶段，创新驱动战略深入实施，创新型国家建设加快推进，一批力度大、领域广的重大举措相继出台，改革开放红利进一步释放。以"一带一路"建设为统领的全面开放新格局正在形成，珠三角地区经济一体化步伐显著加快，粤港澳大湾区建设全面推进，广州国家高新区纳入全国十大世界一流高科技园区建设序列，为知识城创新驱动引领高端要素集聚提供重要支撑。知识城作为粤港澳大湾区高水平科技创新的重要载体和广深港澳科技创新走廊十大核心创新平台之一，将迎来重大发展机遇。

与此同时，知识城知识创造与科技创新能力依然不足，知识产权保护力度亟待强化，吸引和培养国内外顶尖科技人才任重道远，对中小企业创新支持力度需要加大，具有自主知识产权和核心竞争力的创新型企业总量偏少，国际一流创新创业生态环境尚未形成，市场化协同创新的体制机制障碍仍旧存在，未来发展必须提质加速。

第二章　总体要求

作为中新两国共同打造的国家级双边合作项目和国际化知识创新平台，知识城要充分发挥中新双方各自比较优势，突出唯一性、示范性、引领性，以知识引领发展，以科技创造未来。

第一节　指导思想

以习近平新时代中国特色社会主义思想为指导，贯彻落实习近平总书记对广东重要讲话和重要指示批示精神，紧紧围绕统筹推进"五位一体"总体布局和协调推进"四个全面"战略布局，牢固树立创新、协调、绿色、开放、共享的新发展理念，全面服务"一带一路"和粤港澳大湾区建设，以创新驱动高质量发展为根本，以汇聚知识型人才、发展知识经济为主线，加强与广州国家高新区联动发展，全面推动知识创新、机制创新、制度创新，开辟开放合作新路径，探索创新发展新模式，建设成为具有全球影响力的国家知识中心。

第二节　基本原则

知识引领、创新驱动。顺应全球知识竞争的新趋势，把知识创造和科技创新摆在发展的核心位置，实现经济社会发展动力和发展方式的根本转换，推动新知识、新技术、新产业、新业态、新机制融合发展。

内外联动、开放共赢。以全球视野谋划和推动创新，坚持引进来和走出去相结合，对接全球创新资源，融入国际创新网络，不断拓展开放合作的广度和深度。积极推进与港澳创新融合发展，构建功能互补、分工合理的区域创新体系。

前瞻规划、高端集聚。深刻把握新科技革命和全球产业变革对世界经济结构和竞争格局产生的重大影响，瞄准前沿领域，集中优势资源，推进系统性创新和颠覆性创新，实现产业发展核心技术和关键技术的重点突破。

以人为本、生态优先。按照绿色、智能、创新理念，推广绿色低碳的生产生活方式和城市建设运营模式，构建全域智能化环境，打造以人为本、全时空服务的智能社区，营造平等和谐的文化氛围，使人才的获得感、幸福感、安全感更加充实、更有保障、更可持续。

深化改革、先行先试。遵循社会主义市场经济规律和科技创新规律，勇于担当，敢闯敢试，以深化市场化改革激发创新活力，破除一切制约创新的思想障碍和制度藩篱，推动体制机制创新，对标国际一流规则和标准，构建支撑创新的营商环境，为创新驱动发展探索新道路、积累新经验。

第三节　战略定位

围绕建设具有全球影响力的国家知识中心，着力打造知识创造新高地、国际人才自由港、湾区创新策源地、开放合作示范区，成为粤港澳大湾区高质量发展重要引擎。

知识创造新高地。把握知识创新脉动，通过深化国际科技合作、集聚知识创新要素、完善配套服务功能、提升自主研发能力，培育以知识生产、知识传播、知识运用、知识服务和知识保护于一体的现代知识经济体系。通过知识赋能推动知识产业化，促进产业数字化，形成知识应用新场景和知识密集型经济新业态、新模式。

国际人才自由港。把吸引、用好国际创新人才作为重中之重，推动科研评价和奖励制度改革，实施更加积极的人才引进政策，创新完善人才激励机制和人才流动机制，建立与国际接轨的人才环境，集聚和培养一批具有世界一流水平的创新团队和领军人才，构建能够适应和支撑知识城发展的高水平人才体系。

湾区创新策源地。深入参与广深港澳科技创新走廊建设，发挥在技术创新、高端制造、科技服务等全产业链的知识引领作用，以重要知识创新、基础研究为发力点，在大湾区内形成基础科学、技术研发、成果转化等于一体的知识创新体系，全力推动粤港澳大湾区国际科技创新中心建设，将知识城打造成为粤港澳大湾区重要创新极。

开放合作示范区。充分发挥知识城在中新合作中的独特优势，打造与新加坡、港澳营商环境对接、经济协同发展的合作体系，复制推广自由贸易试验区改革试点经验。积极融入全球创新网络，全面提升国际科技合作水平，构建更宽领域、更多层次、更高水平开放新格局。建设广州国际科技创新产业集聚区，发挥知识城作为区域核心增长极的辐射带动作用，带动周边区域及广清、穗莞合作，共同构建区域协调发展新格局。

第四节　发展目标

对标国际标准，聚焦模式创新，突出价值创造，把知识城打造成为具有全球影响力的国家知识中心，成为中新合作的新典范、高质量发展的新样板、全方位开放的新平台、知识型创新的新标杆。

到2022年，国家知识中心建设初见成效，交通网络便捷高效，智能化基础设施系统完备，优质公共服务体系基本形成，知识密集型产业比较发达，国际创新领军人才比较富集，知识产权保护和运用达到国际先进水平，营商环境全国领先。每万人口发明专利拥有量超过100件，研究与开发（R&D）经费占地区生产总值比例超过4.5%，数字经济占比达到40%以上，知识城在全球的知名度和竞争力明显提升。

到2035年，知识城建设取得全面成效，治理体系和治理能力实现现代化，领军人才高度聚集，知识密集型经济高度发达，高质量创新活动高度活跃，相关领域自主研发能力处于国际领先水平，知识科技管理与知识产权保护成为全球典范。营商环境位居国际前列，宜居宜业新城全面建成，知识城全面建成具有全球影响力的国家知识中心。

第三章　提高科技创新能力

紧紧把握全球新一轮科技革命和产业变革重大机遇，依托粤港澳大湾区集聚全球创新资源，大力推进基础研发和原始创新，成为粤港澳大湾区高质量发展重要引擎。

第一节　集聚全球科技创新要素

汇聚全球顶尖人才。引进国内外知名大学，培育世界级研发机构，以此为基础建设高水平、国际化的创新型大学。吸引国际学术前沿的一流科学家，重点引进诺贝尔奖获得者、国家最高科学技术奖获得者以及两院院士，培养一批具有成长为两院院士潜力的人才。依托重大研究课题或应用研究项目，组建具有国际影响力、创新成果突出的创新团队。携手港澳强化开放创新，积极参与国际大科学计划和大科学工程，通过打造具有全球人才配置功能的平台载体，吸引各类高层次专门人才和高端复合型人才。

集聚高端研发机构。围绕国家战略需求，与全球顶尖高校和科研机构共建联合研究院，积极承担重大基础和前沿科研任务。加快聚集国际化高端创新资源，支持广州再生医学与健康广东省实验室建设。加强与国际知名高校合作，建设信息科学、材料科学等重点实验室。吸引海内外顶尖研究院所、高校在知识城设立全球领先的科学实验室和研发中心。鼓励行业领军企业构建高水平研发机构，引导领军企业和科研单位系统布局创新链。围绕世界科技前沿和区域发展需求，采取中外合作、央地共建、军民共建等模式加大重大科技基础设施布局。

加大科技创新资金投入。强化资本市场对科技创新支持，鼓励符合条件的战略性新兴产业的企业发债融资，支持为企业创新活动提供股权和债权相结合的融资方式，鼓励社会资本设立战略性新兴产业发展基金和投资基金。支持股权投资管理机构、创业投资管理机构在知识城内发起、管理人民币股权投资和创业投资基金。鼓励天使投资、创业投资等风险投资机构在知识城内开展业务。持续稳定支持高水平的基础和应用基础研究，构建多元化联合资助体系。

第二节　完善科技创新体系

完善多主体跨区域协同创新体系。积极引进高校与科研院所研发机构，超前布局基础研究，加强重大基础前沿和战略高技术研究，加强跨学科、跨领域科学研究，关注颠覆性技术，推进前瞻性变革性技术研发。强化企业在创新活动中的主体地位，培育一批核心技术能力突出的世界一流创新型企业，鼓励跨国企业在知识城建设区域性研发总部、研发中心。鼓励企业和高校、科研院所合作设立科研基地或联合实验室，建设产业共性技术研发平台和行业检测平台。推动产业上下游企业合作开展网络化、开放式协同创新，推动产业创新中心在知识城落地。建立跨区域协同创新机制，优化创新研发跨区域合作、科技创新自由开放共享、资金人才跨区域流动，推动创新要素自由流动，优化重组。

主动融入全球创新体系。充分发挥知识城科技和产业优势，打造粤港澳大湾区创新创业共同体。建设对外科技合作和技术转移园区，与全球知名创新园区联合设立创新服务联盟，合作建设面向"一带一路"沿线国家和地区的科技创新基地。加快布局海外创新中心，积极引进国际创新服务公共机构，支持国际性学术组织、产业组织和公益组织在知识城举办国际性创新交流活动，继续加快创新体系的开放进程，提高创新要素的跨境流动水平，不断提升利用全球创新资源的能力。

切实改善科技创新生态。以促进科技成果转化和加强创新服务为重点，着力实现"众创空间—孵化器—加速器—科技园"的全链条创新创业模式，大力发展研发设计、中试孵化、检验检测、成果转化等科技服务机构，建设科技文献服务平台、科学数据共享平台、技术转移服务平台等公共服务平台。建立一批低成本、便利化、开放式虚拟创新社区，大力发展科技中介服务与科技金融服务，创新服务模式，鼓励创业投资基金在知识城设立分支机构，建设社会化、网络化的科技中介服务体系和国际一流科技服务中心。

第三节　深化科技体制改革

创新人才管理机制。积极探索人才自由流动等先行先试政策，将知识城打造为国际人才自由港。健全吸引国际人才体制机制，强化人才政策统筹协调、人才信息资源共享，设立海外人才工作站，实现精准引才高效引智。积极为领军人才申请签证、居留证件、永久居留证件提供便利。探索建立与国际接轨的全球人才招聘制度和吸引外国高技术人才的管理制度，建立住房、子女入学、就医社保服务通道。尊重个人兴趣，倡导学术自由，赋予创新领军人才更大的人财物支配权和技术路线决定权。畅通科研人员在高校院所与企业间的双向流动渠道，破除限制人才自由流动的体制机制障碍。改革完善人才培养、使用、评价机制，善聚善用各类人才。

健全促进科技成果转化的机制。健全技术创新的市场导向机制和政府引导机制，加强产学研协同创新，促进企业成为技术创新决策、研发投入和成果转化的主体，使创新转化为产业活动。完善科技成果使用、处置和收益管理制度，加大对科研人员转化科研成果的激励力度。建立"创新链—产业链—价值链"融合发展机制，通过成果应用体现创新价值，通过成果转化创造财富。

完善有利于开放创新的体制机制。以中新国际联合研究院为支撑，创新研发成果转化的体制机制，加快建设科研中心和跨领域科技研究走廊。建立中新广州知识城智库，对标国际高端创新论坛，打造知识领域的国际化高端战略对话平台。以推动科技创新要素自由流动为重点，加速在知识产权和产权保护、营商环境、政府监管等方面的制度创新，提高科技创新体制的开放度和包容性，夯实全球创新要素集聚和扩散的基础性制度，推动形成"走出去"和"引进来"深度融合的开放创新局面。

第四章 打造全球知识产权高地

落实《国务院关于同意在中新广州知识城开展知识产权运用和保护综合改革试验的批复》，深入实施知识产权战略，深化知识产权领域改革，破除制约知识产权支撑创新驱动发展的体制机制障碍，打造"立足广东、辐射华南、示范全国"的知识产权引领型创新驱动发展之城。

第一节 推动知识产权创造与运用

提升知识产权创造能力。营造鼓励知识产权创造的良好文化氛围，将知识产权作为创新活动的主要产品和价值载体，加强对高价值知识产权的扶持力度。实施知识产权质量提升工程，优化专利、商标、版权等知识产权结构和布局，形成一批核心自主知识产权。依托国家知识产权局专利局专利审查协作广东中心，开展专利远程会晤制度创新，为专利申请人与专利审查员面对面沟通交流提供便捷的途径。推动创新主体贯彻知识产权管理规范国家标准，培育一批知识产权数量密集、价值高、具有市场竞争优势的知识产权强企。支持企业研发和储备国际专利，加强高价值知识产权海外布局。支持高等学校、科研院所建立健全知识产权转移转化机构，探索与企业联合建立高价值专利创造中心。

加速知识产权市场化运营。建立完备的知识产权转让、许可等知识产权运用体系，加快建设知识产权运营服务体系。支持广州知识产权交易中心业务发展，注重培育一批产业特色突出的知识产权运营机构，为打造成为全国性知识产权交易中心创造条件。建设中国（广州）国际知识产权运营中心，实现知识产权交易许可、价值评估、质押融资、风险投资、智库建设、公证服务以及国内外知识产权服务机构引进等功能于一体。设立知识产权合作平台。充分发挥专利导航对于产业发展的引领与服务作用，推动形成专利创造和发明经营的产业链。支持企业和机构举办知识产权创新创业大赛，建立常态化知识产权转化路演平台，由国家知识产权局支持并推荐符合条件的单位申报技术与创新支持中心（TISC）。

培育知识产权金融服务市场。引导培育多元化知识产权金融服务市场，优化知识产权质押融资服务体系，加快完善知识产权质押融资扶持及市场化风险补偿机制，鼓励知识产权服务机构、商业银行等金融机构与知识产权创新主体按照风险可控、商业可持续的原则，开展知识产权质押融资。开展知识产权金融创新，鼓励金融机构在依法合规、风险可控的原则下，开展知识产权保险、信托等知识产权金融产品或衍生品创新业务。在知识城探索开展知识产权证券化试点，在上海证券交易所、深圳证券交易所探索发行知识产权证券化产品。

第二节　强化知识产权保护

构建科学合理的知识产权保护体系。实行严格的知识产权保护标准，统筹推进知识产权保护，从审查授权、行政执法、司法保护、仲裁调解、行业自律等环节，改革完善保护工作体系，综合运用法律、行政、经济、技术、社会治理手段强化保护，促进保护能力和水平整体提升。更好发挥广州知识产权法院作用，加强知识产权司法保护，完善知识产权审判"三合一"制度，推动知识产权审判领域改革创新。设立知识产权公证处，为粤港澳大湾区创新主体提供专业化、便利化的知识产权公证服务。有效行使省级知识产权行政执法权限，提高知识产权行政执法效能，加强知识产权行政执法专业队伍建设。加强知识产权在生物医药、新一代信息技术等重点领域保护力度，加大对侵权假冒行为的行政处罚力度。加快推进知识产权领域信用体系建设。

健全知识产权维权服务机制。充分发挥中国（广东）知识产权保护中心和国家版权保护中心广州版权产业服务中心作用，为新一代信息技术、生物医药等重点产业快速审查、快速维权、协同保护等方面提供强有力的服务支撑。加强维权援助与举报投诉体系建设，深入对接产业联盟、行业协会，拓展维权援助服务渠道，提升工作质量与效率。加强对港澳及海外知识产权的维权援助，构建对港澳及海外知识产权的维权机制，积极推动知识产权海外侵权责任保险工作。

完善知识产权纠纷多元化解决机制。加强仲裁机构、调解组织建设，依托中国（广东）知识产权保护中心建立专业性调解组织并促进香港律政司及香港的相关调解机构与内地有关方面就利用调解解决境内及跨境知识产权争议、相关调解员的培训及认可、制定相关调解程序、调解员守则及名册，以及相互执行经调解所产生的跨境和解协议等方面的合作。合作的具体落实应对接粤港澳三地法律部门早前同意设立的大湾区调解平台。该调解平台主要职责包括制定统一的大湾区调解员资格评判标准、大湾区跨境争议的调解规则最佳做法及调解员专业操守的最佳准则等。鼓励知识城内企业以调解解决境内及跨境知识产权争议。发挥广州知识产权仲裁院作用，支持争取在知识城内注册的企业相互之间约定在内地特定地点、按照特定仲裁规则、由特定人员对有关争议进行仲裁的，可以认定该仲裁协议有效，裁决文书经相关仲裁机构对接确认后发生法律效力。支持知识城内企业可约定由境外（包括香港特区）仲裁机构对境内纠纷进行仲裁，积极引进国际先进国家及香港特区的仲裁机构、组织，提供更全面的国际化知识产权仲裁服务，令相关的仲裁裁决可在内地及香港获得执行。开展知识产权民事诉讼与调解对接工作，推动建立知识产权纠纷调解协议的司法确认制度。完善知识产权纠纷调解与仲裁的衔接机制，实现案件的有序分流。

第三节 发展知识产权服务业

促进知识产权服务业高端化与多元化发展。大力培育知识产权服务各类业态，构建知识产权代理、咨询、商用化、交易、融资、法律和培训等全链条知识产权服务业体系。构建扶持知识产权服务业发展的政策体系，发展壮大一批市场化、专业化、品牌化、国际化的知识产权服务主体，鼓励为技术研发、货物贸易、服务外包、海外投资、品牌输出等活动提供知识产权专业化服务。鼓励在知识城先行开展外国专利代理机构在华设立常驻代表机构的试点工作。放宽合伙制专利代理机构准入门槛，允许一定比例不具备专利代理资格的人员成为有限责任制专利代理机构的股东，推动专利代理机构合伙人结构多元化和专业化"双提升"。积极推进国家知识产权服务业集聚发展试验区建设。按照国际标准规划设计，建设知识产权服务园区，建设知识产权信息公共服务平台，办好知识产权珠江论坛，建设知识产权文化传播展示基地。

提升知识产权服务业对外开放水平。借助中新国家级双边合作平台和"一带一路"倡议支点的区位优势，以知识产权合作为切入点，全面对接沿线国家和地区创新资源，逐步提高国际影响力。加强知识产权金融国际交流，推进在知识产权保险、运营、评估等方面共享研究成果，探索具有中国特色的知识产权金融模式。探索与新加坡共建知识产权学院，培养知识产权领域的国际化专业人才。

第五章 构建知识密集型产业体系

坚持生产生活生态融合，优化产业创新环境，推动知识密集型产业高端化、国际化、数字化、智能化、集约化发展。重点推进生物医药与大健康、新一代信息技术、新材料新能源等产业发展，着力布局科教服务与数字创意、智能制造产业，形成特色鲜明、优势凸显、国内一流、国际领先的产业集群，打造新兴产业策源地。

第一节　发展知识密集型产业

生物医药与大健康产业。围绕生物医药、生物医学工程、生物服务、现代健康服务等产业，前瞻布局精准医疗、数字生命等前沿交叉领域。重点研发创新药物、新型疫苗、先进医疗装备和生物治疗技术，加大肿瘤防治、基因检测、无创筛查等领域的临床应用和产业化进程。着眼国际最新生物医药发展成果，大力促进癌症、心脑血管疾病、遗传性疾病等重大、流行疾病领域生物技术药物生产。积极引进现代中药企业进驻开发中药新药。组建专科医院或医院重点专科，建成高端医疗产业服务集群。建立生命健康大数据平台，推动生物信息分析及生物软件开发，完善个性化医疗健康管理与服务，探索健康和亚健康管理、慢病管理、防衰老管理等分级式和多元化健康管理服务模式。

新一代信息技术产业。加快推动新一代移动通信、下一代互联网、云计算、集成电路、物联网、大数据、高性能计算等技术研发和综合应用。促进新一代信息网络技术向各行业全面融合渗透，构建融合创新、智能协同、安全可控的新一代信息技术网络产业体系。推进区块链场景应用，加速培育区块链产业集群，开展面向粤港澳的区块链创新试验。重点建设综合性、行业性、区域性工业互联网平台。积极构建大数据技术产业体系和大数据应用产业体系，促进传统产业网络化、数字化、智能化转型。大力培育共享经济、平台经济等数字经济新模式新业态，开展面向应用的大数据综合试验，建立健全数据资源汇聚、流动与开放规则。

新材料新能源产业。以高性能工程塑料、高性能纤维材料、新型显示材料、先进高分子材料等前沿新材料为重点，加大在新材料领域的研发攻关力度，培育具有自主知识产权支撑的新材料产业集群，建设完备的新材料产业体系。依托国家新能源综合利用示范区，以能源结构优化为驱动力，构造与城市建设体系相协同的新能源综合利用体系。

科教服务与数字创意产业。创新各类科教服务业态，激活科教服务载体，造就推动知识创造和科技产业发展的新型服务环境。加快推动文化产业和数字化技术相结合，重点发展研发设计、动漫游戏、新媒体影视等，促进"互联网+文化创意"新业态，构建文化引领、技术先进、链条完整、融合发展的数字创意产业发展格局。

智能制造产业。着力发展智能制造产业链两端环节，建设成为智能装备产业未来发展中心。重点发展智能机器人、新能源汽车、高端装备、新型显示、3D打印、云制造、工业软件、智能传感器等智能制造产业，重塑制造业的技术体系、生产模式、产业形态和价值链条，实现制造业向价值链高端迈进。着力发展一批方案设计、设备采购、装备开发、安装维护、检测认证的专业服务机构，培育一批具备整体设计和解决方案提供能力的、实现专业化机器人及智能装备系统集成的企业。

第二节 完善知识密集型产业服务体系

健全产业孵化育成体系。培育知识密集型龙头企业，大力发展总部经济。支持龙头骨干企业、投资机构、高校院所发挥有利条件，通过市场化机制、专业化服务和资本化途径，构建低成本、便利化、全要素、开放式、生态型的众创空间。完善高新技术企业培育库，优化"初创企业—雏鹰企业—瞪羚企业—独角兽企业"培育体系。推进军民两用技术双向转化应用、促进军民融合产业发展。探索构建有利于创新创业文化发展的制度体系。

优化金融支持服务体系。规划建设知识城金融云谷，设立亚洲金融创新研究院，以新一代信息技术为核心，打造云计算、大数据、人工智能、区块链等金融科技服务业态集群，在依法合规的前提下推进科技与金融良性互动，成为国际化金融创新资源聚集地。探索进一步放宽金融外资准入限制，支持符合条件的外资（包括香港）金融机构在知识城内设立银行、证券、保险、金融租赁、财务公司、汽车金融、消费金融公司等外资金融机构。研究探索在知识城内设立中新（中国—新加坡）保险公司，增强保险机构服务实体经济和创新发展的能力。完善信用担保支持体系。建立科技创新产业投融资联盟。按照"成熟一家、设立一家"原则，支持符合条件的民营企业在依法合规的前提下发起设立民营银行。发展多层次资本市场、拓宽直接融资渠道，加强与上海证券交易所、深圳证券交易所、全国中小企业股份转让系统的战略合作，鼓励与新加坡交易所加强合作，支持知识城内企业在新加坡证券交易所直接上市。有序推进与香港金融市场的互联互通和特色金融合作，开展科技金融试点，加强金融科技载体建设，扩大跨境投资空间，丰富投资产品类别和投资渠道。扩大金融领域对内对外开放，打造具有国际影响力的风投创投中心，开展跨境人民币创新业务，在人民币国际化方面先行先试。支持符合条件的企业发行外债进行融资，募集资金根据需要自主在境内外使用，促进企业经营发展。

营造有助于知识密集型产业发展的国际一流营商环境。对标世界银行营商环境评价指标体系，以新加坡、香港等一流营商环境经济体为标杆，创建国家级营商环境改革创新实验区，进一步改进优化市场准入、产权保护、政务服务、法治保障等方面的制度安排，加快建立与国际高标准投资贸易规则相衔接的制度体系，营造"稳定、公平、透明、可预期"的国际化营商环境。深化"相对集中行政许可权"改革试点，推进信用承诺制审批，提升行政服务效能。创新货物通关模式，提升贸易、投资自由化与便利化水平。

第三节　优化产业空间布局

在知识城范围内，沿开放大道为轴线，以山体湖泊为生态绿色屏障，打造知识创造与科技创新核，构建知识辐射传播轴，实施产业用地"留白"弹性机制，高水平建设知识密集型产业组团，打造"一核一轴四组团"的总体空间布局，发挥示范引领和辐射带动作用，协同周边区域实现高质量发展。

一核：知识创造与科技创新核。位于知识城中部，重点发展总部经济、科教服务、知识产权、新一代信息技术服务、文化创意、科技和金融服务、商贸新零售、电子商务等知识交易市场体系和现代服务业体系。

一轴：知识辐射传播轴。沿开放大道构建功能高度复合的创新发展轴线，依托轨道站点和重要功能节点，链接"一核四组团"，形成不同特色的创新型产业区域。

四组团：新一代信息技术产业组团、高端装备制造与新能源汽车产业组团、生命科学与生物医药产业组团、新材料新能源及集成电路产业组团。四组团中，南部组团两个，北部组团两个，其中：

知识城南部两组团主要承接新一代信息技术、高端装备制造与新能源汽车产业。主要是指凤凰湖以南、花莞高速以东、广河高速以北、平岗河以西区域。着力发展智能制造产业链两端环节，主要包括智能制造零部件研发、智能制造孵化、智能制造系统集成，重点突破高端智能装备制造业及关联的生产性服务业、机器人、新能源汽车等领域。布局建设数字经济园区，发挥知识城产业生态、产权保护、国际合作等有利于发展数字经济的独特优势，大力发展智能制造技术、智慧经济、分享经济、平台经济等新兴产业。

知识城北部两组团主要承接生命科学、生物医药、新材料新能源及集成电路产业。主要是指人才大道以北、永九快速以东、知识城北站以南、九佛快速以西区域。围绕精准医学产业，以知识城通用电气生物科技园、百济神州等龙头项目为带动，集聚国内外著名医药研发机构，重点发展肿瘤防治、基因检测、无创筛查、高性能医疗设备的研发制造等，在智慧医疗产业开发、生物信息数据分析关键技术研发和应用等环节取得重大突破。加强新材料新能源技术研发和节能环保、绿色低碳技术的产业应用，建设国家新能源综合利用示范区，聚焦智能芯片研发，打造广州创"芯"智造园。

第六章　打造高水平对外开放新平台

以推动高水平开放合作为目标，拓展对外开放领域，提高协同发展水平，探索合作共赢模式，把知识城打造成为中新两国与时俱进的全方位合作伙伴关系新典范，成为"一带一路"建设和粤港澳大湾区建设的重要平台载体。

第一节　深化中新全方位合作

深化与新加坡的科技创新和产业合作。推进知识城制度创新与政策创新。发挥新加坡在科技创新、产业发展方面的特色优势，依托腾飞广州科技园、中新国际联合研究院、新加坡国际制造创新中心、中新国际智慧产业园等标志性项目，重点开展新一代信息技术、人工智能、生物医药、新材料新能源等领域的科技合作研究和产业化。鼓励和引导新加坡企业、高校、科研院所建立高水平协同创新平台，加快中新国际科技创新合作示范区建设，加大双方在全球战略性新兴产业及总部经济方面的招商引资力度和资源投入，引导符合知识城发展方向的投资项目优先落户。

扎实推进与新加坡在知识产权领域的合作。落实中国和新加坡政府间知识产权领域合作谅解备忘录中的相关事项，促进两国相应的知识产权机构和组织在知识城开展业务交流与合作，支持新加坡专利代理等服务机构试点设立常驻代表机构，在依法合规前提下，支持新加坡金融机构在知识城开展知识产权金融创新，打造"国际知识产权创新服务中心"，进一步放开双边跨境知识产权服务领域。

积极拓展与新加坡在人才培养领域的合作。以北京大学粤港澳大湾区知识产权发展研究院为基础,引入加州大学伯克利分校、新加坡知识产权学院等教育资源,创新知识产权人才培养模式,打造具有国际视野和较强实战能力的知识产权运营类高端人才输出基地。加强与新加坡知名大学和科研院所的教育合作,探讨按照对等互惠原则商签两国大学生实习交流项目协议,便利更多新加坡大学生到知识城创新创业。鼓励新加坡在知识城建设中学、大学、科研院所,打造知识城教育小镇,进一步扩大和深化人文交流合作。

加强与新加坡在城市治理等领域的交流合作。借鉴新加坡城市建设、社会治理等成功理念和方法,加强生态文明、循环经济、环境研究、发展和治理等领域合作,推动人工智能运用和城市管理升级,共同打造具有可持续发展的和谐宜居智慧城市。

第二节 打造粤港澳大湾区高质量发展重要引擎

建设粤港澳大湾区重要创新极。发挥在广深港澳科技创新走廊中的重要创新平台作用,与深港科技创新合作区、南沙庆盛科技创新产业基地、粤澳(横琴)深度合作区等重大创新载体串珠成链打造大湾区创新带,提升区域协同创新能力。推进粤港澳大湾区协同创新研究院建设,构建国际一流的科学研究、产业发展及人才培养等产学研一体化的创新体系。积极参与粤港澳大湾区国际科技创新中心建设,加大对基础科学理论的研究力度,围绕粤港澳企业创新创业需求,不断输出重要原创知识和基础研发成果。运用量子计算、5G、区块链、物联网等新兴及前沿技术,建设具备更加高效稳定的海量数据存储、备份、运行及处理能力的国家级超大型 IDC 数据中心,探讨创建粤港澳大湾区国家大数据综合试验区。研究建立粤港澳三地数据流动融合长效机制,高水平打造大数据流通与交易综合服务平台。设立粤港澳及海外院士专家创新创业联盟,建设院士学术交流中心,举办院士高峰年会,探讨与"大湾区院士联盟"互动合作,推动开展学术、科技交流和科技产业合作。

构建粤港澳大湾区科技成果孵化和转化平台。创建粤港澳大湾区青年创新创业基地,重点打造面向港澳的示范性孵化器、众创空间和价值创新园区。依托中国科学院生命健康研究院、广州再生医学和健康广东省实验室,打造生命科学与健康领域高水平人才培养基地、高水平前沿研究基地、临床应用基地、成果转化及产业化基地,打造独具特色的国际科技企业加速器集群,为港澳及海外企业提供全生命周期产业发展平台。支持港澳及海外投资机构参与投资知识城私募投资基金和创业投资基金，构建多元化、国际化、跨区域的科技创新投融资体系。

构筑粤港澳大湾区知识产权创新枢纽。充分发挥粤港澳大湾区知识产权联盟作用，强化大湾区内企业、机构相互间的合作，推动资源共享、共同发展。依托广东知识产权交易博览会和亚洲知识产权营商论坛，搭建粤港澳知识产权交流合作平台。探索知识产权专业人才互认机制，全面加强与港澳在知识产权保护、专业人才培养等领域的合作。引入一批港澳知识产权服务机构，培育一批产业特色突出的知识产权运营机构，支持开展粤港澳知识产权金融、保险、交易、贸易活动。建立粤港澳大湾区知识产权信息公共服务平台，作为全国知识产权信息公共服务体系建设的重要节点，形成知识产权信息交换共享机制。

深化与港澳在教育、医疗、生物医药等各领域合作。大力支持港澳高校在知识城设立分校和附属机构，开展与港澳职业教育在招生就业、培养培训、师生交流、技能比赛等方面的合作，完善职业教育资源共享机制。对接港澳"青年内地交流资助计划"等重点项目实施，深化与港澳高校、青年组织等常态化交流合作。依托知识城南方医院、中山大学肿瘤防治中心知识城院区等，积极引入港澳一流医疗卫生服务机构。推动港澳教育、规划、法律等领域的专业人才在知识城便利执业，允许产学研复合型人才多岗位兼职，推动人才互通共享。探索设立国家药品监督管理局粤港澳大湾区药品和医疗器械审评检查中心的服务窗口，为相关企业申请药品医疗器械注册提供便利性服务。

第三节 拓展共建"一带一路"开放合作

深化与"一带一路"沿线国家和地区的交流合作。加强"一带一路"框架下国际贸易、金融支撑等重点领域合作。共同建设境外经贸合作区，打造经贸合作新平台，创新投资贸易新模式。鼓励社会资本成立产业投资基金，按照市场化、商业化原则为竞争性产业领域项目提供资金支持，打造服务于"一带一路"倡议的金融合作平台。定期主办企业交流活动和论坛，协助企业依托各自优势，合作承建一批能源、交通、电力等领域的重大建设项目。会同香港、澳门携手新加坡，支持企业以市场为导向，在互利共赢的基础上开展国际经济技术合作，开展绿地投资、实施跨国兼并收购，带动装备、服务、技术、标准"走出去"。借助香港、澳门在争议解决、管理咨询、项目策划、知识产权、金融、保险等国际化专业服务方面的优势，加快建立完善企业"走出去"综合服务平台和风险监测预警机制，推进全球经贸工作网络建设。在知识城建设项目中试行香港工程建设管理模式，引入香港建设专业机构及人才提供服务，形成穗港合作建设范例。

搭建共建"一带一路"全面开放合作新平台。深化落实中国—东盟科技伙伴计划，开展与东盟国家的园区共建，探讨建立科技创新合作新机制，广泛推动与东盟国家在教育、卫生、文化、旅游、生态环境保护等领域的合作。积极参与中国—以色列科技合作，推动以色列生物医药、机器人、高端智能装备、人工智能等领域高技术产业合作项目在知识城孵化落地。深入推进与沙特的产能合作。支持欧盟地区国家高端研究机构、企业在知识城设立研发中心或者分支机构，鼓励双方科技研发机构和科技企业加强创新合作，重点围绕新一代信息技术、人工智能、生物医药、新能源和新材料等领域与欧洲企业开展项目合作。

第七章　建设绿色智慧城市

牢固树立绿色发展理念，把人与自然和谐共生贯穿到知识城规划、建设、治理各领域各环节，构建便捷高效交通网络，建设绿色市政基础设施。按照智能、创新要求，规划建设智慧交通、智慧城管、智慧卫生、智慧教育、智慧社区等重点工程，全面推进信息多领域应用。

第一节　构建便捷高效交通网络

建立层次分明、功能明晰的综合交通体系。增强知识城与粤港澳大湾区主要城市交通设施的连通性，纳入粤港澳大湾区互联互通基础设施网络，加快建设穗莞深城际，加强知识城与广州白云国际机场、广州火车东站、广州南站等枢纽的衔接，加速湾区内创新要素流动。依托轨道交通及高快速路网促进知识城全面融入城市交通圈，打造"外联内通"交通路网体系。

打造绿色畅达的公共交通网络。贯彻"公交先行"理念和智慧交通、绿色交通理念，打造以四层次公交线网体系（快、干、支、微）为主体、有轨电车为骨干、出租汽车为补充、自行车为辅助，多种交通方式为一体的公共交通网络体系。打造"1+1+3"的多式联运客运枢纽体系（1个市级客运枢纽、1个区级客运枢纽、3个组团级客运枢纽），保障创新人才的快速通达与集聚，构建与就业、休闲娱乐高度结合的公共交通体系，形成以交通线为导向的城市功能立体发展空间。

提升智慧交通服务水平。以物联感应、移动互联、人工智能等技术为支撑，构建实时感知、瞬时响应、智能决策的新型智能交通体系。建设知识城智慧交通换乘中心，为知识城内乘客提供便捷、高效的换乘条件，实现公共汽车、出租车以及私家车等各种交通方式的"无缝接驳"，完善知识城交通服务功能。在大型公共建筑、公共交通站点等人流集中区域打造一体化舒适连贯的城市慢行系统，提供智能便捷的"最前一公里与最后一公里"步行体验。

第二节 创新绿色低碳发展模式

打造和谐发展的生态空间。构建"三山屏障、一廊骨架、蓝绿脉络、绿园点缀"的生态绿地结构。高标准规划建设城市防洪（潮）排涝设施，划定永久蓝线、预控蓝线两级管控，控制水面总量占城乡用地的比例，确保区域防洪（潮）安全、供水安全、水生态安全。坚持保护优先、预防为主、防治结合、源头治理与末端治理相结合的原则，科学划定环境功能分区。结合城市组团布局以及城市重要公共空间和标志性建筑，打造城市空间景观廊道和景观节点体系。利用城市森林、组团隔离带，营造大尺度绿色空间。依托凤凰湖和九龙湖以及重要水系、湿地，塑造滨水活动空间，丰富亲水活动类型，形成多层次、多季节、多色彩的植物群落配置，呈现山水林田湖环绕、城绿交融的中国画卷。

构建环境友好型产城融合格局。根据气候、风向、地理等客观因素，科学合理布局生产、居住、学校、医疗等项目。建立健全新增产业的禁止和限制目录，严格限制引进废水、废气、重金属或持久性污染物排放量大的工业企业。合理配置、高效利用、有效保护水资源，建设节水型社会。加强知识城绿色园区建设，实现知识城与周边地区的水体、公园、绿色廊道等生态要素一体化保护利用和污染联防联治。依托山水田林资源，大力发展都市农业、生态农业、观光农业，实施乡村振兴战略，打造"美丽乡村"。有效控制和减少温室气体排放，推动绿色低碳发展。

建设功能多样的海绵城市。科学编制知识城海绵城市建设顶层规划与系统方案，综合采用"雨水花园、下沉式绿地、生态湿地"等低影响开发设施，实现中小降雨100%自然积存、净化，规划城市建设区雨水年径流总量控制率不低于82%。以九龙湖、凤凰湖及其上下游水系等为重点，全面推进知识城海绵城市建设，打造多层次雨洪调蓄利用系统，严格按照国家规定的城市内涝防治和排水管网建设标准要求，高标准建设城市排水系统，提高知识城防洪排涝能力。

高标准构建环境污染治理体系。关注产业与人口增加对区域环境带来的压力，实时采集知识城大气、水环境、噪声污染等信息，开展环境信息统计分析，实现环境信息的实时发布、查询和预警预报，实现知识城生态环境的可视化。提高"三废"综合利用及治理服务，推进"三废"处理用生物菌种和添加剂开发与生产。加速高效、低能耗污水处理与再生技术研发，推进削减和控制重点污染物排放技术开发与应用。

构建绿色能源体系。大力发展清洁能源，科学布局天然气分布式能源站，推广光伏发电，加快充电桩、充电站、加氢站等新能源汽车基础设施建设，加强绿色能源技术交流合作，加快节能环保产业与新一代信息技术、先进制造技术的深度融合，全面提升能源使用效率。加快建设全国首个花瓣式智能电网，实现供电可靠率达到99.999%。

全面推广绿色建筑。打造有知识城特色的绿色建筑发展体系，积极稳妥推广装配式、可循环利用的建筑方式，推动绿色建筑100%全覆盖，新建政府投资及大型公共建筑全面执行三星级绿色建筑标准。加快知识城绿色生态园区规划建设，推广绿色低碳的生产生活方式和城市建设运营模式，使用先进节能环保材料和技术进行城市建设，营造优质绿色市政环境，筑牢绿色智慧城市基础。

第三节 推进数字知识城建设

构建智能基础设施体系。建设智慧给排水、智慧电力设施，对交通灯、道路标识、照明、雨水收集系统、污水管网、供水管网、供电系统、河涌、井盖、绿化带等公用设施运行数据进行监测，实时、动态地掌握城市运行状态，形成发现、上报、交办、整改、反馈的全闭环管控，实现全面的感知、智能的控制、广泛的交互和深度的融合，构建智慧城市的神经末梢网络。结合城市功能需求，建设干线、支线和缆线管廊等多级网络衔接的智慧综合管廊系统。

建立城市数据资产管理体系。构建透明的全量数据资源目录和数据资源开放共享管理体系。建设安全可信的网络环境，建立安全态势感知、监测、预警、溯源、处置网络系统，打造全时、全域、全程的网络安全态势感知决策体系，加强网络安全等级保护、网络与信息安全通报等相关制度建设。推进数字化便民服务体系建设。开展楼宇智能化工作，建设"互联网+"智慧小区，为居民提供更加安全、便利、舒适的生活环境。

健全城市智能安全网络。利用北斗时空云平台、城市三维基础数据库，打造信息化、体系化、专业化的防灾减灾系统，高标准建设智能化社会治安防控体系，切实提高防范、打击违法犯罪和应对处置突发公共事件等方面的能力。健全综合应急体系，完善应急指挥救援系统，建立安全生产、市场监管、应急保障、环境保护、治安防控、消防安全、道路交通等部门公共数据资源共享机制。

第八章　构建国际化知识社区

围绕吸引国内外顶尖人才，建设国际一流水准的基础设施和工作生活环境，提高城市治理能力和治理体系现代化，将知识城打造成为创新乐土、宜居家园。

第一节　提升公共服务水平

优先发展现代化教育。引进优质基础教育资源，按照可容纳人口规模合理均衡配置教育资源，布局高质量的学前教育、义务教育、高中阶段教育以及高等教育创新办学模式，以新机制、新模式构建高水平、开放式、国际化高等教育聚集高地。规划建设知识城国际学校、职业院校，建设集继续教育、职业培训、老年教育等功能为一体的社区学院。

高标准配置医疗卫生资源。规划建设集临床服务、医疗教育、医学科研和成果转化为一体的医疗综合体，建设国际一流、国内领先的质子治疗专科医院集群。全面打造15分钟基层医疗服务圈，实现基层医疗卫生机构标准化达标率100%。加快知识城全民健康信息平台建设，大力发展智能医疗，建设健康医疗大数据应用中心及应急处置中心。

强化公共服务配套体系。借鉴新加坡发展模式，建设知识城特色商圈，建设功能齐全、服务完善的社区中心、邻里中心和街坊中心三级生活圈，建设国际一流水平的配套设施。提升知识城文化品位，高质量配置城市图书馆、艺术馆、博物馆等设施，增加艺术氛围。积极辐射服务周边地区，打造广州中部地区的区域公共服务中心。完善区域内消防救援站点等公共安全基础设施和应急救援力量体系建设。

完善住房保障体系。坚持房子是用来住的、不是用来炒的定位，完善多层次住房供给政策。坚持市场主导、政府引导，形成供需匹配、结构合理、流转有序、支出与消费能力基本适应的住房供应格局。加快构建以公租房、政策性租赁住房和共有产权住房为主体的住房保障体系。以解决新市民和年轻人的住房困难为出发点，大力培育和发展租赁住房，重点发展小户型、低租金的政策性租赁住房；因地制宜发展共有产权住房，满足高层次人才个性化需求。

第二节 增强社会治理能力

实施"智慧政务"工程。全面推动"数字政府"建设，设立政府大数据管理机构，开展政务服务数据资源共享管理，高水平建设集办公、审批、对外服务、监察、信息公开于一体的智慧政务平台，优化政府职能，提升政府服务水平。进一步深化数字知识城建设，推动企业审批和服务事项实现"一网通办"，搭建科技、招商、筹建、产权保护等管理信息平台，集成政府咨询、投诉、建议等功能，提高信息综合分析处理能力。

创新共建共治共享社会治理模式。建设一批创新功能与居住、生活、商务功能混合、空间融合的高端社区，积极推进社会治理体制改革，加快基层治理创新，全面打通发现问题、响应诉求的工作渠道，切实解决好服务群众的"最后一公里"问题，提升人民群众的获得感。创新社会协商机制。畅通市民与政府之间的沟通协商渠道，健全完善劳资纠纷、征地拆迁、邻避设施建设等领域和共享经济等新业态社会共治领域平等协商机制，保障各方的知情权、参与权和平等对话权。

第三节 健全人才服务体系

打造人才服务驿站。设立一站式人才服务大厅，建立人才数字档案和人才数据追踪系统，形成高层次人才信息库。实现人才业务在线服务，按照人才需求即时收集分析最新动态，实现人才供需的合理高效匹配。配备专业人才管家，提供专业咨询服务、高效代办服务，为各类人才提供全方位精准服务。引进一批国内外一流的人力资源服务机构，鼓励发展人力资源服务外包、薪酬管理、人力资源管理咨询等新兴业态，打造最佳体验、最高效率、最优服务的人才工作地标和人才服务枢纽。

优化人才创新创业生态。加快发展创新创业孵化服务，引进境外先进孵化模式，设立新型创新创业孵化平台。做大做强各类众创空间，建设一批中小企业创新创业基地。加强人才创新创业信息资源整合，建立创业政策集中发布平台，增强创新创业信息透明度。支持举办各类创新创业大赛，为新创业与再创业者建立必要的指导和援助机制，不断增强创业信心和创业能力。

营造鼓励人才成长的文化氛围。开展形式多样的国际化知识交流活动，精心策划、组织、举办人才联谊交流活动，为人才交流搭建平台。拓宽人才沟通渠道，开展论坛沙龙、合作拓展、创业路演、培训提升等柔性和增值服务，建立知识城人才联盟，打造人才文化品牌，形成更具活力、吸引力和创造力的创新文化。成立高端人才俱乐部，促进高端人才交流合作。建立人才成长导师制度，为人才就业择业提供职业指导。

第九章　保障措施

健全各级领导体制和工作机制，加强规划引导，完善政策支持，严格考核评估，推进有序开发，结合实际创造性落实知识城建设各项任务。

加强组织领导，完善升级中新双边合作机制。积极发挥"中新广州知识城联合工作委员会""中新广州知识城联合实施委员会"和"新加坡—广东合作理事会"作用，构建中新双边高效合作机制。围绕知识城合作开发重点事项定期召开双边高层会议，协调解决双边合作推进过程中的重大问题。

构建部际协调机制，强化对知识城建设的指导。构建由商务部牵头，外交、发展改革、教育、科技、住房城乡建设、知识产权、移民管理等相关国家部委（局）及广东省政府共同参与的部际协调机制，定期召开联席会议，研究确定并推进落实知识城发展重大政策和重点事项，加强相关部委对知识城建设工作的支持和指导。

围绕发展需求，加大对知识城的政策支持力度。支持知识城复制推广自由贸易试验区改革试点经验，进一步下放有关国家和省级审批权限和管理权限，支持知识城在知识创造、科技创新、引才用才、知识产权、国际合作、金融服务、产业发展等方面出台专项改革举措和政策措施，重点在要素配置市场化、产权保护、科技管理体制改革等方面进行突破性探索。

统筹土地资源，确保科学有序开发。制定投资项目准入标准，引导企业理性投资。严格执行退出机制，杜绝土地资源闲置与浪费。实施城市更新计划，盘活利用低效存量建设用地，促进城乡融合发展。统筹安排规划建设时序，建立空间布局战略"留白"机制，提高规划弹性。

强化规划引领，细化实施方案。编制产业发展、科技创新等专项规划，加强各级各类规划之间的有机衔接，形成全域覆盖、分层管理、分类指导、多规衔接的规划体系。相关部门按照职责分工，制定实施方案，逐年逐项细化分解规划目标和重点任务。

建立评估机制，做好监督考核问责工作。强化对规划实施全过程信息化监管，定期发布监测报告。建立一年一总结、五年一评估，规划实施部门自评估和第三方综合评估相结合的评估制度，结合总结和评估结果，开展规划动态维护。健全监督问责机制，坚决维护规划的严肃性和权威性，确保一张蓝图绘到底。

国务院关于同意在广东省广州市设立华南国家植物园的批复

国函〔2022〕50 号

广东省人民政府，自然资源部、住房城乡建设部、中科院、国家林草局：

自然资源部、住房城乡建设部、中科院、广东省人民政府《关于申请批复设立华南国家植物园的请示》收悉。现批复如下：

一、同意在广东省广州市设立华南国家植物园，由国家林草局、住房城乡建设部、中科院、广东省和广州市人民政府合作共建。

二、华南国家植物园建设要以习近平新时代中国特色社会主义思想为指导，全面贯彻党的十九大和十九届历次全会精神，深入贯彻习近平生态文明思想，认真落实党中央、国务院决策部署，坚持人与自然和谐共生，尊重自然、保护第一、惠益分享；坚持以华南地区植物迁地保护为重点，体现国家代表性和社会公益性；坚持对植物类群系统收集、完整保存、高水平研究、可持续利用，统筹发挥多种功能作用；坚持将热带亚热带植物知识和岭南园林文化融合展示，提升科普教育功能，讲好中国植物故事，彰显中华文化和生物多样性魅力，强化自主创新，接轨国际标准，推动构建中国特色、世界一流、万物和谐的国家植物园体系。

三、国家林草局、住房城乡建设部要加强业务指导，会同中科院、广东省和广州市人民政府建立协调机制，密切协作配合，落实工作责任，统筹研究解决重大问题；抓紧组织编制华南国家植物园建设方案，聚焦华南地区植物迁地保护及科研功能，落实粤港澳大湾区建设需要和国土空间规划管控要求，合理控制建设规模，按程序报批后抓好组织实施。中科院与广东省和广州市人民政府共同成立华南国家植物园建设领导小组，强化统筹协调，充分用好现有相关投资渠道，并完善多元化投入机制，加强重点功能区、馆藏设施、科研平台和配套基础设施建设，全面提升科研能力和建设运行管理水平，稳妥有序推进华南国家植物园建设各项任务。

四、国务院各有关部门和有关地方人民政府要按照职责，研究对华南国家植物园的支持举措，按照国家有关规定在规划编制、政策制定、资金投入、项目建设等方面给予指导和支持。重大事项及时向国务院报告。

国务院

2022 年 5 月 30 日

广东省人民政府办公厅关于印发广东省广州市建设绿色金融改革创新试验区实施细则的通知

粤府办〔2018〕13号

各地级以上市人民政府，各县（市、区）人民政府，省政府各部门、各直属机构：

经省人民政府同意，现将《广东省广州市建设绿色金融改革创新试验区实施细则》印发给你们，请认真组织实施。实施过程中遇到的问题，请径向省金融办反映。

广东省人民政府办公厅
2018年5月5日

广东省广州市建设绿色金融改革创新试验区实施细则

为深入学习贯彻习近平总书记重要讲话精神，加快推进广州市绿色金融改革创新试验区（以下简称试验区）建设，根据中国人民银行等七部委联合印发的《关于构建绿色金融体系的指导意见》（银发〔2016〕228号）和《广东省广州市建设绿色金融改革创新试验区总体方案》（银发〔2017〕154号），结合我省实际，制定本实施细则。

一、培育发展绿色金融组织体系

（一）支持在粤银行机构特别是法人银行机构设立绿色金融事业部、绿色分行或绿色支行等绿色金融专营机构，支持金融机构将试验区内已设立的分支机构升格为绿色分行。支持证券、基金、保险、金融租赁、资产管理公司等金融机构和金融控股集团、地方资产管理公司在广州探索设立绿色金融事业部或专业子公司。

（二）探索建立金融机构绿色金融业务体系和评级体系。鼓励银行机构采纳"赤道原则",或参照"赤道原则"开展绿色金融业务。支持村镇银行创新开展绿色金融业务。

（三）支持符合条件的民间资本在试验区发起设立民营银行,重点支持创新创业、生态环境建设和绿色产业发展。支持符合条件的汽车整车生产或销售企业在试验区发起设立汽车金融公司,开展新能源汽车相关金融业务。支持金融机构在试验区发起设立以飞机及其配件为主要标的物的金融租赁公司,为发展空港经济提供支撑。支持金融机构或大型企业在试验区发起设立以互联网消费为主要形式的消费金融公司,鼓励引导发展绿色消费。支持引入证券经营机构开展绿色金融业务。

（四）鼓励在试验区设立绿色产业引导基金、绿色产业发展基金、绿色产业担保基金,加快推动传统产业绿色改造。

二、创新发展绿色金融产品和服务

（五）大力发展绿色信贷。鼓励银行业金融机构研发适合节能减排、绿色矿山建设、资源综合利用的能源效率贷款、节能减排专项贷款以及适合污染防治等环保领域政府和社会资本合作（PPP）项目、生态农业、海绵城市建设、黑臭水体整治、排水防涝设施"补短板"等领域的绿色信贷产品。鼓励银行业金融机构开展绿色信贷资产证券化业务,盘活存量绿色信贷资源。推广合同能源管理和合同环境服务融资。

（六）拓展绿色企业和项目抵质押范围。审慎稳妥探索将国家核证自愿减排量（CCER）等碳资产、节能环保项目特许经营权、排污权、碳排放权以及林地经营权、公益林和天然林收益权等环境权益及其收益权作为合格抵质押物,降低环境权益抵质押物业务办理的合规风险。

（七）着力丰富绿色金融产品和服务。鼓励银行业金融机构开展投贷联动融资服务模式创新,通过股权和债权的结合,为绿色企业提供全链条式金融服务。鼓励金融机构发行绿色金融债券,重点投向绿色产业和项目,以及广州市资源循环利用工程、新能源公交车、垃圾处理及污染防治、工业节能节水节电等环保基础设施项目。组织金融机构开展绿色金融产品和服务创新案例征集、发布和推广。

（八）对在试验区开展绿色信贷、绿色债券业务的金融机构给予绿色再贷款支持。鼓励金融机构按照风险可控、商业可持续原则，建立有效的绿色金融业务考核评价体系，积极支持绿色、循环和低碳发展。

三、支持绿色产业拓宽融资渠道

（九）支持试验区内企业发行绿色企业债券、交易所绿色公司债券和非金融企业绿色债务融资工具，主要投向绿色循环低碳发展项目。支持试验区内企业发行中小企业绿色集合债，拓宽绿色中小企业融资渠道。

（十）支持试验区绿色企业在境外直接上市融资。支持试验区绿色企业在境内中小板、创业板和主板上市以及到全国中小企业股份转让系统挂牌融资。

（十一）鼓励区域性股权市场运营机构在试验区设立绿色环保板，为绿色企业提供专业化股权交易及融资服务。

四、稳妥有序探索建设环境权益交易市场

（十二）鼓励和支持社会资本在试验区设立广东绿色低碳发展基金，重点投向低碳能源、低碳工业、低碳交通、低碳建筑等低碳基础设施建设以及新技术、新材料、新能源、新装备等低碳项目，引导低碳低能耗项目在试验区集聚发展。

（十三）探索在试验区开展排污权、用能权等产品交易，完善定价机制和交易规则。

五、加快发展绿色保险

（十四）鼓励保险资金支持试验区内轨道交通工程、绿色建筑、公共建筑节能改造、新能源汽车产业基地、绿色产业园区等重点绿色项目和园区建设。鼓励保险机构为试验区绿色企业和绿色项目提供增信措施，运用保险手段解决中小绿色企业融资难问题。

（十五）探索将高污染、高环境风险企业投保环境污染保险情况，作为获得绿色信贷等金融服务的重要参考，引导银行业金融机构关注"两高"（高污染、高耗能）目录内企业投保环境污染责任险情况。

（十六）引导保险机构开发针对新能源汽车生产、环保技术提升、生态农

业、节能节水等领域的绿色保险产品，为绿色产业发展保驾护航。

（十七）支持保险机构发展养老保险、健康保险、大病保险等绿色保险业务，为改善居民生活提供保障。

六、夯实绿色金融基础设施

（十八）在试验区建立健全企业环境信用评价制度，发布环保"黑名单"，实施多部门联合惩戒，将企业污染排放信息、环境违法违规记录、安全生产、环境污染责任险参保情况等环境信息纳入全国信用信息共享平台、企业征信系统、广东省中小企业融资对接平台等信用信息平台。

（十九）打造"绿色支付工程"，推广应用电子商业汇票、手机支付等绿色支付工具。

（二十）在试验区建立绿色信贷评价机制，明确评价指标设计、流程组织及成果运用，引导金融机构完善与绿色信贷业务相适应的制度框架和内部流程，创新开展绿色信贷业务。

（二十一）鼓励第三方评级机构在试验区内开发绿色企业信用评级产品，推动绿色评级的开展。

七、加强绿色金融对外交流合作

（二十二）探索绿色金融市场交易机构与国外交易所成立合资公司，提升资本跨境投资流动效率，推动国内市场与境外成熟市场接轨。

（二十三）推动符合条件的粤港澳地区金融机构，在内地与港澳关于建立更紧密经贸关系的安排（CEPA）有关框架下，在试验区设立合资证券、基金、期货和保险公司。

（二十四）鼓励企业开展跨境融资业务，支持金融机构和试验区内企业在符合宏观审慎管理制度的前提下通过发行绿色债券或上市融资等方式从境外融入资金，支持试验区绿色项目建设。

（二十五）支持试验区外资企业的境外母公司或子公司按规定在境内银行间市场发行人民币绿色债券。

（二十六）推动港澳地区机构投资者按程序在试验区内开展合格境外有限合伙人（QFLP）业务，参与境内绿色私募股权投资基金和绿色创业投资基金投资。

八、构建绿色金融服务主导产业转型升级发展机制

（二十七）在试验区设立绿色金融综合服务中心和绿色金融街政务中心，为绿色企业和项目提供行政事务单一窗口办理和绿色金融一站式、一网式服务，进一步简化审批手续。

（二十八）在试验区建立绿色金融备选项目库，定期开展新能源、新材料、绿色矿山、绿色建筑、公共建筑节能改造、节能环保等绿色企业和项目的遴选、认定和推荐工作，将绿色企业和项目库名单接入广东省中小微企业信用信息与融资对接平台，为入库项目和企业提供绿色债券发行、绿色信贷支持、基金投资、上市融资和融资对接等服务。

（二十九）探索开展绿色企业、项目采购第三方环境效益认定服务，对绿色债券支持绿色产业项目发展及其环境效益影响等实施持续跟踪评估。

九、建立绿色金融风险防范化解机制

（三十）鼓励金融机构建立健全绿色金融风险预警机制，开展环境风险压力测试，提高对绿色信贷和债券的风险分析能力，严格监控大中型绿色项目的杠杆率和偿付能力等信用风险指标。

（三十一）在试验区内建设绿色金融风险监测及管理信息平台，在广东省地方金融风险监测防控平台的基础上，建设绿色金融风险监测预警系统、绿色金融风险分析系统、绿色金融业务信息管理系统，运用科技手段提升绿色金融风险识别能力，有效防范和化解金融风险。

（三十二）在试验区建立健全绿色项目风险补偿机制，对开展绿色信贷、绿色基金、绿色债券、绿色保险等绿色金融业务的金融业各类机构，按其损失金额给予风险补偿，切实提高金融业各类机构创新绿色金融产品和服务的积极性。

十、加大保障力度

（三十三）加强广东省绿色金融改革创新工作领导小组对试验区建设工作的领导和统筹规划，协调解决试验区建设中的重要事项和重大问题，定期跟踪落实情况，适时开展试点评估。

（三十四）运用再贷款、再贴现等货币政策工具，引导商业银行加大对广

东省、广州市及花都区绿色产业、项目的信贷支持。

（三十五）省级财政通过规范的转移支付对试验区建设给予支持。

（三十六）将试验区内绿色金融业务骨干纳入省、市高层次金融人才范畴，按省、市有关政策规定，在人才落户、子女教育医疗、购房等方面享受相应待遇。

（三十七）成立广东金融学会绿色金融专业委员会，在广州国际金融研究院设立绿色金融研究中心。

（三十八）充分利用中国（广州）金融交易博览会等平台组织举办绿色金融论坛，借鉴国内外发展绿色金融的先进经验，推广广州市绿色金融改革创新成果。

（三十九）建立企业环境与社会责任追究机制、企业环境信息披露制度和重大环境风险的申诉交流制度，加大用能、环境、安全监管等方面的检查执法力度，强化社会监督，发挥舆论导向和监督作用，对违反相关环保、安全等法律法规、对利益相关者造成重大损害的企业，依法严格追责。

广东省人民政府办公厅印发关于培育广州南沙进口贸易促进创新示范区工作方案的通知

粤办函〔2021〕56号

广州市人民政府,省发展改革委、科技厅、工业和信息化厅、财政厅、农业农村厅、商务厅、文化和旅游厅、市场监管局、地方金融监管局、林业局、药监局、税务局,人民银行广州分行、广东银保监局、广州海关,进出口银行广东省分行,南沙区人民政府:

《关于培育广州南沙进口贸易促进创新示范区的工作方案》已经省人民政府同意,现印发给你们,请认真组织实施。实施过程中遇到的问题,请径向省商务厅反映。

广东省人民政府办公厅
2021年4月16日

关于培育广州南沙进口贸易促进创新示范区的工作方案

为落实《商务部 发展改革委 财政部等九部门关于培育进口贸易促进创新示范区的函》(商贸函〔2020〕612号)的要求,扎实推进广州南沙进口贸易促进创新示范区(以下简称示范区)培育工作,促进进口创新,推动贸易高质量发展,制定本方案。

一、总体要求

以习近平新时代中国特色社会主义思想为指导,全面贯彻党的十九大和十九届二中、三中、四中、五中全会精神，深入贯彻习近平总书记对广东系列重要讲话和重要指示批示精神，坚持稳中求进工作总基调，坚持新发展理念，增强进口贸易创新能力，充分发挥建设粤港澳大湾区和自由贸易试验区的叠加效应，推动培育南沙成为监管制度创新、服务功能齐全、交易模式灵活、本地特色突出的进口贸易促进创新示范区，助力我省贸易高质量发展。

二、基本原则

（一）政府引导，市场导向。充分发挥市场在资源配置中的决定性作用，更好发挥政府在示范区区域协调发展方面的引导作用。

（二）集聚优势，凸显特色。发挥粤港澳大湾区核心区、自贸试验区的区位和制度优势，统筹产业和贸易发展，形成南沙特色。

（三）纵横联动，形成合力。以南沙为主体，建立省市区上下联动、部门间有效协作的工作推进机制，多方联动、积极探索、勇于创新，形成强大的工作合力。

三、培育目标

到 2023 年，示范区各项创新要素不断集聚，进口与产业和消费融合更趋紧密，进口便利化、模式创新化、服务高效化的示范区雏形基本形成。到 2025 年，示范区进口规模稳步扩大，进口贸易量达 2000 亿元，进口创新体系更加完善，辐射带动作用更加凸显，在全国进口贸易促进创新示范区中位居前列。

四、重点任务

（一）依托粤港澳大湾区，充分发挥自贸试验区和综合保税区的功能区作用，推动与南沙相关的大湾区规划和政策等落地实施，为进口贸易发展提供有利环境。

1. 充分发挥自贸试验区作用，促进投资自由化和贸易便利化，实现货物、资金、人才的便利、自由流动。

2. 鼓励先进技术、科研设备和高端零部件进口。对符合规定的科技类民办非企业单位及高校进口科学研究、科技开发和教学用品，免征进口关税和进口环节增值税、消费税。

3. 加快综合保税区发展，完善和创新"保税+"进口业务，重点推进保税存储、展示交易、加工、维修、期货交割等业务发展，丰富保税进口业务。

4. 推动南沙企业申请"国际航行船舶保税油经营"全国性资质，在指定监管场所内开展国际船舶保税油供应业务。加快 VLCC（超大型油轮）浮舱石油保税进口业务在南沙落地。

5. 优化文物、文化艺术品等高端消费品保税进出境模式，通过关税保证保险业务，在综合保税区外展示、拍卖。

（二）激发进口贸易创新活力，推动进口和产业、进口和消费深度融合。

6. 扩大国内产业转型升级需要的设备及零部件进口，吸引和培育市场主体，鼓励示范区企业进口船舶、海洋工程等大型设备以及国内产业转型升级需要的设备及零部件。

7. 积极推动港澳 OTC 药品，包括退热贴、止痒药膏、胃药、止咳水、消毒药等进入跨境电商零售进口商品清单，采用海关监管下保税备货的业务模式进入国内保税仓，满足民生非处方药品需求。

8. 促进汽车平行进口试点规范发展，对于取得工信部门道路机动车辆生产企业准入资质并已公示的企业，在风险可控的前提下，争取国家有关部门允许试点企业在南沙自贸片区的海关监管区域开展平行进口汽车标准符合性整改业务。在符合产业政策、海关相关规定的前提下，指定认证机构对南沙自贸片区的海关监管区域内整改场所进行 CCC 认证工厂检查。

9. 深化飞机融资租赁业务发展，促进飞机进口。

10. 依托国际消费中心城市建设，加快完善食品、药品、宠物食品、钻石等消费品进口的软硬件环境。

11. 进一步释放跨境电商进口潜力，提高进口通关效率、创新进口商业模式，推动消费品进口集聚效应更加凸显。

12. 大力发展服务贸易，加快发展邮轮旅游经济，促进与港澳服务贸易全面自由化。

（三）推动重点平台建设，打造各类分拨中心、集拼中心和分拨枢纽，以平台提升进口辐射能力。

13. 稳步推进冷链物流分拨中心、全球优品分拨中心、美酒美食分拨中心、生物医药分拨中心等全球分拨中心建设。布局重点粮食、肉类等物资进口平台。推进南沙全球溯源中心建设，打造自贸试验区进出口商品质量监管国际化规则示范区。

14. 推动进出口集拼项目建设，打造华南拼箱中心和亚太集拼分拨基地。

15. 发挥南沙港国际航运枢纽优势，建设工程塑料、成品油、粮食、高端特色农产品等大宗商品国际分拨枢纽，推进相关商品品类的监管制度创新、检验检疫模式创新。

（四）完善进口贸易基础设施体系，不断提高进口服务水平。

16. 高标准推进广州港港口型国家物流枢纽和南沙临港物流仓储及配套设施建设，打造海运与南沙港铁路运输、珠江水路运输等多种运输方式联动，完善进口物流网络。推动广州南沙综合保税区与粤港澳大湾区大型机场开展海空联运、海陆联运项目，拓展进口渠道。推进中欧班列发展，省、市加大对在南沙开展业务的中欧班列的支持力度。

17. 提升金融服务进口业务水平，大力发展航运金融、跨境金融、金融科技、融资租赁等特色金融，在国家政策框架下，支持广州建设航运要素交易平台。推动设立港澳保险售后服务中心，大力发展航运保险业务，落实好注册在广州市的保险企业向注册在南沙自贸片区的企业提供国际航运保险业务取得的收入免征增值税的政策。

18. 实施更高水平的贸易投资便利化试点，完善贸易新业态外汇管理，推进资本项目便利化改革，研究建立完善与粤港澳大湾区发展相适应的账户管理体系。在进一步完善经营性租赁境内收取外币租金和外币维修储备金试点申请政策依据的基础上，推进该试点相关工作。推进FT账户体系建设，拓展FT账户体系应用。争取在跨境资金管理、资本项目可兑换等方面先行先试。

（五）探索新型监管模式，注重试点经验推广，打造高标准的进口营商环境。

19. 加大通关政策的先行先试，对标自由贸易港，打造自由便利的通关环境。发挥自贸试验区先行先试优势，结合南沙产业实际和企业需求，量身定制通关监管服务。探索综合保税区新型监管模式。

20. 在广州南沙综合保税区全面复制推广其他自贸试验区与海关特殊监管区域相关的改革试点经验，进一步拓展综合保税区的改革创新空间，最大范围释放制度创新红利。

五、保障措施

（一）加强组织领导。省商务厅牵头建立推进示范区培育工作机制，参与单位包括广州市人民政府、省发展改革委、省科技厅、省工业和信息化厅、省财政厅、省农业农村厅、省文化和旅游厅、省市场监管局、省地方金融监管局、省林业局、省药监局，省税务局、人民银行广州分行、广东银保监局、广州海关、进出口银行广东省分行、南沙区人民政府。定期或不定期召开会议，协调解决示范区培育工作中存在的问题和困难，并根据示范区培育实际推进情况，调整参与单位。

（二）落实分工责任。省商务厅要加强向商务部汇报请示，对标对表示范区培育要求，指导广州市和南沙区开展示范区培育工作。广州市人民政府、南沙区人民政府要切实履行主体责任，抓紧制定具体实施方案，出台具体举措，确保各项重点任务落细落实。其他参与单位要结合本单位职能，认真落实职责分工，加大工作指导和政策支持力度，推动示范区业务创新、管理创新和制度创新。

（三）强化跟踪服务。省商务厅要会同各有关部门加强跟踪服务、督促检查和跟踪分析并及时将示范区工作情况报告商务部和省政府。

（四）做好宣传推介。各有关单位要利用重要展会平台、重大经贸活动集中推介示范区，力争早出成效、多出成果，并及时宣传示范区在相关领域的新进展、新成效。

广东省人民政府关于设立广州琶洲经济开发区的批复

粤府函〔2022〕264号

广州市人民政府，省商务厅：

《广州市人民政府关于调整琶洲人工智能与数字经济试验区申报省级经济开发区范围的请示》（穗府报〔2022〕147号）和《广东省商务厅关于申报设立广州琶洲经济开发区的请示》（粤商务开字〔2022〕2号）收悉，现批复如下：

一、同意设立广州琶洲经济开发区，实行现行省级经济开发区的政策。广州琶洲经济开发区规划面积702.1672公顷，分为三个片区，四至范围分别为，琶洲西区：东至华南快速，南至新港东路，西至黄埔涌与珠江交汇处，北至珠江；琶洲中二区和东区：东至官洲河，南至黄埔涌，西至科韵中路，北至珠江；琶洲南区：东至北山涌，南至新滘东路，西至华南快速，北至黄埔涌。

二、广州琶洲经济开发区规划建设要以习近平新时代中国特色社会主义思想为指导，全面贯彻党的十九大和十九届历次全会精神，完整、准确、全面贯彻新发展理念，以供给侧结构性改革为主线，以高质量发展为核心目标，以激发对外经济活力为突破口，按照布局集中、产业集聚、用地集约、特色鲜明、规模适度、配套完善的要求，完善管理体制和运行机制，切实提高发展质量和效益，努力成为带动区域经济结构调整和经济发展方式转变的重要引擎。

三、广州琶洲经济开发区必须严格实施国土空间规划，按规定程序履行具体用地报批手续；必须依法供地，以产业用地为主，合理、集约、高效利用土地资源，严禁商业房地产开发。

四、广州市人民政府要切实落实主体责任，加强组织领导，完善工作机制，加大支持力度，努力提升广州琶洲经济开发区发展水平。

五、省商务厅要会同有关部门加强指导和服务，营造良好的政策环境，促进广州琶洲经济开发区高质量发展。

广东省人民政府
2022 年 10 月 8 日

广州市人民政府关于印发广州市创建国家知识产权强市行动计划（2017—2020年）的通知

穗府〔2018〕2号

各区人民政府，市政府各部门、各直属机构：

现将《广州市创建国家知识产权强市行动计划（2017—2020年）》印发给你们，请认真组织实施。执行中遇到问题，请径向市知识产权局反映。

广州市人民政府
2018年1月18日

广州市创建国家知识产权强市行动计划（2017—2020年）

根据《国家知识产权局关于加快建设知识产权强市的指导意见》（国知发管字〔2016〕86号），为深入推进知识产权制度在我市经济发展、产业规划、综合治理、公共服务等领域的全面运用，持续推进供给侧结构性改革和创新驱动发展，更好发挥知识产权在率先构建以创新为引领的经济体系和发展模式中的龙头骨干作用，将知识产权打造成广州最叫得响的品牌，创建国内一流、国际有影响力的知识产权强市和具有集聚、引领、辐射作用的知识产权枢纽城市，全面提升城市国际竞争力，特制定本行动计划。

一、总体要求

（一）指导思想。

全面贯彻党的十九大精神和习近平新时代中国特色社会主义思想，深入贯彻习近平总书记对广东工作"四个坚持、三个支撑、两个走在前列"的重要批示精神，按照党中央、国务院决策部署，紧紧围绕"五位一体"总体布局和"四个全面"战略布局，贯彻落实创新、协调、绿色、开放、共享的新发展理念，深入实施国家知识产权战略和创新驱动发展战略，深化知识产权综合管理改革，围绕建设国际航运、航空、科技创新战略枢纽，以加强知识产权治理为基础，以强化知识产权运用和保护为主线，以改革创新为动力，以提升知识产权价值为核心，按照"严格保护、激励创新、富企强市、引领未来"的指导方针，保障和激励大众创业、万众创新，把广州建设成为创新活力足、运用效益好、保护环境优、可持续发展能力强的知识产权强市。

（二）基本原则。

——深化战略引领。深入落实创新驱动发展和"一带一路"倡议部署，深入实施国家知识产权战略，提升知识产权创造、运用、保护、管理和服务能力。

——坚持市场导向。发挥市场配置创新资源的决定性作用，强化企业创新主体地位和主导作用，加快"放管服"改革，加强知识产权公共服务和市场监管。

——强化系统集成。以制度创新为核心，充分发挥自贸试验区、国家自主创新示范区、知识产权法院等政策资源优势。

——坚持统筹兼顾。统筹国际国内创新资源，加强开放式创新，促进创新资源开放共享。

（三）建设目标。

到2020年底，按"对标国际、领跑全国、支撑区域"的知识产权强市建设总要求，基本实现知识产权创造旺盛、运用高效、保护严格、管理科学、服务优良、人才集聚，知识产权与产业、科技、金融发展深度融合，知识产权对城市创新驱动发展的作用充分显现，对推进营商环境改革、深化供给侧结构性改革、构建开放型经济新体制的作用凸显，使知识产权成为经济转型升级的新引擎、优化资源配置的新动力、创新驱动发展的新支撑，将广州建设成为国家知识产权强市和具有集聚、引领、辐射作用的知识产权枢纽城市，形成一批可复制可推广的经验。

——创建集中高效、链条完整、职责健全的知识产权综合管理体系。开展知识产权综合管理改革试点，探索建立有效可行的知识产权管理体制机制。重点推动规模以上工业企业、高新技术企业知识产权管理规范化，全市通过知识产权管理规范国家标准认证的单位达到1600家以上；建立重大经济科技活动知识产权评议制度，市属高新技术企业发明专利申请量年均增长28%以上，市属国有工业企业发明专利申请量年均增长25%以上。

——创建严格的知识产权保护法规制度和工作体系。建立覆盖确权、用权、维权全链条的知识产权大保护工作格局，形成多元知识产权纠纷解决机制。全市创新权益得到充分保护，创新活力全面激发，知识产权保护环境达到国内一流水平，查处假冒专利案件结案率达到95%以上，办案量年均增长20%以上。

——创建开放创新、集聚融合、健康持续的知识产权产业发展体系。形成若干具备国际竞争力的知识产权领军企业和产业集群，知识产权对全市经济发展的贡献度达到国内一流水平。发明专利申请量年均增长18%以上，专利质押融资金额年均增长20%以上，投保专利保险的企业数量年均增长30%以上，每年支持专利技术产业化项目100项以上，培育一批专利密集型产业和高价值专利，培育一批国家知识产权优势企业和示范企业，培育市知识产权强企50家以上，市知识产权示范单位15家以上。商标申请量年均增长20%以上，商标注册量年均增长15%以上。

——创建服务多元、优质高效、资源共享的知识产权服务体系。建立市场化的知识产权运营服务体系，支持3家以上知识产权运营服务机构做大做强，年专利交易额达到10亿元以上。加快知识产权公共服务体系建设，加强知识产权服务人才队伍建设，知识产权对外合作交流达到国内一流水平，把广州建成知识产权资源集聚地。全市专利申请代理率达到70%以上，知识产权服务从业人员达到4000人以上。

二、重大工程和重点任务

（一）实施知识产权管理能力提升工程。

1. 推进知识产权管理体制机制改革。按照国家和省有关文件精神，探索推进知识产权综合管理改革，建立权界清晰、分工合理、权责一致、运转高效的综合行政管理机制。加快推进中新广州知识城国家知识产权运用和保护综合改革试验，在广州开发区形成知识产权局统一管理专利、商标、版权的管理模式，为建立集中高效的知识产权综合管理体系探索经验。加强各区知识产权管理机构建设和工作队伍建设，打通创造、运用、保护和服务等关键环节，提升知识产权管理效能，持续开展区域知识产权试点示范工作，积极培育国家知识产权强区。贯彻落实《广州市加强知识产权运用和保护促进创新驱动发展的实施方案》，制定《广州市促进专利工作规定》，修订《广州市专利工作专项资金管理办法》；建立重大经济科技活动知识产权评议制度，加强重大经济和科技项目实施全过程知识产权管理，重大经济和科技项目知识产权评议率达到80%。

2. 建立以专利引导产业布局的创新决策机制。开展国家知识产权区域布局试点工作，摸清我市专利创造环境和专利产出家底，厘清专利资源与科技、产业和社会领域的匹配关系，编制专利区域布局导向目录，建立以专利为核心的创新资源配置机制；通过专利区域布局促进创新链、产业链、资金链、政策链深度融合，逐步建立以专利引导产业布局的创新决策机制，提高创新的宏观管理能力和资源配置效率。

3. 建立知识产权促进创新创业服务机制。建立知识产权对接各种交易、展览、大赛等活动的服务机制；打造知识产权特色集聚区域，加强专利导航、专利挖掘、专利投融资等实务培训，推广利用专利信息分析成果；支持依法依规开展互联网知识产权众创、众筹项目。支持科技园区、孵化器、众创空间建立知识产权服务平台，打造专利创业孵化链，支持科技中介服务机构发展和科技创新平台建设，完善科技金融服务体系，促进知识产权运营服务新业态发展。

4. 完善知识产权公共服务和政策体系。支持现代服务业发展，打造具有广州特色的高端服务产业集群，鼓励和支持市场化知识产权服务机构发展。全面推进"互联网+知识产权"实施计划，完善广州市知识产权信息中心服务功能，搭建集知识产权创造、运用、保护、管理和服务于一体的知识产权大数据应用服务平台。开发建设和完善一批广州重点产业专利数据库，积极推进专利数据与经济、科技、产业等数据的关联分析和融合利用，面向全社会免费提供基础数据，面向中小微企业开展精准化的知识产权信息推送服务。在广州开发区创建国家知识产权服务业集聚发展试验区，在越秀区、天河区创建省级知识产权服务业集聚发展示范区、试验区；在中新广州知识城、越秀区建设知识产权服务中心，集聚知识产权综合服务机构。充分发挥商标公共服务平台作用，支持工商总局商标审查协作广州中心和国家商标品牌创新创业（广州）基地建设，推进我市商标、驰名商标、著名商标的市场影响力和价值不断提升，品牌带动效应不断增强。构建集商标注册，版权交易，专利代理及知识产权交易、质押融资、评估、担保、维权等于一体的全生命周期服务产业链。加强版权示范城市建设工作，继续开展全国版权示范单位、全国版权示范园区（基地）及广东省版权兴业示范基地的申报和创建工作，加强对已授予示范称号单位的后续管理，支持国家版权贸易基地建设，大力推进版权事业发展。

（二）实施知识产权保护工程。

5. 完善知识产权执法维权机制。建立高效的市、区知识产权行政执法体系，探索开展知识产权综合行政执法；完善跨区域、跨部门知识产权执法协作机制。发挥最高人民法院知识产权司法保护与市场价值（广东）基地的作用，健全审判权运行机制和技术专家咨询机制，设立越秀诉讼服务处，为创新主体尤其是中小微企业提供便利化服务。加强知识产权仲裁院与相关知识产权管理部门、行业协会的联系与合作，探索知识产权领域网络仲裁快速维权机制。支持龙头企业牵头组建以相关企业为主体、服务机构和科研机构参与的产业知识产权联盟，提升创新主体联合维权能力；推动行业协会成立会展知识产权保护中心；成立京东集团知识产权保护广州工作站；与具备条件的电商企业签署《联合开展广州市电子商务领域知识产权保护合作备忘录》。加强海外知识产权维权援助，支持企业开展知识产权海外布局和维权，引导行业协会、中介组织等第三方机构参与解决海外知识产权纠纷，建立涉外知识产权争端联合应对机制。在市知识产权信息中心的基础上成立市知识产权维权援助中心；加强中国广州花都（皮革皮具）知识产权快速维权中心、广东知识产权维权援助中心南沙分中心建设，探索建立快速维权与行政、司法衔接机制。配合国家和广东省知识产权局在广州开发区建设中国（广东）知识产权保护中心。进一步完善以"两书五制"为核心的商标监管长效机制；建立集防范、监控、预警与打击惩处为一体的商标监管长效机制，加强工商行政执法与刑事司法的衔接配合，构建运转畅通的商标保护联动协作机制。加强市贸促会、工商联会员企业知识产权诚信管理和自律机制建设。

6. 拓宽知识产权纠纷多元解决渠道。进一步构建知识产权多元化保护机制，建立相互衔接、相互支撑的知识产权保护网络；加强广州知识产权法院建设，健全行政执法和刑事司法相衔接及跨部门、跨地区知识产权保护协作机制，完善案情通报、信息共享、案件移送制度，发挥知识产权司法保护、行政保护的主渠道作用。加强知识产权纠纷行政调解、人民调解，畅通行政调解、人民调解获得司法确认的渠道。倡导运用仲裁方式保护知识产权，在南沙自贸试验区内开展知识产权调解与仲裁服务。

7. 建立知识产权保护社会监督网络。加强事中事后监管和信用监管，将商标知识产权信用信息纳入市场信用体系建设，建立商标知识产权与市场主体信息相关联的数据库，及时公示市场主体侵权假冒等违法行为信息，记入市场主体的社会信用记录。推进知识产权公共信用体系建设，公开企事业单位侵权假冒违法信息，依法将行政处罚案件相关信息以及不配合调查取证行为、不执行行政决定行为等纳入诚信体系，推动建立知识产权失信主体联合惩戒机制；建设知识产权大数据监管网络平台，实现网络巡查、线上举报和投诉办案一体化；建立广州市网络经营主体数据库和网络交易商品定向监测常态化机制；加强对全市电商平台、跨境电商以及电子商务领域大数据等新业态知识产权保护的研究，探索破解管辖、取证、侵权认定等保护难题，建立健全保护机制。

8. 提升知识产权保护能力。加强重点产业和重点市场知识产权保护。加强知识产权保护规范化市场培育，提升市场主办方的知识产权保护能力；查处假冒专利案件结案率、办案量年均增长率达到建设目标。加大知识产权边境保护力度，加强缴扣侵权货物管理，严厉打击进出口环节的知识产权侵权行为。

（三）实施知识产权运用促进工程。

9. 完善专利导航产业发展工作体系。大力推进广州开发区国家专利导航产业发展实验区建设，对卫星通信（北斗）导航、智能装备、生物医药等区域优势产业进行专利导航分析，为重点企业提供专利导航、分析、挖掘、预警服务；结合我市产业特点，培育知识产权密集型产业，带动产业结构升级。

10. 构建知识产权运营服务体系。积极开展国家重点产业知识产权运营服务试点工作，发挥财政资金引导作用，带动社会资本共同设立重点产业知识产权运营基金；建设全国性的知识产权交易中心；支持广州知识产权交易中心、汇桔网、高航网等市场化、网络化知识产权运营服务机构发展；培育若干产业特色突出、运营模式领先的知识产权运营机构，鼓励建立知识产权联盟；推动高等院校、科研院所建立知识产权运营服务机构，促进技术创新与市场需求有效对接。加大专利技术产业化扶持力度，支持企业、服务机构引进国内外高价值知识产权在我市转化实施；加强军民融合专利技术转化应用。推进国家商标品牌创新创业（广州）基地建设与运营；推广建立商标品牌指导站，充分发挥专业商标代理和法律服务机构作用，为企业提供从注册、运用、管理、保护到培育的全方位商标品牌服务。

11. 完善知识产权投融资服务体系。探索建立市场化的知识产权投融资服务体系；鼓励金融机构创新知识产权金融产品；大力发展产业金融新业态，推动广州科技型中小微企业知识产权金融服务加快发展。发挥知识产权质押融资风险补偿基金作用，支持银行、评估、保险等机构广泛参与知识产权金融服务，促进知识产权质押融资工作实现规模化、常态化发展；加快培育和规范专利保险市场，着力推广专利申请险、侵权险、维权险以及代理人责任险等险种。在广州开发区和增城开发区加快推进国家知识产权投融资试点工作，探索投贷联动、投保联动、投债联动新模式。

（四）实施知识产权质量提升工程。

12. 促进知识产权创造提质增量。优化专利资助政策，明确质量导向，进一步提高全市发明专利、国际专利拥有量；重点支持高新技术企业、科技创新小巨人企业的专利创造工作，开展"专利灭零倍增"和大户培育工作。推动全市实现创新驱动发展，市属高新技术企业和国有工业企业发明专利申请量达到建设目标。加大全市社会研发投入强度，进一步完善科技创新工作考核体系，强化知识产权指标考核比重，加大知识产权要素在各类科技项目中的权重。贯彻落实《中国制造2025》战略部署，以推进工业化和信息化融合为载体，将知识产权要素纳入到技术改造项目和重大工业项目验收评价指标体系中，强化工业基础，提升制造业核心竞争力，注重"互联网+"应用，促进制造业转型升级，持续提升广州制造水平。

13. 培育知识产权强企和示范单位。支持企事业单位贯彻实施知识产权管理规范国家标准，全市通过贯标认证的单位达到1600家以上；支持广电运通、广药集团、广汽集团等一批国家、省知识产权优势（示范）企业建设知识产权强企，培育市级知识产权强企50家以上，培育知识产权示范单位15家以上；鼓励企业在关键技术、核心领域、新兴产业方面进行专利布局，以知识产权优势增强国内外市场竞争力；支持有条件的企业探索推进知识产权跨国并购。

14. 培育知识产权密集型产业。支持新一代信息技术、人工智能、生物与健康、新材料与高端装备制造、新能源与节能环保等战略性新兴产业的专利创造和运用，形成一批核心专利和高价值专利，打造专利密集型产业，形成产业竞争新优势。加强制造业、文化产业、农业商标品牌建设，培育一批驰名商标、地理标志和集体商标，以产业优质品牌运营支撑产业价值提升。鼓励企事业单位加强专利与标准的融合，形成一批具有自主知识产权的技术标准，发挥龙头制造业企业、科研院所及行业组织在标准制定中的作用，积极参与国家和行业标准的制定和修订；强化技术性贸易壁垒应对。

（五）实施知识产权发展环境建设工程。

15. 健全知识产权人才支撑体系。开展知识产权专业技术资格评审，实施专利实务人才培训计划，培养知识产权运营型、管理型人才。支持高校加强知识产权学科建设和学历教育，开展青少年知识产权普及教育工作，在职业技术院校、中小学校开展青少年科技创新大赛、知识产权知识竞赛和发明创新大赛等。加强党政领导干部知识产权培训，把知识产权法律法规和基础知识纳入党政领导干部培训内容，全面提升党政领导干部的知识产权意识。支持暨南大学建设广州知识产权人才基地，支持在中新广州知识城引进新加坡知识产权学院办学模式和研究力量，成立知识产权研究教育培训基地，推动成立中新知识产权商学院，打造知识产权智库；支持企业、科技园区积极引进高层次复合型知识产权专业人才；支持中国商业联合会知识产权分会、广州市发明协会、广州市知识产权研究会等社团组织开展知识产权研究、交流、培训等工作。

16. 营造知识产权文化环境。创新知识产权文化载体，增强全社会知识产权意识；在电视台、主流报纸等传统媒体加强知识产权宣传，充分利用网站、微博、微信等新媒体广泛推送知识产权信息，利用全国知识产权宣传周、中国专利周等活动开展知识产权宣传教育；编制发布《广州知识产权发展与保护状况》《中国知识产权广州指数报告》，支持举办"知识产权珠江论坛""中国科技金融高峰论坛""汇桔杯南粤知识产权创新创业大赛"等有影响力的知识产权活动。开展"青创杯"青年创新创业大赛和职工发明创新大赛，加强文化创意、科技创新领域项目的挖掘、培育。加大知识产权前瞻性研究，为知识产权事业加快发展提供决策参考。将知识产权知识纳入科普活动，营造"尊重劳动、尊重知识、尊重人才、尊重创造"的良好社会氛围，提高群众知识产权素养。开展妇女、儿童知识产权知识普及教育工作。

17. 提升知识产权交流合作水平。深化与泛珠三角区域城市和副省级城市间的知识产权交流合作；建立广深科技创新走廊知识产权保护合作机制，推进粤港澳大湾区知识产权合作，构建国际化开放创新体系；建立广州与东盟、欧美英日及"一带一路"沿线国家和地区的知识产权交流合作长效机制，以互访交流、会议研讨等形式打造国际化知识产权交流合作平台。建立跨区域商标权保护协作和交流合作机制,有效打击跨区域商标侵权行为;加强与世界知识产权组织中国办事处、涉外贸易组织等机构的交流合作。加强对台商、侨商和跨区域企业的知识产权服务和保护。

三、实施步骤

(一)任务分工(略)。

(二)推进时间。

前期准备阶段:2017年6月前。制定工作方案,参加评审,组织申报,夯实基础。

制度完善阶段:2017年12月前。领导小组决策,落实行动计划,完善制度,推进改革。

项目推进阶段:2018年12月前。实施重点项目,分类推进,落实责任,强化督导。

实施完成阶段:2020年6月前。对标指导意见,全面推进,深入实施,总结考核。

四、保障措施

(一)完善工作机制。

市知识产权工作领导小组统筹领导创建国家知识产权强市工作,领导小组办公室(设在市知识产权局)为执行机构,建立市、区两级知识产权工作领导小组联动机制,共同推进行动计划实施;各区、各部门根据本行动计划重点工作内容,落实领导负责制和工作责任制,及时制定年度推进计划和配套政策,推动行动计划的贯彻落实;广州开发区管委会、越秀区政府、南沙区政府根据实际工作需要制定与本行动计划相衔接的行动计划,推动知识产权强市建设有关重点任务的落实。

(二)加大资金投入。

安排工作经费用于支持创建国家知识产权强市的政策研究、专家咨询、宣传推动、绩效评估等工作;加大专利工作专项资金投入,优化政策导向,重点扶持知识产权体制机制创新、专利导航产业发展、知识产权运用、知识产权金融、知识产权保护、知识产权服务业发展等方面的重大工程和试点示范项目。

（三）落实统计考核。

加强对创建国家知识产权强市工作的统计、监测，跟踪工作进展和落实情况，开展专项资金使用绩效评估；建立知识产权创造运用绩效统计、运营监测和分析体系，指导各区将知识产权指标纳入经济发展的考核指标体系；定期公布重大工程和重点任务的进展情况。

广州市人民政府关于修订广州市降低实体经济企业成本实施方案的通知

穗府〔2018〕4号

各区人民政府，市政府各部门、各直属机构：

现将修订后的《广州市降低实体经济企业成本实施方案》印发给你们，请认真组织实施。执行中遇到问题，请径向市发展改革委反映。

广州市人民政府
2018年2月5日

广州市降低实体经济企业成本实施方案

为有效降低我市实体经济企业成本，进一步优化企业发展环境，根据《国务院关于印发降低实体经济企业成本工作方案的通知》（国发〔2016〕48号）和《广东省人民政府关于印发广东省降低实体经济企业成本工作方案的通知》（粤府〔2017〕14号）工作部署，结合我市供给侧结构性改革降成本行动计划，特制定本实施方案。

一、总体要求与工作目标

（一）总体要求。深入贯彻习近平总书记"四个坚持、三个支撑、两个走在前列"重要批示精神，坚持市场主导和政府引导相结合，国家、省政策和创新本地政策措施相衔接，继续开展降低实体经济企业成本行动，深化落实降低制度性交易成本、实施普遍性降费、降低人工成本、降低生产要素成本、降低物流成本、降低税负成本、降低融资成本和加快企业资金周转等一揽子政策措施，进一步改善企业发展环境，切实减轻企业负担，提升企业发展后劲，助推转型升级，促进全市经济平稳健康发展。

（二）工作目标。经过1—2年努力，降低实体经济企业成本工作取得初步效果，帮助企业年均减负约700亿元。3年左右实现实体经济企业成本明显下降，盈利能力显著增强。到2018年底，企业负担持续减轻，企业活力进一步激发，企业竞争力明显提升，形成企业发展与宏观经济发展良性循环的格局。

二、合理降低企业税费负担

（一）落实"营改增"试点扩围政策。按照国家规定，将"营改增"范围扩大到生活服务业、建筑业、房地产业、金融业等领域，全面打通企业抵扣链条，实行不动产进项税抵扣，增加企业增值税进项抵扣。完善征管服务措施，引导企业加强财务核算，用足抵扣政策，确保所有行业税负只减不增。

（二）落实税收优惠政策。落实国家降低制造业增值税税负政策，以及进一步简并增值税税率等措施，全力服务制造业企业发展。贯彻国家出台的支持小微企业发展、鼓励创新创业、加快转型升级、支持高新技术产业发展等一系列税收优惠政策，加强宣传和政策解读，简化办理程序，优化纳税服务，保障各项税收政策落实到位。

（三）加大涉企行政事业性收费减免力度。继续落实好国家、省的有关涉企收费优惠政策，进一步清理规范行政事业性收费，取消或停征房屋转让手续费、环境监测服务费等41项中央设立的行政事业性收费。在中新广州知识城和三个国家级开发区试点的基础上，逐步推进我市行政事业性收费改革。

（四）取消或降低部分涉企经营服务性收费。对《广州市事业单位涉企经营服务性收费目录》中的收费项目开展清理，取消或降低部分项目收费。全面清理规范我市事业单位经营服务性收费，停征没有政策依据的收费项目。

（五）严格规范行政审批中介服务项目和收费。尽快制定广州市行政审批中介服务收费目录清单，切实增强收费透明度。进一步规范行政审批中介服务收费，取消缺乏法定依据的收费项目，放开市场发育成熟、价格形成机制健全、竞争充分规范的中介服务收费。清理市直部门行政审批中介服务项目，破除中介服务垄断，切断中介服务利益关联。审批部门所属事业单位、主管的社会组织及其举办的企业，不得开展与本部门行政审批相关的中介服务，需要开展的应转企改制或与主管部门脱钩。

（六）取消和调整部分政府性基金。在落实好以往年度政府性基金减免政策的基础上，取消城市公用事业附加和新型墙体材料专项基金；按照国家规定，调整残疾人就业保障金征收政策，将残疾人就业保障金免征范围扩大至自工商注册登记之日起3年内、在职职工总数30人（含）以下的企业；同时设置残疾人就业保障金征收标准上限。

（七）加强涉企收费监管。凡是国家和省明确取消或停止征收的涉企收费项目，严禁任何单位以任何理由拖延或拒绝执行，不得转为经营性收费，不得以其他名目变相继续收费。任何单位不得利用行政职能、垄断地位和管理优势开展强制服务并收费；不得将行政管理职能转移到企业、社团、协会开展有偿服务。进一步完善涉企收费、基金目录清单管理制度，明确项目名称、设立依据、收费标准等，实施动态调整，分别在市政府和各主管部门网站公开，主动接受社会监督。取消行政事业性收费许可证和年审制度，建立行政事业性收费评估制度，根据评估结论动态调整收费政策，逐步压缩收费规模、降低收费总量。

三、有效降低企业融资成本和加快企业资金周转

（一）加大金融政策扶持力度。通过增信和贴息等措施引导银行机构优化信贷投向，按照风险可控、商业可持续原则，加大对重点产业和项目的信贷支持。鼓励银行机构进行业务创新，合理设定贷款期限，创新还款方式，减轻小微企业还款压力，降低资金周转成本。大力发展多层次资本市场，支持企业在境内外证券市场上市、到新三板、广州股权交易中心挂牌，提升企业直接融资能力。通过奖励新设立的法人金融机构、金融机构地区总部和金融市场交易平台，补贴利用资本市场融资发展的企业等措施，加大金融业发展扶持力度。

（二）创新完善中小微企业投融资机制。利用搭建的各类中小微企业融资平台和扶持政策，打好组合拳，进一步改善我市中小微企业融资环境。出台全市中小微企业融资风险补偿资金管理办法，通过风险分担、投资扶持、风险准备金补助等方式，逐步建立起中小微企业融资风险分担机制。加强与省融资再担保有限公司、融资租赁、商业银行等金融机构对接，提高我市融资再担保的影响力和辐射范围，探索开展支持中小微企业融资的合作新模式。

持续开展优秀中小微企业信用贷款试点工作，推荐一批有贷款需求的优秀中小、民营企业与商业银行、担保机构、再担保等金融机构对接，提高信用贷款率。以集合债券为切入点，拓宽我市中小企业中长期融资渠道；以再担保为平台，集合一批优秀中小微企业，大力推动银行、证券、基金、再担保四方合作，建立起中小企业集合债券滚动发行机制。搭建优秀工业企业和项目与工业转型升级基金对接桥梁，促进工业转型升级基金吸收社会资本，推动工业转型升级。加快推进中小企业基金股权投资，缓解我市初创型中小微企业融资困难。

（三）完善政策性融资担保体系。加强对政策性担保专项资金的管理，推动降低担保业务收费标准，加大对实体经济企业融资担保力度。

（四）扩大企业债券融资规模。加强企业债券发行服务工作，广泛动员并积极推动符合条件的企业申报发行城市停车场、城市地下综合管廊、战略性新兴产业、养老产业、"双创"孵化、配电网建设、绿色债券、市场化债转股等国家重点支持的八大专项债券。组织协调市重点项目承担企业综合运用企业债券、公司债券、中期票据、集合信托计划等工具筹措投资资金，提高企业直接融资比重，降低企业融资成本。

（五）支持企业增加技术改造、研发创新投入。采取贴息、事后奖补等方式支持企业进行新一轮技术改造，通过实施企业研究开发事后奖补、开展创新券补助政策试点、共建面向科技企业孵化器的风险补偿金等，支持企业研发创新。对重大科研成果转化实施专项支持，以财政投入引导企业创新链、产业链、资金链的对接。实施"互联网+"和大数据战略，推进中移南方基地二期、健康医疗中心等项目及战略性新兴产业基地建设，大力发展战略性新兴产业和新技术新产品新业态模式；支持国际汽车零部件产业基地建设，促进我市汽车零部件产业集聚发展。

（六）支持重点企业资金周转。支持重点企业筹集周转资金，防范企业资金链断裂风险传导。统筹置换债券资金在内的预算资金，按照相关规定妥善偿还经清理核实属于地方政府债务的拖欠工程款；通过出让资产等方式获得的增量资金，优先用于清偿政府投资项目拖欠工程款。开展建筑业缴纳各种保证金情况摸查，按照既有利于减轻企业负担、又能形成新约束机制的原则，制定切实可行的规范工程建设领域保证金政策措施，清查向企业收取保证金应返未返行为。

四、着力降低制度性交易成本

（一）不断完善市场准入机制。落实企业投资主体地位，提高投资有效性，健全企业投资项目核准、备案、监督管理等规章制度，实施企业投资项目准入负面清单、行政审批清单、政府监管清单管理，厘清政府与市场的边界。创新政府投融资机制，在基础设施和公用事业等重点领域推广政府与社会资本合作（PPP），发挥政府投资的引导作用和杠杆作用，公开市场准入标准和优惠扶持政策，推出一批民生公共服务和基础设施项目向社会资本开放，鼓励非公有资本进入医疗、养老、教育、交通等公共服务领域。建立健全规则统一的工程建设项目招投标、土地使用权和矿业权出让、国有产权交易、政府采购等公共资源交易平台体系，基本实现公共资源交易全过程电子化。

（二）提高项目落地建设服务效率。全面推进多规合一工作，深化完善"一张图"，建立"多规合一"信息联动平台和运行协调机制，优化规划用地审批流程。在"三规合一""一张图"成果基础上，明确环保、工业和信息化、文化、教育、体育、卫生计生、林业和园林、水务、交通、供电、消防、城市管理、民政、司法等部门规划纳入"多规合一"的核心要素。制定统一的规划用地标准；开展"多规合一"试点，探索形成广州市"多规合一"编制技术导则；结合信息化建设要求，制定"多规合一"数据入库标准。通过广州市政府信息共享平台将电子地图共享给各相关职能部门，用于支持其内部规划管理等相关信息系统建设。进一步整合建设项目审批管理流程，精简审批事项。完善产业用地标准（指南），建立产业项目准入预评估（遴选）制度，依据不同产业灵活采取弹性出让年限、只租不让、先租后让、租让结合、分期供应等多种方式供应土地，提高用地效率。

（三）降低企业转型发展成本。落实好支持企业兼并重组的财税政策，对涉及的资产评估增值、债务重组收益、土地房屋权属转移等，符合条件的，可依法享受税收优惠。充分发挥金融资产管理公司等市场处置主体作用，支持民营企业投资参股，通过盘活重组、坏账核销、不良资产证券化等多种方式，处置国有特困企业不良资产。鼓励符合条件的工业企业通过厂房加层、厂区改造、开发建设地下空间等途径提高土地利用效率。进一步简化企业兼并重组、转产审批流程，开设审批绿色通道，推行网上并联审批。

（四）持续推进简政放权。取消和调整一批制约经济发展、束缚企业活力和创造力的行政审批事项，更好地向市场和社会放权。对直接面向基层、量大面广、由基层实施更方便有效的审批事项，依法下放或委托更多事项给基层政府实施。推进行政审批标准化，对已公布的市级行政审批备案事项目录进行动态调整。推进行政审批、公共服务事项"前台综合受理、后台分类审批、统一窗口出件"。全力打造线上线下一体化政务服务体系，进一步提升"一窗"服务水平和"一网"办事服务体验。进一步拓展市、区、街（镇）三级政务服务中心以及社区（村）公共服务站"一窗"集成服务改革的深度和广度，从受理事项清单、办事指南、审批流程等方面不断完善，形成办事清单3.0版，最大限度精简办事程序，减少办事环节，确保集成服务改革提速提质。

（五）改进工商登记方式。进一步放宽商事主体住所（经营场所）条件限制，实行企业名称自主申报，推行电子营业执照，推进工商登记全程电子化，全面实施"多证合一、一照一码"登记制度。

（六）简化商品进出口环节手续。推进广州国际贸易单一窗口建设，推动平台功能优化拓展，通过"一个平台、一次递交、一个标准"，实现"一点接入、一次申报、多家联办、信息共享"，简化企业商品进出口通关手续。

（七）加强知识产权保护。注重对企业专利申请和商标马德里国际注册申请的资助，加大知识产权违法行为查处力度，保护专利权、商标专用权、知名品牌免受非法侵害，保护企业尤其是高新技术企业的创新积极性，降低企业自身打假成本。

（八）建立公平竞争市场价格秩序。围绕"反垄断、反欺诈、反暴利"，强化价格监督检查执法，优化价格环境，建立健全经营者自主定价领域市场规则，依法配合国家、省重点整治滥用市场支配地位排除和限制竞争的行为以及达成垄断协议的行为，保障和促进公平竞争。

（九）加快推进社会信用体系建设。完善公共信用信息管理系统，进一步扩充企业、事业单位和社会组织信用信息，加强重点领域的信用信息共享和工作协同，推进行政许可和行政处罚等信用信息公示，探索建立守信激励和失信惩戒联合奖惩机制，为企业发展创造良好信用环境。

五、合理降低企业人工成本

（一）严格落实降低社会保险费率政策。严格执行2015年1月1日起我市城镇企业职工基本养老保险单位缴费比例从20%下调至14%的相关规定，妥善解决养老保险欠费历史遗留问题。继续推进基本医疗保险城乡一体化，逐步降低单位费率，并按国家和省的统一部署推进生育保险和基本医疗保险合并实施。继续实行从1.5%下调至0.8%的失业保险单位费率。继续实行调整后的工伤保险八档差别基准费率政策，并对执行新费率后行业基准费率升高的，继续实施阶段性下调费率措施。

（二）严格落实住房公积金缴存比例上限。根据省的统一部署，继续实施住房公积金缴存比例上限12%封顶政策。引导企业根据自身生产经营状况在5%至12%之间自行确定选择合适的住房公积金缴存比例，对缴存公积金确有困难的企业，可按住房公积金管理的有关规定，经单位职工代表大会或工会讨论通过后，申请降低缴存比例或缓缴住房公积金。

（三）完善最低工资调整机制。按照省的统一部署，坚持收入水平增长幅度与劳动生产率提高相适应，建立与经济发展水平相适应的最低工资标准调整机制，将现行最低工资标准调整由2年一调改为3年一调，2017年最低工资标准暂按2015年5月发布的标准执行。控制好最低工资调整幅度，原则上不超过同期城镇单位就业人员平均工资增速，充分兼顾企业承受能力和劳动者发展需要。

（四）加强公共就业服务。统筹推进解决就业难和招工难问题，构建高效公共就业服务平台，支持开展专项招聘活动，促进批量就业，降低企业招工成本。加强人力资源市场供求和企业用工情况监测，引导企业控制人工成本。

（五）提升企业劳动力技能水平。支持劳动力转移就业培训，支持企业组织员工开展技能晋升培训，对参加转移就业培训的劳动力和组织技能晋升培训的企业按技能晋升补贴政策给予培训费用补贴。支持高技能人才培养，推动校企合作，引导技工院校、职业院校主动对接产业园企业。

（六）继续实施援企稳岗补贴政策。将援企稳岗补贴发放范围由10个困难行业企业扩大到所有行业企业。对依法参加失业保险并足额缴费、上年度未裁员或裁员率低于统筹地区城镇登记失业率的企业，鼓励其申请稳岗补贴，按该企业及其职工上年度实际缴纳失业保险费总额的50%发放援企稳岗补贴，所需资金从失业保险基金中列支。

六、进一步降低企业生产要素成本

（一）推进能源等领域价格市场化改革。坚持市场决定，最大限度减少自由裁量权，落实放开电力、天然气、热力、交通、电信等领域竞争性环节价格政策，引导工商业用户与供应方通过协商、交易平台竞争等方式确定价格，降低企业要素成本。

（二）降低企业用电成本。根据国家和省的部署，推进电力体制改革，完善煤电价格联动机制，落实工商业销售电价调整政策，降低企业用电成本。进一步推进电力市场交易工作，增加参与电力市场交易的主体范围，逐步实现工商业用户分批自愿进入市场。

（三）合理控制企业用气成本。落实和健全天然气购进价格与终端销售价格动态调整机制，结合上游气源价格变化适当调整管道天然气工商业用户销售价格。控制天然气通道成本，进一步合理下调分销用户配气价格。推动气源结构优化调整，争取上游气源增加价格较低的西气东输二线天然气供应量，降低我市天然气购进价格。

（四）合理控制企业用水成本。采取有效措施缓解水资源费上调对我市自来水供水成本的影响，保证城市供水安全，减轻企业负担。鼓励企业自主开展污水处理，对达到相关排放标准且不排入城镇排水与污水处理设施的企业减免污水处理费。

（五）完善车用燃气价格管理制度。落实国家和省放开车用燃气价格相关政策，制定议价规则，规范车用燃气经营企业定价行为。实行价格监测分析制度，依法查处囤积居奇、哄抬气价、价格垄断等各类价格违法行为，切实维护车用燃气市场价格秩序。

（六）降低企业用地费用。探索建立与我市经济发展水平相适应的基准地价调整机制。盘活工业用地存量以间接增加工业用地供给，促进低效存量工业用地再利用，缓解工业用地供需矛盾；推进标准化厂房建设，降低企业初始用地成本。探索产业园区土地混合利用等节约集约利用模式，深化土地管理创新；探索建立企业入驻城市更新项目用房用地的配套激励机制和鼓励措施，提高土地利用产出效益。

七、较大幅度降低企业物流成本

（一）严格落实免费通行政策。执行鲜活农产品运输"绿色通道"通行政策，及时开展交通运输收费检查，重点对鲜活农产品运输通道的设立和收费进行检查，保障免费政策的落实，切实降低农副产品流通成本。

（二）进一步规范公路收费。配合省做好辖区内公路收费站点的清理和撤并，对超过法定收费期限或其他不符合规定的公路收费项目，一律取消，建立以政府公共财政和公共资源投入为主的普通公路建、管、养机制。

（三）大力清理公交、客运站场收费。开展清理公路客运站场收费专项行动，对不符合规定的收费项目一律予以取消，对车辆停放费、车辆清洁费、安检费、客运代理费、行包运输代理费等项目进行全面清理，完善相关收费政策，进一步规范客运站场收费行为。

（四）深入推进港口、机场、铁路价格改革。落实国家《港口收费计费办法》，通过"减项、并项、降费"，降低航运企业和进出口企业的负担。加快机场、铁路运输服务市场化改革，规范运输经营方与货主通过协商或交易平台等方式议定价格行为，降低货运服务成本。

（五）严格规范进出口环节经营性收费。加强进出口环节经营性服务收费的监督管理，依法整治强制服务、乱收费等行为。落实口岸查验配套服务改革，对查验没有问题的外贸企业免除集装箱吊装、移位、仓储费用。全面清理进出口环节收费，制定我市进出口环节收费目录清单，推进进出口环节服务市场化改革，放开竞争性服务和收费，降低企业进出口流通成本。

（六）继续推进物流园区相关服务升级改造。深化物流园区内场地租赁、信息技术、物业管理、停车等服务的改革，构建平等协商、合同约定的交流平台，规范物流园区经营行为，推进物流园区重要信息公开，加大对园区经营者的监督。

（七）不断提高物流效率。支持物流中心、城市物流配送、冷链物流、跨境电子商务、甩挂运输和物流标准化体系建设。建设物流公共信息平台，提高物流运行的信息化、智能化水平。完善物流综合服务网络，促进公路、铁路、水路、航空等运输方式有效衔接。

八、鼓励引导企业内部挖潜

（一）充分利用信息技术手段降低成本。鼓励企业充分利用新一代信息技术等手段，实现内部管理升级，创新营销模式，提高效益水平。大力发展智能制造和智慧流通，提高产品的成品率、优质品率和精准营销匹配率。加快推进绿色制造，大幅降低资源能源消耗，实现降本增效。推进小批量、多批次、低库存、少环节的柔性化生产和作业成本法应用，提高企业供应链管理水平。

（二）大力支持电子商务应用创新。支持大型百货公司、普通超市、连锁便利店及专业市场等传统商贸流通主体开展电子商务应用创新，通过互联网展示、销售商品，提升线下体验、配送和售后等服务，促进线上线下融合发展。支持制造企业应用电子商务加快转型升级和市场开拓，打通产业链上下游信息流，建立采、产、供一体化信息平台，鼓励开展定制生产与智能制造；加快电子商务公共服务平台建设。鼓励餐饮、住宿、旅游、家政服务等生活服务类企业自建或利用第三方平台提供线上服务和线下体验，推动生活服务领域电子商务应用。

（三）切实加强先进技术推广应用和企业目标成本管理。完善鼓励和支持企业转型和技术创新的政策，支持推广可有效降低企业成本的各种技术，促使企业持续提高生产效率。引导企业加强目标成本管理，对生产经营全过程和各环节耗费实施严格的全面控制，制定降成本目标。

九、落实降成本工作配套措施

（一）深入推进体制机制改革。进一步推进"放管服"改革，积极稳妥推进国企改革和企业兼并重组，有序推进财税、金融等领域体制机制改革，加快推进资源要素市场化改革，降低供给成本、提高供给效率，形成有利于企业降低成本和健康发展的制度环境。

（二）大力支持企业创新。加快实施创新驱动发展战略，深入推进大众创业、万众创新，加强科技创新、管理创新、机制创新、营销创新和商业模式创新。发展新兴产业，加大对企业创新活动的支持，提高创新资源产出率和全要素生产率。充分运用互联网、物联网、云计算等新一代信息技术，改进生产经营模式。通过"互联网+"协同制造、高效物流、政务服务，提升企业运营和物流效率，提高政府服务效能，有效降低企业成本。

（三）扎实推进自贸区建设。结合实施"一带一路"倡议，扎实推进南沙自贸区建设。培育总部经济，发展现代服务业和高端制造业，进一步提升投资贸易便利化水平。以建设国际航运中心为载体，加强与港澳更高层次合作，建设高水平的国际化城市和国际航运、贸易、金融中心。充分利用国际国内两个市场、两种资源，提高资源利用效率。加大支持企业"走出去"力度，激励挖潜增效，鼓励企业与国际先进企业对标，推进企业研发设计、物流、采购、安全生产、销售服务管理标准化，提高企业运行效率。

（四）全面加强监管和改善公共服务。加强反垄断、反不正当竞争、知识产权保护、质量安全监督等市场监管，充分运用大数据手段，提高监管效率。加强政府公共服务平台建设，扩大覆盖面，延伸服务终端，优化服务流程，提升服务效能。推广政府购买服务方式，吸引社会资本参与提供公共服务。

十、加强组织保障与督查

（一）加强组织落实。市发展改革委、财政局牵头组成降成本工作小组，各区、各责任单位为成员单位，协同推进各项工作落实。各区、各责任单位要高度重视，增强大局意识，大胆解放思想，破除部门利益，切实提高工作责任感，确保各项措施落地生根。各区、各责任单位要完善工作机制，细化政策措施和分工安排，制定具体工作方案，做到分工明确，有时间进度、有保障措施，确保取得成效。

（二）注重协调配合。降成本工作涉及部门多，政策措施涵盖领域广，各区、各责任单位要加强协调配合，注重各项政策措施的统筹衔接，增强工作合力。同时要做好与省相关部门的沟通汇报，密切跟进上级有关工作部署，使我市行动与上级政策要求衔接一致。要积极争取上级部门的政策指导和支持，确保各项政策措施既符合规定，又切合实际，增强可操作性和实效性。

（三）统筹经费保障。减免行政事业性收费和政府性基金后，有关部门及所属事业单位依法履行管理职能所需经费，由同级财政预算予以统筹安排，保障工作顺利开展。财政部门要组织评估测算，及时做好经费安排计划，确保各项政策措施切实可行。

（四）做好舆论引导。各区、各责任单位要做好政策措施的解读宣传工作，及时把政策措施讲明白，把企业关注的问题讲清楚，最大程度发挥好政策效应。要鼓励企业通过加强自身管理、实施技术改造、实行集约生产经营主动努力降低成本，及时发布典型事例信息，回应社会关切，争取引导社会预期，凝聚行动共识，形成各界共同关注支持降成本的良好舆论氛围。

（五）构建长效机制。各区、各责任单位要将降成本工作纳入年度工作重点，确保落实到位，并于每季度结束后5个工作日内将本季度推进情况报送市发展改革委、财政局汇总，再由市发展改革委、财政局上报市政府。市发展改革委、财政局做好督促检查工作。各区、各责任单位要定期开展政策执行效果评估，不断调整完善相关措施，建立健全降低实体经济企业成本的长效机制。

广州市人民政府关于印发广州市促进健康及养老产业发展行动计划（2017—2020年）的通知

穗府〔2018〕6号

各区人民政府，市政府各部门、各直属机构：

现将《广州市促进健康及养老产业发展行动计划（2017—2020年）》印发给你们，请认真贯彻执行。执行过程中遇到的问题，请径向市发展改革委反映。

广州市人民政府
2018年2月23日

广州市促进健康及养老产业发展行动计划（2017—2020年）

为贯彻落实国家、省关于促进健康及养老服务业发展的精神，围绕尽快打造千亿规模的健康及养老产业集群，聚焦产业发展瓶颈，从大健康全产业链中遴选出重点发展方向和着力推进的事项，结合我市实际，特制定本行动计划。

一、发展基础

"十二五"期末，我市健康及养老产业实现总产值（销售额）超过3000亿元，健康及养老全产业链格局初显，医疗、养老、生物医药、医疗器械、健康管理、健康旅游与文化等产业蓬勃发展，医疗、药品和医疗器械贸易等产业比较优势突出，辐射能力强。同时，健康及养老产业面临着资源整合统筹难度大、规划与用地指标制约突出、产业平台建设滞后、医养融合难、关键核心技术少等问题，迫切需要加强统筹规划和政策扶持。以医疗产业为核心，培育壮大健康及养老产业链，将健康及养老产业加快发展壮大为新兴支柱产业，成为经济社会发展新的主动力之一。

二、总体要求

（一）基本思路

依托国际枢纽和千年商都的区位优势，以及医疗医药产业集聚优势和科研院所人才优势，大力推进体制机制创新，进一步理顺政府与市场的关系，完善产业发展生态，激发市场活力和民间资本潜力，谋划大平台，引进大项目，延伸产业链，攀升价值链，培育新业态新模式，大力推进健康及养老产业供给侧改革，满足多样化健康及养老需求，为我市经济社会转型发展注入新动能。

（二）发展目标

到2020年底前，基本建立内涵丰富、结构合理、覆盖全生命周期的健康及养老产业体系，成为新常态下我市经济社会持续健康发展的新引擎，总体水平走在全国前列。

产业规模迈上新台阶。争取到2020年底前，全市健康及养老产业发展规模超5000亿元，占全省比重50%以上；其中生物产业企业总收入超过3000亿元。培育30—50家营业收入超十亿元的龙头企业，形成5000家创新活力强劲的生物科技型中小企业。实现养老服务"9064"目标，社区和居家养老配套服务供给能力大幅提高，规模化经营的养老服务企业和社会组织达到500家。

产业布局渐趋合理。基本形成"一核引领、五基驱动、三带联动、多点支撑"的健康及养老产业空间总体格局，到2020年底前建成并提升广州健康医疗中心、广州国际健康产业城、广东广州南沙新区国家健康医疗旅游示范基地、中国—瑞士（广州）从化生态医药健康产业基地、GE生物科技园、增城高滩健康小镇、花都生物医药产业园、广州国际医药港、市级养老产业集聚（园）区等重点园区，每年滚动实施100项健康及养老产业重大项目，打造协同效应、集聚效应明显提升的多元化健康及养老产业集群。

国际化特色渐趋鲜明。在南沙、中新广州知识城、大坦沙、从化等区域建成一批高水平国际高端医疗服务机构并形成产业集聚态势，在南沙建成国际医药保税港和具有世界先进水平的国际医疗综合服务枢纽。粤港澳医疗养老合作体制机制取得重大突破，建成一批粤港澳医疗养老全面合作示范区。在造血干细胞移植、基因芯片诊断、免疫细胞治疗等生物技术产业形成一批国际领先的产业集群。对东南亚、华南地区产业辐射能力显著增强。

产业生态渐趋完善。产业发展的管理体制、运作机制和政策创新取得显著成效，在国际、国家和省行业规范与标准体系增强话语权，市场配置资源的决定性作用突出，产业创新环境取得重大突破，人才、资金、土地等要素瓶颈有效破解，政府监管和行业自律机制更加有效，人民群众健康意识和素养进一步提高，产业发展生态明显改善。

三、重点任务

（一）差异化发展医疗卫生产业

建设高端医疗产业集群。积极引进国际知名医疗机构，拓展穗港澳台医疗合作，以妇产、儿科、眼科、口腔科、呼吸专科、肿瘤、心血管、生育服务、整形美容服务等领域为重点，引导和鼓励社会资本举办高端综合医院或专科医院。大力发展精准医疗，重点发展针对肿瘤检测、无创产前筛查、遗传疾病诊断、老年痴呆症等临床应用的基因测序产品和服务，支持基因诊断与靶向治疗相结合的高端个体化治疗的产业化发展。规划建设集医疗、养老、旅游等功能于一体的高端医疗产业园健康综合体，打造国际高端医疗产业集群。

布局智慧医疗。应用互联网、物联网、云计算、人工智能、可穿戴设备等新技术，建立"互联网+健康医疗"、"人工智能+健康医疗"服务、完善支付和信用、健康管理与促进体系，推广在线医疗服务新模式。鼓励企业与医疗机构合作建立医疗网络信息平台。结合智能语音、自然语言理解以及深度学习技术，以荔湾七乐康互联网医院等为试点，建立集健康管理、医疗服务、药品服务、保险服务一体化的互联网医院服务模式。建立区域互联网医疗联盟，建立以线上线下相结合的"O2O"诊疗互联网家庭医生服务新方式。

鼓励成立医生集团。大力发展医生集团，不断扩展专科型医生集团在所在领域的行业地位，实现专科型医生集团的"个人品牌化"。提升平台型医生集团资源整合能力，同时向线下医院扩展或向医疗保险公司扩展，发展"医生集团+连锁医院"模式。鼓励第三方医疗检验检测机构、医生集团等与医生合作创办"独立第三方医生工作站",提供一站式个性化全程医疗服务。

推动第三方医疗服务。积极发展专业药品供应中心、医学检验中心、卫生检测中心、影像中心和病理中心、健康医疗云平台、制剂中心、消毒中心及后勤服务中心、第三方医疗服务评价等第三方服务机构,推动医疗机构、科研院所开展药学研究、临床试验等生物医药研发服务外包。全面推进健康管理服务,开展以移动医疗技术与终端设备为核心的个体和人群健康干预指导示范应用,提供点对点、人对人的个性化健康管理服务。

(二)强化中医药产业一体化发展

推动中医药产业化。完善中医药科技创新平台,加强中医药科技成果转化,推动重大新药创新,有序开展中药二次开发。促进清平中药材专业市场转型升级,建设中药材国际市场交易平台和中医药服务贸易平台,吸引优质药业和产业链关键配套企业项目落户。推动南药资源保护和开发,扶持大健康企业推动优质药材规范化种植研究和种植基地建设,规范化种植,加强药食同用中药材的种植及产品研发与应用,大力推进产、供、销、用一体化发展。支持以广药"白云山"为龙头的"大南药"品牌建设,做好中药领域国家级非物质文化遗产传承和开发,引导老字号等品牌企业通过商标许可、质押等手段实施商标资本化运作。鼓励中药院内制剂的产业化、规模化发展。推动中医药与基因科学融合创新发展。

提升中医医疗服务。开展创建全国基层中医药工作先进单位(地级市)工作,打造22个中医药特色镇街。建设专科专病防治体系,实施名院名科名医工程,支持社会办中医连锁化、集团化、品牌化、国际化发展。鼓励有资质的中医专业技术人员特别是名老中医开办中医诊所,鼓励药品经营企业举办中医坐堂医诊所。鼓励各级各类中医医疗机构开展融医疗、康复、预防于一体的全链条服务。以托管、集团化、共建等形式推进广州区域内中医医院与全球范围的医疗机构开展合作,在南沙新区国家健康医疗旅游示范基地内试点粤港澳中医服务一体化发展。

鼓励中医养生保健服务。鼓励企业开发中医养生保健器械产品和以中药材为基础的保健食品、药膳产品,做大做强中医药养生保健产品市场。鼓励社会力量举办中医养生保健机构。积极开展中医药养生保健服务示范区建设,促进中医养生产品大众化、社会化、产业化发展。完善中医"治未病"服务网络,继续实施中医药健康促进工程。鼓励保险公司开发中医药养生保健、治未病保险,提供与商业健康保险产品相结合的疾病预防、健康维护、慢性病管理等中医特色健康管理服务。加强二级以上中医院与老年病医院、老年护理院、康复疗养机构转诊与合作，建设一批中医特色医养结合示范基地。

（三）强化生物医药与药品流通竞争力

抢占生物医药制高点。重点发展肿瘤免疫细胞治疗、干细胞治疗、基因治疗等限制类医疗技术，开展人成体干细胞及人多能干细胞临床应用技术研究。支持基因诊断与靶向治疗相结合的高端个体化治疗产业化发展。积极发展新型疫苗、单克隆抗体系列产品与检测试剂，大力开发蛋白质、多肽、核酸类药物，支持发展生物芯片、生物技术加工天然药物，鼓励新生物技术发展。加快推进我市生物医药产业创新服务平台建设，建设生物技术药物发现、评价、检测、安全监测等公共技术平台。积极承接欧美、以色列、日本等国家创新生物药物研发、生产制造企业。支持药品生产企业向个体化诊疗服务商转化。

做大做强药品流通。鼓励大型药品流通企业通过并购、重组和企业内部资源整合等方式，打造面向全省、辐射全国的药品现代物流配送中心。做大做强广州医药、华润广东医药、国药控股广州、广州中山医医药等药品流通龙头骨干企业，支持中小药品企业精细化、专业化、特色化、联合化发展，大力发展第三方药品物流企业。利用南沙自贸区制度优势，发展保税区进口药贸易、跨境直购业务。建立智慧物流体系，鼓励药品零售业规模化、集约化、连锁化经营。支持大中型药品流通企业向居民社区、镇街布局和延伸，构建立体化区域药品供应体系。

（四）再创医疗装备及器械制造新优势

提升医疗器械特色优势产品。重点发展血液净化、智能康复、母婴关爱、体外诊断、新一代基因检测及其测试仪等特色优势产品，推动优势产品全产业链升级。加快发展数字化诊疗设备、组织修复与可再生材料、分子诊断仪器及试剂、家庭康复器械、智能可穿戴医疗设备、3D生物打印等产业，推进智能电子血压计、腰椎治疗仪、血糖测试仪、针灸治疗仪器等家庭医疗器械的发展，推动护理床等家庭康复器械的生产与租赁。促进医疗智能可穿戴设备平台化，拓展后续专业服务，与第三方合作帮助用户提供医疗解决方案。

着力培育医药装备制造。加快医疗装备产业链培育建设，突破一批共性关键技术和核心部件，重点发展穿戴式智能检查类产品、成台套智能网络检查设备、移动手术急救车等手术装备、特种陪护机器人等。大力发展联动和成套制药设备、制药工艺参数在线检测和自动化控制系统、制药过程质量监控技术和设备，积极发展制药行业专用环保治理工艺技术与装备以及高效节能设备、智能手术机器人、专用型核磁共振系统母婴监护设备、多功能激光治疗设备、智能化护理设备、智能康复设备、微创手术及介入设备等。

积极拓展医疗器械贸易。强化监管，发展担保、租赁融资等金融服务，完善市场交易环境，进出口兼顾、线上线下相结合，促进番禺、越秀等医疗器械专业市场转型升级，打造区域性医疗器械交易中心，实现客户无缝对接一站式采购。利用广州自贸区政策优势和贸易的规模优势，积极引导企业参加国际国内大单采购的招投标，打造"买全球、卖全球"广州医疗器械贸易大平台。

（五）支持健康食品与化妆品升级发展

大力发展健康食品。加快不饱和脂肪酸产品、天然活性产物、功能性果蔬产品、天然果汁酸乳制品、多肽类功能性食品等生物技术食品的开发，加强海洋生物保健品、功能性食品、海洋生物酶制剂的研发和生产。大力发展药食同源食品和特殊配方食品，推动吞咽困难进口食品替代。推动龙头企业整合产业链，加强与广州科研院所合作，加快纳米破壁等前沿技术研发，改造传统工艺，做大做强乳制品、豆奶粉、燕窝参茸海味、膳食营养补充剂、中药保健品等区域特色优势产业。重点扶持无公害农产品、绿色食品和保健品基地建设，扶持健康食品品牌建设，培育壮大广州名牌、中国名牌产品。

推动化妆品转型升级。以三元里化妆品商圈为依托，打造一个总部集聚区平台、一个研发设计中心、一个现代化工业园、一个展贸电商中心、一个检验检测中心及化妆品特色小镇，推动化妆品的精深加工和设计创新，强化标准化战略，积极参与国内外行业标准的制修定工作，提升行业话语权和议价权，推动形成化妆品行业的广州质量、广州价格、广州品牌，建立起集总部、检测于一体的国家级全产业链条的化妆品发展基地。

（六）培育健康旅游和体育文化新业态

推动健康旅游融合发展。整合全市健康旅游资源，发挥从化、增城等区温泉资源优势，积极挖掘中医药和温泉健康养生文化，重点建设广佛岭南文化休闲廊道、南沙滨海旅游休闲廊道、广清生态田园休闲廊道、东部生态新城休闲廊道和广从温泉度假旅游廊道，打造一批国家中医药健康旅游示范基地和中医药健康旅游综合体，促进旅游业与农、林、牧、渔、中医药、体育、养生、养老等相关产业融合发展。

培育康体养生产业。鼓励发展多种形式的体育健身俱乐部和体育健身组织,支持和引导社会力量参与体育场馆的建设和运营管理,开展形式多样的运动健身培训、健身指导咨询等服务。推进政府购买体育健康服务,开展医保卡年度结余部分用于特定场所体育健康消费的试点。培育体育康复产业,探索设立体育康复产业园区。培育、打造一批市级运动休闲旅游示范基地和运动休闲旅游精品线路。

发展健康文化教育产业。鼓励创作健康文化精品,积极开展群众性健康文化活动,进一步培育健康消费市场。打造具有全国、全球学术影响力的广州医学和健康论坛,重点建设陈李济健康养生研究院、岭南中医药文化体验馆、神农草堂、白云山中一现代化中药生产参观浏览线、采芝林中医药博物馆等"大南药"文化宣传平台,为百姓提供健康管理、健康养生知识教育、咨询、培训、体验服务,建成中医药文化养生服务基地。

(七)推进养老服务与老年用品发展

培育居家和社区养老服务主体。扶持居家和社区养老服务龙头企业,通过公益创投、政府购买服务、评估认证等方式,培育社区养老服务市场。鼓励企业在城镇社区举办或运营养老服务设施,实现规模化、网络化、智能化、品牌化、连锁化运营。鼓励养老地产、品牌物业管理公司、二级以下医院、护理院、养老机构等延伸社区养老服务。通过资金补助、政策引导、水电气补贴等方式,推动养老机构向社区开放就餐、娱乐、医疗、日托、看护、慰藉等定制服务。鼓励养老机构融入社区,打造没有围墙的养老院。

打造"互联网+居家养老"新模式。加强居家养老服务信息化建设,建设覆盖全市的居家养老综合服务信息平台,建设面向居家的养老信息惠民工程试点、远程医疗服务试点和智能养老物联网应用示范工程,积极发展老年电子商务、老年互联网金融、老年互联网教育等新业态,为老年人提供老年常见疾病跟踪监控、定位、紧急呼叫、网上购物、远程情感关怀、远程文娱、远程教育等各类服务。

构建多层次养老服务体系。充分利用市场机制,调动民间资本,做大做强大养老产业链,发展多层次养老服务体系。鼓励和引导社会资本采取服务外包、专项服务合作、公建民营等方式参与公办养老机构运营和服务。新建社区的养老服务设施,开发商必须同步规划、建设、交付、开业。鼓励公办养老机构与民办养老机构联营、合作、输出服务与品牌等方式,形成集团化运营。完善跌倒、走失等意外事故防范和机构服务风险管理的管理条例、事故处理流程,完善养老行业的法律咨询服务、养老机构综合责任险等保险服务。

促进医养融合发展。建设一批医疗养老联合体试点，提升社区医养结合服务能力，支持由家庭综合服务中心或社区卫生服务中心牵头整合链接医养服务机构、人才。支持二级以下医院为老年人开展签约服务，建设一批医养融合的示范性社区。支持将区内二级和一级医院转型为康复、护理、临终关怀等接续性医疗机构。降低养老机构纳入基本医疗保险定点范围的门槛，稳步推进养老机构内设医疗康复机构。建立从居家、社区到专业机构等较健全的专业照护服务体系。

发展老人智能用品生产与展贸。大力发展适老辅助技术与产品生产，推动适老辅具产品智能化和体系化服务。积极发展老年人用可穿戴设备、老年人用便携式医疗设备、老年人照护康复产品、新型老年保健品等产品的研发生产，积极布局老年人健康服务智能解决方案、老年人用品展贸，培育老年人专用产品垂直电商平台和线下交易展示体验中心。通过政府为困难对象购买首件产品并转赠社区方式，培育市场需求，加大对创新性老年用品扶持力度。线上线下结合，打造华南老人智能用品、老人健康用品、老年辅助用品等专业市场平台。

四、工作举措及责任分工

（一）放宽市场准入，提升服务监管水平。

放宽市场准入。落实项目并联审批办法，出台养老服务建设工程项目区域评估办法，凡是符合已经批复的控制性详细规划的区域，不再对区域内具体养老投资项目进行交通影响、水影响、地震安全性等方面的评估审查。出台简化优化养老机构相关审批手续管理办法，明确简化设立养老机构的申请材料、简化环境影响评价、取消部分机构的消防审验手续、支持加快完善服务场所的产权登记手续细则。将南沙区域内的港澳养老机构审批下放到南沙。

加强市场监管。出台利用大数据信息技术加强事中事后监管方案，明确联合执法工作机制和队伍与经费保障。建立健全行业诚信体系和失信联合惩戒机制，建立医药卫生行业、养老行业"黑名单"制度。将所有医疗机构、保健和养老服务机构及其从业人员资质、执业记录等统一纳入广州社会信用体系。

(二）落实规划用地，出台优惠用地政策。

修订相关用地规划。结合相关实施方案的推进，进一步修订《广州市医疗卫生设施布局规划（2011—2020年）》《广州区域卫生规划（2011—2020年）》《广州市养老服务机构设施布局规划（2013—2020年）》等相关规划，完成从化、增城养老服务机构设施布局规划编制，连同花都、番禺、南沙等外围城区和越秀等中心城区增加的规划一并纳入补充规划，解决养老机构用地与控制性详细规划、土地利用总体规划不符和确权问题。配套落实医疗卫生服务设施规划和养老服务设施规划的用地。

出台优惠用地政策。对营利性养老服务机构利用自有存量建设用地从事养老设施建设，涉及划拨建设用地使用权补办有偿使用手续的，在原土地用途符合规划的前提下，允许补缴土地出让金，办理协议出让手续。

（三）统筹产业布局，建设产业发展载体。

着力构筑"一核引领、五基驱动、三带联动、多点支撑"的健康及养老产业空间新格局，建设产业发展载体。（略）

（四）破解产业瓶颈，打造一批公共平台。

建设产业招商与管理网站。在2018年底前建成广州市健康及养老产业网，定期公布最新的国家、省、市、区健康及养老产业招商与管理政策法规、发展规划等；建立招商资源信息数据库；建立企业投资项目数据库；建立产业发展统计数据库；建设政务服务绿色通道；建设一支国际顾问团队和广州专家库。在市政府和市民政局、卫生计生委、发展改革委、商务委、工业和信息化委等职能部门网站设置链接，实现产业发展数据共享。

建设全民健康信息综合管理平台。充分利用市政府信息共享平台，在2018年底前力争建成覆盖各级各类医疗卫生计生机构的高效统一的全民健康信息综合管理平台。到2020年底前，实现全市健康医疗数据与市统一的人口、法人、空间地理、环境等基础数据资源跨部门、跨区域共享。

建设面向产业应用的大数据公共服务平台。全面深化健康医疗大数据应用。在2018年底前，建成全市统一的全员人口、居民电子健康档案和电子病历三大数据库，以三大数据库为核心，建设市级全民健康大数据中心。推进健康医疗临床和科研大数据、公共卫生大数据、中医药大数据、药品研发评价与管理大数据、生物医学大数据的应用，建设一批心脑血管、肿瘤、老年病、呼吸系统疾病、肾病、生殖、骨科、肝胆、儿科、妇幼保健、职业病、中医药等方向的区域临床医学数据示范中心，推动临床决策支持系统应用，推动精准医疗技术发展，加强临床和科研数据资源整合共享。

建设医养护一体化运营平台。在2020年底前建设医养护一体化运营平台。依托市政府信息化云平台、政府信息共享平台等基础性公共信息平台，到2018年底前建成广州市养老综合服务信息平台（一期），到2020年底前建成广州市养老综合服务信息平台（二期），推进医养护一体化智慧健康服务数据库建设，建立市区街（镇）三级医养护一体化健康服务综合信息网，完善社区居家养老服务信息数据库，实现社区居家养老服务接入受理、服务对象和服务机构评估、服务资源的管理服务和政府购买服务支付清算等功能。链接社区与机构养老服务资源和服务需求，为老人和家属提供权威的养老机构与护理机构信息。推进养老综合服务信息化平台与区域卫生信息平台的对接，共享老年人基本档案、健康档案、需求评估等信息，推进医养结合信息平台数据标准化和互联互通，实现跨部门、区域的业务协同和信息共享。

建设生物医药产业公共技术服务平台。对"十二五"期间建立的部分特色优势生物医药研发平台、产业化关键共性技术平台和公共服务平台，进一步梳理整合，滚动支持，并根据完整创新链和产业链的需求，有计划、分阶段支持新建一批在体制机制上有所创新、以产学研合作方式共建的关键共性技术平台，加快完善我市生物医药技术支撑体系。重点支持再生医学与健康实验室、华南生物医药研究院、广州华大基因等一批国家级创新平台以及北大冠昊干细胞研究院等高水平创新平台的建设。以经济社会重大需求为导向，加快建设生物医药产业中试平台、安全评价中心、临床研究医院等公共开放的产业服务平台，支持符合国际标准的转化医学、合同研发（CRO）、合同生产（CMO）、第三方检测、健康管理等第三方服务平台建设。围绕蛋白类生物药、高端医学诊疗设备、基因检测、干细胞及再生医学等重点领域，建设2~3家省新兴产业创新中心，力争1~2家成为国家产业创新中心和国家制造业创新中心。

建设老年用品展贸平台。在2018年底前，以政府引导、市场运作的方式，建设一家市级老年用品展贸平台。运用B2C电商运营模式，进行线上线下同时销售海内外老年用品，打造采购更便捷、性价比更高、使用更安全、品质更有保障的华南知名老年用品展贸平台。以平台建设打通养老产业上下游，引导本市老年人用可穿戴设备、便携式设备、老年用品生产和后端服务集聚发展。

（五）提升服务效能，建设一批重大项目。

建立市级健康及养老产业重大项目库并实施动态管理，着力在生物医药、高端医疗器械与设备、干细胞与再生医学、精准医疗、基因检查、养老等领域开展一批重点项目建设，推进一批与瑞士、以色列、英国、古巴等国际合作项目、与港澳医疗养老合作项目、市内重大健康及养老项目建设，将条件成熟的项目纳入省市重点项目年度计划，在项目审批、要素保障等方面给予重点支持。重点项目由各区上报，并由市发展改革委组织专家委员会评审决定最终入选名单。

（六）落实"一带一路"倡议，加快开放合作。

拓展国际和穗港澳台医疗养老交流合作。与瑞士、以色列、英国、古巴等国在生物医药、养老产业园区建设、人才培训、研发、生产、展贸等方面深入合作。加快保税物流、融资租赁等业务发展。积极推动国家食品药品监督管理总局制定出台南沙自贸区内指定医院使用境外药品试点政策，试点建立药品目录清单管理。探索开展跨境养老服务合作试点，加大养老服务贸易开放力度。建设一批中医机构与外国著名医疗集团合作共建医院。进一步推动我市中医服务、中药产品走向世界。每年举办国际性健康及养老产业论坛和国际会议。

（七）实施标准化战略，抢占产业制高点。

提升标准化水平，抢占产业制高点。以政府相关行业行政主管部门为主导，以专业标准化技术委员会、科研、技术机构为支撑，以企事业单位、社会组织为参与主体，推进广州生物医药、医疗器械和养老服务标准化管理和运行。鼓励龙头企业、社会组织开展抗体药物关键技术、中药提取关键技术、核酸类国家标准物质和质控品与产业化等领域的标准联盟、团体标准工作；鼓励企事业单位积极参与生物医学工程、新型医用材料、高性能医疗仪器设备、医用机器人、家用健康监护诊疗器械以及中医特色诊疗设备等领域的政策修订工作。研究出台加快推进广州养老服务标准化建设的政策措施。引导和鼓励工作基础较好的企事业单位积极参与、开展标准化试点示范工作。

（八）加大财政投入，完善多元投资机制。

加大财政投入。落实医疗卫生财政投入保障和递增机制，政府新增投入重点用于支持公共卫生、基层医疗服务和基本医疗保障，并向公立医院改革、人才队伍建设等方面倾斜。将老年事业发展经费纳入财政预算，建立与人口老龄化和养老服务发展需求相适应的财政投入保障机制。确保市、区两级

50%以上的福彩公益金用于社会养老服务体系建设，并根据老龄化发展水平逐步提高比例，其中支持民办养老服务发展的资金不得低于30%。重点支持护理型机构（专区）和居家养老服务设施建设运营，推动老年人服务社会组织培育、养老护理培训以及养老服务创新性项目开展。

出台和落实有关优惠政策。落实财政支持生物医药产业发展政策。对自主研发的生物制品药物、中药、化学药品及医疗器械的重大项目、新引进的生物医药项目、药品上市许可持有人受托生产基地建设、企业开展仿制药质量和疗效一致性评价、生物医药企业技术改造等方面，给予一定财政专项支持。明确康复辅助器具产业发展的财政补贴，将康复辅助器具产业纳入众创众包众扶众筹相关财政支持范围，高端康复辅助器具产品可纳入首台（套）重大技术装备保险补偿试点范围。非公立医疗机构用水、用电、用气、用热等实行与公立医疗机构同价政策。基层医疗机构和二级医院内设的养老机构，可享受与民办养老机构同等优惠政策。低保、低收入家庭为高龄、失能老年人进行家庭生活设施无障碍改造的，给予适当补助。明确转变养老运营补贴发放方式。各养老服务机构运营补贴发放方式由"补砖头""补床头"向"补人头"转变，依据实际服务老年人数量发放补贴。对通过政府购买服务或政府采购方式，在一定服务半径内承接老年人就餐和配送餐服务的社会餐饮企业，根据老年人实际就餐人数给予适当补助。

组织实施政府购买服务。出台政府购买社区居家养老服务清单，并组织实施政府购买服务，培育和扶持合格供应商进入。逐步加大对社区康复护理、老年教育、科技助老、互助服务、失能半失能老人家庭照顾等服务领域的支持力度。逐步提高政府购买居家养老服务标准，提高对"三无"、高龄、独居等特殊困难老人服务保障水平。围绕乳腺癌、宫颈癌、大肠癌筛查等公共卫生项目探索政府远期定购创新产品的机制。支持基因测序领域国产设备进院。使用财政性资金开展首购、订购活动的，按照《财政部关于印发〈自主创新产品政府采购首购和订购管理办法〉的通知》（财库〔2007〕120号）执行。

完善多元化投入机制。降低准入门槛，引导鼓励社会资本进入健康及养老产业。探索与国有资本投资公司合作，撬动社会资本投入健康及养老产业。每年对社会公布政府和社会资本合作（PPP）共建健康及养老项目清单。

（九）加强金融支持，畅通融资渠道。

加大财政资金引导。加大财政资金引导力度，市新兴产业发展资金要优先倾斜支持健康及养老产业发展。在财政引导资金的基础上，广泛吸纳民营资本以及银行、保险公司等金融机构的出资。在投资方式上"股债结合以股为主",既要有财务性投资的被动方式,也要运用积极参与、战略性投资的主动方式。通过产业基金引导创业投资机构与市内健康养老创业孵化平台深入合作,强化创业孵化平台对在孵项目的金融服务能力。

出台创新金融支持措施。出台支持小微健康及养老企业通过小额信贷及其他融资方式获取资金的细则,鼓励金融机构加快金融产品和服务方式的创新,拓宽信贷抵押担保物范围,加大有效信贷投入;出台健康及养老企业发行集优债、私募债、集合票据等直接融资工具管理办法,支持为老年人提供生活照料、康复护理等服务的营利性或非营利性养老项目发行养老产业专项债券;出台健康及养老企业利用港澳等境外直接投资、国际组织和外国政府优惠贷款、国际商业贷款办法;出台保险资金投资养老服务领域优惠政策,引导鼓励老年人投保健康保险、长期护理保险、意外伤害保险等人身保险产品,鼓励养老机构投保责任保险,引导和支持商业保险公司开展相关业务;出台政府发行债券支持养老服务设施建设及无障碍改造办法;建立生物企业信用担保机构,开展生物制药知识产权质押贷款业务,探索知识产权和专利许可收益权证券化试点。

(十)制定引才政策,加大职业培训力度。

支持民营医院、养老院专业技术人员申报职称,对非本市户籍的健康及养老产业人才绿卡持有人,在购房、购车、子女入学等方面按有关规定享受待遇。自2017年到2020年,每年培养不少于600名订单培养的养老服务相关专业大中专毕业生,建立不少于100支"社工+志愿者"服务队伍。发挥民政部技能大师工作室示范、培训作用,培养100名健康及养老服务领军人才。建立养老机构与医疗机构人才培训机制,通过定期巡诊、开设全科医生工作室、接收养老机构医护人员进修轮训等方式,帮助养老机构提高医疗服务水平。出台提高护工待遇与社会地位管理办法,给予养老护理员公租房、特殊人才入户等政策优惠。

五、保障机制

(一)建立统筹机制。

建立健康及养老产业发展统筹领导工作机制,统筹协调解决健康及养老产业发展中的重大问题。建立全市健康及养老产业相关部门联席会议、信息通报工作制度，加强各部门、各区、各基地（园区）之间的工作交流、报告等工作机制。建立重点企业和园区的跟踪监测制度，完善产业数据定报、分析预测与公布制度。出台统筹孵化全产业链跨区布局政策，统筹财政资金、建设用地指标、环境容量指标等资源要素和企业所得税分成、GDP分享管理等办法，引导各区、企业在全市范围内合理布局孵化与产业化。

（二）建立第三方评估机制。

委托高校、社会组织等社会力量对行动方案进行第三方评估。评估小组对本行动计划明确的主要工作内容及责任分工落实情况和工作绩效进行定期评估，评估兼顾过程评估和结构评估，根据实际需要出评估报告，找出问题，提出完善建议，落实改进责任单位。

（三）建立督查机制。

由市发展改革委根据工作分工及第三方评估所发现的问题、提出的改进措施进行跟踪督办，并及时向市政府报告重要情况。

（四）建立宣导机制

建立专家咨询和定期交流机制，为健康及养老产业发展提供决策参考和智力支持。出版我市健康及养老产业发展蓝皮书，举办健康及养老产业发展国际高峰论坛，加大对我市系统推进健康及养老产业发展的宣传力度，及时准确解读国家、省、市有关政策举措，主动回应社会关切，正确引导社会预期。积极宣传我市推动健康及养老产业发展的优势、机遇、重点任务、工作举措以及典型案例，让社会各界深入了解发展健康及养老产业的意义、价值、主要政策和成果经验，破解社会资本进入健康及养老产业的困惑，促进国际国内产业资本集聚。

广州市人民政府关于珠三角国家自主创新示范区（广州）先行先试的若干政策意见

穗府〔2018〕8号

各区人民政府，市政府各部门、各直属机构：

为深入贯彻落实国务院关于珠三角国家自主创新示范区的有关批复精神和《珠三角国家自主创新示范区建设实施方案（2016—2020年）》，加快推进珠三角国家自主创新示范区（广州）的建设发展，结合我市实际，提出以下意见。

一、支持境外资本参与创新创业投资和成果转化活动

（一）支持境外风险投资基金直接投资珠三角国家自主创新示范区（广州）内企业，开展科技成果转化和产业化项目股权投资。鼓励港澳地区机构投资者在珠三角国家自主创新示范区（广州）内开展境外有限合伙人投资业务，参与境内私募股权投资基金和创业投资基金的投资。

二、发挥珠三角国家自主创新示范区（广州）和中国（广东）自由贸易试验区广州南沙新区片区（以下简称"双自"）联动优势，促进跨境研发活动便利化

（二）按照有关规定，运用电子围网、公共保税仓库等方式，对符合税收政策规定的企业自用研发设备和进口研发耗材实施进口税收优惠政策。支持企业开展服务贸易，重点推动跨境研发和国际服务外包，对经认定的技术先进型服务企业（一般信用及以上等级）开展相关业务的进口设备（由国际服务外包业务境外发包方免费提供的进口设备）实施保税监管，并给予企业所得税优惠。

三、在珠三角国家自主创新示范区（广州）开展生物材料检验检疫监督管理改革试点

（三）珠三角国家自主创新示范区（广州）内的企、事业单位及其他机构，经广东检验检疫局考核，符合条件的确定为生物材料检验检疫改革试点单位，建立生物材料出入境检验检疫绿色通道。简化试点单位生物材料检验检疫审批环节，全面实施网上审批。涉及动植物的进境生物材料检疫审批时间由20个工作日缩短为7个工作日；授权直属检验检疫局审批的，缩短为3个工作日。对出入境生物材料（特许审批除外）在许可证有效期限内实施分批核销，每次许可核销范围内的进出口产品无需每单申请办理检验检疫许可证。

四、设立珠三角国家自主创新示范区（广州）生物材料进出口公共服务平台

（四）采取政府引导、市场主导、职能入驻、专业服务的方式，在珠三角国家自主创新示范区（广州）内建设集通关服务、仓储物流、商贸采集等功能于一体的生物材料及特殊物品进出口公共服务平台。通过"互联网+易通关"，以及海关、检验检疫等职能部门驻场服务等方式，为珠三角国家自主创新示范区（广州）内生物医药企业提供涵盖前期审批、风险评估、分级分类、报关检验、后续监管等各个进出口环节的"一站式"高效便捷服务。

五、健全出入境及居留政策

（五）积极争取将中国（广东）自由贸易试验区高层次人才签证及居留政策扩展到珠三角国家自主创新示范区（广州），在珠三角国家自主创新示范区（广州）内工作的海外高层次人才在签证、居留、出入境等方面同等享受中国（广东）自由贸易试验区的相关便利政策，符合条件的产业创新创业领军人才及其配偶、未成年子女等优先纳入申请在华永久居留资格推荐名单。优化珠三角国家自主创新示范区（广州）内科研人员和企业管理人员赴港澳管理操作办法，实行科研人员和企业管理人员赴港澳"一签多行"政策，为开展科技和经济交流与合作提供便利化服务。

六、支持、鼓励外籍学生和毕业生在广州创新创业

（六）国内高校的在校外国留学生经所在高校同意并出具推荐函后，可以申请在学习类居留许可上加注"校外实习或勤工助学"，在广州"双自"区域内开展兼职创业活动。在国内高校取得本科及以上学历且在"双自"区域内就业的外国留学生，经珠三角国家自主创新示范区（广州）园区或中国（广东）自由贸易试验区广州南沙新区片区管理机构出具证明后，可直接申请办理外国人就业手续和工作类居留许可。允许港澳地区高校毕业生直接向珠三角国家自主创新示范区（广州）园区或中国（广东）自由贸易试验区广州南沙新区片区管理机构申请在"双自"区域就业创业。

（七）在"双自"区域就业创业的外国留学生与中国公民同等享受市科技创新创业各项政策支持。

七、优化创新创业高层次人才激励政策

（八）在珠三角国家自主创新示范区（广州）内工作，经市认定或审核确认的高层次、高技能人才，以及高端管理、金融、技术转移人才及重点产业紧缺人才等，按照其薪金水平分层次给予奖励。

八、完善海外高层次人才引进政策

（九）建立海外人才柔性引进政策，对具有一定年限科研开发、技术应用经验的专业技术人员和管理人员，或在海外取得行业公认的职业资格、在相关领域的企业或公共服务机构从事技术与管理工作且具有丰富经验、能够提供技术服务或开展项目合作的专业技术人员和管理人员，每年在广州服务时间累计不少于30个工作日的，可认定为柔性引进人才，享受市相应人才政策支持。

九、开展科技成果转移转化专业机构建设试点

（十）支持有条件的高校和科研机构建设专业化科技成果转移转化机构，将成果处置权完全交由技术转移机构行使，建立职务科技成果披露与管理制度，实行技术经理人市场化聘用，实现市场化激励。支持市场化技术转移专

业机构开展特色服务，打造有一定影响力的服务品牌。在科技成果转移转化岗位工作的科技人员可以参加高等学校、科研机构内部的职称评聘，评聘指标单独设立，不占该单位核定的中高级专业技术岗位职数。每年在珠三角国家自主创新示范区（广州）内重点扶持 2—3 家科技成果转移转化机构，给予启动经费和 3 年基本运行经费，支持其建成示范性国家技术转移转化机构。将职业技术经纪人纳入市紧缺人才目录，为引进的高端成果转移转化人才发放人才绿卡。

十、强化科技成果转移转化平台建设和服务体系建设

（十一）建设广州科技创新创业服务中心，构建"线上+线下"的科技成果转移转化服务综合体，整合科技创新创业服务资源，打造集国际青年创业驿站、制造技术创新中心、校地协同创新服务平台、科技成果转化服务平台于一体的全链条、一站式、综合性科技创新创业服务基地。

十一、设立市科技成果产业化引导基金

（十二）设立市财政出资、总规模 50 亿元的市科技成果产业化引导基金，带动社会资本投向具有自主知识产权和国际先进水平的重大科研创新成果产业化及科技企业孵化项目，推动科技型企业利用境内外证券交易所、全国中小企业股份转让系统、中证报价私募股权市场、广州股权交易中心等多层次资本市场进行融资发展。鼓励有条件的区设立科创基金投入珠三角国家自主创新示范区（广州）建设。

十二、拓宽科技企业融资渠道

（十三）支持科技企业利用各类债务融资工具进行科技成果转化项目融资。鼓励金融机构创新金融产品和服务模式，为科技成果转化和产业化提供便利服务。支持符合条件的科技型企业开展集团内跨境人民币资金池业务。鼓励科技型企业在宏观审慎管理框架下，从境外借入人民币资金并按规定使用，降低企业融资成本。

十三、鼓励国有资本和社会资本共同参与新型研发机构建设

（十四）积极争取在珠三角国家自主创新示范区（广州）内注册的科技

类民办非企业单位，登记开办时其国有资产份额占合法总财产的比例限制适当提高，促进国有资本和社会资本共同参与建设新型研发机构。

（十五）积极争取在珠三角国家自主创新示范区（广州）内注册的经市科技部门会同市民政部门核定的科技类民办非企业单位，进口国内不能生产或者性能不能满足需要的科学研究、科技开发和教学用品，免征进口关税和进口环节增值税、消费税。

（十六）在珠三角国家自主创新示范区（广州）内注册的经省、市科技部门评定为新型研发机构的企业、事业及民办非企业单位，未能享受进口科研用仪器设备进口关税和进口环节增值税、消费税减免优惠的，市财政根据其进口科研用仪器设备的金额，按年度给予最高不超过500万元的经费支持。

十四、促进知识产权服务业务发展

（十七）支持在珠三角国家自主创新示范区（广州）内开展国家重点产业知识产权运营服务试点，对入驻珠三角国家自主创新示范区（广州）的知识产权运营服务机构给予资金扶持。市专利工作专项资金支持珠三角国家自主创新示范区（广州）内重大经济和科技项目开展知识产权评议。鼓励和支持银行、证券、保险机构参与珠三角国家自主创新示范区（广州）知识产权金融服务，促进珠三角国家自主创新示范区（广州）知识产权经济发展。

十五、进一步加大知识产权保护力度

（十八）建立知识产权侵权查处快速反应机制，健全知识产权保护政策法规和综合管理体制。支持企业申请国际专利并开展涉外知识产权维权援助工作。加快中国（广东）知识产权保护中心建设。对具有重大行业影响的知识产权维权项目结合维权成本给予经费资助，发挥广州营商环境新优势。

十六、支持运行环境和基础设施建设

（十九）市、区财政加大对珠三角国家自主创新示范区（广州）园区建设与发展的支持力度，多渠道投入资金改善园区运营环境，完善基础设施，盘活存量空间资源，提升运营管理和服务支撑能力，促进园区建设提质增效。

十七、打造特色价值创新园区体系

（二十）扩大"广州'中国制造 2025'产业发展资金"和"广州'中国制造 2025'产业基金"规模，加大对价值创新园区建设支持力度，重点支持价值创新园区的载体建设和各园区主导产业发展。对价值创新园区产业区块控制线实施闭环管理，严格限制线内产业用地改变用途，全面保障价值创新园区建设发展所需的用地规模和用地指标。允许制造业企业的工业物业产权以幢、层等固定界限为基本单元进行分割，用于引进产业链骨干企业项目。

广州市人民政府

2018 年 3 月 9 日

广州市人民政府关于修订广州市建设"中国制造2025"试点示范城市实施方案的通知

穗府〔2018〕7号

各区人民政府,市政府各部门、各直属机构:

现将修订后的《广州市建设"中国制造2025"试点示范城市实施方案》印发给你们,请认真组织实施。执行中遇到问题,请径向市工业和信息化委反映。

广州市人民政府
2018年3月12日

广州市建设"中国制造2025"试点示范城市实施方案

为贯彻落实"中国制造2025"和《广州制造2025战略规划》,全面实施制造强市战略,根据《工业和信息化部关于广州市创建"中国制造2025"试点示范城市的批复》(工信部规函〔2017〕169号)要求,现就我市全面推进"中国制造2025"试点示范城市建设,制定本方案。

一、总体要求

(一)思路和原则。

围绕创建"中国制造2025"试点示范城市,深入贯彻创新、协调、绿色、开放、共享的新发展理念,落实"创新驱动、质量为先、结构优化、融合发展、绿色低碳、开放发展"六大指导方针,聚焦"IAB"(新一代信息技术、人工智能、生物医药)重点产业行动计划,围绕八大重点领域加快实施八项重点工程,积极构建协同制造、协同创新体系,着力打造全国重要的高端装备制造业创新基地、国家智能制造和智能服务紧密结合的示范引领区、"一带一路"倡议重要支点和开放高地，主动探寻新时期特大城市及中心城市制造业转型升级可复制、可推广经验，辐射带动珠三角地区制造业整体水平提升，为全国探索形成有效的制造业转型升级新模式、新路径，推动我国早日迈入世界制造强国行列。

（二）发展目标。

到2019年底，制造强市建设取得重要进展，新一代信息技术对制造业发展的支撑能力大幅提升。建立起较为完善的制造业创新体系，掌握一批关键核心技术，技术创新处于国内领先，质量效益明显提高。培育一批国际知名、国内领先的行业优势骨干企业，重点领域的产业国际化布局取得积极成效。重点行业的单位工业增加值能耗、物耗、污染物排放达到国内领先水平。

（三）实施步骤。

1. 创建实施阶段（2017年1月—2018年7月）。积极贯彻《中国制造2025》以及《广州制造2025战略规划》基本要求，各部门按本方案的职责分工落实各项重点工作，在重点领域遴选一批龙头企业或行业领军企业开展试点，加快培育符合"中国制造2025"战略的制造业产业体系，促进产业结构转型升级。

2. 中期评估阶段（2018年8月—2018年12月）。全面组织开展各项试点示范工作，按照工业和信息化部的要求完善统计监测、绩效评估、动态调整和监督考核机制，对试点示范所涉及的各项指标和任务的完成情况进行全面科学的评估分析，总结成功经验，查找问题和不足，形成完整客观的评估分析报告，并及时上报工业和信息化部。

3. 总结示范阶段（2019年1月—2019年12月）。根据评估分析报告以及三年来我市制造业发展实效，进一步修订完善相关指标、制度，充实发展经验，补齐发展短板，为全面推进"中国制造2025"发展提供具有指导意义的经验和行之有效的推广方法。

二、重点领域及方向

（一）智能装备及机器人。

1. 发展目标。

充分发挥广州市智能装备基础优势，对接智能制造发展及传统产业智能化改造升级需求，打造智能装备及机器人产业集群。到2019年底，智能装备及机器人产业产值达到1000亿元。

2. 重点领域。

机器人。整合工业和信息化部电子五所、国机智能、广州沈自所、沈阳新松等优势资源，加快推进省级机器人创新中心筹建，开展共性关键技术研究。突破先进数控系统、智能控制系统、智能化操作系统等关键技术，推进高精密减速机、高性能交流伺服电机、先进控制器、传感器和控制执行装置等机器人及系统集成关键技术和核心部件，加快发展具有核心自主知识产权的6轴以上多关节工业机器人、人机协作机器人、双臂机器人、重载AGV（自动导引运输车），培育发展清洁、金融、教育娱乐、救援、护理等服务机器人，探索发展新型智能机器人。依托极飞科技、中海达、工业和信息化部电子五所等优势资源，推动无人机在物流、农业、电力、石油、林业、气象、海洋水利、测绘等民用领域的应用。

轨道交通。以广州和谐型大功率机车修造基地及配套产业区、番禺南车城市轨道车辆维修组装基地、白云区神山装备制造产业园等为载体，大力发展重载电力机车、新一代绿色智能、高速重载城市轨道交通整车及产业配套、系统集成能力，提升发展车辆牵引传动系统及配电控制设备、智能控制、盾构机械等。开展工程总承包，重点培育轨道交通装备系统集成商、整体解决方案提供商、工程总承包商、智慧运营商。培育引进一批检测认证、系统集成、研发设计、工程总承包等企业和机构，拓展产业链前后端增值服务。推进广州龙头企业建立上下游产业联盟，打造具有全国乃至全球影响力的轨道交通装备制造集成研发基地。

智能成套装备和系统集成。推进精细化工、生物医药等流程类制造领域数字化车间与全自动化成套设备开发。加快发展汽车、船舶与海工装备、航空航天、电子等离散型制造领域智能化成形及加工成套设备、机器人智能化检测装配生产线、关键零部件成套加工装备、中高档数控系统、3D（三维）打印设备等智能成套装备和系统，以及智慧物流仓储装备系统。支持金融设备智能化发展，加快建设华南金融设备制造业基地。

3. 发展路径和布局。

以黄埔区为轴心，以增城区、南沙区、番禺区、白云区和中心城区为依托，打造智能装备及机器人产业集群。黄埔区重点建设云埔工业区、黄埔机械谷智能产业园，加快推进广州数控和工业机器人产业园等产业化基地建设。

增城区重点建设智能装备制造产业园与工业和信息化部电子五所无人机试飞基地,壮大博创机械、科利亚农业机械等骨干企业。南沙区重点建设大岗先进制造业基地,壮大鑫泰科技、井源机电等具有核心自主知识产权的智能装备及机器人骨干企业。番禺区重点建设石北工业区,壮大科盛隆机械、广州机床等骨干企业。白云区重点建设神山装备制造产业园、白云电器节能与智能电气产业园,壮大白云电气等骨干企业,建设轨道交通电力装备产业集群。中心城区依托科研资源集聚优势,加快发展具有核心自主知识产权的工业机器人,培育发展清洁、教育娱乐、医疗健康等服务型机器人,探索发展新型智能机器人。

(二)新一代信息技术。

1. 发展目标。

到2019年底,产业体系进一步完善,总产值突破7000亿元,加快构建以高世代面板和新型显示为核心的新一代显示技术研发体系和产业链,打造"世界显示之都"。

2. 重点领域。

新型显示。着力加快乐金8.5代液晶面板、富士康10.5代显示器全生态产业园项目建设,引进上游半导体、集成电路,下游移动终端、液晶电视制造企业,推进建设"重点新材料研发及工程化"国家重大专项,推动广东省印刷及柔性显示创新中心(广东聚华印刷显示技术有限公司)创建国家制造业创新中心,突破印刷显示关键材料、印刷显示工艺、OLED(有机发光二极管)面板打印技术并产业化,打造千亿级平板显示产业集群。

集成电路。依托广州在北斗卫星导航射频、卫星通信射频、功放、数字多媒体等领域的基础优势,重点围绕移动智能终端、存储器、光电、照明、传感网、物联网等应用领域,引进和培育一批具有自主知识产权、具有国际影响力的集成电路设计龙头企业。加快发展12英寸、8英寸集成电路制造生产线,尽快建立以芯片制造为核心的产业链、供应链,在硅晶圆、光刻胶、抛光液、溅射靶材、金属丝线等专用原材料以及制程、量测设备等领域培育一批龙头企业。推动大功率器件、电源管理、基板等领域半导体分立器件和集成电路封装产业上规模、上水平。

人工智能。建立健全人工智能领域产业链,培育以大数据和云计算为支撑、具有广州优势的人工智能产业集群和产业生态。瞄准人工智能核心技术突破,着力加快基础硬件、核心算法开发、语音及语言理解、机器视觉、认知智能、脑机接口技术、机器翻译和智能技术应用等重点领域发展。推进智能产品创新，促进人工智能在制造、家居、汽车、软硬件终端、可穿戴设备、虚拟现实和服务业等领域的推广应用，着重实现规模化、集群化发展。

互联网。推进落实《工业和信息化部广东省人民政府合作框架协议》，大力发展互联网核心技术，推动互联网应用服务创新，创建国家互联网创业创新示范区。打造"一核五基十镇"，以琶洲互联网创新集聚区为核心，建设五大千亿级产业基地和十个互联网特色小镇，构建"产业圈层集聚，区域差异化发展"的完整产业生态圈。推广国家超级计算广州中心产业化应用，推动互联网、大数据、物联网等技术在交通、环保、物流、医疗、教育、政务等各领域的示范应用。发展实时工业操作系统及高端制造业嵌入式系统、以工业大数据平台与制造业核心软件为代表的基础工业软件、面向重大装备领域的工业应用软件，提高工业领域自主可控能力。

3. 发展路径和布局。

以中心城区、黄埔区、南沙区、花都区、番禺区、增城区为核心，打造新一代信息技术产业集群。中心城区重点建设琶洲互联网创新集聚区、天河软件园、天河智慧城、越秀区"互联网+"小镇、荔湾区"互联网+"小镇、唯品会人工智能产业集聚区、中新广州知识城。黄埔区依托广州经济技术开发区，重点发展乐金8.5代液晶面板，加快推进广东省印刷及柔性显示创新中心建设和新型平板显示产业基地建设。南沙区加快推广广州超算中心南沙分中心产业化应用，重点推进广州南沙国际人工智能高级研究院、亚信数据全球运营总部、广州奥翼电子柔性显示总部及研发生产基地、晶科电子智慧创新产业基地等项目建设。花都区以临空经济工业园区为载体，加快建设中大氧化锌LED（发光二极管）芯片等光电科技项目。番禺区以广州大学城为载体，依托国家超级计算广州中心等资源，培育发展大数据、云计算、物联网等新一代信息技术。增城区以富士康10.5代显示器全生态产业园为载体，加快建设10.5代面板、基板玻璃及相关后段产品生产线。

（三）生物医药与健康医疗。

1. 发展目标。

到2019年底，力争生物医药产业产值超1300亿元，吸引1~3家世界500强医药企业来穗发展、3~5家国内龙头企业在广州设立研发中心或生产基地，培育3~5个年销售额超过10亿元的重大品种，创新研发5~10个新药，研发上市20~30个三类医疗器械产品。

2. 重点领域。

生物技术与制药。依托广州中药产业的雄厚基础以及生化提取与基因重组蛋白等先发优势，重点发展中药有效成分的提取、纯化、质量控制新技术，加快新型中药饮片等新技术开发和应用。发展新一代基因测序技术以及基于基因信息和分子标志物的精准治疗技术，开展癌症、高血压、糖尿病、出生缺陷和罕见病的精准防治治疗。发展基于新靶点、新结构、新功能的抗体、蛋白、多肽、核酸和免疫细胞治疗等创新生物技术，推进化学合成创新药和现代中药生产及研发。抓住药品上市许可持有人制度试点机遇，支持建设 1 个中药（化学药）、1 个生物药生产基地。

生物医学工程与高性能医疗器械。立足广州在 IVD（体外诊断）产业的先发优势，重点发展分子诊断、即时检验（POCT）以及生物材料 3D 打印装备、医用有源植入式装置、高通量临床检验设备、微创外科和介入治疗装备、肿瘤治疗器械及设备、医疗急救及移动式医疗装备、高性能医学影像设备、康复工程技术装置等高性能医学检验医疗装备及器械。

智能健康管理系统及设备。发展即时健康检测设备、新型可穿戴健康信息采集与监测设备等智能健康监测及康复设备和产品，推进健康大数据与健康物联网技术开发及应用。

3. 发展路径和布局。

以广州国际生物岛为核心，中心城区、白云区、黄埔区、南沙区、从化区多点布局，打造生物医药与健康产业集群。广州国际生物岛以生物医药领域研究和产品开发为主导，重点打造国家级生物医药研发基地。白云区依托广州生物医药基地重点发展医药制造业，加快推进国家健康城建设，打造"研发设计—医药制造—健康服务"全链条大健康产业集群。黄埔区以云埔工业区、广州经济技术开发区、中新广州知识城为载体，重点发展生物制药、化学合成创新药、现代中药、高端医疗机械设备，加快突破基于基因信息和分子标志物的精准治疗技术。南沙区加快推进中创生物科技与医疗器械产业园项目，整合华南地区优质医疗器械和生物科技企业。荔湾区依托大坦沙健康生态岛、广州国际医药港、广州 3D 打印产业园重点推进医药应用转化，探索发展 3D 打印医疗器械产业，形成医、疗、休、养、游全产业链的高端健康生态产业区。从化区以明珠工业园和高技术产业园区为载体，加快发展生物医药产业，推动本地生物医药企业做大做强。

（四）智能与新能源汽车。

1. 发展目标。

到 2019 年底，形成完善的产业配套体系和创新体系，智能与新能源汽车发展取得重大突破，自主品牌汽车实现跨越式发展，汽车制造业实现总产值 5100 亿元。

2. 重点领域。

整车。重点推进广汽传祺等自主品牌轿车的研发、生产和品牌建设，提高零部件本地化配套能力，提升整车成本竞争力。在发展传统汽车的基础上重点谋划新能源及智能网联汽车、纯电动乘用车、插电式混合动力乘用车、混合动力商用车、燃料电池汽车、高附加值专用车等新一代汽车整车发展。鼓励广州汽车企业，尤其是自主品牌汽车企业开拓"一带一路"等海外市场。

汽车关键零部件。按照"153"战略（一个基地、五个园区、三个重点）构建广州国际汽车零部件产业基地，打造国际高端汽车零部件制造和出口基地、国家级新能源汽车零部件产业集聚区和国家级智能网联汽车零部件产业集聚区。围绕传统汽车整车企业，发展配套的动力总成、变速器、电子控制系统、轻量化部件等高端零部件。前瞻布局新能源汽车及智能网联汽车零部件，重点发展动力电池、驱动电机、电控系统、车载光学系统、车载雷达系统、高精定位系统、车载互联终端等。

智能网联汽车。加快广汽智联新能源汽车产业园建设，打造智能网联汽车国家测试验证中心和国家智能汽车测试与示范运行基地。支持广汽集团与国内外信息技术优势企业合作，整合区域内外网络开发、芯片集成、智能控制、信息通讯、传感定位、影像雷达等软硬件资源，搭建智能网联汽车研发与生产制造体系。构建广州汽车共性技术研究院，建立国家智能网联汽车共性基础技术研究和创新中心，大力开展多源信息融合、车辆协同控制、人机交互与共驾等技术的研究。支持广州中国科学院软件应用技术研究所牵头建设中国科学院智能网联汽车技术重点实验室。

3. 发展路径和布局。

以番禺区、南沙区、花都区三大汽车制造基地为核心，以黄埔区、增城区、从化区新能源汽车项目为扩展，以"153"汽车零部件发展战略为依托，打造"整车—新能源汽车—高端汽车零部件"完整产业生态链。番禺区重点构建自主品牌、欧美系及新能源乘用车等多元化整车研发制造及高端汽车零部件基地。增城区重点构建欧美系、日系整车及汽车核心零部件、新能源汽车关键零部件生产基地。花都区重点建设日系整车、汽车核心零部件、新能源汽车关键零部件、零部件再制造、智能网联汽车测试与示范基地和国际汽车创新谷。南沙区重点构建整车、新能源汽车研发制造及关键零部件基地，打造区域零部件出口基地。黄埔区以广汽及永和经济区域为载体，以总成及关键部件为突破口，积极拓展汽车电子、新能源汽车等新兴领域，推动面向5G（第五代移动通信技术）技术的物联网、智慧城市示范区与汽车制造业相结合，加快汽车产业与电子信息、新材料、文化创意等产业的融合发展，打造从零部件生产、整车到配套服务汽车全产业链条。从化区重点发展商用车及新能源汽车零部件产业。此外，依托肇庆（高要）汽车零部件产业园、广州（梅州）产业转移工业园，重点发展传统汽车零部件，承接珠三角汽车整车配套零部件项目转移。

（五）新材料。

1. 发展目标。

到2019年底，新材料产业高端化、品牌化取得明显成效，产值达到3600亿元，推动新材料产业智能化、绿色化、健康化升级，加快广州新材料国家高新技术产业基地建设，建成国内新材料产业集聚区。

2. 重点领域。

重点发展先进高分子材料、先进无机非金属材料、先进复合材料、先进合金材料、工程塑料及精细化工产品，加强石墨烯新材料、3D打印高性能材料等前沿新材料研发与突破。统筹石化领域技术改造、产品结构调整与先进高分子材料产业发展，强化产业对接，加快发展高性能高分子材料及复合材料、工程塑料、高性能碳纤维复合材料等。发展高端汽车用钢、高等级建筑用钢、高强度不锈钢、高性能精密合金板等精品钢材，高性能合金材料、高性能稀土功能材料、特殊功能有色金属材料等。

3. 发展路径和布局。

以广州科学城、广州民营科技园、从化明珠工业园、荔湾广钢岭南V谷·广州国际智能科技园（广钢新材料）等为载体，着力发展先进高分子材料、稀土功能材料、先进合金材料、精细化工。在增城区、南沙区筹备设立新材料工业园区，集聚发展高分子及复合材料、石墨烯相关材料、化学制药原料等。强化创新体系建设，支持新材料企业建设研发机构和创新中心。

(六)新能源。

1. 发展目标。

到 2019 年底,产值达到 1200 亿元,新能源产业核心关键技术攻关、产品研发及科技成果转化取得明显成效,力争建成全国重要的新能源产品研发基地。

2. 重点领域。

支持薄膜电池与新一代太阳能电池的研发与生产,加强钙钛矿、染料敏化、有机等新型太阳能电池的研发与生产,推动高效率、低成本的太阳能新技术、新材料、新产品的产业化,建设一批分布式光伏发电示范项目。支持发展核电装备制造,重点发展大型先进压水堆、高温气冷堆、快堆及后处理技术装备。大力推进天然气分布式能源项目建设,优化能源结构,提高电网运行可靠性,促进核心装备国产化,形成配套产业链。加快建设适应新能源产业发展的智能电网及其运行体系。重点发展新能源介入与并网,智能输变电、智能配电、智能用电及智能电网通信等。

3. 发展路径和布局。

以白云电器节能与智能电气产业园、南沙核电装备基地、广州环保装备产业园、大岗环保产业园、增城区新塘镇银沙工业园等为载体,加快推动新能源装备发展,提升智能化水平。依托东方电气、白云电气、西门子变压器、中国华电等骨干企业,建设研发创新和成果转化平台,推进大型核电、超临界火电、重型燃气轮机、中高压输电、生物质能发电等新能源装备和技术的研发突破。建立新能源技术创新体系和研发平台,建立产学研协同研发创新机制,搭建新能源技术和装备研发平台,促进新能源产业集聚发展。

(七)都市消费工业。

1. 发展目标。

到 2019 年底,都市消费工业实现产值超过 2800 亿元,建成国内领先的智能家居基地、灯光音响基地、时尚服饰之城。

2. 重点领域。

智能家居产业。大力推动家电、家具产业向智能化、绿色化、定制化、健康化发展,支持物联网、云计算、大数据、人工智能等技术在家居产品的应用。重点发展智能节能家电、智能安防、健康厨卫电器、服务机器人、空气源热泵空调、智能可穿戴设备等高品质家电产品,满足消费结构升级需要。发挥国内领先的"互联网+"定制家具生产基地优势,鼓励家具、家电行业协同创新，推广智能家居整体解决方案。

时尚服饰产业。围绕番禺沙湾珠宝产业园、花都狮岭皮革皮具产业集群、增城新塘牛仔服装产业集群等打造多个特色产业小镇（街），提升时尚服饰产业区域特色经济和品牌优势，实现增长方式从数量主导型向品牌效益型转变。支持纺织服装电子商务平台、技术研发创新平台及第三方检测服务平台的建设。鼓励皮革皮具、珠宝饰品产业向品牌化、个性化、时尚化发展。

灯光音响产业。结合智能家居、智慧城市应用，积极推动智能照明技术研发及产业化，重点发展适应各种照明应用场所需要的高技术含量和附加值的LED照明产品，推进高端LED舞台灯、舞台照明系统、智能控制系统等研发和产业化。大力发展无线智能音响设备、车载智能影音系统、车联网集成影音系统等汽车音响产品。

绿色食品产业。加快方便休闲食品向多品种、营养化、高品质方向发展，积极发展风味独特、营养健康的休闲食品，推动岭南特色菜肴、糕点、小吃的规模化生产。扩大广式凉茶、珠江啤酒等优势产业生产规模，推广智能高效节能环保生产线应用。支持绿色食品健康溯源平台及体系建设。

文体用品产业。依托珠江钢琴、双鱼体育等龙头企业，加快建设珠江钢琴荔湾文化产业园，不断延伸产业链，构建全球产量第一的乐器声场基地。推进乐器精益化生产和个性化定制，推动球类运动器械等体育用品产业向绿色、健康、新颖、实用方向发展。

旅游用品产业。鼓励游艇、房车、登山装备等旅游用品研发设计，引进具有中高档游艇、房车及关键零部件设计、开发、制造能力的企业、项目落户广州，推动旅游产业发展。

3. 发展路径和布局。

构筑"一核两带多基地"的都市消费工业总体布局体系。"一核"以越秀区、海珠区、荔湾区和天河区等中心城区为核心，吸引国内外都市消费工业研发、工业设计、营销、产品展览展示等企业总部集聚，汇集生产性服务业高端资源，形成一批专、精、特、新的产业群。"两带"以黄埔区、番禺区、南沙区、增城区为节点打造综合消费品制造产业带，以白云区、花都区、从化区为节点打造时尚消费品制造产业带，着力发展一批新型都市消费工业园区。加快建设欧派智能家居生产基地、狮岭皮革皮具产业基地、国光智能电子产业园、沙湾珠宝产业园、新塘牛仔服装生产基地、珠江钢琴增城中高档立式钢琴产业基地等一批特色鲜明、绿色高端的都市消费工业产品制造

（八）生产性服务业。

1. 发展目标。

到2019年底，生产性服务业增加值达到1.3万亿元左右，占服务业增加值和GDP的比重分别达到70%和49%左右，生产性服务业发展载体进一步完善，生产性服务业对工业转型升级和经济提质增效的引领带动作用进一步增强。

2. 重点领域。

制造业电子商务。扩大制造企业电子商务应用覆盖面，鼓励制造企业通过自建平台或应用第三方电子商务平台开拓市场，引导制造企业利用电子商务实现网上统一采购与线上线下全渠道营销，鼓励构建采、产、供协同电子商务平台，推进电子商务向研发设计、生产制造、消费者个性需求渗透。以家具、服装、皮具、箱包等都市消费工业为重点，加快个性化定制、大数据精准营销等模式创新和示范推广，促进制造企业与新业态、新商业模式的融合发展，形成新的产业供给。

工业设计。大力推动工业设计由产品外观设计向高端综合设计服务转变，建设贯穿产业链的研发设计服务体系。支持制造企业加大工业设计相关投入，鼓励工业设计企业创新服务模式，加快培育一批国家级、省级、市级工业设计中心。加快广州经济技术开发区国家新型工业化示范基地（工业设计）建设。进一步扩大广州国际设计周、工业设计红棉奖的影响力。

检验检测认证。加快建设新能源汽车、工业机器人和智能装备第三方检验检测平台，重点打造广州国家质检中心、国家检验检测高技术服务业集聚区。在汽车、家电、装备等制造行业，发展实时监测、故障预警、在线运维、质量诊断等增值服务。

3. 发展路径。

以中心城区为核心，黄埔区、花都区、南沙区、增城区等区产业集群为依托，积极推进建设涵盖研发设计、电子商务、现代物流、供应链管理、金融服务、科技信息、检验检测等一系列要素的生产性服务业功能区发展体系。中心城区重点建设琶洲互联网创新集聚区（研发设计总部）、广一国际电子商务产业园（电子商务）、平云广场（检验检测）、3D打印产业园（研发设计）、荔湾"互联网+"小镇（电子商务）、白鹅潭产业金融服务创新区（金融服务）等功能区。黄埔区依托"互联网+"小镇资源，重点发展状元谷（现代物流）、荔联宝盛电商园（电子商务）、鱼珠智谷（科技信息）等功能区。南沙区依托自贸区政策优势，以天运国际物流中心（供应链管理）、嘉诚国际港（现代物流）为载体，打造服务于本土制造业的综合跨境物流与供应链服务链条。增城区依托新塘牛仔产业集群等，重点建设广州中小微企业金融服务区（金融保险）、低碳总部园（研发设计总部）等。花都区依托狮岭皮革皮具、电子音响两大产业集群，以皮都皮具箱包博物馆、狮岭皮具文化广场、炭步飞达工业园等为载体，打造皮具箱包创意设计基地（创意设计）、云音响研发设计产业基地（研发设计）。

三、实施八大重点工程

（一）开放合作工程。

加大力度引进一批优质企业（项目）。瞄准全球500强、中国500强、中国制造业500强、中国民营500强和行业领军企业，加强产业链、价值链、创新链招商，力争3年内引进500个高精尖技术项目。加快中国（广州）中小企业先进制造业中外合作区建设，围绕重点领域，构建以广州经济技术开发区为核心区，南沙经济技术开发区、增城经济技术开发区、广州国际创新城、天河智慧城为辐射带动区的"一核四区"中外合作平台体系。依托广州经济技术开发区，促进中欧政策合作试点区、中欧合作示范园建设，深化中欧区域政策合作；积极打造中国与以色列合作示范区，支持广州中以生物产业基金、广州中以生物基地、广州中以机器人研究院、广州中以机器人与智能制造产业基地等的发展。支持中乌巴顿焊接研究院建设，推动乌克兰先进焊接技术在航天航空、船舶制造、核电装备、精密加工、医疗技术等方面开展产业化应用。

（二）创新引领工程。

通过技术改造等方式发展壮大一批高端企业。一是鼓励企业实施技术改造。每年组织实施一批重点技术改造项目，实行动态管理、滚动实施，并采取股权投资、事中补助、事后奖补、贴息、风险补偿等扶持方式，单个项目支持额度最高可达项目投资额的30%。将优质技术改造项目优先纳入市产业扶持专项资金资助范围，并向国家、省推荐申报相关扶持资金。力争3年内工业技改投资年均增长20%以上。二是构建产业创新体系。支持引进和培育一批新型研发机构，在启动建设、运营管理、研发绩效方面给予"全链条"财政支持；支持骨干企业自主设立产业创新研究院等创新型产业技术研发院所，依托产业链优势环节开展内部创新孵化，鼓励中小企业建立轻资产的创新型产业技术研发机构；构建政产学研企协同创新平台，支持企业、高校、科研机构、检验检测机构等组建协同创新联盟，突破制约制造业产业发展的重大关键技术，促进产业链上下游协同发展。三是支持企业兼并重组。支持优势企业通过兼并、收购、联合、参股等多种形式开展跨地区、跨行业、跨所有制和跨国（境）兼并重组及投资合作，获取国内外制造业领域的知名品牌、先进技术、核心专利、营销渠道、高端人才等资源，加快吸聚全球创新资源。

（三）"两高四新"培育工程。

着力培育一批高科技、高成长、新技术、新产业、新业态、新模式"两高四新"企业。支持骨干企业通过上市融资、战略投资、兼并重组等方式做大做强，形成有影响力的自主品牌和核心技术优势，对行业发展发挥重要带动作用。扶持处于种子期、初创期的高技术领域创新型企业和小微企业上规模，培育众多创新型中小微企业。组织摸查全市制造业领域"两高四新"企业清单，制定出台民营和中小微企业"三个一批"（引进一批、扶持壮大一批、培育一批）实施意见，每年安排专项财政资金着力培育壮大一批"两高四新"企业。

（四）园区提质增效工程。

培育"价值创新园区"。聚焦IAB产业，着力打造富士康、思科、通用医疗、百济神州、广汽智能网联产业园、琶洲互联网创新集聚区等10个左右价值创新园区，集聚科研、生产、生活、生态等高端要素，完善城市服务、交通、教育、环境等配套建设，联动周边产业带及社区群，形成"有产有城"相对完整的产业生态群落。推动低效产业园区提质增效。出台实施《广州市产业园区提质增效三年行动计划》，积极鼓励产业园区及周边区域协同改造，通过"工改工"和"城市更新"提升土地利用效率，引入研发机构强化产业化创新实力，推动"天使投资"等基金资本"入园助企"，加快优质小微企业"迭代升级"，引导扶持一批产业园区向"产业园区+产业创新中心+产业基金+产业联盟组织+产业服务平台+产业社区"的运营模式转变。

（五）工业互联网基础设施建设工程。

面向工业产业集聚区、小企业产业园和创业孵化基地，重点推进高速宽带网络、无线局域网、移动通信网、传感器网络、工控网络等信息网络基础设施建设与改造。规划整合、改造升级现有全球定位系统（GPS）、连续运行参考站网（CORS）和高精度差分站点资源，建设以北斗为主体的全球卫星导航系统（GNSS）多模导航和位置信息增强网络与高精度北斗导航位置服务数据中心。依托行业协会、产业联盟构建重点行业云计算、工业大数据公共服务平台，支持骨干企业开展信息物理系统网络研发及应用，完善企业云、行业云及大数据平台等应用基础设施。

（六）大数据应用工程。

重点推进大数据在工业领域的应用。着力将广州经济技术开发区打造成大数据集聚发展核，发挥其在电子信息制造业、智能制造、精细化工及新材料等先进制造业及传统工业上的优势，围绕乐金、视源、通用医疗等龙头企业，引导制造业企业利用大数据开展产品研发设计、智能制造、个性化定制，实现以数据驱动制造业产业升级，建设工业大数据标杆应用基地；充分发挥番禺区思科（广州）智慧城、广汽乘用车、广州国际汽车零部件产业园（番禺区）等先进制造产业集聚区优势，推进广州"大数据+智能制造"应用示范；推动增城区打造工业大数据应用试验区，以富士康、广汽本田、工业和信息化部电子五所等企业为依托，以高端设备制造为着力点，推进工业大数据应用；推进南沙区健康医疗大数据中心与产业园国家试点工程建设，聚合优势产业资源，打造健康医疗大数据生态圈。

（七）质量品牌提升工程。

实施工业质量品牌创新试点，在重点企业中推广品牌培育管理体系，以品牌培育试点企业为骨干，带动广大企业开展品牌培育工作。针对重点制造类企业，进一步夯实标准、计量、合格评定、现场管理、出厂检验把关等基础工作，积极引入质量管理新方法，推广质量管理新经验。质监、工业和信息化、商务、科技等多部门共同构建技改推动采标的工作机制和应对技术性贸易壁垒的合作机制，推动专利融入标准、科技成果转化为标准的实施机制，建立产品质量提升和品牌培育工作的长效机制。到2019年，规模以上企业基本建立全过程质量管理制度。

（八）绿色制造工程。

实施清洁生产，推进规模以上工业企业全部开展清洁生产。推动工业节能降耗，支持企业建立能源管理体系，鼓励制造业企业利用再生能源，提高新能源利用比例。实施工业固体废弃物的综合利用示范行动，加快工业园区循环化改造。以创建绿色产品、绿色工厂、绿色园区、绿色供应链为重点，全面推进绿色制造体系建设。支持广州节能和新能源（白云）产业基地、番禺节能科技园、广州科学城节能环保产业基地、广州环保装备产业园等园区发展。

四、重点政策

按照 2017 年 7 月 19 日国务院常务会议关于部署创建"中国制造 2025"国家级示范区的有关精神,积极对接和参照国家级自主创新区实施的简政放权、财税金融、土地供应、人才培养等有关政策,以加大用地、人才、财政支持等为重要抓手,推动各类要素向制造业聚集,打造良好的市场环境,实现制造业转型升级新突破。

(一)进一步推进"放管服"工作。

持续深化行政审批制度改革,按照使市场在资源配置中起决定性作用和更好发挥政府作用的要求,坚持简政放权、放管结合、优化服务三管齐下,积极转变政府职能。加快工业产品生产许可准入制度改革,探索出台制造业和信息产业市场准入负面清单,争取省支持将相关投资审批、外资管理、经贸合作等权限下放至广州市。根据《广东省人民政府关于将一批省级行政职权事项调整由广州、深圳市实施的决定》(省政府令第 241 号),认真组织实施对辖区享受税收优惠政策软件和集成电路设计企业的核查,高新技术企业认定,县级土地利用总体规划修编和修改审核,融资性担保公司设立、变更审批等行政职能调整的实施工作。各区要承接好市政府下放的建设项目环境影响评价文件审批、排放污染物许可证核发、建筑工程施工许可证核发、属市级审批权限的外商投资企业设立(含合同、章程)及企业变更和终止审批等行政许可事项,切实做到放管结合。

(二)加大财政支持。

1. 整合扶持资金。按照工业和信息化部批复要求,结合近年我市财政扶持资金的管理使用实践,对全市工业和信息化财政资金进行统筹管理,保持现有资金总规模不变,整合形成广州"中国制造 2025"产业发展资金。市发展改革委、科技创新委、商务委等部门的战略性新兴产业发展专项、科技创新企业专项、产学研协同创新重大专项、创新平台与科技服务专项、企业研发机构建设专项、科技创新人才专项等财政扶持专项,须优先支持先进制造业中的重点领域、重点产业、重点项目、重点企业等。

2. 做优产业基金。设立广州"中国制造 2025"产业基金,运用好 IAB3 个百亿级的产业基金,带动更多社会资本重点支持 IAB 三大重点产业和本方案中的"八大重点领域"和"八大重点工程"。

3. 优化融资环境。构建"科研+产业+资本"的集成创新组织模式，鼓励园区运营主体、龙头企业结合自身优势发起设立风险投资基金，政府基金积极参与，基金重点投向园区内优质创新型企业。支持各类资本发起设立创新型金融机构，加大对拟上市企业的支持力度。市级财政建立创新型中小微企业贷款风险补偿机制，对创新型中小微企业首笔信用贷款形成的坏账损失给予一定比例补偿。

4. 加大招商支持。制定和实施制造业重点领域招商奖励政策，对标国内外领军企业，开展靶向招商、产业集群和产业链招商，力争一批优质项目落户广州。鼓励全民大招商、招大商，对园区运营管理主体、招商中介机构、行业领军企业、依法注册成立的行业协会商会等引进新项目给予一次性奖励，最高不超过200万元，重大项目"一事一议"实施奖励。

（三）加大用地保障力度。

每年安排不少于333.333公顷（约5000亩）用地指标专门支持工业项目，优先安排先进制造业项目，研究划定产业区块控制线，确保工业用地总规模，先期将制造业基础好、集中连片、符合城市规划的产业园区划入线内管理，确保中长期内全市工业用地占城市建设用地比重不低于25%。积极加快土地储备，拓展产业用地来源，加大对闲置用地处置力度。大力推动产业用地使用权"先租后让、租让结合"的弹性供应方式。鼓励企业在符合规划、安全标准且不改变用途的前提下，通过厂房加层、厂区改造、内部用地整理等途径提高土地利用率。

（四）加大人才支持。

在实施我市产业领军人才"1+4"政策和先进制造业创新发展实施意见的基础上，重点支持符合条件的创新型企业领军人才、从事核心技术或关键技能岗位的人员和高校毕业生、就业困难人员申报相关资助和补贴。继续实施"人才绿卡"等海外人才优惠便利政策。将符合条件的创新标杆企业人才纳入住房保障范围。允许科技人才在高校、科研院所和企业兼职。

（五）加强知识产权保护。

加大对知识产权违法行为的查处和处罚力度，积极探索知识产权快速保护制度，建立主导产业知识产权侵权监控和风险应对机制。加强知识产权维权援助，举办知识产权维权宣传培训，对符合条件的高端知识产权服务机构按政策给予支持。加强主导产业海外知识产权预警工作。支持企业参与行业标准制定，对牵头制定并获批的围绕八大重点领域的国际、国家、行业标准的企业分别给予一次性奖励 50 万元、25 万元、15 万元。

（六）提升载体发展水平。

支持建设以 10 个价值创新园区（Value Park）为龙头、30 个专业化骨干园区为支撑、一批特色发展的中小型卫星园区为基础的产业载体新体系，出台实施广州制造 2025 试点示范产业园区管理及扶持办法，在产业集聚度、单位面积产值以及园区规模等方面进行综合考评，遴选出一批经济效益突出、产业链完整、公共服务完善的示范性园区，在申报财政资金扶持、容积率提高、更新改造等方面给予重点支持。

（七）出台实施降成本政策。

研究出台广州市支持制造业企业降成本的若干政策，落实《国务院关于印发降低实体经济企业成本工作方案的通知》（国发〔2016〕48 号），通过降低制度性交易成本、实施普遍性降费、降低人工成本、降低生产要素成本、降低物流成本、降低税负成本、降低融资成本和加快企业资金周转等一揽子政策措施，切实减轻企业负担，提升企业发展后劲。

（八）健全中小企业公共服务体系。

建立完善以市级服务平台为枢纽、区和镇（街）服务平台互联互通的中小企业公共服务平台网络架构，搭建行业云公共服务平台，整合行业资源，加大对行业创新、产业上下游对接、市场开拓等领域的服务力度。市认定一批为区域和行业中小企业提供信息、技术、创业、培训、融资等服务且运作规范、支撑力强、业绩突出、信誉良好、具有示范带动作用的中小企业公共服务示范平台，并优先推荐申报国家、省中小企业公共服务示范平台认定，优先推荐申报国家、省中小企业发展专项资金和中央预算投资项目。

（九）推进政府资源开放共享。

大力推动数据共享，建立政府数据资源向社会开放常态机制。加快开展资源开放需求调查，研究制定年度开放计划，确定年度数据开放目录清单，落实数据开放和更新维护责任，完善广州市政府数据统一开放平台，实现政府部门数据开放的统一发布和管理，向企业提供可开放的科技资源、政策资源、金融信息等政务大数据产品，释放政府数据红利。

五、完善保障机制

（一）加强组织领导。

建立广州市推进"中国制造 2025"试点示范城市建设联席会议制度，负责统筹协调推进"中国制造2025"试点示范城市建设相关工作，研究解决推进过程中遇到的重大问题，加强对"中国制造2025"试点示范城市建设工作的指导、监督和评估。联席会议由市发展改革委、工业和信息化委、科技创新委、国土规划委、商务委、国资委、财政局、人力资源社会保障局、交委、住房城乡建设委、统计局、金融局、教育局、卫生计生委、知识产权局、质监局、环保局、工商局、城管委、国税局、地税局、城市更新局，各区政府等33个单位组成，根据议题可邀请其他部门参加联席会议。联席会议办公室设在市工业和信息化委，承担联席会议日常工作。联席会议设联络处室和联络员，由各成员单位指定相关处室及人员担任。

（二）广泛凝聚力量。

依托广州市产业园区商会等机构，筹建广州市推进"中国制造2025"战略咨询委员会，邀请国内有关院士、专家作为咨询委员，着重研究广州制造业发展的前瞻性、战略性和系统性问题。支持社会力量积极参与试点示范城市建设，支持科研院所、骨干企业等牵头成立行业协会、商会、产业联盟等中介组织，提升服务行业发展水平和服务政府决策能力。

（三）加强宣传引导。

加强对广州试点示范城市建设的舆论宣传力度，在市级主要媒体上开设专栏专题，持续宣传报道相关政策举措、典型案例和优秀代表，营造全社会支持制造业发展、崇尚工匠精神的良好氛围。积极争取将广州市示范企业和试点经验、亮点工作纳入省级、国家级媒体宣传报道内容，提升广州制造业的显示度和影响力。

（四）强化评估督促。

围绕"创新驱动、规模效益、两化融合、集约高效"四大指标，建立试点示范城市建设指标评价体系，强化目标责任落实和动态评价督查，定期对各区和市直有关部门的试点示范城市工作推进情况开展绩效评估，并将评估结果纳入到各区年度绩效评价范畴。完善动态统计监测指标机制，按照"依法统计、分类负责、部门把关、统计综合"的原则，以区为单位对"中国制造2025"工作指标进行监测统计，及时发布评估结果。

广州市人民政府关于推广实施中国（广东）自由贸易试验区广州南沙新区片区第三批改革创新经验的通知

穗府函〔2018〕161号

各区人民政府，市公安局、司法局、人力资源社会保障局、国土规划委、工商局、金融局、政务办，广州仲裁委，市口岸办：

在市有关单位和南沙区政府的积极推动下，中国（广东）自由贸易试验区广州南沙新区片区（以下简称南沙片区）在中国（广东）自由贸易试验区4批可复制推广改革创新经验及南沙片区2批在全市推广实施改革创新经验的基础上，总结形成了第三批31项改革创新经验。现就在全市推广实施的有关事项通知如下：

一、可推广实施改革创新经验的主要内容

31项改革创新经验包括投资便利化、贸易便利化、政府职能转变、事中事后监管、法治环境建设、金融开放创新、绿色城市建设等7个方面的内容：

（一）投资便利化领域（2项）。

包括打造新型O2O（Online to Offline，线上线下）商事登记帮办服务模式、推出全国首款电力服务保险产品"电能保"等改革创新经验。

（二）贸易便利化领域（11项）。

包括报关单"一键改配"、转关单"e+关锁"功能、进出口货物收发货人注册登记无纸化、全球质量溯源体系、开展国际船舶联合登临检查、优化船舶燃油硫含量检测机制、建立船舶进出港报告核查机制、简化锚地候泊船舶的边检手续办理、出入境旅客自助通关、启用邮轮旅客管控系统、边检出入境船舶无纸化申报等改革创新经验。

（三）政府职能转变领域（4项）。

包括"综合窗口"实现受理审批监管相分离、开展电子营业执照应用、构建"互联网+"审批体系、应用身份证"网证"实现刷脸办理工商注册登记等改革创新经验。

（四）事中事后监管领域（1项）。

口岸部门与属地市场监管部门合作监管新模式。

（五）法治环境建设领域（9项）。

包括"廉洁企业联盟"大数据、适格犯罪嫌疑人暂缓起诉制度、虚假诉讼失信人制度、打造商事多元调解平台、要素式审判智能系统3.0、对接港澳劳动仲裁南沙模式、网上公布劳动人事争议仲裁裁决书、创新合作制公证机构、临时仲裁与机构仲裁对接等改革创新经验。

（六）金融开放创新领域（3项）。

包括地方金融风险监测防控平台、跨境电商B2B（Business to Business，企业对企业）交易综合金融服务、发行绿色中期票据等改革创新经验。

（七）绿色城市建设领域（1项）。

地区总设计师制度和城市设计导则相结合的管理模式。

二、重视推广实施工作

各区、市各有关部门要深刻认识推广实施改革创新经验的重大意义，将推广工作作为全面深化改革的重要抓手，结合本地区、本部门实际情况，逐步打造与开放型经济发展要求相适应的新体制、新模式，努力构建推动经济高质量发展体制机制、建设现代化经济体系、形成全面开放新格局、营造共建共治共享社会治理格局。

三、加强组织实施

各区、市各有关部门要因地制宜，将推广实施改革创新经验作为本地区、本部门重点工作，建立健全领导机制，积极创造条件，扎实推进，确保改革创新经验生根落地，产生实效。改革创新经验推广过程中遇到的重大问题，及时报告市政府。

附件：中国（广东）自由贸易试验区广州南沙新区片区第三批在全市推广实施改革创新经验清单

广州市人民政府
2018 年 7 月 2 日

附件

中国（广东）自由贸易试验区广州南沙新区片区
第三批在全市推广实施改革创新经验清单

分类	序号	项目名称	实施内容
一、投资便利化（2项）	1	打造新型O2O商事登记帮办服务模式	为商事主体提供商事登记咨询、导办、帮办、申请、受理等政务服务，引导企业开展网上申请，并告知企业及时办理相关后续许可。
	2	推出全国首款电力服务保险产品"电能保"	供电局与保险公司合作开发《受电设备财产综合保险》（简称"电能保"），专门针对客户受电设备承保，属全国首创。投保客户的受电设备发生故障时，可直接拨打保险公司热线电话报案，保险公司进行定损，并向客户提供故障修复解决方案，定损单位可提供抢修兜底服务。对于抢修经验不足的客户，可直接（不强制要求）委托定损单位抢修，享受定损、抢修、理赔一条龙服务。
二、贸易便利化（11项）	3	报关单"一键改配"	依托"线上海关"系统平台，实现企业互联网提交、系统一键自动更改报关单运输工具信息，改变传统的需到现场办理、人工逐票输入的操作方式。
	4	转关单"e+关锁"功能	利用海关"易通关"平台为企业提供转关单关锁号修改、自助打印服务，改革前企业需到海关提交转关单集装箱对应的关锁号，由海关人工逐票录入并打印相关单证。改革后，企业只需在网上一次提交，系统自动获取集装箱舱单的关锁号信息，海关审核后系统自动录入，企业可在网上自助打印相关单证。
	5	进出口货物收发货人注册登记无纸化	进出口货物收发货人可登录"广州海关'线上海关'系统"或"广州海关12360"微信公众号的"线上海关"，进入"企业无纸化注册登记"模块，选择要办理的业务事项，录入申请信息，自主选择领证方式，在线自助打印电子版注册证书，并对全程办理状态进行实时查询。

续表

分类	序号	项目名称	实施内容
二、贸易便利化（11项）	6	全球质量溯源体系	全球质量溯源体系是各国政府部门、企业和消费者共建共享的价值传递体系，通过采集商品从生产、贸易、流通直至消费者的全链条质量信息，实现商品价值的真实传递和口岸快速通检。企业将商品各环节质量信息导入"智检口岸"平台；商品抵达口岸后，检验检疫机构基于大数据风险分析，实施精准监管、快速验放；商品进入流通环节后，消费者、企业通过溯源码或网页查询快速获取全链条溯源信息及特殊状态提醒，同时可进行咨询、投诉及维权；检验检疫机构及时掌握反馈信息，科学调整监管措施，精准打击违法违规行为。
	7	开展国际船舶联合登临检查	依托"单一窗口"平台，由海事管理机构作为召集单位，组织海关、检验检疫、海事、边检执法人员开展联合登临检查，将原本的接受四次不同单位的检查改为接受一次集中检查，减少检查次数和时间。
	8	优化船舶燃油硫含量检测机制	依托海事定制版便携式船舶专用燃油含硫量快速检测设备，优化现有检测流程，将以往"油样采集—样品铅封—上岸送检—比对结果—反馈现场"五个步骤简化为现场即时检测，仅需3分钟便可得出结果，对于符合要求的燃油样品无需再送实验室检测，在避免对船期造成不当延误的同时，确保船舶燃油达到排放控制区标准。
	9	建立船舶进出港报告核查机制	结合电子巡航与现场执法工作特点，建立以智慧海事应用为核心，政务窗口定点查、电子巡航标线查、现场执法全面查，"点线面"结合的船舶进出港报告核查工作机制，实现"一个核心（智慧平台）、三种方式（核查方式）、多种工具（报告服务网、船舶动态管理系统等）"的核查模式，有效规范船舶进出港报告行为，为地方航运经济发展营造稳定的水上交通环境。

续表

分类	序号	项目名称	实施内容
二、贸易便利化（11项）	10	简化锚地候泊船舶的边检手续办理	对停泊锚地加注燃料船舶、候泊船舶期间不装卸作业和上下人员的船舶，分类实施不查验出入境证件直接办理手续、抵达南沙后再办理手续等措施，变以往3次申报、3次查验为1次申报、1次查验或不查验。
	11	出入境旅客自助通关	边检机关出台规范扩大符合自助通关的旅客范围，并提高自助通道生物查验效率，提供出入境记录凭证自助打印服务实现旅客快速通关。现场自助免费打印的口岸出入境记录凭证与边检出入境验讫章有同等效力。
	12	启用邮轮旅客管控系统	在邮轮口岸启用邮轮管控系统，通过优化内部流程，简化查验手续，对乘邮轮出境并随原邮轮返回的中国旅客，扫描出入境证件上的条码即可通关，实现边检通关速度人均3秒。
	13	边检出入境船舶无纸化申报	国际航行船舶入境或出境前，由船方负责人或其业务代理人员通过网上办事平台或"单一窗口"平台向边检机关一次性申报船舶及船员相关电子信息，无需向边检机关提交纸质申报单，仅需携带船员证件到边检机关报检窗口办理出入境手续。中国籍和全为中国籍船员的挂方便旗的出境船舶，边检机关不再收取纸质报告。航行港澳小型船舶参照国际航行船舶实施无纸化申报便利措施，不再要求船方负责人或其业务代理人员提交纸质单据。
三、政府职能转变（4项）	14	"综合窗口"实现受理审批监管相分离	推行行政审批（服务）受理、审批、监管分离的"综合窗口"模式，运用信息化手段将标准化办事材料在审批系统、受理系统中明确固定以减少自由裁量空间。"综合窗口"整合建设工程类、经营管理类等部门资源，以综合窗口代替原来的专类窗口，由政务服务中心人员负责统一受理，各审批部门负责后台审批，相关职能部门依法依规进行事中事后监管。

续表

分类	序号	项目名称	实施内容
三、政府职能转变(4项)	15	开展电子营业执照应用	通过市、区两级电子证照共享机制在全区范围内推广电子营业执照应用工作,除工商部门的营业执照变更、注销、换发业务外,企业申请人在办理其他政府部门业务时均可应用电子营业执照,无需再提交本市内签发的纸质营业执照原件及其复印件。
	16	构建"互联网+"审批体系	实施"互联网+"计划,完善审批服务网络。一是扩展网上办事"一口受理"预约叫号功能,按照"一照一码"所需申请资料定制生成相关资料表单,由申请人自行录入并实现数据的自动推送。二是通过行政协调,实现与专属部门的数据共享,解决二次录入问题,做到审批再提速,推出即审即办业务。三是通过专属系统信息的主动推送,实现与区综合审批系统信息共享,强化各职能部门对后续审批信息的获取。四是探索运用微信功能,拓展线上审批服务,借助EMS双向快递,实现足不出户完成审批。
	17	应用身份证"网证"实现刷脸办理工商注册登记。	国家发展改革委"互联网+"重大工程项目"可信身份认证服务平台"示范基地联合南沙区政务中心,借助"微警"平台身份认证技术,将身份证"网证"应用于政务服务。通过引入"微警认证"人脸识别技术,公安部"互联网+可信身份认证"AI系统自动比对用户身份信息、人像、身份证件的真实性与一致性,进行身份证"网证"开通,领取"网证"后可以通过"网证"刷脸办理工商注册登记。
四、事中事后监管(1项)	18	口岸部门与属地市场监管部门合作监管新模式	工商和市场监管部门与海关、检验检疫部门通过签订合作备忘录,共同依托市场监管和企业信用信息平台,通过"一套标准"(即制定信息互换清单,以企业统一社会信用代码对互换的信息进行关联整合,建立平台数据"一套标准")实施信息互换,建立"两项制度"(即守信联合激励制度和失信联合惩戒制度)推进监管互认,建立"五项机制"(即线索核查、执法信息抄告、日常网格化监管、重大事项联合行动、执法证据材料共享利用)开展执法互助。

续表

分类	序号	项目名称	实施内容
五、法治环境建设(9项)	19	"廉洁企业联盟"大数据	检察院联合区工商联制定《关于共同开展非公有制经济领域职务犯罪预防工作办法》，依托检察院档案管理系统、执法司法办案系统大数据，分批对工商联推荐的企业、法人代表、股东成员进行无行贿犯罪记录查询和备案，形成非公廉洁企业联盟的大数据。
	20	适格犯罪嫌疑人暂缓起诉制度	制定《关于涉自贸区适格犯罪嫌疑人暂缓起诉工作规程（试行）》，探索对涉嫌轻微刑事犯罪的企业骨干或负责人，且具备良好监管条件和人身危险性较小的相关犯罪嫌疑人暂缓起诉。相关犯罪嫌疑人还必须可能被法院适用缓刑，与被害人达成刑事和解，对认定的犯罪事实和罪名没有异议等等。同时，决定对暂缓起诉人进行3个月至6个月的监督考验，在监督考验期结束后，对不起诉犯罪嫌疑人进行公开听证，并将案件提交检委会讨论决定。
	21	虚假诉讼失信人制度	出台《关于虚假诉讼失信人制度的规定（试行）》，建立虚假诉讼失信人名单库，经办法官一经发现虚假诉讼的，对诉讼参与人虚假诉讼行为进行证据固定和事实确认，并依法对虚假诉讼行为进行惩戒，并将相关信息及时纳入虚假诉讼失信人名单信息库。当已纳入信息库的诉讼参与人再次诉讼时，系统将自动标示并关联虚假诉讼案件信息，以便在庭审中重点进行虚假诉讼风险提示。
	22	打造商事多元调解平台	依托公共云计算、大数据、移动互联等信息化技术，创新调解工作机制，打造以商事纠纷调解为主要功能的商事多元调解平台APP，申请人通过实名认证，在APP上提交调解申请及各类证据，申请成功后，各方约定时间便可进行远程多方视频在线商事调解。
	23	要素式审判智能系统3.0	建立要素式审判管理系统，总结各类案件审判要素，按节点录入计算机系统，在阅卷、庭审环节实现系统自动核对，提示法官完成全部要素审判，实现审判管理智能化，规范司法行为。

续表

分类	序号	项目名称	实施内容
五、法治环境建设（9项）	24	对接港澳劳动仲裁南沙模式	对接香港劳动仲裁调解优先做法，与香港快速办案模式、仲裁权威模式、灵活服务模式接轨，通过合同约定先行调解、缩短或取消仲裁举证期和答辩期，依法快速处理劳动争议，打造与港澳国际接轨的"快速、权威、便民"劳动仲裁南沙模式，推动劳动人事争议仲裁案件"快立、快审、快结"。
	25	网上公布劳动人事争议仲裁裁决书	出台《关于在互联网公布劳动人事争议仲裁裁决书的规定》，除涉及国家秘密、军事秘密、商业秘密、个人隐私，涉及未成年人，涉及社会稳定等敏感问题以及区劳动人事争议仲裁院认为不宜在互联网公布的裁决书等四类情形外，其余劳动人事争议仲裁裁决书自送达当事人或发布公告送达信息之日起30天内，均将通过门户网站、微信公众号等官方平台向社会公布。
	26	创新合作制公证机构	创新公证组织形式，引入市场化运作，通过整体改制方式成立合作制公证机构，由符合条件的公证员自愿组合，共同参与，共同出资，自主开展业务，独立承担民事责任，其财产由合作人共有，以其全部资产对债务承担有限责任。实行民主管理，按市场规律和自律机制运行，提高公证服务质量。
	27	临时仲裁与机构仲裁对接	依托《临时仲裁与机构仲裁对接规则》及中国互联网仲裁联盟，将临时仲裁与网络仲裁结合起来，利用仲裁云平台2.0，推出临时仲裁制度，通过中国互联网仲裁联盟提供临时仲裁与机构仲裁的对接服务，为当事人提供更多的选择，最大限度满足当事人的需求，实现临时仲裁、律师调解、机构仲裁全方位联动对接。
六、金融开放创新（3项）	28	地方金融风险监测防控平台	依托广东省地方金融风险监测防控平台，利用区块链、人工智能、云计算以及大数据等先进技术，研发非法集资风险监测预警系统、非现场监管、网络舆情监测和第三方电子合同存证和统一清算系统，形成"4+1"的信息监测与资金监控的创新监管模式，监测覆盖P2P、地方交易场所、小额贷款等地方金融的11大业态，对区内金融类企业进行风险排查和监测预警。

续表

分类	序号	项目名称	实施内容
六、金融开放创新（3项）	29	跨境电商 B2B 交易综合金融服务	工行南沙分行根据跨境电商企业保税进口模式线上电商交易平台、线下实体零售商场的支付结算需求，设计研发集线上/线下收单、海关和国检联动数据交互、跨境清算及国际收支申报服务于一体的综合金融服务方案。通过银行数据端口与海关通关管理系统进行连接，实现跨境电子商务客户货物通关运作流畅，保证客户通关效率。同时，通过构建与跨境电商平台的金融服务合作渠道，实现收单系统与商户收银系统无缝对接。
	30	发行绿色中期票据	通过发行绿色债券拓展绿色项目融资渠道，绿色债券由专业第三方机构绿融公司评估认证，由中国银行间市场交易商协会批准注册发行，由具有发行资质的银行负责承销，募集资金用于绿色环保项目。2018年2月26日，"广州越秀集团有限公司2018年度第一期绿色中期票据"成功发行，由兴业银行广州分行主承销。该绿色债券是中国造纸行业及南沙自贸区的首支绿色债券。
七、绿色城市建设（1项）	31	地区总设计师制度和城市设计导则相结合的管理模式	引入业内知名专家+咨询团队承担地区城市总设计师职责，在控规和城市设计导则的基础上，结合专项课题研究，对出让地块的开发强度、建筑形态、空间布局、公共空间、慢行系统、城市色调等进行总体控制与导引，形成"总师制度+城市设计导则+专项课题"的技术服务模式，以区国规局、明珠湾办和总师团队三方会办的形式出具审议文件，从土地出让到工程验收进行全过程、全方位把控。

广州市社会工作服务条例

(2018年5月30日广州市第十五届人民代表大会常务委员会第十四次会议通过 2018年7月26日广东省第十三届人民代表大会常务委员会第四次会议批准)

第一章 总 则

第一条 为了促进和规范社会工作服务,推动社会工作人才队伍建设和社会工作服务机构发展,提升社会工作服务水平,营造共建共治共享的社会治理格局,结合本市实际,制定本条例。

第二条 本条例适用于本市行政区域内开展的社会工作服务及相关的监督管理活动。

第三条 本条例所称社会工作服务,是指社会工作服务机构安排社会工作者,运用社会工作专业知识、方法和技能,为有需要的个人、家庭、社区、单位等提供困难救助、矛盾调处、人文关怀、心理疏导、行为矫治、关系调适、资源协调等服务的活动。

第四条 社会工作服务应当以助人自助为宗旨,遵循平等尊重、知情同意和信息保密的原则。

第五条 市、区人民政府应当将社会工作服务发展纳入本级国民经济与社会发展规划,所需经费列入本级财政预算,并与本市社会工作服务人口、类型、范围、需求等相适应。

第六条 市民政部门负责本市社会工作服务的统筹指导、业务管理和服务监督工作,并组织实施本条例。

区民政部门负责本行政区域内社会工作服务的业务管理和服务监督工作。

财政、人力资源社会保障、来穗人员服务管理、住房城乡建设等有关部门按照各自职责，协同实施本条例。

第二章　社会工作服务机构和社会工作者

第七条　社会工作服务机构应当依法登记，不得以营利为目的、不得向出资人和设立人分配所得利润。

未经依法登记的，不得以社会工作服务机构的名义从事社会工作服务。

第八条　社会工作服务机构应当将法人登记证书、服务项目、收费标准、章程、年度报告等信息在其办公场所和市社会组织信息发布平台公布，也可以通过网站、报刊、电视等媒体向社会公布有关服务信息，接受社会监督。

接受社会捐赠、政府资助或者承接财政资金购买服务的社会工作服务机构，应当自接受捐赠、资助或者签订购买服务合同之日起十五个工作日内在市社会组织信息发布平台公布相关信息，并在年度报告中披露使用捐赠、资助以及履行财政资金购买服务合同的有关情况。

接受政府资助或者承接财政资金购买服务的社会工作服务机构，应当将使用财政资金为服务对象提供的免费服务项目在其办公场所、服务所在地居（村）民委员会等公布。

第九条　社会工作服务机构不得有下列行为：

（一）虚构个案或者伪造小组、社区工作服务记录等资料；

（二）侵犯服务对象的个人隐私、商业秘密；

（三）接受未依法办理代表机构登记或者临时活动备案的境外非政府组织的委托、资助，代理或者变相代理境外非政府组织在中国境内开展活动；

（四）组织、举行宗教活动；

（五）违反法律、法规的其他行为。

第十条　社会工作服务机构承接财政资金购买服务的，应当建立项目管理制度并实行分项目核算管理，确保财政资金用于开展指定的社会工作服务，并接受审计机关的审计监督。管理费用最高不得超过购买服务资金总额的百分之十，但法律、法规另有规定的除外。

社会工作服务机构接受社会捐赠的，应当按照捐赠协议的约定使用捐赠资金、列支管理费用，但法律、法规另有规定的除外。

第十一条　社会工作服务机构应当建立督导制度，通过安排具备相应知识、技能和一定社会工作服务经验的社会工作者或者专业技术人员，定期持续为其他社会工作者提供专业、心理等方面的服务支持。督导制度应当包括督导的频次、内容、流程以及对督导工作的评估和考核等。

市民政部门应当建立本市社会工作督导人才培育和管理机制，通过开展培训交流等方式加强社会工作督导队伍建设。

第十二条 社会工作服务机构应当建立社会工作服务档案管理制度，妥善保管社会工作服务活动的记录和资料，并按照国家、省、市有关规定管理档案，档案的保存期限不得少于五年。

第十三条 社会工作者应当具备相应社会工作专业知识和技能。

市民政部门应当会同市人力资源社会保障部门采取措施鼓励本市社会工作者取得国家职业资格。

第十四条 民政部门应当为在本市开展社会工作服务的社会工作者提供一定学时的免费教育培训。

第十五条 社会工作服务机构应当与社会工作者签订劳动合同，保障其参加专业技能培训和继续教育，获得必要督导和安全保障，获得相应劳动报酬、社会保险和其他福利，以及法律、法规规定的其他权利。

第十六条 社会工作者应当遵守职业道德和专业行为规范，不得有下列行为：

（一）冒用他人名义或者冒用机构名义开展社会工作服务；

（二）在服务过程中向服务对象推送商业信息、销售商品或者向服务对象索取财物；

（三）虚构个案或者伪造小组、社区工作服务记录等资料；

（四）侵犯服务对象的个人隐私、商业秘密；

（五）违反法律、法规的其他行为。

第十七条 市民政部门应当采取措施，支持社会工作服务机构和志愿服务组织开展合作，鼓励志愿者参与社会工作服务。

社会工作服务机构应当为志愿者参与社会工作服务提供必要的组织、培训指导和物质支持，不得要求志愿者提供超出其能力的社会工作服务。

第十八条 社会工作行业组织应当依法推动行业的规范管理，建立健全社会工作者的培训教育、行业管理等措施和职业道德规范指引、职业服务规范，推动行业自律管理。

社会工作行业组织可以按照国家、省、市有关规定承接各级政府部门委托的与社会工作服务有关的专业培训、继续教育、项目评估与业务指导等日常管理事务。

第十九条 鼓励社会工作行业组织参与相关法律法规、行业规划、行业标准、服务协议范本的研究制定，为社会工作服务机构、社会工作者提供诉求反映、政策咨询、规划指导、项目推介、信息发布、矛盾调处、权益维护、能力建设、合作交流等服务。

第三章 社会工作服务活动

第二十条 市民政部门应当会同相关政府部门、人民团体、行业组织制定社会工作服务指导性规范，明确社会工作服务的服务内容、服务流程、操作规范、质量要求、档案管理等内容。

第二十一条 社会工作服务机构可以根据单位或者个人的申请和实际需要开启社会工作服务。社会工作服务机构提供服务的，可以与服务对象签订服务协议；不能提供服务的，应当说明原因并记录归档。

申请提供服务的单位或者个人应当将与服务活动有关的真实、完整信息和可能出现的风险等情况告知社会工作服务机构。

第二十二条 社会工作服务协议应当包括以下内容：

（一）社会工作服务机构名称、住所，接受指派的社会工作者以及服务对象的姓名、联系方式；

（二）服务的主要内容、方式、时间和地点；

（三）双方的权利、义务；

（四）风险提示及保障措施；

（五）信息保密承诺；

（六）协议的中止、变更和解除；

（七）争议的解决方式；

（八）其他需要协议的事项。

市民政部门应当制定全市统一的社会工作服务协议范本。

第二十三条 承接财政资金购买社会工作服务的，社会工作服务机构应当按照国家、省、市有关规定开展社会工作服务。

接受社会捐赠的，社会工作服务机构应当按照捐赠协议的约定依法开展社会工作服务，并接受捐赠人的监督。

第二十四条 社会工作服务机构在提供社会工作服务时，应当综合考虑服务对象意愿、偏好、习惯和能力等因素，安排具备相应业务能力的社会工作者提供社会工作服务。

第二十五条 服务对象的需求超出社会工作服务机构业务范围、能力或者服务地域的，社会工作服务机构在征得服务对象同意后应当提供转介服务供服务对象选择。

其他社会工作服务机构接受转介服务事项的，社会工作服务机构应当移交服务档案和相关资料，保证社会工作服务的连续性。

本条例所称转介，是指社会工作服务机构在特定情形下将为服务对象提供的服务事项转交给其他社会工作服务机构或者单位，由其继续提供服务的业务活动。

第二十六条 社会工作服务机构应当综合评估社会工作服务过程中可能发生的突发状况，制定应急预案，建立应急机制，加强应急演练，应对服务过程中发生的紧急情况。

社会工作服务机构应当为社会工作者开展社会工作服务提供必要保障，防范、降低社会工作服务过程中存在的风险。

社会工作服务机构安排社会工作者参与可能发生人身危险的服务活动前，应当为社会工作者购买相应的人身意外伤害保险。

第二十七条 自然灾害、事故灾难、公共卫生事件、社会安全事件等突发事件发生时，社会工作服务机构应当按照市、区人民政府及其部门的要求依法参与应急救援、灾后重建、信息搜集、决策咨询、纠纷调处和心理辅导等工作。

有关部门应当在社会工作者参与突发事件处置前，为其提供必要的安全防护和相应专业培训，保障社会工作者的人身安全。

第二十八条 任何单位和个人不得强行指派社会工作服务机构或者社会工作者提供社会工作服务，不得利用社会工作服务机构或者社会工作者的名义进行以营利为目的的活动或者从事非法活动。

第四章　保障与监督

第二十九条 对于适合采取市场化方式提供、适合交由社会工作服务机构承担的服务项目，国家机关、人民团体以及其他具有管理公共事务职能的组织按照国家、省、市有关规定使用财政资金购买社会工作服务。

使用财政资金购买社会工作服务的单位应当加强对社会工作服务机构的指导。

第三十条 使用财政资金购买社会工作服务的应当签订采购合同，采购合同应当载明服务项目、人员配备、服务要求、服务期限、服务经费、保密条款、资金支付方式、项目评估、双方权利义务、争议解决方式以及法律、法规规定的其他内容。

第三十一条 本市建立社会工作服务项目库。市、区民政部门应当定期向社会征求对本行政区域内的社会工作服务需求项目的意见，评估汇总并报同级人民政府批准后纳入社会工作服务项目库。

以老年人、妇女、儿童、青少年、残疾人、城市流动人口、农村留守人员、特殊困难人群、受灾群众等为服务对象和以婚姻家庭、教育辅导、就业援助、职工帮扶、卫生医疗、人口服务、矛盾调处、犯罪预防、矫治帮教、应急处置等为服务领域的社会工作服务项目，应当优先纳入社会工作服务项目库。

使用财政资金购买社会工作服务项目的，应当在社会工作服务项目库中选择项目。

社会工作服务项目库制度由市民政部门制定并报市人民政府批准公布实施。

第三十二条 使用财政资金购买社会工作服务项目的，购买方应当委托第三方评估机构开展项目实施效果评估，评估费用纳入政府购买服务管理。

购买方、第三方评估机构及其评估人员不得向被评估方收取任何费用。

第三十三条 社会工作服务项目第三方评估机构及其评估人员不得有下列行为：

（一）利用评估活动谋取不正当利益；

（二）弄虚作假、徇私舞弊；

（三）可能影响客观、公正开展评估工作的其他行为。

社会工作服务项目第三方评估机构及其评估人员有下列情形之一的，应当回避：

（一）与被评估的服务项目或者承接该项目的机构有利害关系的；

（二）曾在承接该项目的机构任职，离职不满二年的；

（三）与被评估的服务项目或者承接该项目的机构有其他关系，可能影响评估结果公正的。

第三十四条 使用财政资金购买社会工作服务的项目实施效果评估结果应当作为购买方决定继续、中止项目或者再次委托项目的重要依据。评估合格的，被评估方可以继续承接财政资金购买的社会工作服务项目；评估不合格的，被评估方应当按照合同的约定承担违约责任，在二年内不得承接财政资金购买的社会工作服务项目。

第三十五条 市民政部门应当会同市财政部门制定使用财政资金购买社会工作服务项目实施效果的评估办法。评估办法应当包括评估的备审资料、评估标准、流程安排、时限要求、争议处理、评估机构资质和工作纪律要求等内容。

第三十六条 市、区人民政府应当按照国家、省的相关规定在教育培训、专业督导、补贴奖励等方面给予必要的资金支持，推动社会工作服务发展。

镇人民政府、街道办事处应当为社会工作服务机构使用服务场地、配套设施等提供便利，扶持其业务开展。

第三十七条 市、区民政部门应当通过公益创投、慈善募捐和慈善信托等方式，引导社会资金投入社会工作服务。

单位和个人可以购买社会工作服务，也可以通过项目合作、购买冠名权、建立基金、提供赞助、捐赠等方式支持和参与社会工作服务。

第三十八条 社会工作服务的购买方应当为社会工作服务机构和社会工作者开展专业调研、需求评估、困难救助、个案服务、社会问题预防、突发事件处置等活动提供相应的支持和协助。

第三十九条 民政部门应当会同同级人力资源社会保障、来穗人员服务管理、住房城乡建设等行政管理部门，制定社会工作者的薪酬、入户、住房等待遇保障政策。

第四十条 市、区民政部门应当及时将社会工作服务机构遵纪守法、诚实守信情况、社会组织评估结果、社会工作服务项目实施效果评估结果等信息在市社会组织信息发布平台公布，并依法纳入本市公共信用信息管理系统。

前款所列的信息应当作为社会工作服务机构承接财政资金购买社会工作服务的重要依据。

第四十一条 市、区民政部门应当综合运用年度报告、项目评估、等级评估、绩效评价、信息公开、信用建设、专项执法等手段，加强对社会工作服务机构履行章程、开展服务、使用资金、档案管理等情况的监督管理。

第五章　法律责任

第四十二条　民政、财政、人力资源社会保障、住房城乡建设、来穗人员服务管理等有关部门及其工作人员不依法履行职责，或者有滥用职权、徇私舞弊、玩忽职守等违法行为的，由上级主管机关或者监察机关责令改正，对部门给予通报批评，对直接负责的主管人员和其他直接责任人员依法给予处分。构成犯罪的，依法追究刑事责任。

第四十三条　违反本条例第七条规定，未经登记，擅自以社会工作服务机构名义开展活动的，依照《民办非企业单位登记管理暂行条例》第二十七条的规定处罚。

第四十四条　社会工作服务机构违反本条例第八条第一款规定，未将法人登记证书、服务项目和收费标准、章程、年度报告等信息在其办公场所和市社会组织信息发布平台公布的，由民政部门责令改正；逾期不改正的，给予警告。

社会工作服务机构违反本条例第八条第二款规定，未在接受捐赠、资助或者签订购买服务合同之日起十五个工作日内在市社会组织信息发布平台公布相关信息，未在年度报告中披露使用捐赠、资助以及履行财政资金购买服务合同的有关情况的，由民政部门责令改正；逾期不改正的，给予警告；情节严重的，处以一万元以上五万元以下的罚款。

第四十五条　社会工作服务机构、社会工作者违反本条例其他规定的，由民政部门、财政部门、市场监督管理部门、公安机关、宗教事务部门等依照有关法律、法规的规定处理。构成犯罪的，依法追究刑事责任。

第六章　附　则

第四十六条　工会、共产主义青年团、妇女联合会、残疾人联合会等有关人民团体以及使用财政资金购买服务的其他单位依法聘用人员从事社会工作服务的，参照本条例相关规定执行。

第四十七条　本条例自2019年1月1日起施行。

广州市人民政府关于市属国有企业发展混合所有制经济的实施意见

穗府〔2018〕11号

各区人民政府，市政府各部门、各直属机构：

为深入学习贯彻习近平总书记重要讲话精神，奋力实现"四个走在全国前列"，把广东建设成为践行习近平新时代中国特色社会主义思想，向世界展示我国改革开放成就的重要窗口、国际社会观察我国改革开放的重要窗口，进一步推进市属国有企业混合所有制改革，促进各种所有制经济共同发展，根据《中共中央国务院关于深化国有企业改革的指导意见》、《国务院关于国有企业发展混合所有制经济的意见》（国发〔2015〕54号）和《广东省人民政府转发国务院关于国有企业发展混合所有制经济意见的通知》（粤府〔2016〕3号）等文件要求，提出如下实施意见。

一、指导思想

全面贯彻党的十九大精神，以习近平新时代中国特色社会主义思想为指导，深入贯彻习近平总书记重要讲话精神，围绕广州建设国家重要中心城市的战略定位，深化国资国企改革，优化国有经济布局，发展混合所有制经济，增强国有经济活力、影响力、国际竞争力和抗风险能力，推动国有资本做强做优做大，促进国有资产保值增值。能混则混，力争到2020年，竞争类国有企业基本完成混合所有制改革，准公益类国有企业中符合条件的实现混合所有制改革发展新突破，混合所有制企业主要效益指标贡献度达到85%。

二、基本原则

（一）坚持市场化方向。以市场为导向，以企业为主体，充分发挥市场机制作用,利用国内外多层次资本市场,以开放的方式整合国内国际资源,把引资本与转机制、优化股权结构与完善公司治理结合起来,探索国有企业混合所有制改革的有效途径。

(二)严格程序规范操作。坚持依法依规操作,进一步健全交易规则,规范审批流程,完善定价机制,严格履行决策审批程序,切实加强交易监管,确保信息公开、规则公开、过程公开、结果公开,防止国有资产流失。

(三)分类分层稳妥推进。充分发挥市场机制作用,因地、因业、因企施策,宜改则改,成熟一个推进一个,有序实施,分类、分层推进市属国有企业混合所有制改革。

三、分类分层推进国有企业混合所有制改革

(一)分类推进国有企业混合所有制改革。

1. 重点推进竞争类国有企业混合所有制改革。对竞争类国有企业,以提升企业核心竞争力、增强国有经济活力、放大国有资本功能、提高国有资本配置和运行效率为目标,根据企业发展需要,通过股改上市、增资扩股、产权转让、合资新设、出资入股、股权收购等多种方式,积极引入其他国有资本或各类非国有资本,实施公司制、股份制改革,除国家规定实行国有独资、绝对控股的领域外,结合企业实际确定具体股权比例,市属国有资本可以相对控股,也可以参股,按照市场规则有序进退。

2. 探索推进准公益类国有企业混合所有制改革。准公益类国有企业以强化公共服务功能和持续发展能力为主要目标,引入社会资本参与重大基础设施项目投资、建设和运营。探索推进具备条件的准公益类企业实现投资主体多元化。通过购买服务、特许经营、委托代理等方式,鼓励非国有企业参与经营,促进公共资源配置市场化。实施混合所有制改革的准公益类国有企业国有资本应保持国有控股地位,保证公益性功能的有效发挥。

(二)分层推进国有企业混合所有制改革。

1. 积极推进子公司层面混合所有制改革。以拓展融资渠道、促进技术创新、提升盈利能力为目标,枳极推进二级及以下子公司引入社会资本,实现股权多元化,优化股权结构,发展混合所有制经济。除有特殊规定或承担特定功能的骨干子公司外,其他竞争性领域允许非国有资本控股和国有股权有序进退。

2. 探索在集团公司层面推进混合所有制改革。选择条件较为成熟的集团公司开展股权多元化试点，引入主业匹配、管理规范、实力较强的战略投资者，实现优势互补和机制创新；选择主业资产已基本实现证券化的集团公司，通过开展整体上市试点、并购重组等方式，逐步调整国有股权比例，积极引入各类投资者，形成股权结构多元、股东行为规范、内部约束有效、运行高效灵活的经营机制。通过市场化方式促进国有资本合理流动，实现资源优化配置和保值增值。

四、利用多层次资本市场推进混合所有制改革

资本市场是资源配置市场化、交易公开透明化、资产定价科学合理化的重要平台，要充分利用国内主板、中小板、创业板、新三板和境外资本市场等多层次资本市场，推进国有企业上市成为公众公司，充分发挥公众公司的重要平台作用，使国有资本与各类非公有资本进行市场化对接。

（一）继续推动企业首发上市及挂牌。继续推动优质国有企业进行股份制改造，在国内主板、中小板、创业板、新三板和境外资本市场上市、挂牌。

（二）推动具备条件的企业集团整体上市或核心业务上市。推动主业突出、资产质量好、盈利能力强的集团通过首次公开发行，上市公司收购控股股东（集团）资产等多种形式实现集团整体上市或核心业务上市。

（三）推动已上市公司"二次混改"。依托国有企业的优质资产和竞争力，把上市企业作为一个开放的资源整合系统，推动已上市公司"二次混改"，通过增资或配股融资等方式整合注入与上市公司业务相同或协同的优质国有资产，发行股份、可交换公司债等形式吸收优质非国有资本投资入股。利用上市公司资源整合作用，鼓励上市公司围绕企业主业产业链向上下游延伸，通过股权收购、换股等形式开展并购。

（四）探索推进准公益类企业上市。创新准公益类企业运营模式，通过政府购买服务、"项目+资源"等方式，引入社会资本参与准公益类企业投资，探索推进具备条件的企业实现上市。

五、鼓励各类资本参与市属国有企业混合所有制改革

（一）推进国有资本优化重组。支持中央企业、省属国有企业、其他地方国有企业与市属国有企业开展股权合作，通过出资入股、股权转让、股权置

换等方式实现国有企业投资主体多元化。

（二）鼓励民营资本参与国有企业混合所有制改革。鼓励具备条件的民营资本依法参与市属国有企业改制重组和市属国有控股上市公司增资扩股。除国家另有规定外，国有企业的产权和股权转让、增资扩股，原则上不在意向受让人或引资对象的资质条件中对民间投资主体单独设置附加条件。

（三）吸收外资参与国有企业混合所有制改革。引入外资参与市属国有企业改制重组、合资合作，鼓励通过海外并购、投融资合作等方式，利用国际市场、技术、人才等资源和要素，发展混合所有制经济，参与国际经济竞争和全球产业分工，提高市属国有企业全球化配置资源的能力。

（四）推广政府和社会资本合作模式。优化政府投资方式，优先支持引入社会资本的项目。重点引入保险资金等长期投资者参与本市重点工程投资。鼓励社会资本投入基础设施、公用事业、公共服务等领域，使各类投资者在平等竞争中获取合理收益。在基础设施和公共服务领域选择有代表性的政府投融资项目，开展多种形式的政府和社会资本合作试点，加快形成可复制、可推广的模式和经验。

（五）探索实行混合所有制企业员工持股。坚持激励和约束相结合原则，通过试点稳妥推进员工持股。员工持股主要采取增资扩股、出资新设等方式，最大持股总量不能超过国家和省的相关要求。优先支持人才资本和技术要素贡献占比较高的转制科研院所、高新技术企业、科技服务型企业实施员工持股，支持对企业经营业绩和持续发展有直接或较大影响的科研人员、经营管理人员和业务骨干等持股。在具备条件的国有控股混合所有制企业开展员工持股试点。完善相关政策，健全审核程序，规范操作流程，严格资产评估，建立健全股权流转和退出机制，确保员工持股公开透明，严禁暗箱操作，防止利益输送。

六、鼓励国有资本以多种方式入股非国有企业

（一）鼓励国有企业围绕产业链投资入股非国有企业。发挥国有企业在资源、人才、品牌等方面的优势，大力推动资源整合协同，鼓励国有企业围绕主业产业链，通过投资入股、并购重组等方式，与非国有企业进行股权融合、战略合作、资源整合，发展混合所有制经济。

（二）有效利用股权投资基金参与混合所有制改革。支持国有企业按市场化原则设立股权投资基金，以国有资本为引导，多渠道、多形式吸纳非国有资本，重点投向重要支柱产业、重大公共项目和重要民生工程，根据战略需求促进国有资本有序进退。鼓励有条件的国有企业吸引非国有资本发起设立产业投资基金，投资运营具有前瞻性、战略性、创新性的产业项目，发挥产业投资基金在全市产业转型升级中的引领作用。

（三）探索完善优先股和国家特殊管理股方式。国有资本参股非国有企业或国有企业引入非国有资本时，允许将部分国有资本转化为优先股。在具有垄断性质的城市供水、供气和市政等基础设施、其他公用运营资源等少数特定领域，探索国家特殊管理股制度，依照相关法律、法规和公司章程规定，行使特定事项否决权，保证国有资本在特定领域的话语权和控制力，国家法律、法规、规范性文件对国家特殊管理股制度另有规定的，遵照执行。

七、健全混合所有制企业治理机制

（一）健全混合所有制企业法人治理结构。充分发挥企业党组织在企业混合所有制改革中的组织领导作用。建立与混合所有制经济相适应的企业法人治理体系，根据混合所有制企业股权结构合理设置股东（大）会、董事会、监事会、经理层，按章程行权，对资本监管，靠市场选人，依规则运行，形成党组织、出资者、董事会、经理层、监事会定位清晰、权责对等、运转协调、制衡有效的决策、执行、监督机制，充分发挥党组织领导核心、董事会经营决策、监事会监督、经理层经营管理作用，实现规范的公司治理。

（二）推行混合所有制企业职业经理人制度。按照现代企业制度要求，建立市场导向的选人用人和激励约束机制，通过市场化方式选聘职业经理人依法负责企业经营管理。职业经理人实行任期制和契约化管理，按照市场化原则决定薪酬，可以采取多种方式探索中长期激励机制。严格职业经理人任期管理和绩效考核，同时建立退出机制。

（三）加强混合所有制企业党建工作。充分发挥企业党组织在企业混合所有制改革中的组织领导核心作用。坚持党的建设与企业改革同步谋划，党的组织及工作机构同步设置、党组织负责人及党务工作人员同步配备、党的工作同步开展，着力把党的政治优势与现代企业制度有机融合、组织体系与法人治理结构有机融合，推动混合所有制企业持续健康发展。

八、规范操作

（一）科学制定改革方案。实施混合所有制改革的国有企业，要做好总体设计和系统规划，科学制定改革方案。改革方案包括企业基本情况、改革发展思路和战略目标、可行性研究报告、清产核资、财务审计、经济责任审计、资产评估、资产处置（包括债权债务处置、土地物业资产处置、国有净资产处置、股权设置等）、职工安置、时间步骤安排、组织实施办法、重大事项社会稳定评估等。

（二）规范决策审批程序。企业实施改制应严格按照相关法律、法规、我市关于改制的规定和公司章程明确的决策程序进行决策。集团公司层面的混合所有制改革，由集团公司研究提出初步草案，市国资委研究制定正式方案，报市政府批准同意后实施。集团公司二级及以下企业的混合所有制改革，由国有股东单位制定改革方案，逐级上报集团公司履行审核决策程序，其中，二级企业及各级重要子企业引入非国有资本导致国有控股或国有实际控制地位改变的方案，由集团公司审核后，报市国资委批准。

（三）规范国有资产交易行为。严格按照企业国有资产交易监督管理的有关法律、法规及政策规定开展国有资产交易行为，其中，上市公司的国有资产交易行为，还要符合证券监督管理部门的有关规定。

（四）加强监管。国有资产监督管理部门要加强对国有资产交易规范管理和市属国有企业混合所有制改革的指导；完善对混合所有制改革企业的监管制度，强化责任追究，对违规、违法转让和侵吞国有资产、化公为私、利益输送、暗箱操作、逃废债务等行为，要依纪依法追究有关人员责任。审计部门要依法履行审计监督职能，加强对改制企业中原国有和国有资本占控股地位或者主导地位的企业法定代表人的离任审计。充分发挥第三方机构在清产核资、财务审计、资产评估等方面的作用。加强内部监督和信息公开，涉及职工切身利益的安置方案等重大问题，要经过职工代表大会或职工大会审议通过。

广州市人民政府
2018 年 7 月 30 日

广州市人民政府关于加快工业和信息化产业发展的扶持意见

穗府规〔2018〕15号

各区人民政府，市政府各部门、各直属机构：

为深入实施"中国制造2025"和制造强市战略，推进产业结构转型升级，大力发展数字经济，加快建设实体经济、科技创新、现代金融、人力资源协同发展的现代化产业体系，提升国家重要中心城市产业能级，现就支持企业提质增效、推动产业集聚集群集约发展、优化产业生态提出如下意见。

一、总体要求

（一）聚焦资金、土地、数据等发展要素供给，精准扶持工业和信息化企业提质升级。按照"统筹集中、突出重点、雪中送炭、滚动支持"的原则，采用补助、贴息、奖励、直接股权投资等方式，提升广州市"中国制造2025"产业发展资金使用效益。实施工业用地控制和节约集约利用政策，科学安排工业用地指标，优先支持先进制造业项目。建立政府数据资源向社会开放常态机制，大力推动数据共享，逐步释放政府数据红利。

（二）重点支持汽车、IAB（新一代信息技术、人工智能、生物医药）、NEM（新能源、新材料）、高端装备制造等重点发展领域，全面实施开放合作、创新引领、"两高四新"（高科技、高成长、新技术、新产业、新业态、新模式）企业培育、园区提质增效、工业互联网创新示范、大数据应用、质量品牌提升和绿色制造等重点工程，支持深度融合发展，开展实施新一轮工业企业技术改造行动。

二、支持企业做强做优做大

（三）鼓励创新研发，支持企业积极创建制造业创新中心，对落户本市的国家级、省级制造业创新中心分别给予 3000 万元、1000 万元的一次性补助，或按项目总股本的 30%给予直接股权投资支持，最高不超过 1 亿元（国家和省规定须配套的项目除外）。

（四）支持企业开展工业强基工程产品和技术应用，对企业承担国家工业强基工程的项目，按照不高于国家资助的 50%给予配套支持，单个项目不超过 1000 万元。

（五）支持先进制造业创新成果产业化，对企（事）业单位的创新成果转化项目，按不高于单个项目投资额的 30%给予补助，最高不超过 500 万元，或给予直接股权投资支持，单个企业扶持金额最高不超过 1 亿元。

（六）支持工业互联网技术研发、产业发展和应用创新，鼓励制造业龙头企业、信息通信企业、互联网企业、电信运营商、第三方服务平台等牵头或联合开展工业互联网平台关键技术研发和产业化，鼓励企业基于工业互联网平台、通过"上云上平台"实施数字化网络化智能化升级，择优对平台和应用企业按不超过项目总投资额的 30%给予补助，单个项目最高不超过 500 万元。每年择优遴选一批工业互联网示范工程，每项示范工程给予最高不超过 500 万元补助。

（七）支持企业实施信息技术集成应用、生产过程智能化提升、电子商务模式创新、大数据创新应用等项目，择优按不高于项目总投资额的 30%给予补助，单个项目最高不超过 200 万元。

（八）支持企业发展"制造+服务"新业态、新模式，择优对软件服务型、高端生产服务型等项目给予不高于总投资额的 30%补助，单个项目最高不超过 500 万元。择优对服务型制造项目、工业设计项目等给予资金支持。

（九）支持企业与军工单位开展研发合作，对承担军工科研项目的企业，按不高于项目合同总投资额的 30%给予补助，单个项目最高不超过 500 万元。

（十）制定《广州市首台（套）重点技术装备推广应用指导目录》和《广州市重点新材料首批次应用示范指导目录》，支持符合国家、省、市推广应用指导目录内的首台（套）装备和首批次新材料的产业化。对属于国家、省、市目录内的产品，分别按照不高于单台（套）或单批次销售价格的 50%、

50%、30%给予补助。同一家企业每年度累计获得市级财政资金推广补助最高不超过1000万元。

（十一）支持企业加大技术改造力度，对符合提升工业高端化、集约化、智能化、绿色化水平和节能减排等条件的技改项目，按不高于固定资产投资额的30%给予补助，最高不超过500万元（事后奖补等普惠性政策除外），或给予直接股权投资支持，单个企业扶持金额最高不超过1亿元。鼓励中小企业实施技术改造，按不高于技改贷款额的50%给予贴息支持，最高不超过100万元。

（十二）继续落实省技术改造普惠性事后奖补政策，企业实施技术改造后，从项目完工下一年起连续3年，按对财政贡献增量额度中省级分成部分的60%、市级分成部分的50%、区级分成部分的40%实行以奖代补。将技术改造普惠性事后奖补政策享受范围，放宽到省内符合国家产业政策和《广东省工业企业技术改造指导目录》、取得技术改造投资项目备案证，且主营业务收入1000万元以上的工业企业。

（十三）支持首版次软件产品推广和应用，对拥有软件著作权和相关发明专利的企业，按不高于前三个首版次软件产品销售合同累计金额的30%给予补助，单个项目最高补助不超过500万元。

（十四）对集成电路企业流片费用，包括IP（知识产权模块）授权或购置、掩模版制作、流片加工费等给予补助；支持提供IP复用、共享设计与测试分析工具等服务的第三方平台建设。对符合条件的集成电路企业，按不高于单个项目投资额的30%给予补助，最高不超过500万元。

（十五）开展超高清视频产业强链补链工程，支持超高清视频芯片、面板、终端等关键工艺生产能力建设，支持超高清视频产业核心基础部件、基础材料、制造设备、新型显示技术（含印刷显示、柔性显示、石墨烯显示等）、检测分析等关键技术研发能力建设，支持4K/8K、AVS（信源编码标准）、新数字家庭等关键领域应用能力建设。对符合条件的企业，按不高于单个项目投资额的30%给予补助，最高不超过500万元。

（十六）对按国家规定通过仿制药一致性评价的基本药物目录内口服固体制剂品种、以及率先在全国前三名通过仿制药一致性评价的其他化学药制剂品种，给予每品种200万元的资金支持。

（十七）对首次由规模以下升级为规模以上的企业，按不高于企业当年银行贷款利息的50%给予补助，每家企业最高不超过100万元。

三、推动产业集聚集群集约发展

（十八）支持价值创新园区建设，简化价值创新园区土地审批流程，将价值创新园区列入市重点建设项目，在项目立项、规划、用地、施工报批等前期审批工作方面给予"绿色通道"支持。

（十九）对价值创新园区公共服务平台、配套基础设施项目建设，择优按总投资额的20%给予补助，每个园区最高补助金额累计不超过1亿元。

（二十）推动产业园区提质增效，按提质增效试点产业园区建设总投资额的20%给予补助，单个园区总计不超过1000万元。择优对绩效提升的试点园区给予建设运营奖励，标准为50万元/万平方米建筑面积，单个园区最高不超过500万元。支持有资质的基金管理机构设立产业园区提质增效投资基金，按不高于基金规模的20%给予资金支持，最高不超过1亿元。引导国有企业或优质园区运营机构等设立园区载体建设基金，参与本市园区建设以及旧厂房、村级工业园升级改造。提质增效试点产业园区由各区政府根据产业准入、园区规模、基础配套、运营能力、发展前景等相关要求提出推荐名单报市遴选认定，并由市区联动进行动态管理。

（二十一）对新引进广州国际汽车零部件产业基地的国内外一流汽车零部件制造企业（项目），实缴注册资本2000万元以上的，择优按实缴注册资本的5%给予补助，每家企业最高不超过5000万元，市、区财政按1：1比例负担。支持本地骨干龙头汽车零部件企业按照市场化原则兼并收购国际汽车关键零部件企业，并将注册地迁入本市，对成功迁入的，额外给予一次性奖励300万元。对新建或迁移至广州国际汽车零部件产业基地内的公共技术服务平台，按实缴注册资本的30%给予补助，最高不超过5000万元，市、区财政按7：3比例负担。

（二十二）允许产权分割试点产业园区的工业物业按幢、层等固定界限为基本单元分割转让，用于引进相关产业链合作伙伴或龙头骨干企业的产业项目。

（二十三）支持"工改新"项目实施，试点园区利用现有工业用地，兴办先进制造业、生产性及高科技服务业、创业创新平台等国家支持的新产业、新业态的（即工改新），继续实行按工业用途和土地权利类型使用土地的5年过渡期政策。"工改新"项目由相关区政府按要求审定实施方案，据此办理后续相关手续。

（二十四）提高工业用地开发强度，提质增效试点园区的规划工业用地，提高容积率、建筑密度等控制指标的审批参照产业区块流程执行。提高工业用地开发强度后不转让的，新增建筑面积不再补缴土地出让价款。

四、优化产业发展生态

（二十五）对新引进的重点项目，实缴注册资本1亿元以上并开工建设的，择优按照实缴注册资本的一定比例给予企业一次性补助。重大项目"一事一议"。

（二十六）对中国（广州）中小企业先进制造业中外合作区新引进的中外合资合作创新型企业，每家企业给予一次性20万元奖励。对举办中外技术对接合作活动的出资方，择优给予最高不超过300万元的补助。

（二十七）统筹年度用地计划指标专门支持工业项目，确保中长期内全市工业用地占城市建设用地比重不低于25%，并划定产业区块控制线；"三旧"改造土地及省追加的新增城乡建设用地优先保障先进制造业需求；纳入市相关"十三五"规划的制造业项目享受市重点建设项目待遇。

（二十八）实行工业用地使用权弹性出让、先租后让政策，弹性出让的土地使用权出让年限不得超过20年；先租后让的租赁年限不超过10年，与后续出让年期总和不得超过20年，租赁期内不得转租；对于国家、省或市重大产业项目、战略性新兴产业项目，报市政府批准后，出让年限最长不超过50年。以先租后让方式供应的工业用地，租赁期满达到合同约定条件并通过绩效评估，原租赁企业可申请转为协议出让。

（二十九）对本市优先发展产业且用地集约的制造业项目，土地出让底价可按所在地土地等别对应工业用地最低价标准的70%执行。支持制造业企业在符合规划、不改变用途的前提下，在工业用地、仓储用地上对工矿厂房、仓储用房进行改建、扩建和利用地下空间，提高容积率、建筑密度的，不再征收土地价款差额。

（三十）支持服务机构为中小微企业提供培训辅导、知识产权保护、财会税务、对外合作等公益性服务；对经认定的中小企业公共服务平台和创新创业基地，择优给予资金支持；发挥财政资金的杠杆效应，支持中小微企业通过融资租赁、担保、银行贷款、股权融资等方式融资；支持完善中小微企业投融资环境，引导和带动更多的社会资本支持中小微企业投融资。

（三十一）建立"三个一批"（一批制造业骨干企业，一批两高四新企业，一批小升规企业）企业库，广州市工业和信息化发展基金通过吸引其他各类资本，以股权投资方式积极支持"三个一批"企业；对用于项目建设、生产经营的银行贷款，给予一定比例的贴息支持，贴息期限最多不超过2年，每家每年企业贴息额度最高不超过100万元；对通过担保机构或保险公司担保取得金融机构贷款，给予担保费（保证保险费）补助，每家企业最高不超过100万元。

（三十二）打造统一的政府数据资源平台，向企业逐步释放政府数据资源。鼓励企业和社会机构面向各行业领域构建专业大数据服务平台，主动采集、加工并开放数据，形成以数据平台为核心的产业加速器，可按不高于平台投资额的30%给予补助，最高不超过500万元。实施大数据应用示范工程，对重点产业领域的重点示范应用项目，按不高于项目总投资额的30%给予支持，最高不超过300万元。

五、其他

（三十三）本意见是建设"中国制造2025"产业发展的指导性政策。本意见条款如与市工业和信息化产业其他政策相冲突的以本意见为准。涉及具体政策的实施细则按照有关政策文件（资金管理办法、实施细则和项目申报指南等）执行，各支持项目根据每年预算及工业和信息化发展的实际可以适当调整。

（三十四）本意见条款涉及的资金原则上在广州市"中国制造2025"产业发展资金中安排，按照《广州市产业发展资金管理办法》和《"中国制造2025"产业发展资金管理办法》及相关规定执行。

（三十五）本意见作为全市"1+1+N"重点产业促进政策的组成部分之一，自印发之日起施行，有效期3年。

广州市人民政府
2018年8月28日

广州市人民政府关于印发支持广州区域金融中心建设若干规定的通知

穗府规〔2019〕1号

各区人民政府，市政府各部门、各直属机构：

现将《关于支持广州区域金融中心建设的若干规定》印发给你们，请认真组织实施。执行中遇到问题，请径向市地方金融监督管理局反映。

广州市人民政府
2019年1月8日

关于支持广州区域金融中心建设的若干规定

第一条 为贯彻落实第五次全国金融工作会议精神，加大对金融业发展的支持力度，加快广州区域金融中心建设，完善现代金融服务体系，集聚金融资源，推动经济高质量发展，服务粤港澳大湾区建设，根据《国务院关于印发进一步深化中国（广东）自由贸易试验区改革开放方案的通知》（国发〔2018〕13号）、《中国人民银行等七部委关于印发〈广东省广州市建设绿色金融改革创新试验区总体方案〉的通知》（银发〔2017〕154号）、《中国人民银行等八部委关于印发〈广东省建设珠三角金融改革创新综合试验区总体方案〉的通知》（银发〔2012〕158号）、《中共广东省委 广东省人民政府关于全面推进金融强省建设若干问题的决定》（粤发〔2012〕17号）和《中共广州市委 广州市人民政府关于全面建设广州区域金融中心的决定》（穗字〔2013〕12号）等有关要求，制定本规定。

第二条 本规定适用于在广州注册或运营的从事金融活动以及与金融直接相关的机构和个人：

（一）经国家金融监管部门批准设立且注册地在广州的法人金融机构、控股 1 家以上法人金融机构的法人金融类控股（或集团）公司。

（二）法人金融机构在广州设立的市级以上分公司（分行）、银行业持牌专营机构、金融机构专业子公司。

（三）金融市场交易平台。

（四）具有独立法人资格的全国性保险经纪公司、保险公估公司、保险专业代理公司、保险销售公司、征信机构、资信评级机构、专业基金销售机构等金融中介服务机构。

（五）小额贷款公司、融资担保公司、股权投资机构、融资租赁公司、商业保理公司、典当行等从事金融活动的组织。

（六）在境内外证券市场新上市的企业，在全国中小企业股份转让系统、中证报价私募股权市场和广东股权交易中心等市场平台新挂牌交易的企业；在交易所市场、银行间市场、机构间私募产品报价与服务系统、广东股权交易中心等市场平台新发行债券的企业。

（七）具有独立法人资格或隶属于金融机构的金融科技公司、产品研发中心、数据处理中心、软件开发中心以及金融科技研发企业等金融科技类主体。

（八）其他经市政府认定的相关机构和组织。

（九）金融机构高级管理人员；经认定的高层次金融人才。

第三条 扶持资金主要用于：

（一）奖励在广州设立的法人金融机构和金融机构地区总部；

（二）奖励在广州设立的金融市场交易平台；

（三）补贴利用资本市场融资发展的企业；

（四）奖励新设股权投资机构；

（五）补贴普惠金融项目；

（六）奖励金融科技项目；

（七）补贴金融研究机构和人才；

（八）补贴金融发展环境建设项目；

（九）市政府批准的促进我市金融业发展的其他支出。

第四条 对金融机构及相关企业按照以下标准给予奖励：

（一）对新设立或新迁入的法人金融机构按实收资本规模给予一次性奖励。实收资本 20 亿元（含）以上的，一次性奖励 2500 万元；实收资本 20 亿元以下、10 亿元（含）以上的，一次性奖励 2000 万元；实收资本 10 亿元以下、5亿元（含）以上的，一次性奖励1500万元；实收资本5亿元以下、2亿元（含）以上的，一次性奖励1000万元；实收资本2亿元以下、1亿元（含）以上的，一次性奖励800万元；实收资本1亿元以下、5000万元（含）以上，一次性奖励500万元。

新控股1家以上法人金融机构的法人金融类控股（或集团）公司，按照其所控股的金融机构实收资本参照上述标准的1/5给予奖励。

经国家或省批准设立或备案的地方资产管理公司可参照上述标准享受一次性奖励。

市政府重点引进的对区域金融中心建设具有重要意义的法人金融机构可适当提高奖励标准。

（二）对新设立或新迁入的银行、证券、期货、基金管理、保险公司地区总部及银行业持牌专营机构一次性奖励200万元，其他金融机构地区总部一次性奖励50万元。

（三）对新设立或新迁入的经国家金融监管部门批准、备案或批复的金融租赁、证券、基金管理、期货、保险公司等法人金融机构设立的专业子公司（不含股权投资机构）一次性奖励200万元。

（四）对新设立或新迁入的具有独立法人资格的全国性保险经纪、保险公估、保险专业代理、保险销售公司，实收资本5亿元（含）以上的，一次性奖励500万元；实收资本5亿元以下、2亿元（含）以上的，一次性奖励200万元；实收资本2亿元以下、5000万元（含）以上的，一次性奖励100万元。对上一年度利润总额1000万元以上的金融中介服务机构给予50万元补贴，同一家机构3年内不重复补贴。

（五）对新设立或新迁入的全国性金融市场交易平台一次性奖励2000万元，对区域性金融市场交易平台和全国性金融市场交易平台在穗设立的一级分支机构一次性奖励1000万元。

（六）鼓励在穗法人金融机构、小额贷款公司和融资担保公司增资扩股，新增实收资本30亿元（含）以上的，一次性奖励1000万元；新增实收资本30亿元以下、20亿元（含）以上的，一次性奖励800万元；新增实收资本20亿元以下、10亿元（含）以上的，一次性奖励400万元；新增实收资本10亿元以下、5亿元（含）以上的，一次性奖励200万元；新增实收资本5亿元以下、2亿元（含）以上的，一次性奖励100万元；新增实收资本2亿元以下、1亿元（含）以上的，一次性奖励50万元。

（七）鼓励在穗法人金融机构跨地区并购重组。

银行、信托、金融租赁、金融资产管理公司并购重组市外金融机构，且重组后企业注册地和主要经营活动地在广州，并购交易额50亿元（含）以上的，一次性奖励1000万元；并购交易金额50亿元以下、30亿元（含）以上的，一次性奖励500万元；并购交易金额30亿元以下、10亿元（含）以上的，一次性奖励200万元。

证券、保险公司并购重组市外金融机构，且重组后企业注册地和主要经营活动地在广州，并购交易额30亿元（含）以上的，一次性奖励1000万元；并购交易额30亿元以下、20亿元（含）以上的，一次性奖励500万元；并购交易额20亿元以下、10亿元（含）以上的，一次性奖励200万元；并购交易额10亿元以下、5亿元（含）以上的，一次性奖励100万元。

基金管理、期货、保险资产管理公司并购重组市外金融机构，且重组后企业注册地和主要经营活动地在广州，并购交易额5亿元（含）以上的，一次性奖励500万元；并购交易额5亿元以下、2亿元（含）以上的，一次性奖励200万元；并购交易额在2亿元以下、1亿元（含）以上的，一次性奖励100万元。

（八）对融资租赁公司、商业保理公司、典当行按照我市相关政策给予扶持奖励。

第五条 对利用资本市场融资发展的广州地区企业按以下标准给予补贴：

（一）对在境内外证券市场新上市的企业及从外地迁入的上市公司，给予300万元的一次性补贴。

（二）对进入全国中小企业股份转让系统挂牌交易的企业及从外地迁入的全国中小企业股份转让系统挂牌的创新层企业，给予100万元的一次性补贴。

（三）对进入广东股权交易中心、中证报价私募股权市场等平台挂牌交易的股份制企业给予30万元的一次性补贴。

（四）对在交易所市场、银行间市场、机构间私募产品报价与服务系统等平台新发行债券的企业给予发行费用10%的一次性补贴；在区域性股权市场新发行债券的企业给予发行费用20%的一次性补贴。以上补贴最高不超过50万元，认定为绿色债券的，最高不超过100万元。

（五）在区域性股权市场进行股权质押融资的企业，获得债务融资金额300万元（含）以上的，给予融资金额1%的一次性补贴，当年最高不超过10万元。

第六条　对股权投资机构按广州市风险投资市场规范发展管理的有关规定给予奖励。

第七条　对普惠金融、绿色金融、农村金融发展项目按以下标准给予补贴：

（一）推进社区金融服务体系建设，新建成的综合型社区金融服务站，给予10万元的一次性补贴。

（二）鼓励在穗银行机构加大对小微企业的金融服务力度，对上年度小微企业贷款余额增量达到25亿元（含）以上的（统计口径依照中国人民银行），给予贷款余额增量0.02%的补贴，最高不超过100万元。

（三）鼓励在穗银行机构加大对绿色金融的服务力度，对上年度绿色贷款余额增量达到25亿元（含）以上的（统计口径依照中国人民银行），给予贷款余额增量0.02%的补贴，最高不超过100万元。

（四）鼓励在穗银行机构加大对农村金融的服务力度，对上年度涉农贷款余额增量达到2亿元（含）以上的（统计口径依照中国人民银行），给予贷款余额增量0.05%的补贴，最高不超过100万元。

（五）对广州地区农户投保政策性农村住房保险按照政策性农村住房保险的有关规定给予一次性的保费补贴。

（六）对经所在区认定、纳入市计划新建成的农村金融服务站给予补贴，布设存取款一体机的给予15万元一次性补贴，布设自动取款机的给予10万元一次性补贴。对落实乡村振兴战略在从化示范区和增城重点区建立的农村金融服务站，在上述标准基础上增加5万元补贴。

第八条　对支持金融科技发展的企业予以奖励。对具有独立法人资格或隶属于金融机构的金融科技公司、产品研发中心、数据处理中心、软件开发中心以及金融科技研发企业等金融科技类主体，实收资本2亿元（含）以上的，一次性奖励300万元；实收资本2亿元以下、1亿元（含）以上的，一次性奖励200万元；实收资本1亿元以下、5000万元（含）以上的，一次性奖励100万元。对投资规模大、影响带动力强的金融科技类主体可适当提高奖励标准。

第九条　对金融研究机构和金融人才按以下标准给予补贴：

（一）支持金融智库建设，对引进或新设立的国际性、全国性或地方行业特色新型智库，经报市政府同意后给予适当扶持。

（二）对金融机构新设立的博士后工作站给予一次性100万元的课题研究

经费支持。

（三）对法人金融机构的正副董事长、监事长及经国家金融监管部门批复核准的高级管理人员（不含股东、董事）、金融机构地区总部的总经理（行长），给予每月1000元的住房补贴。

（四）对经评定的高层次金融人才按照广州高层次金融人才支持项目的有关政策给予奖励。

（五）对金融机构申请办理工商登记、人员出国（境）、居留许可、签证及高级管理人员子女就学等事项，由相关部门给予便捷服务。对新设立或新迁入法人金融机构和地区总部给予相关户口指标安排。

第十条 对优化金融发展环境的相关活动和项目按以下标准给予补贴：

（一）对金融创新优秀案例评选活动每年给予不超过500万元的补贴，具体办法另行制定。

（二）对中国（广州）国际金融交易博览会组委会办公室主办的金融图书"金羊奖"评选活动每年给予200万元的补贴，具体办法另行制定。

第十一条 支持金融功能区所在区出台扶持政策，为进驻的金融企业提供用地、资金、人才等方面的支持。对国家金融监管部门和符合本规定第二条第（一）至（三）点条件的金融机构（其中金融控股集团所控股金融机构注册地需在广州）在广州国际金融城建设、购置自用办公住房，按照以下标准给予奖励：

（一）通过公开出让方式以市场价格购地建设自用办公用房的，在进驻营业后按照自用建筑面积每平方米给予1000元的奖励。

（二）购买自用办公用房的，在进驻营业后按照自用建筑面积每平方米给予1000元的奖励，最高不超过2000万元。

（三）通过房产置换等多种方式支持国家金融监管部门驻粤机构入驻广州国际金融城办公，具体办法另行制定。

第十二条 经市政府或市金融部门批准建设，具有创新性、开拓性或有利于自贸区、粤港澳大湾区和"一带一路"建设发展的金融业重要项目、机构和平台（基地），按其规模及影响，经报市政府同意后给予最高不超过1000万元的奖励。

第十三条 对于市委、市政府批准的促进本市金融业发展的其他重点工作任务，经报市政府同意后给予适当扶持。

第十四条 享受扶持政策的企业应承诺在享受本规定财政补助和奖励之

日起 10 年内不迁离广州或减少实收资本，如有违反则按奖励协议（合同）退回相应奖励补贴资金。

第十五条　扶持资金由市金融部门按规定进行审查，超出审查权限的项目，报市政府确定。

第十六条　市金融部门会同市财政等部门在本规定施行后 6 个月内制定扶持资金使用管理操作办法。

第十七条　金融机构和相关企业符合条件的，经主管部门同意，可以享受本市其他产业扶持政策，但同一机构按照就高不重复的原则，不得就相同事项申请不同扶持资金。

第十八条　享受奖励补贴的企业和组织应就扶持资金使用情况及效果开展年度自查，并于次年 1 月底前将自查情况反馈市金融部门。

第十九条　本规定自印发之日起施行，有效期 5 年。2018 年 1 月 1 日后未适用《广州市人民政府关于印发支持广州区域金融中心建设的若干规定的通知》（穗府〔2013〕11 号）的企业，符合本规定条件的，可按本规定享受扶持政策。

广州市人民政府关于印发广州市加强基础与应用基础研究实施方案的通知

穗府〔2019〕6号

各区人民政府，市政府各部门、各直属机构：

现将《广州市加强基础与应用基础研究实施方案》印发给你们，请认真组织实施。执行中遇到问题，请径向市科技局反映。

广州市人民政府
2019年3月14日

广州市加强基础与应用基础研究实施方案

为进一步加强我市基础与应用基础研究，大幅提升原始创新能力，根据《广东省人民政府关于加强基础与应用基础研究的若干意见》（粤府〔2018〕77号）有关要求，制定本实施方案。

一、总体思路与目标

以习近平新时代中国特色社会主义思想为指导，全面贯彻党的十九大和十九届二中、三中全会精神，深入贯彻习近平总书记重要讲话精神，面向世界科技前沿，面向我国及本地区重大科技需求，集聚高端创新资源，充分发挥高等院校、科研院所主力军和企业生力军作用，瞄准国际科学前沿，对接国家基础研究重大布局，着眼我市优势特色产业及未来发展关键技术领域，着力实现前瞻性基础研究、引领性原始创新成果重大突破，提升关键核心技术、前沿引领技术、现代工程技术及颠覆性技术供给能力，加强开放合作，建设高水平人才队伍，将我市建设成为居全国前列的基础科学研究中心和全球有重要影响力的原始创新高地，全面支撑粤港澳大湾区国际科技创新中心和综合性国家科学中心建设。

到2022年，全市基础与应用基础研究整体水平和国际影响力大幅提升，基础科学研究新体系基本建立，开放合作新格局基本形成。建成一批具有国际领先水平的实验室，其中力争筹建国家实验室1家、组建省实验室3家、建成国家重点实验室（国家临床医学研究中心）25家以上；推进一批国家重大科技基础设施落户，实现国家大科学装置零的突破；建成一批具有世界一流水平的大学和科研机构，支持建设10个以上具备国际领跑、并跑水平的重大科技创新平台；在若干重点领域产生一批具有重要影响力的重大原创性成果，在一批战略性领域实现关键核心技术自主可控；培养一批在国际科学前沿和重大应用基础研究领域占有一席之地的高精尖科学家，聚集一批基础科学研究青年拔尖人才。

二、主要任务

（一）大力推进一批高水平实验室建设。

聚焦国家战略和我市优势领域，对标国际先进实验室建设，努力打造国家实验室"预备队"。加快推进广州再生医学与健康广东省实验室、南方海洋科学与工程广东省实验室（广州）建设。制订出台省实验室创新发展政策，允许省实验室在管理体制、运行机制上先行先试，充分授予省实验室在研究方向选择、经费使用、人才引进培养、职称评定聘用、科研成果处置等方面的自主权。

推动新建一批在穗国家重点实验室、国家临床医学研究中心等国家级科技创新平台，支持国家级科技创新平台不断提高建设发展水平，促进国家级科技创新平台实现数量和质量跨越式发展。支持国（境）内外知名高等院校、科研院所和龙头企业等来我市共建国家重点实验室或其分支机构、粤港澳联合实验室、国际合作实验室。

（二）积极推进一批国家重大科技基础设施落户。

大力加强与国家有关部委及国家、省级科研机构合作，积极争取国家、省在我市布局更多国家、省级重大科技基础设施、重大科学装置、高水平研究平台。加快推进南海海底科学观测网等国家重大科技基础设施建设，谋划推进一批重大科学装置建设。积极推进重大科技基础设施的相关应用平台建设，支持和鼓励国内外优秀科学家和团队依托重大科技基础设施协同开展前沿性基础研究和应用研究，促进重大科技基础设施实现开放共享。

围绕我市优势重点领域，积极推动我市高等院校、科研院所和企业积极参与国家重大科学研究计划以及由我国发起或参加的国际大科学计划与大科学工程，增强我市在全国乃至全球基础与应用基础科学研究中的影响力。

（三）重点建设一批国际领先的重大科技创新平台。

充分发挥我市高水平高等院校、国家级大院大所众多，粤港澳科研协作机制健全等优势，在全面调研梳理我市及粤港澳地区高等院校、科研院所中具有国际先进水平的创新技术基础上，立足国际高端和全球视野，以基础前沿重点科学问题突破为导向，在前沿、新兴和交叉学科领域重点遴选10—20个具备国际领跑、并跑水平的前沿技术创新平台，通过3—5年的连续滚动重点支持，努力培育一批在国际上具有领导地位的重大科技创新平台，着力提升我市前沿领域知识创新和关键核心技术有效供给能力，提升我市在部分重大创新领域的国际影响力。

（四）产学研协同突破一批重大关键技术难题。

以产业需求牵引为导向，围绕IAB（新一代信息技术、人工智能、生物医药）、NEM（新能源、新材料）、海洋科学等重点产业领域中受制于人、卡脖子的重大关键技术需求，在充分调研基础上建立以产业目标为导向的重大科学问题库，有计划、分阶段纳入重大基础研究计划予以大力支持，力争在部分重点关键核心技术领域取得一批具有重要影响力的重大原创性技术成果，推动我市重点产业创新发展和转型升级。

深化产学研协同创新，引导科技型龙头骨干企业与高等院校、科研院所合作，组建产学研技术创新联盟，共建新型研发机构，支持企业以科研众筹众包、难题招贤等方式解决产业和企业发展中的关键科学问题，推动企业成为创新决策、研发投入、科研组织和成果转化的主体。

（五）培养造就一批高水平基础研究团队。

以基础前沿重大科学问题和新兴产业关键核心技术突破为导向，组建一批高水平基础和应用基础研究团队，采取长周期持续稳定滚动支持方式，鼓励科学家及其团队围绕国际创新前沿潜心开展基础和应用基础研究，实现科学理论和前瞻性基础研究、引领性原创成果突破，培养和造就一批在国际科学前沿和重大应用基础研究领域占有一席之地的高精尖科学家，培育和壮大有巨大发展潜力的基础科学研究中青年人才队伍。

依托我市高等院校、科研院所、龙头企业以及重大科技创新平台，大力支持引进一批活跃在国际学术前沿的一流科学家和创新团队来我市开展基础与应用基础领域合作研究，积极主动为海外人才在穗工作提供便利，为我市建设综合性国家科学中心提供人才支撑。

（六）努力构建开放合作新格局。

充分发挥粤港澳大湾区创新资源优势，大力推进粤港澳大湾区基础研究深度合作和人才交流，建立健全粤港澳大湾区科研协作机制。围绕若干前沿战略领域，支持广州地区科研机构与港澳地区科研单位合作，联合开展基础与应用基础研究攻关；支持港澳地区高校科研机构与我市相关单位合作，共建粤港澳联合实验室或创新中心，申请承担我市基础与应用基础研究重点项目，着力突破一批关键核心技术，有力支撑粤港澳大湾区国际科技创新中心建设。

加强基础科学研究国际开放合作，释放国际和区域合作潜力，按照"平等互利、优势互补、资源共享"原则，加强与国际公认基础科学研究实力强的创新型国家和地区、"一带一路"沿线国家的创新合作，深度融入全球创新体系，完善创新合作机制，促进我市与国际学术界一流研究机构在前沿、新兴、交叉学科及有广泛应用前景的产业技术领域建立长期合作关系。

（七）建立健全基础科学研究经费资助体系。

优化基础与应用基础研究支持体系，构建以高水平实验室建设为龙头，以重大科技基础设施和创新平台为支撑，以国家、省、市联合基金和粤港澳大湾区（粤穗）开放基金为引导，以基础研究重大创新团队建设为重点，以前沿研究自由探索为补充的基础科学研究支持体系。深化与国家自然科学基金委员会、省科技厅合作，拓宽联合资助领域，争取国家自然科学基金委员会—广东省人民政府联合基金更多地支持我市关键领域重大基础研究。推动与省基础与应用基础研究基金合作，成立粤港澳大湾区（粤穗）开放基金，吸引和凝聚粤港澳地区乃至全国优势研究力量，围绕我市创新发展的重大科学问题，支持开展重点前沿领域科学研究。加大对省实验室、国家重大基础设施和重大科学装置、合作共建重点新型研发机构等重大科技创新平台的支持力度，推动重大科技创新平台不断提升创新能力和技术供给能力，不断产出前瞻性、引领性原始创新成果。继续实施基础研究一般项目专题计划，大力支持中青年科技人员围绕基础和应用基础领域开展自由探索研究，为其在各自前沿领域实现理论和技术突破奠定基础。

三、保障措施

（一）加强统筹协调。加强与科技部、省科技厅以及各区政府的沟通协调，上下联动共同推动广州基础与应用基础研究。加强我市基础与应用基础研究工作规划，建立跨区域、跨部门、跨行业统筹协调新机制，引导高等院校、科研院所和企业等创新要素向基础与应用基础研究领域集聚，形成基础科学研究合力与新优势。

（二）加大资金支持。加强与科技部、省科技厅等上级主管部门以及中国科学院等国家级科研院所的沟通合作，争取更多的国家、省财政资金投入我市基础与应用基础研究。加大市财政科技经费对基础与应用基础研究的支持力度，在市科技创新发展专项中对基础与应用基础研究予以重点倾斜，进一步提高市级基础研究经费投入占市级研发经费投入的比重。建立健全多元化投入体系，鼓励、引导企业和其他社会力量参与基础科学研究，多渠道、多方式加大基础科学研究投入。

（三）强化科学决策。充分发挥基础研究领域战略专家的作用，成立基础与应用基础研究战略咨询专家组，研判基础科学研究发展趋势，开展基础研究战略咨询，瞄准世界科技发展前沿，突出原始创新，提出我市基础研究重大需求和工作部署建议，为我市基础与应用基础研究的决策和组织实施提供咨询支持。

（四）营造宽松环境。建立符合基础与应用基础研究特点和规律的项目立项及管理制度，突出源头创新和应用导向，发挥科学家的自由探索精神。支持高校与科研院所自主布局基础研究，扩大高校与科研院所的学术自主权和个人科研选题选择权。完善交叉学科项目评价，建立颠覆性、变革性、非共识项目立项制度；包容和尊重学术异见，建立创新失败项目价值挖掘机制。推进科研诚信建设，坚持科研诚信无禁区、全覆盖、零容忍，强化严重失信行为记录和惩戒，逐步建立科研领域守信激励机制。

广州市人民政府关于印发广州市深化商事制度改革实施方案的通知

穗府〔2019〕5号

各区人民政府，市政府各部门、各直属机构：

现将《广州市深化商事制度改革实施方案》印发给你们，请认真贯彻落实。实施过程中遇到的问题，请径向市市场监管局反映。

广州市人民政府
2019年3月16日

广州市深化商事制度改革实施方案

以习近平新时代中国特色社会主义思想为指导，全面贯彻党的十九大和十九届二中、三中全会精神，深入贯彻习近平总书记重要讲话精神，落实中共广州市委十一届五次全会部署，实施新一轮商事制度改革，推动广州在现代化国际化营商环境方面出新出彩，在全省实现"四个走在全国前列"、当好"两个重要窗口"中勇当排头兵，制定本实施方案。

一、推动商事登记深层次改革

（一）创新商事登记模式。在广东自贸试验区南沙新区片区试点商事登记确认制，探索创新企业设立登记模式；在黄埔区试点"区块链+商事服务"，探索打造共享式登记模式；在海珠区试点"全容缺+信用增值审批"，促进琶洲互联网创新集聚区IAB（新一代信息技术、人工智能、生物医药）、NEM（新能源、新材料）产业发展。

（二）提升商事登记水平。深化企业名称、住所、经营范围自主申报，推行商事登记"审核合一、一次办结"，扩增"容缺登记"范围；推进"人工智能+机器人"全程电子化商事登记全业务、全流程、全区域覆盖，实现企业线上办照"零跑动"、申请材料"无纸化"；探索"一照一码走天下"改革试点，推出微信小程序、云闪付 APP（手机应用软件）下载手机版电子营业执照功能，加快涉企电子证照归集，打造企业证照信息"一码关联"应用模式，使电子营业执照成为"互联网+"环境下市场主体的唯一网络身份认证和管理标识；依托信息技术手段，推进市场主体准入实名认证、住所信息认证，防范"被股东"和虚假住所（经营场所）等问题。

（三）推动外资登记更加便利。出台促进外商投资企业注册便利化措施，允许外商投资企业名称表述个性化和经营范围表述自主化，简化注册登记申请材料形式要求，实现审核流程简易快速；实行内外资企业同步办理类型互转，引导拟从事营利性活动的外国（地区）企业常驻代表机构转型为外商投资企业，推行外资商务备案与工商登记"一口办理"。

（四）服务粤港澳大湾区商事登记深度对接。深化商事服务"穗港通""穗澳通"合作，推进港澳企业商事登记"足不入境、离岸办理"，加快推进商事登记"跨境通"向台湾地区及"一带一路"沿线国家拓展。

二、推动企业准入准营同步提速

（五）全面提升开办企业时效。推行开办企业"一网通办、并行办理"服务模式，依托广东"开办企业一窗受理"系统，提供开办企业一站式服务；黄埔区、南沙区开展企业开办全程网上办改革试点；推行线上线下"全渠道"快速商事登记、"全网办"刻章备案和新办纳税人"套餐式"服务模式，打通开办企业全流程信息共享链条，2019 年将全市开办企业时间压减至 2.5 个工作日内，2020 年整体压减至 2 个工作日内。优化银政数据联动共享，实现企业设立信息实时推送，依托省银政信息"e 路通"系统，推动银行整合账户业务流程，提升企业开立银行账户服务效率。

（六）实施"证照分离"改革。分类改革涉企行政审批事项，重点对资质资格类审批及指标限额类审批事项开展清理，加快推动首批 106 项涉企行政审批事项，按照直接取消审批、审批改为备案、实行告知承诺、优化准入服务等方式改革落地，推进"照后减证"，破解"准入容易准营难"问题。

（七）推进涉企事项审批服务标准化。制定涉企行政审批事项标准规范，实现同一审批事项关键要素市区两级统一，分批推出"马上办、网上办、就近办、一次办"等利企事项清单。

三、推动民营经济高质量发展

（八）支持商事主体转型升级。鼓励和引导"个转企""小升规"，探索建立"个转企"行业指导目录和重点培育库，充分整合利用各级各部门资源，协同推动个体工商户转型升级，进一步增强民营经济发展后劲；深化个人独资企业转型升级改革，进一步放宽升级企业类型，推动升级企业税务、不动产登记等业务办理便利化。

（九）支持小微企业发展。强化小微企业名录功能，探索小微企业专业化服务，提升小微企业扶持政策落地的精准性，着力打造小而精、小而新、小而专、小而特的小微企业集群；完善广州市公共信用信息管理系统建设，推进广州市中小微企业信用信息和融资对接平台、中征应收账款融资服务平台应用，发挥平台作用，支持转型企业的融资需求，服务实体经济发展；引导银行挖掘转型企业有效信贷需求，加强信息技术应用，提高信贷效率，加大对转型企业信贷支持力度。

四、推动市场监管机制创新

（十）建立以"双随机、一公开"为基本手段、以重点监管为补充、以信用监管为基础的新型监管机制。全面推行"双随机、一公开"监管，实现全市行政执法部门日常检查"双随机"方式全覆盖；推进跨部门"双随机"联合检查，推动抽查检查结果跨部门互认和应用，各级政府开展跨部门联合抽查次数达到该年度总抽查次数10%以上；除重点监管企业及异常企业外，原则上同一行政执法部门对同一企业开展的抽查每年不超过1次，做到对企业"无事不扰、服务到位"。

（十一）强化重点领域监管。加大重点产品、商品质量抽检力度，加强重点行业定向监测，强化重点商品和服务领域特别是网络商品交易市场的规范监管，完善网络经营主体数据库，实施线上线下一体化监管，规范网络经营主体交易行为；坚守质量安全底线，加强食品药品、产品质量和特种设备安全监管，防范系统性、区域性安全风险，探索建立重点领域市场监管风险监测和预警机制。

（十二）强化信用监管。制定新版公共信用信息资源归集目录，以"红黑名单"信息为重点，加大企业公共信用信息归集共享，提升数据质量，全面构建信用广州大数据；将企业公共信用信息查询和联合奖惩措施应用嵌入行政审批、事中事后监管、公共资源交易、招投标等涉企业务流程机制；建立完善守信联合激励和失信联合惩戒体制机制，制定全市联合奖惩实施方案和各部门联合奖惩工作指引，落实对"红黑名单"企业奖惩措施。

五、推动市场监管执法水平提升

（十三）进一步厘清审批和监管权责边界。按照权责对等、权责一致和"谁审批、谁监管，谁主管、谁监管"原则，动态调整完善各级市场监管职能部门权责清单，并同"三定"规定有机衔接。

（十四）建立市场综合监管体制。合理确定各区市场监管领域执法机构的编制规模，减少执法层级，推动市场监管执法重心下沉，加快建立统一规范、权责明确、公正高效的市场综合监管体系体制；统筹配置行政处罚职能和执法资源，相对集中行政处罚权，整合精简执法队伍，解决多头执法问题。

（十五）进一步规范行政执法行为。全面落实行政执法公示制度、执法全过程记录制度、重大执法决定法制审核制度，全市行政执法部门主动向社会公开行政执法信息，加强行政执法全过程留痕和可回溯管理，编制重大行政执法决定部门目录清单，完善审核内容和程序；建立全市统一的行政执法监督信息系统，实现行政执法全过程记录、全过程监督和行政执法数据统计分析信息化、智能化、综合化；开展法治化营商环境专项执法监督检查，全面提升行政执法规范化水平。

六、推动市场监管共建共治共享

（十六）建立市级市场监管联席会议制度。加强市场监管工作统筹协调和指导，形成部门协同、上下联动、有机衔接的工作机制，协调各部门密切合作，推进落实市场监管重大任务。

（十七）强化企业主体责任和行业自律。落实生产经营者主体责任，切实履行商品和有关服务质量安全义务，鼓励企业应用先进质量管理方法，建立完善质量管理体系，建立产品质量追溯和服务责任追溯机制；明确与消费者构成直接利益关系的企业承担首负责任,建立产品质量和服务金保证制度,推行生产经营者首问负责制度和先行赔付制度;推进企业信息公示工作,强化企业信息披露、自我声明和信用承诺机制;行业管理部门加强对行业组织的监督和指导,充分发挥行业组织作用,健全行业自律规约,加强行业自律管理。

七、推动市场退出便利化

(十八)深化商事主体简易注销登记改革。加强部门间沟通衔接、信息共享和业务协同,畅通简易注销通道,降低企业市场退出成本;探索建立行政机关与司法机关协作机制,打通企业市场退出"最后一公里";在南沙区开展个体工商户依申请简易注销和依职权简易注销试点;加快推进国有"僵尸企业"处置工作,对被吊销营业执照的国有"僵尸企业",如未开展经营活动、申请注销登记前未发生债权债务或者债权债务已清算完毕的,可以适用简易注销程序,对其他国有"僵尸企业",探索建立快速出清机制。

(十九)探索商事主体强制出清制度。出台批量吊销企业营业执照工作规则,建立批量吊销系统,对长期停业未经营企业依法批量吊销营业执照;探索建立对提供虚假住所等失联企业、冒用他人身份证虚假注册等违法失信企业的强制出清制度,规范逾期半年不领取营业执照商事主体撤回登记处理流程。

各区人民政府要根据本区实际情况,完善相关配套措施,确保各项举措落到实处;市有关部门要细化工作任务和进度安排,加大政策宣传及实施力度;各区、各部门要加强政策措施宣讲宣传,营造深化改革的浓厚氛围;市市场监管部门要适时开展跟踪评估,及时总结推广经验做法。

广州市人民政府关于印发进一步加快促进科技创新政策措施的通知

穗府规〔2019〕5号

各区人民政府，市政府各部门、各直属机构：

现将《关于进一步加快促进科技创新的政策措施》印发给你们，请认真组织实施。执行中遇到问题，请径向市科技局反映。

广州市人民政府
2019年7月14日

关于进一步加快促进科技创新的政策措施

为全面贯彻习近平新时代中国特色社会主义思想和党的十九大精神，深入贯彻习近平总书记视察广东重要讲话精神，贯彻落实《广东省人民政府印发关于进一步促进科技创新若干政策措施的通知》（粤府〔2019〕1号），深入实施创新驱动发展战略，建设科技创新强市，加快提升我市自主创新能力，进一步发挥科技创新对经济社会发展的支撑引领作用，结合我市实际，制定以下政策措施。

一、构建高水平科技创新载体。以粤港澳大湾区国际科技创新中心建设为契机，联动推进"广州—深圳—香港—澳门"科技创新走廊建设，打造中新广州知识城、广州科学城、南沙科学城、琶洲人工智能与数字经济试验区（含广州大学城）"三城一区"创新核。加快珠三角国家自主创新示范区（广州）、中国（广东）自由贸易试验区广州南沙新区片区、广州高新技术产业开发区、南沙庆盛科技创新产业基地、广州国际生物岛、白云湖数字科技城等载体建设。

二、支持国际一流创新平台建设。争取在琶洲建设人工智能与数字经济广东省实验室，支持广州再生医学与健康、南方海洋科学与工程等省实验室及在穗高校、科研机构与香港大学、香港中文大学和香港科技大学等国（境）内外知名高校、科研院所合作，共同组建联合研究中心、粤港澳联合实验室、国际合作实验室。支持港澳企业、高校参与广州科技创新合作，成立名校—名企联合实验室，搭建"科学家、工程师、企业家"对接平台和科技信息共享平台，共同开展基础研究和关键核心技术攻关。

三、加强创新基础能力建设。积极创建综合性国家科学中心，推动人类细胞谱系大科学研究设施、冷泉生态系统观测与模拟实验装置等国家重大科技基础设施建设。面向港澳地区有序开放重大科技基础设施，支持粤港澳超算联盟发展，推动超算跨境服务，打造"粤港澳超算资源共享圈"。联合共设粤港澳大湾区（粤穗）开放基金，市财政每年投入6000万元支持穗港澳联合开展基础和应用基础研究。支持香港科技大学（广州）建设发展，鼓励穗港澳高校、科研院所（机构）互设相应机构，在穗设立的相应机构可享受我市相关优惠政策。

四、支持粤港澳（国际）青年创新工场、粤港澳高校创新创业联盟发展，建设粤港澳大湾区（广东）青年创新创业基地、广州科学城粤港澳青年创新创业基地、粤澳青创国际产业加速器等一批港澳青年创新创业基地，基地被认定为省级科技企业孵化器的，可直接享受我市相关优惠政策。

五、面向港澳开放市科技计划（专项、基金）。允许港澳高校、科研机构牵头或独立申报市科技计划。除涉及国家安全、秘密和利益的，港澳项目承担单位获得的科技成果与知识产权归其所有，依合同约定使用管理，优先选择在我市产业化的可享受我市相关政策支持。

六、协同推进市财政科研资金跨境使用，允许项目资金直接拨付至港澳两地牵头或参与单位。建立资金拨付绿色通道，单笔等值5万美元以上（不含5万美元）的，由市科技行政部门到税务部门进行对外支付税务备案后，凭合同（协议）、发票（支付通知）或其他相关单证在银行办理财政科研资金外汇收支业务；单笔等值5万美元及以下的（资金性质不明确的除外），直接到相关银行办理拨款手续。港澳项目承担单位应提供人民币银行账户，港澳银行收取的管理费可从科研资金中列支。

七、完善港澳人才保障机制。推进南沙粤港澳人才合作示范区建设，深化外籍人才永久居留积分试点，建立海外人才离岸创新创业基地。落实《财政部国家税务总局关于粤港澳大湾区个人所得税优惠政策的通知》（财税〔2019〕31号）要求，按内地与香港个人所得税税负差额，对在穗工作的境外（含港澳台）高端人才和紧缺人才给予补贴，该补贴免征个人所得税。

八、加强科技人才住房保障。按照职住平衡、就近建设、定向供应的原则，鼓励各区以及用人单位等多主体供给，通过新增筹建、园区配建、城市更新等方式，在高校、科研机构、高新技术产业开发区等人才密集区建设人才住房。力争3年内面向全市新增3万套人才公寓和公共租赁住房，优先供给重点产业、重点企业中的人才使用。

九、提升服务科技企业能力。建立对口联系工作制度，对科技创新企业各成长阶段给予多角度、全方位的精准服务。加强与香港金融机构的合作，在我市生物医药等优势产业中挖掘一批符合条件的创新产业公司，组织赴港上市，推动创新企业与境外多层次资本市场对接。

十、探索建立符合国际规则的创新产品政府首购制度。根据财政部有关政策，加大对首次投放国内市场、具有核心知识产权但暂不具备市场竞争力的重大创新产品的采购力度；国有企业利用国有资金采购创新产品的，应参照上述规定执行。实施重大创新产品示范应用工程，为重点领域研发计划等形成的重大创新产品提供应用场景。

十一、放宽科技创新设施用地限制。通过"三旧"改造建设重大科技基础设施、省实验室、高新技术企业，以及新型研发机构、科技企业孵化器和众创空间，在满足基础设施承载能力前提下，依法适当放宽地块容积率限制，缩短规划审批时间，提高规划审批效率。

十二、简化科技创新用地相关手续。逐步简化"三旧"改造项目地块建设规划审批流程。符合产业准入条件的创新主体，在结构安全、外观良好、不影响周边建筑使用、不改变主体结构、不增加容积率的前提下，临时改变现有建筑使用功能用于创新活动的，免于申领建设工程规划许可证。

本政策措施自印发之日起施行，有效期5年。

广州市人民政府关于加强农村集体经济组织管理的指导意见

穗府〔2019〕11号

各区人民政府，市政府各部门、各直属机构：

为加强广州市农村集体经济组织经营管理，保障农村集体经济组织及其成员的合法权益，维护社会稳定，现提出如下意见：

一、工作目标

以加强农村集体经济组织管理为核心，建立健全农村集体经济监管体系；以深化农村集体产权制度改革为重点，保障农村集体经济组织法人地位，建立适应城乡融合发展要求的农村集体经济管理体制和运行机制，化解制约农村集体经济发展的障碍，激发集体经济活力。

二、适用范围

本意见适用于广州市辖内按照《广东省农村集体经济组织管理规定》（省政府令第189号）设立的农村集体经济组织。镇人民政府改制为街道办事处、村民委员会改制为居民委员会后，原农村集体经济组织适用本意见。

三、加强对农村集体经济组织的领导

（一）落实责任主体。各区人民政府应根据本地实际，加强对农村集体经济组织的指导、监督和服务，推动农村集体经济改革发展。各镇人民政府（街道办事处）负责指导和监督农村集体经济组织运行、选举、改制、终止等事项及农村集体资金、资产、资源经营管理。

（二）完善体制机制保障。各区人民政府应当进一步优化相关职能部门和镇人民政府（街道办事处）工作职责，逐步完善农村集体经济组织综合服务和监管平台，负责农村集体经济组织管理、资产交易、"三资"监管、土地承包纠纷仲裁（调解），处理农村集体经济组织信访，指导农村集体产权制度改革。

（三）加强制度建设。各区要建立健全各项管理制度，制定和完善农村集体经济组织成员资格界定、民主决策和公开公示、换届选举、组织架构和职责、股权管理、股权流转、管理人员考核和报酬、重大事项审查存档、财务管理、合同管理、档案管理、收益分配等制度和办法。指导农村集体经济组织建立完善投资责任、固定资产登记和保管使用、资产占用责任、资产收益管理及考核、民主理财和审计监督、资产报告等资产管理制度。

四、完善农村集体经济组织建设

（一）规范组织章程。农村集体经济组织必须依法依规完善组织章程，体现坚持党的基层组织领导地位。组织章程不得与宪法、法律、法规和国家的政策相抵触，不得有侵犯成员的人身权利、民主权利和合法财产权利的内容，如有违反的，由镇人民政府（街道办事处）责令改正。组织章程制定或修改，须经镇人民政府（街道办事处）进行合法合规性初审后，方可提交成员大会表决，并在表决通过后10日内送镇人民政府（街道办事处）存档。

（二）规范组织架构。农村集体经济组织的组织架构包括成员大会、成员代表会议、理事机构（社委会、理事会）、监事机构（民主理财监督小组、监事会、村务监督委员会）。成员大会、成员代表会议和理事机构讨论通过的事项必须符合国家法律、法规、规章和政策的规定，如有违反的，由镇人民政府（街道办事处）责令改正。

1. 成员大会。成员大会是农村集体经济组织的最高权力机构，由年满18周岁享有选举权且具有完全民事行为能力的成员组成。凡涉及成员切身利益的重大事项，应当提交成员大会讨论决定。成员大会由理事机构召集。

成员大会须由本组织具有选举权成员的半数以上参加，或者由本组织2/3以上的广代表参加，所作决定须经到会人员的半数以上通过。经1/10以上有选举权的成员提议，可以临时召开成员大会。成员大会实行一人一票或者一户一票的表决方式。特殊情况无法集中表决的，可以分组表决。

2. 成员代表会议。成员代表会议由理事机构、监事机构成员和成员代表组成，成员代表会议中成员代表应当占成员代表会议组成人员的 4/5 以上。成员代表由成员直接选举产生。成员代表会议实行一人一票的表决方式，不得委托投票。

成员代表会议由理事机构召集。成员代表会议须由本组织 2/3 以上的成员代表参加，所做决定须经到会人员 2/3 以上通过。1/10 以上有选举权的成员对成员代表会议表决通过的事项提出异议的，应提交成员大会重新表决。

1/5 以上成员代表提议、监事机构提议的，理事机构应在收到提议 30 日内召开临时成员代表会议，理事机构逾期不召集临时成员代表会议的，由镇人民政府（街道办事处）指导和帮助监事机构召集。

3. 理事机构。理事机构是农村集体经济组织的执行和管理机构。理事机构由 3 至 7 人组成，组成人员须具有一定的文化知识、良好的政治素质及相应的经营管理能力，符合地方党委政府规定的候选条件。社长（理事长）是农村集体经济组织的法定代表人，主持理事机构的日常管理工作。

理事机构表决时须有 4/5 以上的理事机构成员参加，实行"一人一票制"，所做决定须经理事机构全体成员过半数的赞成票通过。理事机构的会议记录须完整准确，并由与会者签名，存档备查。

4. 监事机构。监事机构是农村集体经济组织的内部监督机构，原则上由 3 至 5 人组成，设监事长（主任）1 名。监事长（主任）主持监事机构工作。

监事机构按组织章程的规定召开会议，会议可根据需要邀请理事机构成员和部分成员代表参加。监事机构必须依照法律、法规、规章和组织章程行使职权，不得超越权限范围干扰决策机构、执行机构行使职权。监事机构表决时实行"一人一票制"，所作决定须经监事机构全体成员 2/3 以上的赞成票通过。监事机构会议记录须完整准确，并由与会者签名，存档备查。

5. 关联经济组织的监督管理。关联经济组织指农村集体经济组织出资成立的公司和分公司，或者实际控制（包含且不限于控股等形式）的经营主体。关联经济组织的公司章程须与集体经济组织的组织章程对接，其管理办法由相关农村集体经济组织制定，接受相关集体经济组织的监督，报镇人民政府（街道办事处）备案。防止关联经济组织弱化集体资产属性，脱离集体经济组织的管理，造成集体资产流失。

（三）明确组织任期。农村集体经济组织理事机构、监事机构、成员代表每届任期 5 年。本意见印发前已换届的农村集体经济组织，原则上从本届任期届满后，开始执行上述规定。

（四）严格任职条件。各区、镇街应加强对理事机构、监事机构成员人选的资格条件审查。同级农村集体经济组织理事机构成员与监事机构成员、财务人员之间不得交叉任职，不得存在近亲属关系（包括夫妻关系、直系血亲关系、三代以内旁系血亲以及近姻亲关系）。经济社社长不得担任经济联合社监事机构成员。

1. 下列人员不得担任农村集体经济组织理事机构、监事机构成员：（1）散布违背党的理论和路线方针政策的言论，公开发表违背党中央和上级党组织决定的言论，参与非法组织和非法活动的；（2）违反《中国共产党纪律处分条例》等党纪党规相关规定受处分期间的；（3）受到刑事处罚的；（4）受治安拘留处罚期间或治安拘留处罚执行完毕不满5年的；（5）存在"村霸"和涉黑涉恶、涉邪教等问题的；（6）政策法规规定的其他情形。已担任农村集体经济组织理事机构、监事机构成员的，应当按照有关规定予以免职。

2. 下列人员不得参选农村集体经济组织理事机构、监事机构成员：（1）涉嫌违纪违法正在接受纪律审查和监察调查的；（2）正在被采取刑事强制措施；（3）第1点规定不得任职的各类人员。

3. 理事机构和监事机构成员任期内有下列情形之一的，视情况暂停其职务：（1）涉嫌违纪违法正在接受纪律审查和监察调查的；（2）被采取刑事强制措施的。

4. 理事机构和监事机构成员与成员代表任期内有下列情形之一的，其职务自行终止：（1）丧失本组织成员资格的；（2）死亡或被宣告失踪的；（3）丧失民事行为能力的；（4）本人书面提出辞职申请，经同意的；（5）其他因法律法规、政策或者本组织章程规定而应当停职的。

（五）规范换届选举。各区负责农业农村管理工作的部门负责指导农村集体经济组织换届选举。农村集体经济组织理事机构、监事机构和成员代表任期相同，可连选连任。任期届满要依法进行换届选举，任何组织或者个人不得随意指定、委派或者撤换农村集体经济组织理事机构、监事机构成员和成员代表。因特殊情况需要提前或者延期换届选举的，须报镇人民政府（街道办事处）批准并经成员代表会议表决同意后方可实施。

理事机构和监事机构成员职务自行终止或因辞职、罢免等其他原因发生变更的，由理事机构公告并报镇人民政府（街道办事处）备案。对于农村集体经济组织理事机构、监事机构成员任期内缺额，镇人民政府（街道办事处）应督促、指导该农村集体经济组织及时补选。

（六）规范证照使用。《农村集体经济组织登记证》是农村集体经济组织的社会信用代码证。农村集体经济组织可据此办理银行开户等相关手续，以便开展经营管理活动。各区负责农业农村管理工作的部门负责本辖区登记证的印制、发放、管理，确保登记证的规范使用。加强对登记证使用情况的监管，对于伪造、变造登记证或者违法制售、使用伪造、变造登记证的，要会同有关部门及时依法查处。在《农村集体经济组织登记证》启用前，原农村集体经济组织证明书继续有效。

五、加强农村集体经济组织民主管理

（一）明确界定成员。成员资格界定应遵循"依据法律、尊重历史、兼顾现实、程序规范、群众认可"的原则。各区人民政府要根据《广东省农村集体经济组织管理规定》的相关要求，并结合本区实际，出台成员资格界定的指导意见。

（二）加强成员管理。农村集体经济组织应当建立成员名册，并经公示15日后无异议，或者异议经成员代表会议审议表决不成立的，报送镇人民政府（街道办事处）存档。镇人民政府（街道办事处）应做好本辖区农村集体经济组织成员的登记备案工作。农村集体经济组织对依据本组织章程确认的成员发放成员资格证书，完成股份制改革的发放股权证，作为成员的身份或股权证明。

（三）建立公示制度。成员大会表决通过的事项应公告5个工作日，成员代表会议讨论决定的事项应公示5个工作日，并形成书面记录妥善存档；重大事项或主要经营活动的合同，应在未正式决定、签订之前将主要事项公示5个工作日。

（四）严格责任追究。农村集体经济组织理事机构未经成员大会或成员代表会议授权，做出损害农村集体经济组织及其成员合法权益的行为，按照"三资"管理责任追究制度追责。

六、加强农村集体资产和财务管理

（一）加强经营管理。农村集体经济组织是农村集体资产管理的主体，对农村集体资产依法享有占有、使用、收益和处分的权利。农村集体经济组织理事机构代表全体成员按照组织章程规定和民主、公开、公正的原则依法进行资产管理和经营,集体资产经营管理的重大事项应当提交成员大会或者成员代表会议讨论决定。除法律法规规定的情形外,农村集体资产实行对外承包、租赁经营的,应当依法采取招标、公开竞投、公开协商等方式确定经营者。区级以上人民政府应当为农村集体经济组织及其成员提供更多的财产交易方式选择,优化农村集体资产交易。农村集体经济组织按照民主决策、民主管理、民主监督的原则依法管理集体资产和财务,保障本组织成员的知情权和监督权,按规定公布集体资产经营管理、财务收支以及投资、参股企业的经营状况等情况,接受监事机构和本组织成员的查询、监督。

(二)规范财务管理。农村集体经济组织要建立和完善财务管理制度,建立健全财务管理工作流程。集体经济组织发生的财务事项,必须取得有效的原始凭证,注明用途并有经手人、证明人、审批人签名(盖章),实物性开支须有验收人签名,按照规定审批权限审批同意后(签名或盖章),交监事机构集体审核同意(签名),由财务人员审核记账。监事机构无正当理由逾期不审核的,视为经审核同意。经审核有重大异议的,应当提交成员代表会议讨论决定。加强对农村集体经济组织审计监督,实行经常性审计和专项审计相结合的方式,重点对群众反映突出的问题、集体土地征用补偿费管理使用、干部的任期和离任等进行审计。完善农村财务监管平台建设,不断提升农村财务监管水平。

(三)加强合同管理。农村集体经济组织开展出租、发包、投资、转让、建设等经营活动的,必须签订合同,合同签订须依法、规范、有效。重大经营合同事项须经成员大会或成员代表会议表决和公示,报镇人民政府(街道办事处)审核通过后方可签订,签订后的合同须报镇人民政府(街道办事处)存档。

(四)加强印章管理。农村集体经济组织要按照规定管理使用印章,建立印章使用的审批、登记、存档制度。印章使用的审批人与印章保管人不得为同一人,社长(法人代表)不得保管本组织印章。

(五)健全"三资"台账。农村集体经济组织应建立健全农村集体资金、资产、资源登记台账和审核存档制度,建立固定资产明细台账,定期盘点,及时登记,做到账实相符。农村集体经济组织应加强清产核资,重点解决资产资源权属争议、债权债务纠纷、呆账坏账处置和历史遗留问题等。清产核资的结果须在本农村集体经济组织公示5个工作日以上,无异议后报镇人民政府(街道办事处)审核。

（六）严格资产处置。农村集体经济组织合并、分立、改制的，按原各农村集体经济组织在全部资产中所占的份额，将集体资产转入新的农村集体经济组织，任何组织和个人不得任意平调、私分或非法改变其集体资产权属性质。资产处置方案须经成员大会或者成员代表会议讨论通过，并报镇人民政府（街道办事处）审核批准后方可实施。

本意见自 2019 年 10 月 1 日起施行。《广州市人民政府关于规范农村集体经济组织管理的若干意见》（穗府〔2014〕34 号）同时废止。

广州市人民政府
2019 年 9 月 24 日

广州市人民代表大会常务委员会关于加强我市历史文化资源保护、传承和发展的决定

(2019年11月20日广州市第十五届人民代表大会常务委员会第二十九次会议通过)

广州市第十五届人民代表大会常务委员会第二十九次会议听取和审议了《广州市人民政府关于历史文化资源保护、传承和发展工作的报告》。

党的十八大以来，党中央高度重视中华民族优秀传统文化的保护、传承和发展，习近平总书记多次对历史文化保护、传承和发展工作作出重要讲话和指示，要求坚定文化自信、注重保护和弘扬中华历史文化、保留城市记忆、增强家国情怀。我市要深刻把握当今世界文化发展趋势和发展新时代中国特色社会主义文化的新要求，以实际行动践行习近平总书记和党中央关于中华文化保护、传承和发展的指示精神，充分发挥广州在粤港澳大湾区文化建设中的引领示范作用，切实在提升广州城市文化综合实力上出新出彩，为带动和促进大湾区历史文化资源传承性保护、创造性转化、创新性发展作出应有的贡献。

广州是我国第一批历史文化名城，是岭南特别是粤港澳大湾区历史文化的中心地，有着两千多年的建城史，被誉为"千年商都"，是我国海上丝绸之路的发祥地，在文化上多元并蓄，形成了种类丰富、历史悠长、独具特色的历史文化遗产。近年来，我市高度重视历史文化资源保护、传承和发展工作，取得了比较好的成效。但是，仍然存在历史文化资源整体性风貌延续、系统性整理展示传播不强；历史文化资源有效融合、活化利用不够；历史文化价值未能充分挖掘提升、缺少世界级文化遗产等薄弱环节，需要引起高度重视，切实加以改进。

市人大常委会就加强历史文化资源保护、传承和发展作出如下决定：

一、强化责任担当，在历史文化名城建设上有更大作为

2018年10月习近平总书记考察广州时，对我市历史文化保护工作作出重要指示。中共中央、国务院印发的《粤港澳大湾区发展规划纲要》和省委深改委印发的《广州市推动"四个出新出彩"行动方案》等文件，进一步明确了我市文化建设的目标、任务和要求。市、区政府和有关部门要自觉站在政治的、历史的和全局的战略高度，以抓好历史文化名城建设为主线，突显我市在岭南和粤港澳大湾区的文化中心作用，增强做好历史文化资源保护、传承和发展工作的责任感和紧迫感，特别要在加强文物、历史文化街区、建筑、遗址、史料、遗迹和非物质文化遗产保护传承等方面做好工作。一要列入重要议事日程。市、区政府要落实主导责任，加强统筹协调，把历史文化资源保护传承发展工作纳入经济和社会发展计划，纳入城乡建设规划，写进年度工作计划。二要完善工作机制。建立完善政府主导、部门配合、市区联动、社会参与的工作机制，形成合力，及时研究解决历史文化资源保护、传承和发展工作中的困难和问题。三要加大投入力度。积极吸纳社会资金，鼓励社会团体、企业和个人捐赠，形成政府主导和社会参与相结合的经费投入机制，落实资金投入、人才培养和责任并重的各项保障措施。四要完善相关法规。围绕文物活化利用、历史建筑修缮监督管理、特色文化保护传承、非物质文化遗产（以下简称"非遗"）保护等方面的工作，抓紧完善有关法规、规章及配套政策。

二、厚植人文传统优势，不断提升城市独特文化魅力

广州是我国岭南文化中心地、海上丝绸之路发祥地、近现代革命策源地、改革开放前沿地。广州历史文化多期积淀、丰富多彩且融为一体，具有鲜明的中华文脉和岭南特色，形成独树一帜的历史文化景观风貌，必须保护好、传承好、发展好。市政府和有关部门要围绕上述"四地"特质，结合打响红色文化、海丝文化、岭南文化和创新文化品牌的目标要求，挖潜力、强弱项、补短板。在老城区改造上，要着重保护好历史文化景观风貌；在新城区建设上，要重点传承好城市历史文化内涵、品质和风格，将城市的特质凝固在城区、街道、建筑和生活。一要进一步提升重要历史遗址史迹价值。要聚焦不同时期、不同事件的历史文化特质，进行系统化梳理、品牌化设计，根据历

史脉络将零散的文化资源进行有机整合,形成体系、打响品牌。二要进一步加强历史文化风貌保护。针对文物、历史建筑、历史文化街区、历史文化名镇名村等不同类别的保护对象,要分别制定保护规划,在保护历史文化资源本体及其生存环境的基础上,通过恢复历史景观、优化周边环境、改善服务设施等措施,科学有序推进历史文化资源的保护利用。三要进一步注重岭南特色文化传承。在实施新城区规划建设时,要在建筑和街区建设上注意融入岭南文化主要元素,体现广州作为岭南文化中心地的风貌特点,让岭南文化在城市建设发展中得到传承发展。四要进一步加强对外文化交流。加强优秀历史文化资源和特色文化品牌宣传和国内外交流,积极探索历史文化资源与旅游业、新闻出版业、演艺业等其它行业有机融合的新方法,扩大广州历史文化的影响力和辐射力,使历史文化资源保护成果更好地惠及广大市民群众。五要坚持将博物馆建设与文物、史料的学术研究相结合。大力推进"博物馆之城"建设,增强博物馆的收藏、展示、研究、教育等功能,系统发掘和梳理史迹、史料、历史文化遗址、重大历史线索,组织开展学术研究,注重将史迹、史料有机串联,不断丰富博物馆的体系和内涵。

三、注重传承发展,促进非物质文化遗产全面振兴

广州的"非遗"具有浓郁的地域和民族特色,具有较强的整体性和影响力。"非遗"的传承核心在于人及其技艺,要把工作的重点放在对传承人的支持和经典的传承上。市、区政府和有关部门要在政策法规、保障机制、落实责任、扶持措施等方面构建"非遗"保护、传承和发展的工作体系。一要完善政策体系。尽快出台保护、传承、振兴"非遗"的系列配套政策措施。二要落实项目建设。继续大力推进文化馆新馆"非遗"园区建设,高标准创建广东省粤剧粤曲文化(荔湾)生态保护实验区,充分发挥其示范引领作用。三要加大扶持力度。积极营造有利于"非遗"保护传承和活化利用的社会环境、工作环境、市场环境,力争每个区建有固定的集展陈、销售和传承为一体的"非遗"聚集区。继续深化"非遗"进校园工作,加大对传承人的培养和扶持力度,采取切实有效措施解决"非遗"传承人后继乏人等问题。

四、坚持统筹兼顾,凝神聚力落实相关重点工作

本届政府在落实《广州市推动城市文化综合实力出新出彩行动方案》(粤

改委发〔2019〕16号）各项系统工程任务的基础上，要着力推动以下重点项目：

一是抓紧新建广州近代史博物馆，抓好广州近现代史资源的保护和展陈。同时，要加强对近现代史遗址和史料保存、研究和展示工作，着力推动南沙古炮台、三元里古庙等近代史迹保护。

二是做好海上丝绸之路申报世界文化遗产工作，充分展示广州"千年商都"城市魅力。

三是以全民族抗战为主线，重新启动"新一军印缅抗日阵亡将士纪念园"建设，推动"陆军新编第一军印缅阵亡将士公墓"旧址、南石头监狱遗址等历史文化资源保护。

四是大力发展以"广雕、广彩、广绣"、广式红木家具为代表的"非遗"传统工艺和广钟等传统文化恢复性"非遗"项目，在人力、物力、财力上给予适当倾斜，促进与现代创意和其它业态有机融合，打造"广作"系列品牌，丰富城市历史文化底蕴。

广州市人民代表大会常务委员会关于支持深圳建设中国特色社会主义先行示范区推动广州实现老城市新活力的决定

(2020年1月3日广州市第十五届人民代表大会常务委员会第三十二次会议通过)

为了贯彻落实《粤港澳大湾区发展规划纲要》和《中共中央、国务院关于支持深圳建设中国特色社会主义先行示范区的意见》以及省委、省政府和市委有关决策部署，进一步推进粤港澳大湾区建设、支持深圳建设中国特色社会主义先行示范区，加快推动广州实现老城市新活力、"四个出新出彩"，持续提升国际大都市治理能力和水平，结合本市实际，作出如下决定。

一、推进粤港澳大湾区建设和支持深圳建设中国特色社会主义先行示范区是党中央、国务院和省委、省政府赋予广州的重大使命，也是本市加快实现老城市新活力、"四个出新出彩"的重大机遇，对服务全国全省改革发展大局、推动本市高质量发展、加强高水平治理、创造高品质生活具有重要意义。本市要举全市之力支持深圳建设中国特色社会主义先行示范区，与深圳携手共建国际科技创新中心、国际性综合交通枢纽、更具国际竞争力的产业发展高地、宜居宜业宜游的优质生活圈，携手引领"一核一带一区"区域发展新格局，实现"双核联动、比翼双飞"，推动粤港澳大湾区、支持深圳建设中国特色社会主义先行示范区利好叠加的"双区驱动效应"充分释放。

二、本市各级国家机关要紧紧围绕全力提升经济中心功能、枢纽门户功能、科技创新功能、文化引领功能、综合服务功能、社会融合功能，充分发挥自身职能作用，促进城市能级、经济规模、创新带动力、要素集聚和集中力量办大事能力明显提升，推动增创省会城市新优势，推动综合城市功能出新出彩，更好发挥对深圳建设中国特色社会主义先行示范区的支持作用，更好发挥本市对全省的支撑引领作用。

三、本市各级国家机关要紧紧围绕习近平新时代中国特色社会主义思想凝心聚魂工程、红色文化传承弘扬工程、人文湾区共建工程、新时代精神文明建设提质工程、岭南文化中心建设工程、文化产业壮大工程、对外文化交流门户工程、文化体制改革创新工程的建设，充分发挥自身职能作用，推动城市文化综合实力出新出彩，建设社会主义文化强国城市范例。

四、本市各级国家机关要紧紧围绕加快推进国际商贸中心、国际物流枢纽、国际金融枢纽、国际科技创新中心、国际文化中心、国际教育医疗中心的建设以及高标准打造创新发展载体，充分发挥自身职能作用，推动现代服务业出新出彩，加快建设具有国际影响力的现代服务业强市。

五、本市各级国家机关要紧紧围绕开办企业、办理建筑许可、不动产登记、缴纳税费、跨境贸易、获得电力、获得用水、获得用气、获得信贷、知识产权创造保护和运用、打造"智慧政务"平台、促进营商环境在更高水平上全面提升等任务，充分发挥自身职能作用，推动现代化国际化营商环境出新出彩，着力建设国际大都市。

六、市人大常委会应当依法履行立法、监督、重大事项决定等职责，深化与深圳市人大常委会的工作协作，优先安排支持深圳建设中国特色社会主义先行示范区、推动广州实现老城市新活力、"四个出新出彩"的立法项目，加强对重点合作领域的法律监督和工作监督，根据发展需要适时作出相关决议决定。

七、本市各级人民政府应当加强组织领导，统筹做好支持深圳建设中国特色社会主义先行示范区、推动广州实现老城市新活力各项工作，主动加强对接协调，形成工作合力，推进合作发展。

八、本市各级监察委员会、人民法院、人民检察院和广州海事法院、广州知识产权法院、广州互联网法院应当依法履行监察、审判、检察职能，加强法治理论研究、实践探索、制度创新和规则对接，积极营造良好的法治环境和稳定的社会环境。

九、本市相关部门应当积极宣传支持深圳建设中国特色社会主义先行示范区、推动广州实现老城市新活力、"四个出新出彩"的各项政策举措，发挥社会各方面对深化与深圳战略合作的积极性，营造凝心聚力、合作共赢的良好社会环境。

本决定自通过之日起施行。

广州市非物质文化遗产保护办法

（2019年11月13日市政府第15届90次常务会议通过 2020年2月8日广州市人民政府令第171号公布）

第一条　为加强非物质文化遗产保护工作，继承和弘扬广州优秀传统文化，根据《中华人民共和国非物质文化遗产法》《广东省非物质文化遗产条例》等法律、法规，结合本市实际，制定本办法。

第二条　广州市行政区域内非物质文化遗产的调查、认定、保存、传承、传播、利用等保护活动以及相关管理工作，适用本办法。

第三条　市、区人民政府应当将非物质文化遗产保护工作纳入国民经济和社会发展规划，将非物质文化遗产保护经费列入本级财政预算，保障非物质文化遗产保护工作与经济社会协调发展。

市、区人民政府应当建立非物质文化遗产保护工作协调机制，协调处理非物质文化遗产保护工作中的相关事项。

第四条　市文化主管部门负责本行政区域内的非物质文化遗产保护工作，并组织实施本办法。

区文化主管部门负责本行政区域内的非物质文化遗产保护工作。

发展改革、工业和信息化、财政、教育、人力资源社会保障、规划和自然资源、住房城乡建设、商务、卫生、民族宗教、体育等有关部门，按照各自职责，负责有关非物质文化遗产保护工作。

第五条　市、区非物质文化遗产保护机构应当确定专职人员负责非物质文化遗产保护工作。

鼓励通过政府购买服务等方式开展非物质文化遗产保护工作。

第六条　非物质文化遗产保护经费应当专款专用，并接受文化、财政、审计行政主管部门的监督。

非物质文化遗产保护经费包括非物质文化遗产补助经费和业务经费。

补助经费包括对非物质文化遗产代表性项目、代表性传承人、工作站建设、传承和研究基地、文化生态保护（实验）区建设等的补助。

业务经费包括评审、宣传、传播、培训、咨询、征集、展览展示、开发设计、信息化建设等经常性专项经费。

第七条　市文化主管部门应当建立全市统一的非物质文化遗产信息系统，对全市非物质文化遗产工作实行全程动态信息化管理与服务。

第八条　市文化主管部门应当建立市级非物质文化遗产专家库，并组织专家开展非物质文化遗产相关评审、咨询、评估、推荐等工作。

列入市级非物质文化遗产专家库的专家应当同时具备下列条件：

（一）由所在单位或者3名以上相关领域专家联名推荐；

（二）从事非物质文化遗产保护工作或者相关专业研究5年以上，或者具有高级专业技术职务3年以上；

（三）了解和掌握本行业现状和发展动态，有相当的学术造诣或者作出过显著业绩；

（四）市文化主管部门确定的其他条件。

区文化主管部门可以根据需要，建立区级非物质文化遗产专家库。

第九条　专家具有下列情形之一的，文化主管部门应当将其移出非物质文化遗产专家库：

（一）本人申请退出的；

（二）身体条件不适合承担相关工作的；

（三）一年内3次拒绝参加评审、咨询、评估、推荐等相关活动的；

（四）违反评审工作纪律的；

（五）具有其他违法违纪行为的。

第十条　本市对非物质文化遗产代表性项目（含濒危项目）、代表性传承人实行名录管理制度。

市、区人民政府应当建立本级非物质文化遗产代表性项目名录。市、区文化主管部门应当建立本级非物质文化遗产代表性传承人名录。

第十一条　非物质文化遗产代表性项目实行逐级申报制度。

市级、区级非物质文化遗产代表性项目应当同时具备以下条件：

（一）符合社会主义核心价值观，对增强中华民族的文化认同、维护国家统一和民族团结、促进社会和谐和可持续发展有积极作用；

（二）具有历史、文学、艺术、科学价值；

（三）在本地传承一百年以上；

（四）具有世代传承传播、活态存在的特点；

（五）具有鲜明的民族或者区域特色，并在本地有较大影响。

区文化主管部门可以将区级非物质文化遗产代表性项目推荐为市级非物质文化遗产代表性项目。

第十二条 非物质文化遗产代表性项目的认定程序，依照《广东省非物质文化遗产条例》的规定执行。

非物质文化遗产代表性项目评审专家应当从市级非物质文化遗产专家库相关领域中随机抽取产生。已建立区级非物质文化遗产专家库的，区文化主管部门可以从中随机抽取产生。

评审专家与评审项目及其申报人有直接利害关系的，应当回避，由文化主管部门依照前款规定重新选取。

第十三条 文化主管部门在认定非物质文化遗产代表性项目的同时，应当确定负责该项目日常保护工作的保护单位。

非物质文化遗产代表性项目保护单位应当具备该项目相对完整的资料以及开展保护工作的人员、场所等，制定并实施具体可行的保护措施、年度保护计划和保护规划，支持该项目代表性传承人开展传承工作，并开展该项目的社会传播工作。

非物质文化遗产代表性项目保护单位享有下列权利：

（一）非物质文化遗产代表性项目名称使用权；

（二）申请非物质文化遗产代表性项目补助经费的权利；

（三）推荐非物质文化遗产代表性传承人的权利。

第十四条 文化主管部门对非物质文化遗产代表性项目实行分类保护：

（一）对已丧失传承人、客观存续条件已消失或者基本消失的非物质文化遗产代表性项目实施记忆性保护，通过收集文字、图片、音像等相关资料和实物，建立档案库；

（二）对濒临消失、活态传承较为困难的非物质文化遗产代表性项目实施抢救性保护，制定抢救保护方案，优先安排非物质文化遗产保护经费，并采用技术手段，全面、真实、系统地记录、整理代表性项目的内容、表现形式、技艺流程以及代表性传承人掌握的相关知识和技艺等；

（三）对具有广州特色的传统技艺、传统美术、岭南中医药等非物质文化遗产代表性项目实施生产性保护，将非物质文化遗产及其资源转化为文化产品和文化服务；

（四）对非物质文化遗产代表性项目集中、特色鲜明、形式和内涵保持完整的特定区域实施区域性整体保护，探索建立以非物质文化遗产为核心的文化生态保护区及其保护扶持机制，并将涉及特定空间载体的非物质文化遗产保护内容依法纳入城乡规划。

市、区人民政府及其有关部门应当依法采取措施，保护非物质文化遗产代表性项目所需的濒危原材料，禁止或者限制开采、采集、捕猎与非物质文化遗产代表性项目密切相关的珍稀矿产、植物、动物等自然资源；鼓励种植、养殖非物质文化遗产代表性项目所需的天然原材料，或者开发、推广、应用相关天然原材料的替代品。

第十五条 市级、区级非物质文化遗产代表性传承人应当同时符合下列条件：

（一）熟练掌握其传承的非物质文化遗产项目；

（二）在特定领域内具有代表性，并在一定区域内具有较大影响；

（三）长期在本地积极开展传承活动，培养后继人才；

（四）市级代表性传承人从艺时间不得少于15年，区级代表性传承人从艺时间不得少于10年；

（五）传承谱系不得少于三代；

（六）法律法规规定的其他条件。

公民申请成为非物质文化遗产代表性传承人，或者公民、法人和其他组织推荐非物质文化遗产代表性传承人，应当向文化主管部门提交下列材料：

（一）申请人或者被推荐人的基本情况；

（二）该项目的传承谱系以及申请人或者被推荐人的学艺与传承经历；

（三）申请人或者被推荐人的技艺特点、成就及相关材料；

（四）申请人或者被推荐人持有该项目的相关实物、资料的情况；

（五）其他说明申请人或者被推荐人具有代表性的材料。

第十六条 认定代表性传承人的程序应当依照本办法第十二条的规定执行。

文化主管部门应当根据专家评审意见拟定非物质文化遗产代表性传承人名单，经公示后，予以批准、公布。公示期不少于20天。

属于家族传承的非物质文化遗产代表性项目已经具有代表性传承人且具有传承能力的，原则上不再从该家族中评定新的代表性传承人。

第十七条　文化主管部门应当向非物质文化遗产代表性传承人发放年度补助经费。

市级、区级非物质文化遗产代表性传承人年度补助标准由市、区文化主管部门分别制定。

第十八条　非物质文化遗产代表性传承人具有下列情形之一的，文化主管部门取消其代表性传承人资格：

（一）本人申请不再担任代表性传承人的；

（二）因客观原因丧失传承能力的；

（三）无正当理由拒不履行传承义务的；

（四）被追究刑事责任的；

（五）依照本办法第十九条的规定，经评估不合格，由文化主管部门责令限期整改，无正当理由拒不整改或者整改不合格的。

非物质文化遗产代表性传承人符合前款第（一）（二）项规定被取消代表性传承人资格，但在非物质文化遗产保护工作中作出过突出贡献的，文化主管部门可以授予其荣誉传承人称号。

第十九条　文化主管部门应当每两年组织专家或者委托第三方对非物质文化遗产代表性项目保护单位和代表性传承人开展评估工作。

非物质文化遗产代表性项目保护单位经评估不合格的，由文化主管部门责令限期整改。经整改仍不合格的，文化主管部门应当更换保护单位。

非物质文化遗产代表性传承人经评估不合格的，由文化主管部门责令限期整改，并停发下年度代表性传承人补助经费。无正当理由逾期未整改或者整改不合格的，取消其代表性传承人资格。

评估标准和程序由市文化主管部门另行制定。

第二十条　市人民政府应当设置非物质文化遗产综合展示场馆。

区人民政府应当设置非物质文化遗产展示场馆。

镇人民政府和街道办事处应当逐步设置非物质文化遗产传习场所。

鼓励和支持代表性项目保护单位、代表性传承人建设展示、传习场所。

第二十一条　文化主管部门应当会同有关部门，重点扶持和培养急需保护的非物质文化遗产代表性项目的代表性传承人和后继人才。

教育部门应当组织开展非物质文化遗产教育活动，鼓励、引导中小学校将非物质文化遗产教育纳入素质教育体系，并将非物质文化遗产相关专业纳入城市扶持专业目录。

人力资源社会保障部门应当支持、引导技工院校开设非物质文化遗产相关专业或者课程，培养非物质文化遗产技能人才。

鼓励有条件的高等院校、职业院校、技工院校开设非物质文化遗产相关专业或者课程；通过减免学费或者给予助学金、奖学金等措施，鼓励学生学习非物质文化遗产相关专业。

第二十二条　文化和自然遗产日、中国传统节日期间，市、区人民政府及其文化主管部门应当开展非物质文化遗产宣传、传播活动。

文化馆、图书馆、博物馆、美术馆等公共文化机构和非物质文化遗产学术研究机构、保护机构等，应当根据各自业务范围，开展非物质文化遗产的宣传、展示、整理、研究、学术交流等活动。

报刊、广播、电视、网络等媒体应当开展非物质文化遗产传播活动。

鼓励在公共交通工具及其等候区域、公园、绿地等公共场所开展非物质文化遗产宣传、传播活动。

第二十三条　鼓励和支持代表性项目保护单位、代表性传承人开展非物质文化遗产跨区域传承、传播活动。

鼓励其他地区的非物质文化遗产与本地文化融合发展。

第二十四条　鼓励非物质文化遗产代表性项目保护单位和代表性传承人依法申报、保护与该项目相关的知识产权。

第二十五条　鼓励单位和个人合理利用本地非物质文化遗产资源，开发旅游商品、动漫产品、影视作品、文化创意产品等文化产品，提供观赏、体验等文化服务。

第二十六条　鼓励和支持成立非物质文化遗产相关社会组织，开展非物质文化遗产的宣传、展示、教育、传播、研究、出版等活动。

鼓励和支持公民、法人和其他组织开展下列非物质文化遗产保护活动：

（一）设立非物质文化遗产保护方面的社会性基金；

（二）建立保存、展示、传播非物质文化遗产的艺术馆、展示馆、博物馆等；

（三）撰写和出版非物质文化遗产专著；

（四）捐赠非物质文化遗产资料和实物；

（五）通过资金资助、物资支持、提供场所或者志愿服务等方式参与非物质文化遗产传承、传播活动。

第二十七条　违反本办法规定，申报非物质文化遗产代表性项目、保护单位或者代表性传承人时弄虚作假的，由文化主管部门依照《广东省非物质文化遗产条例》第四十四条的规定进行处理。

第二十八条 有关行政管理部门及其工作人员违反本办法规定，不依法履行职责的，由有权机关责令改正，对负有责任的领导人员和直接责任人员依法给予处分；构成犯罪的，依法追究刑事责任。

第二十九条 本办法自 2020 年 5 月 1 日起施行。

广州市人民政府关于贯彻落实
《政府投资条例》的实施意见

穗府〔2020〕3号

各区人民政府，市政府各部门、各直属机构：

为贯彻落实《政府投资条例》（国务院令第712号，以下简称《条例》），进一步依法理顺我市政府投资管理职责，增强管理能力，充分发挥政府投资对稳增长、调结构、惠民生的作用，提升我市政府投资的质量效能，提出以下实施意见：

一、夯实决策基础，提升政府投资效能

按照《条例》中政府投资决策相关条款明确界定的政府投资范围，聚焦重点、精准发力，不断优化政府投资的方向和结构。

（一）强化政府投资项目谋划论证。

1. 根据国民经济和社会发展规划、相关领域专项规划、产业政策等，全面推进分行业领域近期实施计划制定工作。按照《广州市工程建设项目审批制度改革试点实施方案》（穗府〔2018〕12号）、《广州市进一步深化工程建设项目审批制度改革实施方案》（穗府函〔2019〕194号）及相关配套文件要求，项目主管部门加强对所辖领域项目的整体谋划，重要行业领域联合市发展改革委提出近期实施计划草案报请市政府审定。

2. 近期实施计划应对所辖领域近年来政府投资项目建设现状、存在问题及短板进行分析，并相应提出近期总体建设目标、资金需求及建设项目清单，项目类型包括前期项目、新开工项目及续建项目。近期实施计划实行滚动评估和定期修编，确保项目的可实施，并与资金保障有效衔接。修编中若有新增项目，其程序及要求与原编制程序及要求相同。

3. 拟纳入近期实施计划的前期项目，应参照项目建议书深度编制，重点对项目建设必要性进行论证说明，具体包括以下方面：是否符合政府投资资金投向；对实施国民经济和社会发展规划、相关领域专项规划和产业政策、改善社会民生等的支撑作用；项目建设的紧迫性和适度性；分析建设需求及适用标准；建设标准是否符合国家、省、市有关规定；提出拟建地点并摸查实施条件；初步分析经济效益、环境效益和社会效益；对引导社会投资及优化供给结构的作用等。同时，初步提出相应的建设规模、建设内容、总投资匡算及资金筹措计划。

4. 纳入经市政府批准的近期实施计划的前期项目可开展后续工作，其具体总投资估算及建设规模、建设内容等，以联审决策稳定的建设方案及可行性研究报告批复为准。

（二）规范立项报批程序。

5. 纳入经市政府审定的专项规划、行动计划、近期实施计划的政府投资项目，相关规划计划批复文件视同项目建议书批复文件，项目单位可直接编报可行性研究报告。拟纳入专项规划、行动计划、近期实施计划的项目，其内容信息应符合编制深度要求。

6. 未纳入相关规划、计划但确需立项建设的政府投资项目，项目主管部门应当出具国家、省、市有明确要求实施的依据，并按行政审批与技术审查相分离等规定依次编制项目建议书、可行性研究报告报市发展改革委审批，其中，总投资估算超过3亿元（含）的项目，市发展改革委须报经市政府同意后方可批复项目建议书。

7. 未纳入相关规划、计划且无法提供明确的国家、省、市相关建设依据，但确需近期实施的基本建设项目，项目主管部门应当按行政审批与技术审查相分离等规定依次编制项目建议书、可行性研究报告报市发展改革委审批，市发展改革委须报经市政府同意后方可批复项目建议书。

8. 满足联审决策要求的项目，应通过联审决策方式完成可行性研究报告的技术审查，并按相关规定进行联合审批。

（三）理顺智能化系统、专项设备和布展工程的审批职责。

9. 须与建设工程同步设计、同步施工、长期使用的智能化系统硬件设备、专项设备和布展工程，纳入基本建设内容由市发展改革委负责立项审批。

10. 不须与建设工程同时施工、安装的非硬件类政务信息系统项目，如业务系统开发等，由市政务服务数据管理局负责立项审批。

11. 不须与建设工程同步施工、非固定安装，根据不同展览主题可随时更换布展方案的布展工程，如各类专题展览、大型活动的临时布展等，由项目主管部门制定专题展览、大型活动方案报市财政局审批。

12. 不须与建设工程同时施工、安装的单纯设备购置类项目，如办公家具和办公设备购置、专用材料设备购置、专用工具和仪器购置等，由项目主管部门按程序报市财政局审批后安排资金。

二、加强计划管理，提高政府投资保障

按照《条例》中政府投资年度计划的要求，完善计划编制的方式方法，增强各部门的协同性，提高投资计划的科学性和完成率。

（四）明晰政府投资年度计划管理边界。

13. 政府投资年度计划仅安排基本建设项目，其中较为零散且类型相似的基本建设项目，由各项目主管部门按照"同一地点、同一领域、同一实施管理机构"的原则，规范整合本领域内投资项目，避免分割、分散管理。

14. 总投资额不超过5000万元（含）且不增加建筑面积的业务用房维修改造和业务用房购置；市政、交通、消防等基础设施维修和设备更新项目（桥梁的大修、升级改造除外）；公共区域绿化改造、公园改造提升、林分改造、地质灾害整治、边坡治理等不属于基本建设项目的项目，原则上不予纳入由市发展改革委牵头制定的政府投资年度计划，不须向市发展改革委申报立项，由项目主管部门按规定向市财政局直接申请纳入部门预算安排相关经费，其投资控制及入库按市财政局规定纳入部门预算审核。土地储备（不含土地储备前期开发工程）、办公用房项目另有规定的，依照其规定。

（五）统筹平衡各行业领域年度政府投资安排。

15. 严格执行《条例》第十八条"政府投资年度计划应当和本级预算相衔接"的规定，每年第三季度由市发展改革委会同市财政局，根据本市财力和经济社会发展需求以及市委、市政府重大工作部署，综合平衡各行业领域投资需求，研究提出下一年度政府投资年度计划总规模及分领域投资规模，确保政府投资年度计划和本级预算相衔接。

16. 年度政府投资安排需与滚动评估有效衔接，凡项目的成本、效率等不理想，或在选址、邻避效应等方面出现问题的，暂缓安排资金，确保有限的财政资金优先用于亟需建设，且能真正推进并收到实效的补短板、强强项项目和具有造血功能的行业领域。

（六）切实做到政府投资年度计划有相应财政资金保障。

17. 下一年度政府投资年度计划总规模及分领域投资规模明确后，各项目主管部门应按照轻重缓急提出建设项目清单及年度资金需求，经市发展改革委审核后形成下一年度政府投资年度计划草案（有关项目应已落实下一年度的财政资金），由市财政局将有关项目资金纳入下一年度预算草案，并按程序报市政府审核，经市人民代表大会批准后实施。

18. 对于确需推进建设，但下一年度年初存在资金缺口的领域，由市财政局、市发展改革委和相应的项目主管部门共同研究制定下一年度资金缺口筹措方案，充分利用各种筹资政策，落实资金筹措方案后再由市发展改革委按程序将项目补入该领域政府投资年度计划，报市政府审定后印发实施，市财政局落实新增资金后按照该计划安排资金，确保全市各领域建设按计划推进。

19. 经统筹平衡后仍无法保障建设资金的拟开工项目，市发展改革委会同市财政局应向市委、市政府报告我市财力与项目实际资金需求不匹配的情况，提请市政府决策暂缓实施部分拟开工项目，并停止审批部分领域的政府投资项目。

（七）完善政府投资年度计划调整程序。

20. 政府投资年度计划在执行过程中确需调整的，项目业主单位及项目建设单位要作出书面说明，各项目主管部门要审核相关情况后及时向市发展改革委提出申请，并由市发展改革委按程序下达调整计划，确保不出现资金沉淀、不出现超计划投资造成年度资金缺口。

三、规范建设条件，严格投资项目实施

按照《条例》中关于政府投资项目实施的要求，明确投资调整的审批权限和程序，立足投资控制，加强对投资概算的刚性约束，防止投资规模不合理扩大。

（八）严格控制初步设计。

21. 初步设计概算审批前，初步设计与批复的可行性研究报告相比，拟变更建设地点或者拟对建设规模、建设内容等作较大变更的，项目主管部门应向市发展改革委报告，由市发展改革委研究确定是否重新调整可行性研究报告；通过联审决策程序稳定建设方案的项目，应重新进行联合评审或联审决策，市发展改革委方可重新批复可行性研究报告。

（九）严格控制投资概算。

22. 初步设计概算审批前，初步设计提出的投资概算超过经批准的可行性研究报告提出的投资估算，初步设计审批部门或者投资概算核定部门原则上不应受理相关审批申请。确需受理的，超出部分控制在10%（不含10%）以内的，项目主管部门应说明超出的原因并落实资金来源，由初步设计审批部门或者投资概算核定部门按规定审核报批初步设计概算；超出部分超过10%（含10%）以上的，项目主管部门应向市发展改革委报告，由市发展改革委研究确定是否重新调整可行性研究报告。

（十）严格按经批准的建设条件实施。

23. 初步设计概算审批后，政府投资项目应当按照市发展改革委或者其他有关部门批准的建设地点、建设规模和建设内容实施；拟变更建设地点或者拟对建设规模、建设内容等作较大变更的，应当按照规定的程序报原审批部门审批。

（十一）严格控制概算调整。

24. 初步设计概算审批后，政府投资项目建设投资原则上不得超过经核定的投资概算。因国家政策调整、价格上涨、地质条件发生重大变化等原因确需增加投资概算的，项目主管部门应当明确调整方案及资金来源，按照规定的程序报原初步设计审批部门或者投资概算核定部门核定，如有不明确事宜，由审批或者核定部门上报市政府审定。初步设计审批部门或者投资概算核定部门应当按照上述原则制定所属行业领域工程建设项目概算调整的具体操作细则。

四、严格监督管理，保障公共利益

按照《条例》中关于加强事中事后监管的要求，进一步应用有关技术支持手段，助推政府投资项目顺利实施，保障公共利益。

（十二）强化信息化系统对政府投资项目管理的支撑。

25. 由市发展改革委牵头，市各相关部门配合，按照国家、省项目管理系统建设要求，改造提升广州市投资项目信息化平台，实现信息化平台与市财政项目库、多规合一平台、联合审批系统、联审决策系统、公共资源交易管理系统、统计信息系统、政府投资项目审计平台等的数据对接和信息共享，为项目策划生成、推进实施、进度跟踪及问题会商、政府投资分析等提供技术支撑。

（十三）强化政府投资年度计划执行情况的监督检查。

26. 各项目主管部门要督促协调项目业主单位及项目建设单位等切实担当起建设管理主体责任，确保按下达的政府投资年度计划完成建设及资金拨付任务，并按照规定及时向市发展改革委报送政府投资项目执行过程中的有关情况和信息，特别是对于未按有关规定和计划要求完成建设任务的，项目业主单位及建设单位要及时作出书面说明并提出解决方案，经项目主管部门核定后由其报市发展改革委。市财政局应当定期将政府投资年度计划项目的预算执行情况通报市发展改革委。市发展改革委应当加强对政府投资年度计划执行情况的监督检查，定期跟踪、通报各部门政府投资年度计划完成情况，并督办协调解决计划执行过程中存在的问题，向市政府报告年度计划执行情况。

（十四）强化对政府投资项目实施情况的监督检查。

27. 市发展改革委牵头建立政府投资的滚动评估机制，相关职能部门按分工从选址、成本、效率及邻避效应等多方面进行滚动评估，并在项目竣工投入使用后及时选取项目组织后评价。市发展改革委和依法对政府投资项目负有监督管理职责的其他部门应当采取在线监测、现场核查等方式，加强对政府投资项目实施情况的监督检查。

本意见所称基本建设项目，是指新建、扩建和迁建工程；项目主管部门，是指政府投资项目承办单位的行政管理部门；项目业主单位，是指政府投资项目的承办单位；项目建设单位，是指市政府设立的统一建设管理单位，按照有关规定和程序委托的代理建设单位，或者项目主管部门、项目业主单位为项目建设而成立的自管机构；近期实施计划，包括未来三年内需实施的基本建设项目，含仍有资金需求的前期项目和续建项目。

本意见自印发之日起施行，此前我市有关规定与本意见不一致的，以本意见为准。各区可参照执行。

广州市人民政府
2020 年 2 月 23 日

广州市人民政府关于印发广州市坚决打赢新冠肺炎疫情防控阻击战努力实现全年经济社会发展目标任务若干措施的通知

穗府规〔2020〕2号

各区人民政府，市政府各部门、各直属机构：

现将《广州市坚决打赢新冠肺炎疫情防控阻击战努力实现全年经济社会发展目标任务的若干措施》印发给你们，请认真组织实施。实施过程中遇到的问题，请径向市发展改革委反映。

广州市人民政府
2020年3月4日

广州市坚决打赢新冠肺炎疫情防控阻击战努力实现全年经济社会发展目标任务的若干措施

为全面贯彻习近平总书记重要讲话和重要指示批示精神，落实中央和省有关部署，按照《中共广州市委 广州市人民政府关于贯彻中共广东省委广东省人民政府〈关于统筹推进疫情防控和经济社会发展工作的若干措施〉的实施意见》（穗字〔2020〕2号），在抓好疫情防控中推进改革发展稳定各项工作，努力把疫情影响降至最低，推动经济高质量发展，提高城市治理体系和治理能力现代化水平，奋力夺取疫情防控和实现全年经济社会发展目标"双胜利"，进一步增强粤港澳大湾区区域发展核心引擎功能，加快实现老城市新活力、"四个出新出彩"，特制定以下工作措施。

一、全力保障物资供给

（一）帮促防控物资生产企业扩产转产。对在 1 月 10 日至 3 月 31 日期间扩大产能、转产或实施技术改造生产急需疫情防控物资及其原材料的企业，按照新增生产设备投资额的 50% 给予补贴。抓紧解决防控物资生产企业原材料和生产设备不足问题，组织本土企业加强技术攻关，尽快在关键设备制造和原材料生产上取得突破。疫情防控工作结束后，对企业因政府征集或指定生产而产生的剩余物资，可按照规定通过政府储备和包销予以解决。

（二）建立防控物资境外采购快速通道。完善疫情防控物资境外采购快速协调机制，设立防控物资进口快速通关"绿色通道"，主要进口口岸实行7×24小时全时通关。对能提供主管部门证明、涉及特殊物品的防控物资实行便利通关政策，无需进行卫生检疫审批。疫情防控期间，按照国家有关规定，市、区两级使用财政性资金采购疫情防控物资、工程和服务的，由采购单位紧急采购，采购进口物资无需审批。

（三）抓好生活物资保供稳价。做好"米袋子""菜篮子""果盘子"等生活物资供应，推动农贸市场、连锁超市等有序恢复运营，适时加大储备冻猪肉市场投放。落实蔬菜和鲜活肉蛋产品流通环节免征增值税政策。对保障市场供应作出突出贡献的批发零售、餐饮、物流、冷库等商贸企业，在市相关资金中加大支持力度，并予以通报表扬。严肃查处囤积居奇、哄抬物价等违法违规行为。及时足额发放低收入居民价格临时补贴。

二、有序有力推动企业全面复工复产

（四）推动分区分级精准复工复产。各区要采取有力举措，积极推动企业全面复工复产，落实企业防控主体责任。指导企业切实加强科学防控，制定完善疫情防控工作措施和应急预案，按规定做好返岗员工排查和健康管理。各区要统筹设置集中隔离点，对不具备自行设置集中隔离条件的中小企业，由各区集中安排。积极协助企业解决职工特别是专业技术人员返岗，统筹重点园区、功能片区、商业楼宇内企业上下班时间，引导实行错峰上下班、错峰用餐、网上办公，减少人员集聚。建立重点外资企业复工复产便利通关工作专班，确保境外员工、设备快速安全通关入境。

（五）做好要素保障。加大复工复产企业防控物资保障力度，对无法通过自筹解决口罩问题的企业,以全市统筹、属地负责的方式解决。加强企业服务,发挥好行业协会、产业联盟作用,及时协调解决原材料、零部件、设备、用工、资金等问题,推进供应链有序衔接、产业链协调运行。取消不合理的交通运输管制措施,主动加强与周边城市沟通,畅通市际间的物流通道。对返穗务工人员比较集中的地方,采取包车等方式集中接回,并及时协调解决租住问题。

(六)加强复工复产统一调度服务。建立服务推动企业复工复产指挥信息平台,以无纸化、零填表方式,收集企业复工复产进展情况和需政府协调解决的问题,即时推送行业主管部门限时解决。各牵头市领导通过信息平台,实时掌握牵头领域工作进展,全面调度、督导责任部门及时、精准帮扶企业。

(七)更好发挥国资系统资源力量。市属和区属国企要在确保做好疫情防控的同时,率先全面复工复产,相关情况纳入年度考核。国有大中型企业要在货款回收、原材料供应、项目发包等方面,加大对产业链上中小企业的支持,对已签订合同的中小企业,确因疫情影响无法按时履行合同义务的,可适当延长履行期限。国有企业要按合同约定足额支付中小企业、民营企业相关款项,不得形成新的逾期拖欠。更好发挥国有企业投资带动作用,加大新兴产业、科技创新、基础设施、公共服务等领域补短板力度,确保国有投资增速和扣除房地产业的投资增速比全市增速高30%以上,市属国企R&D(科学研究与试验发展)经费支出增速比全市增速高30%以上。支持创新型国企通过混改提高竞争力,加快实施一批混改项目。

三、全方位加大企业帮扶力度

(八)加大金融支持力度。用好国家专项贷款优惠政策,协助更多疫情防控重点保障企业获得国家政策资金支持。利用市场化机制建立广州市应急转贷机制,支持银行增加对中小微企业的续贷,积极化解企业资金周转困难。配合国家支持小微企业再贷款、再贴现政策的实施,建立普惠贷款风险补偿机制,激励银行业机构敢贷愿贷能贷,促进中小微企业健康发展。协调广州地区各银行机构利用"粤信融"等平台,加大对中小微企业的支持,压降成本费率,确保2020年小微企业和个人经营性贷款余额及户数不低于2019年、综合融资成本低于2019年同期。鼓励金融机构根据企业申请,对符合条件、流动性遇到暂时困难的中小微企业包括个体工商户贷款本金,给予临时性延期偿还安排，付息可延期至6月30日，并免收罚息。协调商业银行适当放宽受疫情影响企业不良贷款的认定标准，对疫情期间违约滞后还款的中小微企业实行分层分类管理，逾期90天以内抵质押类小企业贷款可考虑不划入不良。协调保险公司对感染新冠肺炎或受疫情影响受损的出险理赔客户优先处理，简化理赔流程手续，适当扩展保险责任范围，放宽保险条款限制，做到应赔尽赔。继续发挥广州国资产业发展并购基金、黄埔区民营企业发展资金等作用，加大对优质上市公司尤其是疫情防控相关企业和受疫情影响较大企业的资金纾困力度，着力缓解企业股权质押风险和短期流动性风险。

（九）进一步减税降费。对受疫情影响的"定期定额"户，结合实际情况合理调整定额，或简化停业手续。2020年3月1日至5月31日，小规模纳税人增值税征收率由3%降至1%。对生产经营困难、符合延期缴纳税款条件的，由企业向税务部门申请办理延期缴纳，延期缴纳期限最长不超过3个月。对受疫情影响企业，缴纳房产税、城镇土地使用税确有困难的，免征2020年1月至3月房产税、城镇土地使用税；其中对疫情防控作出贡献的单位及有关政策明确需扶持的行业企业在免征期满后，可再向税务机关申请房产税、城镇土地使用税困难减免。以"特事特办"方式帮助企业解决涉税费问题。优先加快办理增值税留抵退税。2020年2月1日至6月30日，对除高耗能行业用户外的，现执行一般工商业及其他电价、大工业电价的电力用户，按原到户电价水平的95%结算电费。对中小微企业和个体工商户生产经营所需的用电、用气、用水等，在疫情防控期间实行"欠费不停供"，欠费清缴期不超过疫情结束后3个月，缓缴期间免收滞纳金。

（十）减轻企业和个人租金负担。对承租市属、区属国有企业和行政事业单位物业用于线下实体经营的中小微企业，免收2、3月份的物业租金，视疫情情况可减半收取4、5月份的物业租金，并落实到承租人，免收和减收的租金在国企年度经营业绩考核中视作利润。各区要引导支持集体物业、非国有企业和个人业主为承租用于线下实体经营的中小微企业减免租金或允许延期、分期缴租，对执行情况较好的可申请房产税、城镇土地使用税减免，并在提质增效、资格认定等方面加大支持力度。对承租市、区两级公租房、直管公房、人才住房的单位和个人，免收2、3月份租金，视疫情情况可减半收取4、5月份租金。

（十一）优化"五险一金"政策。实施住房公积金阶段性支持政策，2020年6月30日前，企业在与职工充分协商的前提下，可按规定缓缴住房公积金,也可自愿缴存住房公积金,自主确定缴存比例(已缴存的除外)。阶段性调整我市失业保险浮动费率至2021年4月底,原缴费系数为0.6的下调为0.4,原缴费系数为0.8的下调为0.6。继续实施阶段性降低工伤保险基准费率下调50%至2021年4月底。从2020年2月起,对中小微企业免征养老、失业、工伤保险单位缴费,免征期限不超过5个月;对大型企业减半征收养老、失业、工伤保险单位缴费,减征期限不超过3个月。对受疫情影响生产经营出现严重困难的企业,可申请缓缴社会保险费,缓缴期限原则上不超过6个月,缓缴期间免收滞纳金。

(十二)全力保障企业稳定用工。对受疫情影响导致生产经营困难的企业,支持通过灵活用工方式稳定工作岗位。对不裁员、少减员、符合条件的用人单位,返还其上年度实际缴纳失业保险费的50%;对面临暂时性生产经营困难且恢复有望、坚持不裁员或少裁员的参保企业,返还标准可按6个月的当地月人均失业保险金和参保职工数确定,或按6个月企业及其职工应缴纳社保50%的标准确定。

(十三)发挥财政资金引导带动作用。统筹安排财政专项资金,开通绿色通道,用于疫情防控、设备物资购置、防治人员临时补助,以及对支持中小微企业的金融机构和各类企业的扶持奖励。加大政府采购支持中小企业发展力度,建立健全预付款制度,鼓励采购单位向中标供应商预付一定比例的合同价款。加快涉企财政补贴兑现和下达,力争6月底前所有市级财政涉企补贴资金拨付进度不低于70%。

(十四)加强法律服务。建立应急公共法律服务机制,设立营商环境法治联合体,对企业受疫情影响造成的合同履行、劳资纠纷等提供专项法律服务。制定工作指引,明确对受疫情影响无法如期履行或不能履行合同的企业,可向行业主管部门申请免费开具不可抗力事实性证明。对因受疫情影响暂时失联的企业,可以暂不列入经营异常名单。设立疫情防控期间行政处罚信息信用修复绿色通道,加快防疫重点企业信用修复进程。

四、加大项目建设和补短板投资力度

(十五)推动重点项目全面复工开工。抓紧开展重点项目"攻城拔寨"行动,完善市领导对口联系重大项目机制。建立主管部门分工负责的重点项目复工开工工作专班,协助项目单位解决防控措施落实、用工不足、材料紧缺和价格上行等问题。对"攻城拔寨"重点项目1月31日至2月9日延期复工增加的资金成本，按照项目（财政投资项目除外）一季度实际完成投资额和基准贷款利率，给予业主单位10天贷款贴息。对财政投资项目因疫情客观影响造成投资增加或合同变更的，可纳入项目总投资，涉及审批的要简化程序。狠抓在建项目复工，确保3月底前全部复工。全力推动新项目开工，力争一季度新开工项目超过100个、5月底超过200个，7月底前全部开工；积极争取一批前期项目提前开工建设；推进一批条件成熟的"十四五"规划项目提前开工；抓紧谋划储备一批新的重大项目。

（十六）全力保障项目实施条件。加大土地出让力度，完善供地方式，优先保障市重点建设项目用地指标，实现精准供地。新出让土地可在签订出让合同时约定分期缴纳土地出让金价款，一个月内缴纳50%，余款分期缴纳，缴款期限最长不超过一年。加快实施促进2020年市本级政府投资的应急举措，实现资金和要素跟着项目进度走。加强产融对接，积极争取地方政府专项债用于项目建设，推动更多符合条件的企业发行企业债，鼓励金融机构加大"疫情防控债"发行力度。加强施工组织保障，为重点项目余泥外运开辟绿色通道。落实区级征地拆迁主体责任，确保按计划交付项目施工用地。对新增的年度投资亿元以上建设项目，可以申请纳入"攻城拔寨"项目管理，享受绿色通道服务。

（十七）加快项目前期工作。优化投资审批服务，全面推行项目在线审批，充分利用网络视频会议等方式开展项目技术审查，对与疫情防控有关、需实行紧急审批的事项，特事特办、即来即办。加大项目报批容缺受理、告知承诺、信任审批等实施力度。对重大项目开设审批绿色通道，实现专人指导、综合服务、并联审批、同步出证。

（十八）谋划推进一批补短板项目建设。在年度"攻城拔寨"重点项目基础上，完善重大项目策划生成机制，研究设立专项经费，围绕医疗卫生、物资保障、环境建设、交通物流等短板领域，再策划和储备一批重大平台、项目，力争纳入国家和省重大规划和项目计划。促进民间投资和外资增长，鼓励有实力的民营企业参与产业园区开发建设，支持穗港澳国际健康产业城等重大平台加大民资、外资项目引进。盘活政府资源，在智慧城市等领域创新投融资方式，明确社会资本参与开发建设路径，激发市场主体活力。

（十九）加大引智引技引资力度。全面落实粤港澳大湾区个人所得税优惠政策。支持在我市就业且符合条件的外籍高层次人才、外籍高级管理人员、创新创业团队的外籍成员、外籍技术人才办理2—5年居留许可或永久居留许可，凭相关证明文件可申请2—5年多次入境有效的工作签证。全面落实《中华人民共和国外商投资法》，构建外商投资全链条服务体系。搭建政企沟通高端平台，定期召开世界500强企业恳谈会，支持在穗世界500强和大型跨国公司持续快速发展。市、区政务窗口以及各区、各部门对市重点督办产业招商项目实行"绿色通道"，对外承诺时限1天以上的，办理时限按对外承诺时限的减半执行。对重点洽谈招商项目提供交通便利，提供1000个非广州市籍中小客车预约登记服务名额统筹使用，对我市招商部门及各区重点洽谈的招商项目，可通过预约登记方式在管控区域行驶，不受"开四停四"措施管控。

五、促进消费扩容提质

（二十）提振汽车消费。针对疫情期间市民自驾通勤的需求，加快推进落实2019年6月明确的新增10万个中小客车指标额度工作，并视情况研究推出新增指标。2020年3月至12月底，按照鼓励技术先进、安全可靠原则，在使用环节对个人消费者购买新能源汽车给予每车1万元综合性补贴。推进汽车更新换代，对置换或报废二手车的消费者，在我市注册登记的汽车销售企业购买"国六"标准新车，每辆给予3000元补助。

（二十一）开展文化旅游业复苏行动。对经营规范、信誉良好的旅行社，暂时退还80%旅游服务质量保证金。出台疫情结束后文化旅游产业发展措施，统筹安排专项经费扶持受疫情影响较大的文化旅游重点企业、园区发展，对疫情结束后重大文化旅游活动、专场惠民演出和新兴文化旅游消费给予资金支持，组织"广州文化旅游惠民消费季"，发放"广州文旅惠民券"。对疫情结束后为文化旅游市场复苏做出突出贡献的景区、酒店、旅行社等文化旅游企业给予奖励。对动漫游戏、电竞、音乐、演艺、影视内容制作、会展、文化创意、健康旅游等重点业态加大扶持力度。加快文化旅游重点项目、特色街区建设，带动文化旅游产业全面复苏和高质量发展。

（二十二）大力发展新业态新模式。鼓励具备条件的商贸企业拓展网络零售和跨境电子商务，发展线上线下联动的新型营销模式。支持生鲜电商、社区便利店等新零售平台发展壮大，鼓励连锁便利店加快布局。大力发展时尚消费，积极拓展"首店经济"，推动国际品牌集聚，争取设立市内免税店，打造一批"网红打卡地"。发展壮大夜间经济，打造30个夜间经济集聚区，完善配套服务和管理，丰富产品和服务供给，打响"广州之夜"品牌。

六、切实稳定对外贸易

（二十三）加大外贸企业支持力度。出台我市重点境外展会目录，对参加目录内展会及省、市境外重点经贸活动的企业，按其实际发生的展位费、特装费、人员费用（机票、住宿）给予最高50%的资金补助，每家企业参加同一展会最高资助10万元。用好服务贸易促进政策，大力发展业务流程外包、知识流程外包、数字贸易等服务贸易，加快推进粤港澳大湾区服务贸易自由化示范区建设。推广跨境金融服务平台，拓宽区块链技术应用场景，实现银行、税务、外汇信息共享，加快推进广东自贸区南沙新区片区资本项目收入支付便利化试点，提高企业外汇资金使用效率。进一步优化出口退税服务，外贸企业一个月可多次申报退税。协助疫情防控物资企业在疫情结束后积极拓展国际市场，指导产品与国际标准对接，加快内销转出口。

（二十四）降低外贸企业经营风险。对投保出口信用保险"小微企业专项"和"中型企业专项"的企业，对实缴保费给予20%的补助。对投保"短期出口信用保险"并开展出口业务的企业，按实缴保费给予不超过20%的补助。加强出口信用保险线上客户服务，开辟定损核赔绿色通道，适当放宽理赔条件，优先处理受疫情影响出口企业的出险理赔。对受疫情影响、还款压力较大的信用证结算企业，可向银行部门申请适度延长押汇期，且不影响企业信用评级。

（二十五）进一步提升通关效率。推广进出口企业"提前申报""两步申报"，根据港口条件试点进口货物"船边直提"、探索出口货物"抵港直装"等模式，实现口岸"通关+物流"一体化服务联动。实行电子化"代理报关委托书（委托协议）"，简化进出口申报环节合同、发票、装箱清单等随附单证。对诚信等级良好单位所代理的国际航行船舶实行"先通关、后查验"船舶通关新模式。

七、狠抓重点产业发展

（二十六）打造全球生物医药产业发展新高地。全力实施《广州市加快生物医药产业发展若干规定》，进一步提升生物医药技术研发、临床研究、转化中试、生产制造、医疗物资全产业链协同水平和综合竞争力。优化诊断试剂、抗病毒药物、疫苗等领域产业布局，全力推动再生医学与健康省实验室等研发机构及相关企业加快研发和生产力度，对研发出新冠肺炎有效疫苗或特效药、为抗击疫情作出突出贡献的企业，给予1000万元一次性奖励。加快华南生物医药制品分拨中心建设，通过"先进区、后报关"的方式实现进口生物医药制品快速入区，开通药品检测绿色通道，缓解国内医用物资紧缺状况。

（二十七）推动数字经济创新发展。加快推进国家数字经济创新发展试验区建设，推动《广州人工智能与数字经济试验区建设总体方案》落地实施。围绕人工智能、大数据、区块链、云计算等数字经济核心技术，突破一批"卡脖子"关键技术，打造一批科学技术创新研究平台，提供一批创新应用场景，培育一批数字经济龙头企业，形成一批创新示范高地，塑造数字经济发展新优势。率先实现5G基站全覆盖，加强5G商用推广，加快释放5G+4K产业发展潜力。加速数字技术与金融、商贸物流、农业、文旅等产业的融合，构建大中小企业协同发展产业生态。推进"互联网+健康医疗"发展，打造智慧医疗服务体系。

（二十八）支持工业企业加快生产。对2020年新投产、增资扩产工业项目实行清单管理，"一企一策"推进工业大项目加快建设，推动一批新引进的工业项目加快落地。加大工业技改支持力度、企业新增设备和软件投入，不超过500万元的（疫情防控重点保障物资生产企业可不受此限制），允许一次性计入当期成本费用在企业所得税税前扣除。

（二十九）加快发展总部经济和高端专业服务业。加强总部企业引进，对我市新引进的对产业发展具有重大带动作用的总部企业和行业龙头企业实行"一企一策"政策支持。对存量总部企业按照经济贡献加大奖励力度，促进企业做大做强。大力发展高端专业服务业，对在穗专业服务机构招引人才、参与创优评级、拓展国际业务加大奖补力度，吸引集聚国际一流专业服务机构，进一步提升广州专业服务国际化水平。

（三十）加强物流和供应链体系建设。进一步优化物流枢纽和产业园区布局，推动交通物流融合发展，加快南沙港物流枢纽、广州东部公铁联运枢纽（广州国际物流产业枢纽）等项目建设，充分考虑应急保障需要，提升突发情况下城市客货运快速集散转运能力。培育壮大高水平物流市场主体，对新引进的物流快递和供应链总部企业给予最高5000万元奖励。引导供应链核心企业建设流通与生产衔接的供应链协同平台，运用区块链等技术实现上下游企业需求、库存和物流信息的共享和溯源，提高资源配置效率，加强突发情况下生产资料供需衔接。将生活物资、防疫物资、关键原辅料、重要生产设备及零部件、食品等生活必需品等纳入应急运输保障范围,对相关运送车辆不检查、不停车、不收费。疫情防控期间发挥重要作用、贡献突出的城市配送和冷藏配送企业,在下一年度优先予以配送车辆数量保障。鼓励餐饮电商平台加强与小区、医院、商务楼宇等合作,开展无接触配送、安心送等试点,解决物流配送"最后一公里"问题。

（三十一）促进房地产市场平稳健康发展。优化完善商品房预售款监管,允许房地产开发经营企业凭商业银行现金保函,申请划拨商品房预售款专用账户资金。加大住房租赁市场扶持力度,加快拨付对住房租赁企业的奖补资金。

（三十二）大力支持创新创业。安排4000万元用于支持科技企业疫情防控科研攻关。促进一批重大科技基础设施早日开工建设。推动有关科研机构加强实验数据、临床病例、流行病学统计成果的开放共享。广州市科技成果产业化引导基金、科技型中小企业信贷风险补偿资金池等金融工具优先支持受疫情影响的优质科技型中小企业,给予企业最高2000万元的信贷支持。鼓励市科技企业孵化器和众创空间的业主单位和运营单位为承租的中小微企业减免租金,市财政专项资金安排最高1250万元,对减免金额前50位且减免金额在20万元以上（含）的科技企业孵化器予以奖励,每家奖励20万元;对减免金额前50位且减免金额在5万元以上（含）的众创空间予以奖励,每家奖励5万元。对主动减免入驻在孵创业企业（团队）租金的运营主体为非国有企业（机构）的省级、市级创业孵化示范基地,按照租金减免总额的50%给予补助,每个基地补助总额不超过50万元,同等条件下优先推荐为国家级、省级创业孵化示范基地。对受疫情影响的个人或小微企业创业担保贷款,可向贷款银行申请不超过1年的展期还款,展期内继续给予贴息支持。

（三十三）提高农业保障能力。把农业生产经营单位列入"抗疫复工"重点支持单位。下达市级财政补助资金1.35亿元支持省级现代农业产业园建设。巩固提高粮食生产能力,将种粮大户补贴标准从平均每亩50元提高至300元。大力推进"菜篮子"产品生产,确保完成全年蔬菜播种230万亩、产量390万吨、自给率超100%的目标。实施本地生猪扩产计划,把本地产量提高到80万头。支持水产养殖和海洋捕捞企业开工生产,实现全年水产品产量超50万吨。加快推进国家城乡融合发展试验区广清接合片区建设,推动农村集体经营性建设用地入市、农村产权抵押担保等试验任务尽快落地。

八、打造一流营商环境

（三十四）建立开办企业快速服务机制。支持引导疫情期间产生的新经济形态设立法人实体。在全市范围内为新开办企业免费刻制4枚印章（企业公章、财务专用章、发票专用章、合同专用章）。简化企业开办流程，线上建立广州"开办企业一网通"服务平台，线下在各级政务服务大厅设置开办企业服务专窗，提供一站式服务，实现新办企业全流程"一表申报、一个环节、最快半天办结"。

（三十五）试点办理建筑许可零成本。对社会投资简易低风险项目实行"一站服务、一口受理、全程网办、分级管控"；通过对岩土工程勘察、监理、施工图审查、不动产登记等费用实行政府购买服务，实现对社会投资简易低风险项目办理建筑许可"零成本"。

（三十六）支持企业便捷获得用电用水用气。优化用电报装流程，规范办理时限、服务标准、资费标准，由公共服务企业主动为中小微企业提供用电快速报装"四零"（零申请、零上门、零审批、零投资）服务。完善市联审平台协同审批功能，将电水气接入需求提前至办理施工许可证核发前实时推送至市政公用服务企业。

（三十七）开设不动产登记绿色通道。优先办理与疫情防控相关的企业和个人的不动产登记业务，紧急登记事项通过预约等方式定时定点提速办理。免收企业间转移登记不动产登记费和证书工本费，取消企业间办理存量非住宅交易网签，统一实施不动产登记预约受理、缴纳税款、缴纳登记费、发证"一窗办理"，实现"4个1"，即企业间不动产转移登记1小时办结、企业不动产抵押贷款1天办结、不动产转移登记与电水气过户一窗联办、不动产交易登记与缴税一网通办。

（三十八）加大招标采购支持力度。开辟绿色通道，优先保障确需招标的疫情防控、生活必需、防疫相关企业项目开展交易活动。鼓励采购人免收中标（成交）供应商的履约保证金，加大预付款比例，减少供应商资金占用。鼓励采购人按规定预留采购份额，专门面向复工复产的中小微企业采购。

（三十九）优化涉企政务服务。出台深化政务服务网上办理具体举措，为办事创业企业提供高效便捷智慧的政务服务。大力推广运用电子证照、互联网可信身份认证、电子签章等技术，提高各类政务服务事项的"网办率"。进驻市、区政务服务中心的事项实现100%双向快递服务，全面推行"不见面审批"。发挥12345热线作用，提供各类审批服务的"零到场"办理指引。

（四十）鼓励实施包容监管。对"新技术、新产业、新业态、新模式"经济形态实行"包容期"管理，通过行政指导等柔性监管方式，引导和督促企业依法经营。建立容错机制，研究制定市场轻微违法违规经营行为免罚清单，对非主观故意、没有造成危害后果的首次轻微违法行为，审慎行使行政处罚裁量权。审慎认定失信行为，充分考虑疫情对中小微企业的影响，谨慎认定联合惩戒"黑名单"，对于采取积极主动措施履行相关义务的企业，合理设定整改期限，暂不列入联合惩戒名单。

（四十一）深化信用服务支撑功能。建立完善信用承诺制度，在行政许可、政府补贴、资金审批等事项中，以承诺推进减材料、缩环节、降成本。完善行业信用评价体系，实施分级分类监管，降低对守信企业抽查比例和频次，减少对正常生产经营的影响。聚焦信用便企惠民，完善公共资源交易信用指数2.0版，加快全球质量溯源中心建设，创新优化海关高级认证企业（AEO企业）管理服务措施。

（四十二）推行政策兑现"一门式"办理和"一件事"联办。分批整合各部门政策兑现事项，实现政策兑现集成服务。首批实现"高层次人才住房补贴"等事项在政务兑现窗口办理，同步推进网上审批。以办成"一件事"为目标，优化企业物资生产、市民高频事项的审批流程，制定清晰的办事指引，在市政府门户网站、政务大厅窗口、12345热线等渠道进行公布，提高企业相关政策的可及性和知晓度。

九、构建全力保障人民生命安全和身体健康的治理体系

（四十三）建设医疗卫生高地。提升医疗中心功能，继续加大医疗卫生基础设施建设力度，加快国家呼吸医学中心、国家儿童区域医疗中心和市第八人民医院新址二期、三期及高等级生物安全实验室等项目建设。改革完善疾病预防体系、公共卫生监管体系和重大疫情救治体系，强化重大疫情联防联控机制，进一步提升重大疫情防控、医疗救治和卫生应急能力。优化医疗卫生资源配置，提升"一老一少"照护和妇幼健康服务能力，完善全生命周期健康服务。优化基层医疗卫生服务，深化医联体建设，提升基层疾病防控能力。加强中医药预防体系建设。研究制定安全风险防控办法，提高生物安全

治理能力。坚决取缔和严厉打击非法野生动物市场和贸易，从源头上控制重大公共卫生风险。

（四十四）健全物资储备机制。按照"宁可备而不用，不可用而无备"的原则，科学制定物资储备规划，完善紧缺急需物资储备清单目录和管理制度，及时优化调整战略储备物资的品种、规模、结构，提升储备效能。科学测算物资需求规模，加强物资仓储设施布局和物资储备中心建设，建立物资生产、供应、运输、储存一体化网络。推动政府储备和社会周转储备相结合，实现承储主体多元化，科学合理开展物资中长期收储和动态轮换，提升物资储备信息化智能化监管水平。

（四十五）完善应急生产体系。完善战略物资生产力布局，加强全产业链配置，建立应急生产企业库，推动相关企业结合战略物资储备清单，加强技术研发、生产准备和原材料储备，提升快速转产应急物资能力。建立现代化应急指挥调度中心。将应急生产体系建设及运行机制纳入《广州市突发事件总体应急预案》及有关专项应急预案。全面抓好安全生产，加强重点企业重大安全风险隐患排查。

（四十六）加强智慧城市建设。加强"城市大脑"顶层设计，谋划推进城市大数据平台、智慧医疗、智慧社区等项目建设。推进政府数字资源共享开放，加快形成跨区域、跨部门、跨行业高效协同全景式的城市管理模式，提升快速响应和高效联动的城市综合管理和应急处置能力。优化智慧城市开发生态，吸引各类市场主体和市民积极参与，以场景建设为牵引，加快人工智能与数字经济省实验室等创新平台建设，推动产业核心技术攻关，培育壮大一批解决方案提供商。推动信息基础设施与城市公共设施功能集成、建设集约。加强网络安全管理，切实保障网络空间安全。

（四十七）健全共建共治共享社会治理格局。完善"令行禁止、有呼必应"党建引领基层共建共治共享社会治理格局，推动在职党员到社区服务成为常态。打造具有广州特色的超大型城市网格化服务管理模式，建设区、镇（街）网格化指挥服务平台，提高市域社会治理现代化水平。推广社区"随约"服务网上驿站试点经验，打造线上线下相结合的社区治理平台，打通社区服务"最后一公里"。加强疫情防控期间市民心理干预和疏导，做好人文关怀。构建来穗人员融合行动绩效评估指标体系，率先为全国超大城市提供实践路径、经验借鉴与示范引领。深化"四标四实"成果运用，加强"广州街坊"群防群治，打造高品质的平安广州。

十、组织实施

（四十八）国家和省出台相关政策措施的，我市遵照执行。各级领导干部要扛起责任、靠前指挥。有关部门要抓紧研究制定具体操作细则，主动送政策上门。各区要履行属地责任，结合实际细化提出管用措施。要坚决反对形式主义、官僚主义，协调解决实际问题，不得层层、多头要求基层重复填表报数，切实为基层减负。要广泛动员，共同营造良好舆论氛围，凝聚全社会力量共克时艰，聚集合力、同向发力，做好防控工作的同时统筹抓好改革发展稳定各项工作，坚决打赢疫情防控的人民战争、总体战、阻击战，努力实现全年经济社会发展目标任务。

上述措施有效期自印发之日起至2020年12月31日，有明确规定期限的除外。

广州市人民政府关于印发广州市加快
打造数字经济创新引领型城市若干措施的通知

穗府〔2020〕4号

各区人民政府，市政府各部门、各直属机构：

现将《广州市加快打造数字经济创新引领型城市的若干措施》印发给你们，请认真组织实施。实施过程中遇到的问题，请径向市发展改革委反映。

广州市人民政府
2020年4月2日

广州市加快打造数字经济创新引领型城市的若干措施

为全面贯彻落实习近平总书记关于加快建设数字中国的重要讲话和重要指示精神，根据《粤港澳大湾区发展规划纲要》和《国家数字经济创新发展试验区实施方案》对广州的定位要求，加快数字经济创新发展，构建以数据为关键要素的数字经济新生态，在当前疫情防控及未来发展中持续扎实培育经济高质量发展新增长点，加速将广州打造成为粤港澳数字要素流通试验田、全国数字核心技术策源地、全球数字产业变革新标杆，特制定本措施。

一、聚焦国家定位，建设数字经济创新要素安全高效流通试验区

（一）加快探索数据安全高效治理新模式。重点在数据确权、数据流动、新业态监管及知识产权运用和保护等领域先行先试，抢占数据治理体制机制新高地。全面开展对数据确权、个人数据保护等相关法律法规的预研，开展数据确权流通沙盒实验，形成一批实验性成果。

（二）探索建立穗港澳数字经济创新要素高效流通体系。发挥粤港澳大湾区区域发展核心引擎作用，争取国家支持在广州特定区域实行穗港澳三地数据跨境开放共享及安全管理，促进穗港澳地区跨境资金和商贸物流等方面便利化流动。探索利用知识产权、数字版权等数字资产证券化手段，促进创新要素价值流通，提高技术成果转化能力。

（三）全力打造适宜数字经济发展的营商环境。对数字经济形态实施"包容、审慎、开放"的监管模式，实施包容期柔性监管，建立容错纠错机制，研究制定市场轻微违法违规经营行为免罚清单，对非主观故意、没有造成危害后果的市场轻微违法违规经营行为，审慎行使行政处罚裁量权。提供公共服务事项100%网上办理，实现开办企业全流程"一网通、半日办、一窗取、零成本"。以"区块链+政务服务"打造高效便捷、稳定透明的营商环境，推进"减流程、减材料、减时间、减成本"，实现"零见面、零上门"，推动政务服务革命性流程再造。支持黄埔区打造政务服务区块链应用示范区，形成可复制经验在全国推广。探索建立以区块链技术为核心的新型政务信息资源共享平台，制定政务信息资源目录和政务信息共享目录，逐步构建数据采集、汇聚、处理、共享、开放、应用及授权运营规则，实现信用、交通、医疗等领域政府数据集分级分领域脱敏开放。

（四）加速公共数据整合应用和数字经济应用场景释放。支持企业、行业协会、研究机构等各类社会组织，利用5G、大数据、人工智能、区块链等技术开展数据整合和应用。多维释放数据和技术应用场景，在交通、医疗、教育、金融、政务等优势特色领域遴选一批具有全国影响力的应用示范场景，培育数字经济新业态新模式。首期推出超过100个技术领先的数字经济领域优质应用场景示范项目，面向全球征集解决方案。以智慧交通为切入点推进"城市大脑"建设应用。

二、聚焦未来技术，加快数字经济关键核心应用科技攻关

（五）加快新一代信息技术、人工智能与生物医药的交叉融合。支持有限元快速分析技术、多层压电膜制备与加工技术等5G（第五代移动通信技术）射频滤波器的"卡脖子"核心技术攻关和研发创新，加快推动5G射频前端芯片产业的价值链创新发展。积极推动生物医药跨产业链延伸发展，进一步提升生物医药产业创新力和竞争力。支持计算生物、人工智能与智能诊疗、药

品设计研发、基因分析、医用机器人、3D（三维）生物打印等生物医药领域重点技术的交叉融合。利用互联网、物联网、区块链、云计算、大数据等技术加强医疗大数据的采集、存储、流通与挖掘，建立医疗大数据中心，支持人工智能、量子计算在医疗大数据分析和诊疗中的创新应用。大力推进利用区块链技术实现电子病历和电子处方的共享共用及医药产品溯源。建设通用软硬件适配测试中心，打造辐射全国的信息技术应用创新适配资源池，大力开展适配攻关，加速形成具有竞争力的软件和信息服务产品，力争建设成为全国领先的信息技术应用创新产业集聚区。

（六）加快新型显示产业关键核心应用技术的集中攻关。以面板制造为核心，重点打通纵向原材料、设备、零部件到终端的供应链，促进产业链协同发展。加强产业生态横向协作和基础技术研发转化，突破曲面、折叠、柔性等关键技术，加强OLED（有机发光二极管）面板制造、4K/8K超高清视频关键设备创新研发和量产。加快量子点、超高清显示、印刷显示、柔性显示等新技术研究，提前布局激光显示、3D显示、Micro LED（微型发光二极管）等新型显示技术。探索新型显示与5G、物联网、工业互联网、人工智能等新一代信息技术的创新融合，积极拓展车载、医用、工控、穿戴、拼接、透明、镜面等新应用、新市场。

（七）加快数字创意产业关键核心应用技术的研发创新。依托天河区、黄埔区数字创意新业态发展基础优势，争创国家级数字创意产业发展示范区。加速VR/AR（虚拟现实/增强现实）、游戏交互引擎、数字特效、全息成像、裸眼3D等关键核心应用技术的集中攻关，持续催生一批数字创意新技术、新模式、新业态。促进粤港澳大湾区文化融通，在数字创意领域加强粤港澳大湾区合作、国际合作，引进一批国际顶尖的数字创意团队和企业，为我国数字创意产业参与国际竞争、以数字创意技术带动文化精品输出提供先行示范。

三、聚焦重点载体，形成数字产业集聚发展"一核多点"的协同发展格局

（八）全力打造广州人工智能与数字经济试验区。以广州人工智能与数字经济试验区作为广州数字经济创新发展的核心空间载体，充分发挥海珠、番禺、黄埔、天河四区优势，沿珠江东部形成协同联动发展空间格局，打造全国人工智能与数字经济发展创新源，争创国家级平台参与国际竞争。海珠区（琶洲核心区）依托人工智能与数字经济广东省实验室（广州）等重大创新

平台，在互联网、物联网、云计算、大数据和人工智能等新一代信息技术领域形成一批原创性技术成果和应用创新示范；大力推进数字产业龙头企业总部建设，持续引进全球领军企业，加快打造创新型数字经济总部优势集群；依托重大工程项目，持续引进高层次顶尖人才，打造数字经济人才高地。番禺区（大学城片区）充分运用大学城丰富的高校科研和人才资源，加快培养高端复合型数字经济人才；以应用为导向，全面推进广东省大数据综合试验区建设，加快产品和解决方案研发，创新技术服务模式，形成技术先进、生态完备的技术产品体系。黄埔区（鱼珠片区）加快建设以区块链为特色的中国软件名城示范区，支持企业加快对区块链底层核心技术的自主研发；加快布局工业互联网标识解析顶级节点等新型国际化信息基础设施，积极引入人工智能等数字经济领域科研院所，强化人工智能、5G、区块链等新技术与实体经济深度融合；发挥黄埔港千年古港、良港优势，推动航运、贸易与数字经济融合发展。天河区（广州国际金融城片区）以金融贸易等现代服务业资源优势为基础，大力发展数字金融、数字创意以及各种消费新业态、新模式。

（九）联动发挥各区域型数字经济集聚区支撑作用。支持越秀区加快建设花果山超高清视频产业特色小镇，突破一批核心关键技术，注入超高清影视、动漫、电竞等新一代信息技术特色产业，推动超高清视频产业与垂直行业深度融合，打造千亿级超高清视频内容制作产业基地。支持南沙区加快建设粤港澳全面合作示范区，对接全球高端科技创新资源，推动基础研究和产业技术创新融通发展，探索数字技术在海洋经济、人工智能产业、生物医药产业链、社会公共服务等领域的应用与创新，打造粤港澳大湾区产业和社会公共服务数字转型示范区。支持天河区加快建设广州软件谷和中央商务区，重点布局发展5G、高端软件、工业软件、人工智能、虚拟现实等，打造国家级软件产业示范基地和国家数字服务出口基地，提升广州软件研发和数字服务的国际影响力。支持白云区加快建设白云湖数字科技城，以数字产业研发创新、数字产业化等为重点，深化数字技术、金融、产业的深度融合，推进产业发展质量跃升。支持荔湾区、番禺区、花都区、增城区、从化区加快建设白鹅潭沿江总部经济带、广州南站商务区、中电科华南电子信息产业园、新型显示价值创新产业园、明珠工业园等重点载体，通过发挥各区域型集聚区主体作用，全面支撑数字经济创新发展，为数字经济带动城市焕发新活力发挥重大示范作用。

四、聚焦设施完善，推进新型数字基础建设和高效共享

（十）大力布局推动"新基建"项目建设。加快5G基站建设，打造全国领先的5G网络。推进国家超级计算广州中心等高性能计算中心建设，面向人工智能和5G应用场景，建设基于GPU（图形处理器）的人工智能、区块链算力中心。积极规划布局高密度数据中心、边缘数据中心等下一代数据中心建设，提升数据感知、数据分析和实时处理能力。支持跨行业、特定行业、特定场景的工业互联网平台建设，实现工业大数据汇聚和挖掘，打造高端工业软件服务体系。加快推进城际高速铁路和智慧城市轨道交通建设，打造粤港澳大湾区数字轨道枢纽城市。

（十一）加快布局建设国家重大科技基础设施。围绕粤港澳大湾区国际科技创新中心建设，聚焦海洋、生物、空天、信息等领域，积极引进重大科技基础设施，加快开展预先研究。高水平建设南沙科学城，提高设施建设数字化程度。探索建立重大科技基础设施多方共建共享机制，引导具备条件的高校、科研机构和企业共同参与重大科技基础设施建设，保障共建方用户对重大科技基础设施的使用需求。

（十二）建立数字基础设施安全高效共享机制。加强公共服务、互联网应用服务、重点行业和大型企业云计算数据中心的统筹高效利用，率先建立跨区域数据资源共享机制。依托5G网络和工业互联网，促进工业企业设备、系统、平台之间的互联互通和数据共享。加强区块链技术应用，支持安全运维、安全咨询、安全认证等安全服务商协同推进设备安全、控制安全、网络安全、平台安全、数据安全能力建设。

五、聚焦产业支撑，加速重点领域数字化转型

（十三）优化工业互联网发展环境。加快工业互联网标识解析国家顶级（广州）节点和面向船舶、高端装备、新一代信息技术、生物医药、家居等行业的二级节点建设，构建高效稳定的标识注册和解析服务能力。对国家级、省级工业互联网产业示范基地，按照与国家、省资助额最高1∶1比例给予资金配套。推动组建特定行业工业互联网供应商联合体，开展产业集群工业互联数字化转型试点。支持服务机构为工业互联网产业发展提供协同研发、测试验证、咨询评估、培训推广、创业孵化等服务。

（十四）加速数字技术与制造业融合发展。以汽车制造、高端装备、家居、生物医药等行业转型为重点，大力发展芯片设计、封装、制造和高端工业软件，推进智能制造升级，重点支持智能汽车整车、核心关键零部件研发创新及产业化。培育推广个性化定制、网络协同制造、远程运维服务、众创众包等智能制造新模式，推动"工业互联网+供应链"创新发展。开展工业互联网应用示范，强化产品设计、制造、应用等产业链上下游各环节的合作与协同，重点深化汽车制造、智能家居等优势产业应用。每年择优遴选一批工业互联网示范工程，给予最高 500 万元奖励。对依托工业互联网实施数字化升级的应用企业，按省"上云上平台"服务券相关政策给予奖励。

（十五）支持新兴数字化服务发展模式。支持大数据、人工智能、云计算、物联网、区块链、5G 和移动互联网、北斗卫星导航等新技术在服务业领域的创新应用，促进新业态、新模式发展壮大。重点支持信息技术研发和应用、业务运营服务、设计服务及医药研发、检验检测、节能环保、现代农业等领域数字服务发展，加快发展众包、云外包、平台分包等新模式和服务型制造等新业态。加速文化旅游、交通出行、商业零售、医疗卫生等场景与区块链等数字技术融合应用，支持企业整合产业链上下游，打造数字化运营平台，重点推动交通出行、酒店餐饮娱乐、养老、托育、家政、旅游票务等领域"互联网+"和平台经济发展，催生新岗位新职业。

（十六）打造全国区域智慧轨道交通产业标杆示范。加快轨道交通产业数字化转型和智慧化升级，实现有轨电车、地铁、城际等轨道交通多制式覆盖，助推粤港澳大湾区轨道交通基础设施互联互通，打造产业链纵向延展、横向协作的轨道交通数字化产业集群。重点开展前瞻性技术研究与创新场景应用落地，率先推动互联网、物联网、人工智能等新兴技术与轨道交通运营实景的跨界融合，形成全智慧型的轨道交通产业生态链，打造广州模式和全国范例。重点支持穗腾联合实验室建设，着力打造轨道交通智慧平台，充分发挥产业生态链的资源汇聚功能、轨道交通智慧平台数据支撑和能力扩展作用，实现轨道交通业务供需精准对接、要素高质量重组和多元主体融通创新，为轨道交通行业上下游企业创造更大发展机遇和更广阔市场空间。持续推进轨道交通建设与运营提质、降本、增效，提高市民出行满意度，打造全国区域智慧轨道交通数字化标杆示范。

六、聚焦国际开放，推动技术研发与成果转化交流合作

（十七）加强数字经济领域国际交流合作。在人工智能深度学习核心算法、分布式云、高并发区块链等领域加强技术研发，支持数字经济企事业单位、研究机构、行业协会与国际顶尖企业、高校和研究机构合作，共同组建联合研究中心、联合实验室、国际合作实验室等创新载体。支持5G、高端工业软件、边缘计算等领域软件研发和基础设施建设等开展国际合作，对重大国际合作项目落地给予政策支持。持续发挥广州国际创新节等高层次国际科技创新交流展示平台作用，加强数字经济领域国际合作与交流。支持数字经济企事业单位、研究机构、行业协会与国际顶尖企业、高校和研究机构联合举办世界顶级数字经济大会、企业家高端论坛、国际型学术交流会议等活动，经认定，按广州市商务发展专项政策给予奖励。

（十八）支持"高精尖缺"创新成果转化。开展数字经济领域创新成果转移转化区域试点，优化成果转移转化市场化服务体系，提高成果转移转化主体内生动力，全面提升核心技术供给和支撑能力。对"高精尖缺"领域技术创新成果转化项目，根据项目知识产权属性、创新程度，按广州市科技成果转化政策给予奖励。发挥广州（国际）科技成果转化天河基地、黄埔区创新成果转化试点工程的辐射带动作用，实现数字经济领域政产学研用协同创新，推动一批短中期见效、有力带动产业结构优化升级的数字经济创新成果转化应用，推动创新链、资金链、产业链三链深度融合，探索形成全国领先、具有粤港澳大湾区特色的数字经济创新成果转化新机制新模式。

七、聚焦关键要素，建立健全数字经济发展重点保障体系

（十九）引导数字经济企业和人才分类集聚发展。吸引全球数字技术、数字产业、数字服务相关领域的企业和人才，精准聚焦"一核多点"空间布局落户成长，支持重点企业参与数字经济相关领域建设，加快区域协同集聚发展。对于新引进落户的数字经济领域总部企业，按广州市总部企业落户政策给予奖励，对数字经济产业发展具有重大带动作用的企业，可在落户奖励等方面享受政策支持。对数字经济领域存量总部企业加大支持力度，促进企业做大做强，重点培育一批数字经济领域龙头企业和单打冠军。对于新引进的数学模型、计算机科学等基础理论研究型人才和5G应用、区块链、芯片、网

络安全、金融科技等复合型技术人才，符合条件的，按广州市人才政策给予奖励。

（二十）优先保障数字经济重点载体平台建设项目用地。以"一核多点"重点载体为依托，重点发挥广州人工智能与数字经济试验区的平台作用，加大土地储备和出让力度，重点支持解决重大项目、企业总部、技术研发、成果应用等方面用地问题，通过加强土地空间配置支撑形成产业集聚发展。加速为数字产业发展拓展空间，推进先租后让、租让结合方式使用土地，实行弹性年期出让，支持用于研发、创意、设计、中试、检测等环节及其配套设施的新型产业用地加快落地，优先保障数字经济企业发展和创新人才空间需求。加大项目报批容缺受理、告知承诺、信任审批等实施力度，对重大项目开设审批绿色通道，实现专人指导、综合服务、并联审批、同步出证。对生物医药数字化领域特别重大项目，以市场评估地价为基础，充分考虑项目特点综合拟定出让起始价格。

（二十一）加大对数字经济企业融资支持和金融创新力度。支持各类风投创投机构设立数字经济领域投资基金，投向初创期数字经济企业。支持社会风投机构与政府性引导基金开展合作，依托产业集聚发展，引导社会资本加大投入数字经济产业领域。发挥企业债直通车政策优势，争取通过专项债券等多种形式支持较大规模的企业进行直接融资。支持银行机构通过银团贷款、联合授信等形式成立专项贷款，发挥规模放贷优势，整合形成低成本专项信贷资金。支持符合条件的银行业金融机构开展融资服务模式创新，面向数字经济企业推出知识产权质押等多种专属信贷产品，为轻资产、未盈利的数字技术企业提供有效的金融服务。探索实施"人才投""人才贷""人才保"项目，创新人才金融服务。充分发挥科技型中小企业信贷风险补偿、普惠贷款风险补偿等中小微企业融资风险补偿机制的作用，支持商业机构加大对初创期和成长期数字经济企业的信贷支持力度。

（二十二）强化政策落地和责任落实。各有关牵头部门加快研究制定具体操作细则，细化责任分工，主动对接市场和企业，积极推送和解读政策，加快推动政策条款落地见效。各区切实履行属地责任，围绕重点产业布局，研究出台数字经济系列政策，形成市、区政策联动，释放叠加效应。涉及资金奖励的具体条款纳入对应责任部门管理的专项资金实施细则、管理办法、申报指南等文件中执行。

本措施自印发之日起施行，有效期3年。

广州市人民政府关于加快服务贸易和服务外包发展的实施意见

穗府〔2020〕5号

各区人民政府，市政府各部门、各直属机构：

为深化服务贸易创新发展试点和加快服务外包示范城市建设，全面增强广州国际商贸中心功能，提出以下实施意见。

一、发展目标

到2025年，服务贸易和服务外包规模保持全国前列。服务进出口额达到800亿美元，服务外包合同执行额达到120亿美元，新兴服务贸易、高质量服务外包占全市比重年均增长1%；服务业利用外资规模逐年增长，穗港澳服务贸易合作成效更加显著，对欧洲、日本、韩国等优势市场不断巩固，与"一带一路"沿线国家和地区合作水平明显提升。

二、主要任务

（一）围绕国家发展规划，强化国际商贸中心服务功能。

1. 持续推进服务贸易创新发展试点。在完善管理体制、扩大对外开放、培育市场主体、创新发展模式、提升便利化水平等方面形成一批新的试点经验。落实国家在金融服务、电信服务、旅行服务、专业服务等领域的开放便利举措。

2. 加快建设服务外包示范城市。实施服务外包发展专项行动，完善促进政策措施，增强综合创新能力，提升公共服务水平，加快服务外包向高技术、高附加值、高品质、高效益转型升级，促进离岸外包和在岸外包协调发展。

3. 深化穗港澳服务贸易创新合作。贯彻落实《粤港澳大湾区发展规划纲要》，深化穗港澳在数字贸易、金融、工业设计、文化创意、会展、专业服务等领域的互利合作，辐射带动粤港澳大湾区内城市和泛珠三角区域联动发展。

4. 积极参与"一带一路"建设。鼓励企业推动"装备+服务""工程+服务"国际化，扩大技术、标准和服务出口。鼓励建筑、电力、能源、运输企业承接"一带一路"沿线国家基础设施建设、国际运输等服务。

5. 构筑服务业开放高地。围绕国际商贸中心和国际交往中心建设，推动南沙自贸试验区进一步扩大服务业对外开放。全面实行外商投资准入前国民待遇加负面清单管理制度，吸引国际知名现代服务业企业落户广州。

（二）围绕高质量发展，提升重点领域服务能级。

6. 优化提升服务外包。运用信息技术推进"服务+"，加快数字化转型进程。重点拓展信息技术研发和应用、业务运营服务、设计服务及医药研发、检验检测等领域，加快发展众包、云外包、平台分包等新模式和服务型制造等新业态，推动人工智能技术研发及制造业"智能+服务"发展。

7. 培育壮大数字贸易。开展数字服务出口基地建设，扩大数字服务出口。鼓励大数据、人工智能、云计算、物联网、区块链、5G 和移动互联网、北斗卫星导航等新技术在生产性、生活性服务业领域的创新应用。积极运用数字技术，加快发展在线服务和远程服务。支持企业运用数字技术提升服务能级，拓展"数字+服务"新模式新业态。

8. 加快金融服务创新。深化绿色金融改革创新，发展碳排放交易。支持港澳地区金融机构在穗发展，支持符合条件的外国投资者在穗投资经营保险业务。引导企业利用国家服务贸易创新发展引导基金及市相关产业基金、风险资金池拓宽融资渠道。鼓励金融机构以移动金融、直销银行等新渠道打造新型服务平台。鼓励信保机构加大出口信用保险和出口信贷对服务贸易的支持力度。

9. 扩大文化服务出口。推进天河国家文化出口基地建设，推动"文化+"融合产业创新发展。培育一批国家文化出口重点企业和重点项目，扩大文化艺术、动漫游戏、创意设计、虚拟现实（VR）技术等服务出口。办好广州文交会、中国（广州）国际纪录片节等节展。发展文化产品和艺术品开展保税展示、拍卖等业务。支持企业和机构建设国家中医药服务出口基地，推动中医药文化、岭南特色文化走向国际。

10. 提升国际会展影响力。加快建设"国际会展之都"，将广州打造为国际会展目的地城市。引进国际会展组织机构、知名展会、跨国会展企业和国际交流论坛，鼓励广州会展企业收购、参股国际专业性品牌展会。

11. 发展高端旅游。鼓励旅行社打造"海上丝绸之路"世界级文化遗产旅游、穗港澳跨境自驾游等特色旅游产品。培育壮大滨海旅游业，打造国际邮轮高端旅游品牌，探索建设国际游艇旅游自由港。推动旅游与商贸、文化、中医药、会展等产业融合发展。

12. 增强国际物流服务效能。发展第三方物流和冷链物流，提升综合交通枢纽功能。支持国际物流企业参与供应链管理、工程物流、跨境电子商务、国际快递、市场采购、保税物流、汽车进出口、航运金融等业务。

13. 鼓励发展高端维修维护服务。发展飞机、智能制造装备、海洋工程装备等高端维修业务。支持开展国际品牌奢侈品、珠宝首饰等高端消费品入境维修养护业务。根据相关政策，稳妥推进"两头在外"的研发、设计、检测、维修等服务业态所需进口料件试点保税监管工作。

14. 扩大重点服务进口。鼓励引进数字经济、共享经济、互联网经济等服务，支持企业引进消化吸收再创新，扩大研发设计、节能环保和环境服务等服务进口规模，重点支持与新一代信息技术、人工智能、生物医药、新能源、新材料相关的先进技术服务进口。

（三）围绕资源高效配置，优化产业促进服务体系。

15. 支持企业发展壮大。开展服务贸易示范企业和重点培育企业认定。加快培育信息技术外包和制造业融合发展示范企业。鼓励企业申报技术先进型服务企业，支持服务外包人才培训机构规范化专业化发展。支持企业开展国际认证、境外知识产权保护和参加境内外专业展会等国际化经营活动，通过新设、并购等方式构建跨境服务产业链。

16. 推动国际服务集聚区建设。创新园区产业发展促进政策，提升服务贸易和服务外包示范区、粤港澳服务贸易自由化示范基地、价值创新园区的产业集聚功能，推动形成产业带动强、上下游产业链高度集聚的国际服务创新发展高地。

17. 支持公共服务平台建设。打造"一站式"广州市服务贸易公共服务平台。支持建设信息服务、技术研发、人才培训、国际展示、统计分析等服务贸易和服务外包公共服务平台。鼓励行业龙头企业共享技术研发、工业设计、知识产权服务等自建平台资源。

18. 发展公共事务运营服务外包。政府部门在确保安全的前提下，不断拓宽购买服务领域，充分利用社会资源提高公共事务服务管理水平。鼓励企业依法剥离非核心业务，购买供应链、呼叫中心、互联网营销推广、金融后台、采购等运营服务。

19. 提升服务贸易便利化水平。提升跨境电商、生物医药、国际展品、维修维护等与服务贸易相关的货物、物品通关便利化。优化外汇收付流程，提升跨境收付便利化水平。通过商事服务"穗港通""穗澳通"等延伸广州商事服务，便利海外投资者快捷落户广州。

20. 健全人才培养保障体系。支持高等院校、职业院校设置服务贸易和服务外包相关专业。推动建设以新一代信息技术为重点教学内容的服务外包专业培训机构。鼓励社会培训机构开展服务贸易企业新员工、经营管理人员培训，扩大中高级复合型人才供给。完善高层次人才在广州工作和生活的便利化举措，优化企业管理、科研人员出入境审批制度。

21. 提升营商环境法治化水平。强化商事案件司法保障，提高审判服务智能化水平。打造仲裁品牌，依法推动国际仲裁机构在南沙自贸区开展法律服务。发挥广州知识产权法院等机构作用，加强知识产权保护，促进知识产权创造提质增效，优化知识产权运营服务，深化知识产权国际合作。

三、保障措施

22. 优化顶层设计。进一步发挥广州市服务贸易创新发展试点工作领导小组功能，统筹全市服务贸易和服务外包工作，研究制订促进政策，协调解决热点难点问题。完善工作督导评价制度，加强市、区两级联动。支持各职能部门积极探索创新，争取先行先试政策。

23. 提升风险防控处置能力。健全突发事件防控处置体制机制。强化数据信息互通共享，综合运用大数据、人工智能、云计算等数字技术提升公共卫生等突发事件的监测预防、处置救助能力。有效化解重大风险，保持稳定的经济社会发展环境。

24. 落实国家和省支持政策。落实国家对符合条件的跨境应税行为、技术先进型服务企业等税收优惠政策及推动服务外包加快转型升级的扶持措施。支持企业和培训机构申报享受国家、省服务外包业务人才培训、公共服务平台等扶持政策。

25. 加大市级财政支持力度。市商务主管部门通过商务发展专项资金，重点支持服务贸易和服务外包示范园区建设、引进和培育企业、业务拓展、公共平台建设、国际资质认证、业务统计、产业研究、业务和人才培训、国际市场开拓、交流促进活动等，根据国家、省相关资金要求对相关项目予以配套支持。各职能主管部门通过本部门专项资金，支持服务贸易和服务外包发展。

26. 鼓励设立区级扶持资金。经认定的服务贸易和服务外包示范区所在区政府应设立专门的扶持资金支持服务贸易和服务外包发展。鼓励其他各区设立服务贸易和服务外包发展资金。各区（示范区）可结合实际自行调整支持范围和支持条件。

27. 健全统计体系。加强跨部门信息共享和监管协调，推动商务、税务、外汇管理、出入境管理、海关、金融、旅游、文化等部门实现数据互联开放共享。建立服务贸易数据库，开展服务贸易和服务外包业务调查研究及运行监测。

28. 发挥行业协会和专家智库作用。支持行业协会开展市场开拓、国际合作、行业自律、人才培训和宣传推广等公共服务。支持成立服务贸易各领域专家委员会，发挥专家智库力量，为政府决策提供智力支撑。

四、附则

本意见自印发之日起实施，《广州市人民政府关于加快服务贸易发展的实施意见》（穗府〔2015〕29号）同时废止。

广州市人民政府
2020年4月2日

广州市文明行为促进条例

(2020年6月30日广州市第十五届人民代表大会常务委员会第三十八次会议通过 2020年7月29日广东省第十三届人民代表大会常务委员会第二十二次会议批准)

第一章 总 则

第一条 为了培育和践行社会主义核心价值观,促进文明行为,提高社会文明程度,根据有关法律、法规,结合本市实际,制定本条例。

第二条 本条例适用于本市行政区域内的文明行为促进工作及相关活动。

第三条 文明行为促进工作在习近平新时代中国特色社会主义思想指导下,坚持党委领导、政府推进,充分发挥公民主体作用,遵循法治与德治相结合、教育先行、奖惩并举和全社会共建、共治、共享的基本原则。

第四条 市、区精神文明建设委员会负责统筹、指导、协调本行政区域内文明行为促进工作。

市、区精神文明建设委员会办公室负责文明行为促进日常工作,履行下列职责:

(一)制定并组织实施文明行为促进工作规划和计划;

(二)建立健全文明行为促进工作目标责任制和考评制度;

(三)建立健全文明行为评估体系;

(四)监督检查文明行为促进工作情况;

(五)组织开展文明行为宣传、表彰等活动;

(六)其他文明行为促进工作职责。

第五条 市、区人民政府应当将文明行为促进工作纳入国民经济与社会发展规划，所需经费列入同级年度财政预算。

市、区人民政府有关部门和单位应当按照职责分工做好文明行为促进工作。

镇人民政府、街道办事处应当在职责范围内，落实各项文明行为促进措施。

第六条 工会、共青团、妇联等群团组织，按照各自职责做好文明行为促进工作。

居民委员会、村民委员会应当做好文明行为的宣传、教育、引导，将文明行为规范纳入社区居民公约、村规民约，协助做好文明行为促进工作。

企业事业单位、社会组织等应当将文明行为规范纳入各自的管理规约、社团守则等，引导成员参与文明行为促进活动。

鼓励单位和个人通过投入资金、技术、劳动力、智力成果等方式参与文明行为促进工作。

第七条 公职人员、先进模范人物、社会公众人物应当在文明行为促进工作中发挥表率作用。

第八条 公民应当忠于祖国，传承中华传统美德，崇尚英雄、尊重模范、学习先进，增强民族自信心，自觉维护国家利益。

本市倡导传承优秀岭南传统文化，弘扬开放、包容、务实、创新的精神，公民应当注重国际交往文明礼仪，展现国家重要中心城市文明风貌。

第二章 文明行为基本规范

第九条 单位和个人应当遵守法律、法规和文明行为规范，维护公序良俗，积极参与社会公德、职业道德、家庭美德、个人品德建设，自觉抵制不文明行为。

第十条 行政执法部门应当制定文明执法规范，加强执法人员培训和管理，提升执法人员文明执法能力和水平。

行政执法人员应当文明执法，着装规范、仪容整洁、语言文明。

第十一条 从事政务服务的单位应当制定文明服务规范，公开服务承诺，公示办事流程和指南，建立高效的投诉处理机制，提升政务服务水平。

第十二条 公共服务行业、单位应当制定文明服务规范，将其纳入执业规范要求和岗位培训内容，并在服务场所采取文明行为引导措施，加强文明行为引导工作。

燃气、供水、供电、通讯、医疗机构、公共交通、金融机构、快递、外卖等服务单位应当挂牌上岗、亮牌服务、接受监督。

鼓励相关行业协会制定文明服务规范，提升行业服务水平。

第十三条 公民应当尊重社会公德，遵循公共场所文明礼仪，自觉遵守下列规定：

（一）举止文明，衣着得体，不得大声喧哗、使用粗言秽语；

（二）在室内公共场所收看、收听视听资料时，应当佩戴耳机；

（三）在户外公共场所进行文娱活动时，合理控制音量，不得影响他人的生活、工作和学习；

（四）在禁止吸烟场所或者区域内，不得吸烟；

（五）患有传染性疾病时，采取佩戴口罩等有效措施防止传染他人；

（六）遵守公共场所经营管理单位设置的"一米线"文明引导标识；

（七）遵守排队秩序，不得插队、相互推搡，乘坐公交车、地铁、升降电梯时先出后进；

（八）爱护公共设施，不得侵占、损毁或者以不恰当方式使用公共设施；

（九）观看电影、演出、体育比赛时，遵守相关礼仪，不得影响其他观众，不得向场内抛掷物品；

（十）操控无人机等智能设备设施应当遵守相关规定，不得危害公共安全和损害他人的人身、财产等合法权益；

（十一）遇突发事件，服从现场指挥，配合应急处置，不得盲目聚集、围观；

（十二）应当遵守的其他公共场所文明规范。

第十四条 单位和个人应当遵守交通安全管理法律、法规，文明出行，自觉遵守下列规定：

（一）驾驶车辆时，不得以手持方式使用电话或者其他电子产品，不得随意变道、穿插、加塞、占用应急车道，不得违规使用灯光和喇叭；

（二）驾驶车辆至人行横道时，应当减速行驶，行人正在人行横道通行时，应当停车让行，遇到正在执行任务的警车、消防车、救护车、工程救险车等特殊车辆时，应当主动让行；

（三）驾驶人或者乘车人不得实施影响安全驾驶的行为，不得向车外抛洒物品；

（四）机动车应当停放在停车场和规定的停车泊位内，不得占用人行道、盲道、消防通道、残疾人专用车位等，不得妨碍其他车辆和行人正常通行；

（五）互联网租赁自行车等非机动车应当有序停放在划定的停放区内，未设定停放区域的，停放不得妨碍其他车辆和行人通行；

（六）公共汽车、巡游出租汽车、网络预约出租汽车驾驶人应当文明待客、规范服务，保持车辆干净整洁，上下客时不得违规停靠，不得甩客、欺客和无故拒载；

（七）快递、外卖等物流配送企业应当建立企业内部交通安全管理制度，加强从业人员交通安全教育，消除使用车辆的安全隐患，快递、外卖等物流配送从业人员应当遵守交通安全规范，不得实施妨碍道路交通安全的行为；

（八）乘坐公共交通工具时，文明礼让，配合安全检查，不得携带易燃易爆等危险物品，不得随身携带散发异味的物品，乘坐需对号入座的公共交通工具时，不得占用他人座位；

（九）行人应当在人行道内行走，通过路口或者横过道路，应当走人行横道或者过街设施，通过有交通信号灯的人行横道，应当按照交通信号灯指示通行，不得乱穿马路，不得跨越、倚坐道路隔离设施；

（十）在机场、火车站、地铁站、汽车站等公共交通场所内，不得乞讨、堆放杂物，在车行道上不得拦车、停留或者实施散发广告、兜售物品等妨碍交通安全的行为；

（十一）应当遵守的其他交通文明规范。

第十五条 单位和个人应当维护公共环境，增强生态环境保护意识，自觉遵守下列规定：

（一）分类投放生活垃圾，不得乱扔果皮、包装物、纸屑、烟头、口香糖等废弃物，不得随地吐痰、便溺；

（二）不得在建筑物或者构筑物的外墙、楼道、楼梯，电线杆、户外管线及其他户外设施上非法张贴、涂写、刻画及挂置宣传物品；

（三）不得在露天场所和垃圾收集容器内焚烧树叶、垃圾或者其他废弃物；

（四）不得向海洋、河流、河涌、湖泊等水域和农地、林地、草地、湿地等区域排放排泄物、废弃物以及未达排放标准的污染物；

（五）爱护花草树木，不乱移栽，不乱刻画，未经允许不攀折花木、采摘果实；

（六）爱护野生动物，不得非法捕捉、猎杀、买卖和食用野生动物，不得买卖和食用非法野生动物制品；

（七）应当遵守的其他生态环境文明规范。

第十六条　单位和个人应当共同维护社区公共文明，邻里和睦、友爱互助，自觉遵守下列规定：

（一）遵守社区居民公约、管理规约，配合社区工作者、物业服务企业依照有关规定开展的服务和管理工作；

（二）文明饲养宠物，不得干扰他人正常生活，不得危及他人人身安全，不得虐待、遗弃宠物，不得在城市居民小区饲养家禽、家畜；

（三）不得高空抛物，防止建筑物的附属物、悬挂物或者搁置物掉落造成损害；

（四）在室内进行装修、装饰作业或者开展娱乐、体育锻炼等活动的，应当采取有效措施，控制音量，保障安全，避免干扰周边居民正常生活；

（五）不得占用公共空间，不得损坏共有设施，不得在公共区域堆放杂物，不得在公共场所晾晒、悬挂、摆放有碍观瞻的物品，不得违法违规搭建建筑物或者构筑物；

（六）应当遵守的其他社区公共文明规范。

第十七条　单位和个人应当共同培育文明乡风、淳朴民风，自觉遵守下列规定：

（一）保持街道、院落干净整洁，不得占用公共巷道摆放杂物，家禽家畜集中圈养，及时清理圈养家禽家畜粪便；

（二）不得违规建造、改造房屋；

（三）不得违规建造坟墓；

（四）应当遵守的其他乡村文明规范。

第十八条　公民应当注重家庭美德，营造和谐家庭氛围，培育、传承和弘扬良好家风，自觉遵守下列规定：

（一）尊敬长辈，赡养老人；

（二）夫妻和睦，平等相待；

（三）关爱未成年人健康成长，教育和约束未成年人遵守文明行为规范，培育文明行为习惯；

（四）家庭成员之间互相扶持，不得遗弃、虐待；

（五）应当遵守的其他家庭文明规范。

第十九条 学校应当将文明行为规范纳入学校法治和德育范围，建设文明校园，自觉遵守下列规定：

（一）制定教师文明礼仪规范，加强师德师风建设，组织和引导教师模范遵守职业道德规范，不得殴打、侮辱学生；

（二）将文明行为的要求纳入课程体系和学生综合素质评价体系，制定防止校园欺凌的相关措施，教育学生尊敬师长、团结友爱，培养文明行为习惯。

学生、家长、监护人以及其他人员，应当尊重教师，遵守学校规章制度，不得实施扰乱教学秩序和危害师生人身安全的行为。

第二十条 经营者应当依法经营、诚实守信、公平竞争，自觉遵守下列规定：

（一）礼貌待客；

（二）明码标价；

（三）不得强制交易；

（四）不得作虚假或者引人误解的宣传；

（五）不得销售假冒伪劣商品和侵权商品；

（六）不得恶意竞争；

（七）不得未经同意收集、使用消费者个人信息，不得泄露消费者个人信息；

（八）不得实施其他侵害消费者合法权益的行为。

第二十一条 公民在旅游观光时，应当遵守旅游规范和参观礼仪，自觉遵守下列规定：

（一）尊重当地历史文化传统、风俗习惯、宗教信仰和礼仪禁忌；

（二）服从景区引导和管理，爱护景区公共设施，不得实施危及他人以及自身人身财产安全的行为；

（三）爱护文物古迹以及其他重要历史文化遗产，不得刻划、涂画、张贴、攀爬；

（四）在设有英雄烈士纪念设施等的庄严肃穆的景区内，不得嬉戏打闹，不得实施有损景区氛围的行为；

（五）保护英雄烈士纪念设施，不得实施歪曲、丑化、亵渎、否定英雄烈士形象和事迹的行为；

（六）应当遵守的其他旅游文明规范。

第二十二条 医患双方应当共同维护良好医疗环境，共创和谐医患关系，自觉遵守下列规定：

（一）医务人员应当尊重患者，恪守医德，尊重患者的知情权、同意权和隐私权，为患者保守医疗秘密和健康隐私，维护患者合法权益；

（二）医务人员不得过度诊疗，不得索取和非法收受患者财物，不得利用执业之便谋取不正当利益；

（三）患者及其家属应当尊重医务人员和医学规律，遵守医疗秩序，保持诊疗场所的整洁和安静，听从工作人员指引，配合开展诊疗活动，不得随意丢弃医疗废物；

（四）患者及其家属应当通过合法途径处理医疗纠纷，不得侮辱、谩骂、威胁、殴打、挟持医务人员，不得聚众闹事；

（五）应当遵守的其他医疗文明规范。

第二十三条　单位和个人应当规范网络行为，营造安全健康清朗的网络环境，自觉遵守下列规定：

（一）使用文明语言，不得侮辱、诽谤他人；

（二）保守国家秘密、商业秘密，尊重他人隐私，未经授权，不得公开他人肖像、身份、家庭住址等个人信息；

（三）不得发布和传播具有迷信、色情、赌博、暴力等内容的视听资料和信息；

（四）不得编造和散布虚假信息；

（五）不得侵犯知识产权；

（六）应当遵守的其他网络文明规范。

第三章　倡导与鼓励的文明行为

第二十四条　崇尚健康文明、绿色环保的生产生活方式，倡导下列文明行为：

（一）推行分餐制、使用公筷公勺；

（二）减少使用一次性消费用品，优先使用可循环利用的产品，拒绝过度包装；

（三）出行时优先使用公共交通工具，机动车长时间停车等候时关闭发动机；

（四）节约水、电力、燃油、天然气等资源，推广绿色新能源的运用；

（五）理性消费，拒绝铺张浪费、盲目攀比，以节俭方式进行婚丧嫁娶活动。

第二十五条 提倡守望相助、互相关爱，鼓励为他人提供力所能及的帮助。

鼓励具备救护技能的公民，在他人出现伤病或者处于其他生命健康危险时，实施现场救护。

鼓励为有需要帮助的人拨打120急救电话、110报警电话以及119火警电话等紧急服务类电话，帮助其寻求救助。

第二十六条 关爱和尊重残疾人、老年人、未成年人等群体，为其参与社会生活提供便利的设施、信息和服务。

乘坐公共交通工具时，倡导为老、弱、病、残、孕妇及怀抱婴儿的乘客让座。

鼓励和支持单位和个人设立爱心服务点、公益阅读点，为环卫工人等户外劳动者提供饮用水、餐食加热、遮风避雨、看书读报等便利服务。

第二十七条 鼓励和支持公民采取合法、适当的方式，在力所能及的范围内，实施见义勇为行为。

见义勇为人员及其亲属因其见义勇为行为产生纠纷请求法律援助的，法律援助机构应当及时予以援助。

对符合见义勇为确认条件的人员应当及时依照有关规定予以确认，并给予奖励和保障。

第二十八条 鼓励和支持无偿献血，捐献造血干细胞、人体组织及器官等行为。

献血者、捐献者及其配偶和直系亲属在临床用血、造血干细胞移植、人体组织和器官移植等方面依照有关规定获得优先、优惠待遇。

第二十九条 鼓励和支持参加志愿服务活动和依法设立各类志愿服务组织。相关单位应当为志愿者和志愿服务组织开展志愿服务提供便利和保障。

积极参加志愿服务活动的，有困难时可以依照有关规定优先获得志愿服务。

市、区人民政府应当建立志愿服务保障和激励机制，维护志愿者和志愿服务组织的合法权益。

第三十条 鼓励和支持参与扶贫、扶老、助残、济困、助学、赈灾、医疗救助、环境保护等慈善公益活动，保护慈善公益活动当事人的合法权益。

捐赠财产用于慈善活动的，依法享受税收优惠。

第三十一条　鼓励和支持建立社会心理服务机构，完善社会心理服务体系、疏导机制和危机干预机制，培育自尊自信、理性平和、积极向上的社会心态。

第四章　文明行为的促进和保障

第三十二条　市、区人民政府及有关部门应当通过新时代文明实践场所、市民学校、道德讲堂、媒体等，开展社会主义核心价值观、中华优秀传统文化、社会公德、职业道德、家庭美德、个人品德以及法律法规等宣传教育工作。

宣传、新闻出版、文化广电旅游、普法、市场监督管理、交通、通信管理、城市管理等主管部门，应当在职责范围内，加强文明行为规范的宣传、教育和引导，传播文明行为先进事迹。

第三十三条　鼓励大众传播媒介和公共场所等广告介质刊播公益广告，开办文明行为宣传栏目、专题节目，积极传播文明行为先进事例，曝光不文明现象，营造促进文明行为的社会氛围。

鼓励、支持、引导国家机关、企业事业单位和其他组织在本单位通过设置文明行为宣传栏、荣誉墙、提示牌等方式参与文明行为宣传。

鼓励单位和个人创新文明行为宣传方式，积极参与文明行为公益宣传。

第三十四条　市、区人民政府及其有关行政主管部门应当建立健全文明行为表彰奖励和帮扶制度。

市、区人民政府及其有关行政主管部门应当加强文明城市、文明社区、文明村镇、文明单位、文明校园、文明家庭等建设。对表现突出、成效显著的，按照有关规定给予表彰、奖励。

单位和个人的荣誉称号、文明行为表彰奖励等信息，按照自愿原则，记入信用档案。

鼓励国家机关、企业事业单位和其他组织评选、表彰、奖励其职工、成员的文明行为。

鼓励用人单位在同等条件下，优先录用或者聘用道德模范、身边好人、优秀志愿者等先进人物。

第三十五条　本市定期举办"广州榜样"发布会，发布和宣传广州榜样的榜样事迹。

第三十六条 本市建立文明行为记录平台，对获得文明单位、道德模范、身边好人、优秀志愿者等荣誉称号的单位和个人予以公布，并适时对影响恶劣的不文明现象予以曝光。公布荣誉称号，应当征得相关单位、个人的同意。

在文明行为记录平台上曝光影响恶劣的不文明现象时，平台管理者应当采取措施，保护相关单位和个人信息，不得泄露国家秘密和商业秘密，不得侵犯个人隐私及其他合法权益。

文明行为记录制度规定由市精神文明建设委员会办公室会同有关部门另行制定。

第三十七条 市、区人民政府和有关部门应当逐步完善下列设施的规划、建设与管理：

（一）道路、桥梁、交通标志标线、电子监控等交通设施；

（二）非机动车道、人行横道、过街天桥、地下通道、绿化照明、机动车和非机动车停车泊位、养老设施、雨污分流和污水排放系统等市政设施；

（三）盲道、坡道、电梯等公共场所无障碍设施以及重点场所的急救设施、设备和药品；

（四）公共厕所、垃圾分类投放箱、垃圾分类存放清运等环卫设施及其指示牌；

（五）居住小区、街道、楼宇、门牌等地名标志；

（六）社会主义核心价值观主题景观、文明行为引导标识和公益广告宣传设施；

（七）其他与文明行为促进工作相关的设施。

机场、火车站、汽车站、地铁站、客运码头、高速公路服务厅、政务大厅、医疗机构、大型商场、景区、公园等公共场所和女职工集中的国家机关、企业事业单位，应当按照有关规定配备母婴室等便利设施，鼓励设置第三卫生间。

前款规定设施的经营管理者应当加强日常维护管理，保证设施完好可用、整洁有序，并设置显著的文明提示。

第三十八条 市精神文明建设委员会办公室应当定期组织对本市文明行为促进工作情况进行检查、考评。

市、区精神文明建设委员会办公室应当建立健全本地区文明行为评估体系，定期组织开展文明指数测评，并向社会公布。

有关行政主管部门应当建立健全本系统文明行为评估体系,定期进行评估,并向社会公布。

鼓励国家机关、企业事业单位和其他组织开展文明行为促进工作的年度自评活动。

第三十九条 承担文明行为促进工作职责的有关部门、镇街、社区可以招募公共文明行为引导志愿者,协助做好文明行为宣传和不文明行为劝阻、制止等工作。

公共文明行为引导志愿者对不文明行为人进行劝阻、制止时,应当文明用语、规范举止。

第四十条 国家机关、企业事业单位和其他组织可以通过"文明行为周""文明行为月"等方式开展文明行为专项活动。

第五章 不文明行为治理

第四十一条 市、区人民政府应当加大不文明行为治理力度,加强不文明行为治理体系建设。

下列行政主管部门应当在各自职责范围内,开展不文明行为治理工作:

(一)公安机关应当及时制止和查处交通、治安等领域的不文明行为,提高社会文明程度;

(二)交通运输部门应当加强对地铁、公共汽车、出租车等公共交通工具运营单位的监督管理,提高从业者的职业道德和文明素质,提升文明服务水平;

(三)住房城乡建设、城市管理、生态环境、林业园林、水务等部门应当及时制止城乡建设和管理中的不文明行为,依法查处违法建设、损坏公共设施、污染生态环境、破坏市容环境、损毁绿化、污染水质等违法行为;

(四)互联网信息行政主管部门应当加强网络文明建设,完善互联网信息内容管理和监督机制,加强对网络不文明行为的监测和监管,协助公安机关查处网络信息传播违法行为。

卫生、教育、商务、文化广电旅游、市场监督管理、农业农村等部门应当建立日常检查制度,及时发现、制止、查处相关领域不文明行为。

第四十二条 本市对突出的不文明行为实行重点治理清单制度。

市精神文明建设委员会办公室应当组织制定不文明行为重点治理清单。

清单的制定应当经过征求公众意见等程序，并报市精神文明建设委员会批准后，向社会公布。

市精神文明建设委员会办公室应当根据本市文明行为促进工作的现状和目标，依照前款规定定期调整重点治理清单内容。

第四十三条 市、区精神文明建设委员会办公室应当根据重点治理清单，制定重点治理工作方案，确定实施重点治理的时段和区域，明确各行政管理部门的工作任务、期限及工作目标等，并确定相关人员负责跟进工作方案落实情况。

第四十四条 市精神文明建设委员会办公室应当根据本市不文明行为重点治理情况形成年度报告，报市精神文明建设委员会批准后，向社会公开。

第四十五条 市、区人民政府及有关部门，应当按照重点治理工作方案要求，建立健全治理协作和联动机制，开展不文明行为治理重点监管、联合检查、联合执法等工作，并定期向社会公开检查和治理情况。

第四十六条 企业事业单位、社会组织应当组织相关工作人员对其工作场所、营业场所或者服务区域范围内的不文明行为进行劝阻、制止；对其中属于违法行为的，应当及时告知行政执法部门，并协助调查。

单位和个人有权对文明行为促进工作提出意见和建议，对不履行文明行为促进工作职责的情况予以投诉、反映，对不文明行为进行劝阻、制止和举报。

第四十七条 法律、法规对本条例规定的不文明行为已有处罚规定的，从其规定。

第四十八条 有关部门、机构及其工作人员违反本条例规定，不依法履行职责的，由有权机关责令改正，对负有责任的领导人员和直接责任人员依法给予处分；构成犯罪的，依法追究刑事责任。

第六章　附　则

第四十九条 本条例自 2020 年 10 月 1 日起施行。

广州市人民代表大会常务委员会
关于加快我市职业教育发展的决议

(2020年10月28日广州市第十五届人民代表大会常务委员会第四十二次会议通过)

广州市第十五届人民代表大会常务委员会第四十二次会议听取和审议了市政府《关于加强加快职业教育发展工作情况的报告》。

会议认为，我市职业教育体系相对完善，是全省职业教育重要组成部分和职业教育改革创新发展的中坚力量，为我市经济社会发展、城市管理与服务提供了重要的人才、技术和服务支撑，职业教育工作取得明显成效。

会议指出，广州作为国家重要中心城市、国际商贸中心和综合交通枢纽，是粤港澳大湾区发展核心引擎，为适应发展需要，必须针对我市职业教育发展中存在的短板，进一步深化改革、加强战略谋划、优化体系建构、推进产教融合、提高保障水平。

会议要求，要深入贯彻习近平总书记对职业教育的重要论述精神以及对广东重要讲话和重要指示批示精神，以"十四五"规划为引领，以打造粤港澳大湾区现代职业教育高地为目标，以改革为抓手，围绕特大型城市的管理、服务与现代产业体系，在重组、整合、优化、提升、提质、培优、做强和适应城市发展等方面下功夫，构建国际领先、国内一流、广州特色的现代职业教育体系。

一、以更高的站位谋划我市职业教育发展蓝图

（一）明确我市职业教育发展定位。围绕建设粤港澳大湾区职业教育高地的目标定位，主动适应新发展格局，开展以实现职业教育现代化为目标的综合改革，聚力发展人工智能与数字经济，服务城市更新与现代化城市治理，

深入实施"广东技工""南粤家政""粤菜师傅"三大工程，为粤港澳大湾区、广东省"一核一带一区"产业经济和城市服务管理提供应用型技能人才和科技创新人才支撑。

（二）加强职业教育统筹协调。在市政府领导下，充分发挥我市职业教育联席会议机制作用，分析我市职业教育形势，统筹协调全市职业教育资源，不断提升我市职业教育管理效能，解决职业教育发展当中遇到的重大问题。

（三）以高水平对外开放和合作办学提升竞争优势。学习借鉴先进国家和地区发展职业教育做法，引入先进经验、成功模式和优质资源，支持与国（境）外大型企业以及教育机构合作办学与培训。推进与"一带一路"沿线国家职业教育合作和资源共享，积极参与制定职业教育国际标准，开发与国际先进标准对接的专业标准和课程体系，培养具有国际视野、符合国际职业标准的高技能人才。

二、以更优的理念推动我市职业教育体系建构

（四）统筹发展中职教育。整合现有资源，对专业设置相近的中职学校进行资源整合和优化。推进中职院校升级并与高职院组团发展，形成以高职院校为龙头、以专业为纽带、以产业为依托，中、高等职业教育协调发展的新格局，促进中职教育质量和水平不断提高。

（五）促进高等职业教育高质量发展。启动实施高水平高等职业院校和专业建设计划，建设一批引领改革、支撑发展、中国特色、世界水平的高等职业院校和骨干专业（群）。加强应用型本科建设，力争十四五期间新建2—3所应用型本科院校，鼓励高职院校积极开展本科层次职业教育和专业学位研究生教育，支持有条件的应用型高校开展专业学位研究生教育试点。

（六）推动职业教育贯通培养。稳步推进中考改革，推进实施"中高职贯通培养三二分段"中考招生录取批次前移。打通中职升学通道，加快建立以中高职教育人才培养有机衔接为核心的"中"、"高"、"本"、"硕"衔接培养体系。进一步推动普通高等教育和高等职业教育在学科专业、学科体系上的交流融通，推进各类学习成果互认衔接的新机制，搭建有利于职业院校毕业生继续深造或再培训的"立交桥"。

三、以更快的速度改善我市职业教育载体建设

（七）加快完成科技教育城建设，发挥其龙头与辐射带动作用。积极推进

科技教育城一期建设工作，落实项目建设资金，科学制定工程进度安排，力争2022年前完成第一期工程整体建设并交付使用。抓紧启动科技教育城第二期建设工程，认真谋划科技教育城的管理机制体制改革，发挥好集约化办学效益。

（八）积极改善未迁入科技教育城职业院校办学条件。通过就地改、扩和新建等方式，改善基本达标院校办学及配套条件。对办学条件严重不达标的学校及时进行"关、停、并、转"，进一步扭转"小、散、旧、老"的办学现状，确保我市职业院校全部达到国家规定的办学标准。

（九）建设高水平专业化的公共职业教育实训基地。依托新一轮职业教育改革，紧密结合我市支柱产业、新兴产业和特色产业的发展，通过校际联盟、校企合作等方式，统筹人才、资金和技术资源，合作建设面向全市职业院校、技工院校的开放、共享职业教育公共实训中心或基地。完善设备更新体系和科学运行管理机制，实现教育资源合理配置和有效利用。

四、以更大的力度推进我市职业教育与产业发展、城市发展融合

（十）整合优化专业结构。全面梳理我市职业院校现有专业，按照高、中职专业有所区别、梯次配置的原则，办好办学基础好、人才培养质量高、就业情况好的专业；加强特色专业和优势专业建设，重点扶持数字经济、人工智能等新兴产业和重点产业需要的紧缺专业；淘汰招生困难、就业困难、培养质量不高的落后专业，减少不必要的重复设置专业，更好地集聚专业教学力量。

（十一）建立健全学科、专业、办学规模动态调整机制。针对未来5年、10年广州地区不同行业、不同企业的人才需求状况，超前布局、动态调整学科专业和课程建设，调控近、远期办学规模，形成超前、良性、动态的优化机制，实现人才供给精准对接市场需求。

（十二）深化产教融合、校企合作。建立健全行业企业深度参与职业教育的机制，将职业教育的培养目标、课程内容、教学过程与产业升级、行业标准、企业需求相结合。强化我市国企参与职业教育的责任和作用，鼓励各类企业积极参与职业教育人才培养，深入推行"教、学、做"一体化教学改革，共同开展人才培养工作。对符合规定的产教融合企业，落实有关的税收优惠政策，或给予一定的政府补贴。

五、以更实的举措加强我市职业教育队伍建设

（十三）推动高水平师资队伍建设。以打造"双师型"专业教师队伍为目标，把好专业教师招聘入口关，健全优秀人才引进、培养、选用机制，推动职业院校教师与企业技术人员、高技能人才的双向流动，进一步健全完善职业教师职称与相关专业技术职称有效对接的制度安排，认真落实专业教师培训要求，确保实效。

（十四）突出多元协同育人机制。总结现代学徒制和企业新型学徒制试点经验，通过校企深度合作、产教深度融合机制，不断提高人才培养质量。强化学生职业能力综合训练，注重职业技能与人文素养的结合，提升学生对职业的学习适应能力。完善学历教育与培训并重的高层次应用型人才培养体系，畅通技术技能人才成长渠道，培养社会需要的高素质技能型人才。有针对性地落实职业技能提升计划，着力打造具有岭南特色的职业人才队伍。

（十五）加强职业院校校园文化建设。注重整理挖掘培育职业院校校史文化，树立勤学、敬业、精业的典型，狠抓教风和学风建设，打造体现院校特色的课外文化活动，实现文化育人、环境育人，培育和提高学生的归属感和自信心。深入开展"工匠、劳模进校园"等活动，把"工匠精神"和职业素养培育融入职业院校人才培养全过程，促进学生养成严谨细致、一丝不苟、精优务实的工作态度和优良品质。

六、以更强的保障支持我市职业教育长远发展

（十六）完善法规和政策体系。健全完善我市加快职业教育改革发展的相关政策法规，将实践中行之有效的经验做法以法律政策形式予以明确，落实上位法的原则性规定，填补法律政策的空白，形成相互协调、严谨配套的职业教育政策法规体系，为我市职业教育发展提供制度保障。

（十七）健全资金投入及激励机制。建立与职业院校办学规模、专业分类和培养要求相适应的财政投入制度，提高职业院校生均经费或公用经费标准，严格落实学生奖学金、助学金等激励机制和免学费政策。拓宽职业教育经费来源渠道，采取多种措施发动社会力量对职业教育进行扶持，逐步建立政府、受教育者、用人单位和社会共同分担和多渠道增加职业教育经费投入的新机制。研究出台与培训收入、竞赛收入、奖励收入、面向社会开展培训的劳务

收入挂钩的激励机制,建立完善符合职业院校特点的质量考核评估机制,并作为政策支持绩效考核的重要依据。

(十八)加大职业教育的社会宣传力度。鼓励和支持职业院校、普通中小学建设一批高质量的职业体验中心(基地),为中小学生提供职业启蒙教育和技能实践训练,强化尊重技术、尊重劳动的观念。大力宣传高素质劳动者和技术技能人才的先进事迹和重要贡献,为职业教育的改革发展营造良好的环境氛围。

市政府要认真研究落实市人大常委会决议,做好改革组织实施工作,定期向市人大常委会提交执行情况的报告。

广州市优化营商环境条例

(2020年10月28日广州市第十五届人民代表大会常务委员会第四十二次会议通过 2020年11月27日广东省第十三届人民代表大会常务委员会第二十六次会议批准)

第一章 总 则

第一条 为持续优化营商环境,激发市场活力和社会创造力,维护市场主体合法权益,加快建设现代化经济体系,推动经济高质量发展,根据国务院《优化营商环境条例》等法律法规,结合本市实际,制定本条例。

第二条 本条例适用于本市行政区域内优化营商环境工作。

本条例所称营商环境,是指企业、个体工商户等市场主体在市场经济活动中所涉及的体制机制性因素和条件,主要包括市场环境、政务环境、人文环境和法治环境等。

第三条 优化广州营商环境应当坚持市场化、法治化、国际化、便利化原则,以市场主体需求为导向,以政府职能转变为核心,对标国际先进水平,强化协同联动,为各类市场主体营造稳定、公平、透明、可预期的发展环境。

第四条 市、区人民政府应当加强本行政区域优化营商环境工作的组织领导,根据工作需要制定和完善优化营商环境工作目标和政策措施,建立健全优化营商环境工作协调机制和政企互动沟通机制,及时协调、解决营商环境中存在的重大问题。

市发展改革部门是本市优化营商环境工作的主管部门,负责统筹推动、组织协调、监督指导本市优化营商环境日常工作,建立本市营商环境监测体系,组织实施本条例。区发展改革部门或者区人民政府确定的部门负责本行政区域内优化营商环境日常工作。

市场监督管理、政务服务管理、商务、工业和信息化、税务、司法行政、住房城乡建设、规划和自然资源、人力资源社会保障、金融监督管理等部门和人民法院、人民检察院、仲裁机构等单位按照各自职责，做好优化营商环境有关工作。

第五条　本市主动对接国家发展战略，争取国家、省综合授权和改革试点，支持中国（广东）自由贸易试验区广州南沙新区片区、广州经济技术开发区、广州高新技术开发区、中新广州知识城、广州空港经济区、广州人工智能与数字经济试验区等区域在优化营商环境方面发挥引领示范作用，先行先试商事登记确认制等有利于优化营商环境的各项改革措施。

市、区人民政府及其有关部门应当结合实际，推进改革创新，制定规章、规范性文件，推广行之有效的优化营商环境改革措施。

第六条　有关单位和个人在营商环境改革创新、先行先试工作中出现失误或者偏差，未达到预期效果，但同时符合以下条件的，免于追究责任；符合以下条件之一的，可以从轻、减轻处理：

（一）决策和实施程序未违反法律法规的强制性规定；

（二）未造成重大损失和社会负面影响；

（三）相关人员履行了勤勉尽责义务且未谋取非法利益；

（四）未恶意串通损害公共利益和他人合法权益。

法律、行政法规另有规定的，从其规定。

第七条　市人民政府应当立足于粤港澳大湾区核心城市的功能定位，推动粤港澳全面合作示范区建设，加强与粤港澳大湾区相关城市的协同驱动，推动市场规则衔接和政务服务体系协作，着力形成要素自由流动的统一开放市场，打造具有国际竞争力的粤港澳大湾区区域一体化营商环境。

第八条　市场主体在市场经济活动中权利平等、机会平等、规则平等，依法享有自主决定经营业态、模式的权利，人身和财产权益受到保护的权利，知悉法律、政策和监管、服务等情况的权利，自主加入或者退出社会组织的权利，对营商环境工作进行监督的权利。

市场主体应当遵守法律法规，恪守社会公德和商业道德，诚实守信、公平竞争，维护市场秩序，履行法定义务，共同营造更加健康有序的营商环境。

第九条　市、区人民政府应当按照营商环境评价体系要求，以市场主体和社会公众满意度为导向推进优化营商环境改革，发挥营商环境评价体系对优化营商环境的引领和督促作用，及时调整完善优化营商环境的政策措施。

鼓励建立优化营商环境第三方评价机制,由独立第三方社会机构对市、区人民政府及其部门的优化营商环境工作进行评价,并将结果向社会公开。

第十条 市、区人民政府及其有关部门应当加强优化营商环境的法律、法规、规章和政策措施的宣传,完善法治宣传教育考核体系,支持新闻媒体客观、公正地对营商环境进行舆论监督,建立舆情收集和回应机制。

市、区人民政府及其有关部门应当落实"谁执法谁普法"的普法责任制,引导市场主体合法经营、依法维护自身合法权益,不断增强全社会的法治意识,为营造法治化营商环境提供基础性支撑。

每年10月15日为"广州营商环境日",市、区人民政府应当通过系列宣传、对话、招商、表彰、服务等活动,营造良好营商环境,依法保护市场主体合法权益。

第二章 市场环境

第十一条 市、区人民政府及其有关部门应当按照国家规定实行统一的市场准入负面清单制度。市场准入负面清单以外的领域,各类市场主体均可以依法平等进入。

外商投资实施准入前国民待遇加负面清单管理制度。外商投资准入负面清单以外的领域,按照内外资一致的原则实施管理。

市、区人民政府按照城市功能定位、发展规划以及环保安全等相关规定,制定产业引导政策并向社会公开。

第十二条 本市将涉企经营许可事项全部纳入"证照分离"改革事项清单,通过直接取消审批、审批改为备案、实行告知承诺、优化审批服务等方式,分类推进改革。除法律、行政法规规定的特定领域外,涉企经营许可事项不得作为企业登记的前置条件。

本市支持"一业一证"审批模式改革,将一个行业准入涉及的多张许可证整合为一张行业综合许可证。

企业登记机关应当根据企业自主申报的经营范围,明确告知企业需要办理的许可事项,同时将需要申请许可的企业信息告知相关主管部门。相关主管部门应当依企业申请及时办理涉企经营许可事项,并将办理结果即时反馈企业登记机关。

第十三条 本市推广实施开办企业全程电子化,建立企业信息共享互认体系；简化开办企业程序，优化业务流程，推行全程网上办理，推动各部门通过平台同步联办开办企业涉及业务。提升开办企业便利度的具体办法，由市市场监督管理部门牵头制定，并向社会公布。

本市推行开办企业"一网通办、一窗通取"模式，申请人可以通过开办企业一网通平台一次性申请办理开办企业涉及业务，通过各区政务服务大厅专窗或者开办企业一网通平台领取营业执照、印章、发票等。申请材料齐全、符合法定形式的，相关部门应当当场办结。

第十四条 本市实行国家统一的企业登记业务规范、标准和条件，采用统一的数据标准、平台服务接口、社会信用代码进行登记管理；实行企业名称、经营范围自主申报制和住所、经营场所自主承诺申报制；允许多个企业按规定将同一地址登记、备案为住所或者经营场所；推行企业法律文书送达地址告知承诺制；推广实施企业登记全程网上办理。优化企业登记程序的具体办法由市市场监督管理部门制定，并向社会公布。

申请企业登记和备案，申请人承诺所提交的章程、协议、决议、住所使用证明、任职资格证明等材料和填报的信息真实、合法、有效的，企业登记机关对提交的材料实行形式审查；对非关键性申请材料存在错漏但已承诺按期补正的，企业登记机关可以容缺登记。申请人提供虚假材料申请登记或者备案的，应当依法承担相应法律责任。

市人民政府应当建立健全企业迁移综合服务协调机制。各区、各部门应当对企业跨区域变更住所提供便利，不得对企业变更住所设置障碍。

第十五条 企业可以通过一网通平台申请注销，由市场监督管理、税务、人力资源社会保障等部门分类处置、同步办理、一次办结相关事项。市场监督管理部门以及相关部门应当优化企业普通注销和简易注销登记程序，推行清税承诺制度。

企业领取营业执照后未开展经营活动、申请注销登记前未发生债权债务或者债权债务清算完结的，可以按照国家有关规定适用简易注销登记程序。适用简易注销登记程序的，企业应当通过国家企业信用信息公示系统进行公告。公告期届满且无异议的，企业登记机关应当为企业办理注销登记。

企业破产管理人、清算组依据人民法院终结破产程序裁定文书、强制清算终结裁定文书提出适用简易注销登记程序办理企业注销申请的，企业登记机关应当予以办理。

第十六条 本市遵循合法、必要、精简原则，规范行政审批中介服务。

市人民政府应当依法编制行政审批中介服务事项清单，并向社会公布。

作为办理行政审批条件的中介服务事项应当有法律、法规或者国务院决定依据；没有依据的，不得作为办理行政审批的条件。市场主体有权自主选择中介服务机构，任何行政机关不得为其指定或者变相指定中介服务机构；除作为办理行政审批条件的中介服务事项外，不得强制或者变相强制市场主体接受中介服务。

审批部门在行政审批过程中需要委托中介服务机构开展技术性服务的项目，应当通过竞争性方式选择中介服务机构，并自行承担服务费用，不得转嫁给市场主体。对符合进入网上中介服务超市条件的项目，审批部门应当通过网上中介服务超市选择。一体化在线政务服务平台中需要委托中介服务机构的政务服务事项应当与网上中介服务超市中的中介服务信息相关联。

中介服务机构应当明确办理法定行政审批中介服务的条件、流程、时限、收费标准，并向社会公开，不得出具虚假证明或者报告。

第十七条 市、区人民政府应当整合中小微企业服务中心、中小微企业服务站、中小微企业公共服务示范平台等服务机构资源，为中小微企业提供政策咨询、人才培训、技术支持和对接投资融资、知识产权、财会税务、法律咨询等服务，建立"一站式"中小微企业公共服务体系。

市、区人民政府应当加大对创业创新类中小微企业的扶持力度，可以通过购买服务等方式为符合条件的创业创新类中小微企业提供股权结构设计、员工持股计划、投资基金对接、上市培训等服务。

市人民政府可以设立科技企业孵化器和众创空间补助资金，引导孵化器和众创空间为中小微科技企业提供专业孵化、创业引导和持股孵化等服务。

第十八条 本市全面加强中小投资者权益保护，完善中小投资者权益保护机制，提升中小投资者维护合法权益的便利度，依法保障中小投资者的知情权、参与权、表决权、收益权和监督权等合法权利。

公司的控股股东、实际控制人、董事、监事、高级管理人员负有忠实义务和勤勉义务，不得利用其关联关系损害公司利益和中小股东合法权益，利用关联关系造成损失的，应当依法承担赔偿等法律责任。

第十九条 市场监督管理部门应当依法加大反垄断和反不正当竞争执法力度，有效预防和制止市场经济活动中的垄断行为，滥用行政权力排除、限制竞争行为，侵犯商业秘密，商业诋毁，以及互联网不正当竞争行为等。

第二十条 市、区人民政府及其有关部门应当严格落实国家各项减税降费政策，及时研究解决政策落实中的具体问题，确保减税降费政策全面、及时惠及市场主体。

本市对政府性基金、涉企行政事业性收费、涉企保证金，以及政府定价的经营服务性收费，实行目录清单管理，并及时向社会公布。目录清单之外的涉企收费和保证金一律不得执行。任何单位不得擅自提高收费标准，扩大收费范围，不得以向企业摊派或者开展达标评比活动等方式变相收取费用。

政府性基金、涉企行政事业性收费、涉企保证金设置上下限标准的，可以按照下限标准收取。对于信用记录良好的企业，可以按照规定降低保证金比例、分期收缴。

市工业和信息化部门应当会同市财政等部门制定涉企保证金缴纳的具体办法，推广以金融机构保函、保证保险等替代现金缴纳涉企保证金，鼓励企业按照规定自主选择涉企保证金的缴纳方式。

第二十一条　本市公共资源交易实施目录清单管理，完善分类统一的交易制度规则，提升资源配置的效率和效益；建立健全公共资源交易公共服务统一平台，发布各类公共资源交易信息；优化招标投标流程，推行招标投标全流程电子化。招标人、招标代理机构不得因使用电子招标投标方式，额外向投标人收取费用或者不合理地增加潜在投标人参与投标的难度。

政府采购和招标投标等公共资源交易活动，应当公开透明、公平公正，保障各类市场主体依法平等参与。不得设定与业务能力无关和明显超过招标项目要求的业绩等不合理条件，不得违规设立各类预选供应商、预选承包商名录，或者以其他任何形式排斥、限制潜在投标人或者供应商。

第二十二条　本市鼓励和支持企业自主研发和自主创新，加大知识产权的投入，投保知识产权保险。推广和促进知识产权成果转化，依法保护企业知识产权及其成果转化收益，促进和提高企业运用、管理和保护知识产权的能力。

知识产权部门应当支持建立知识产权市场化运营平台，探索创建知识产权跨境交易平台，为企业提供知识产权管理在线服务。

本市支持开展知识产权质押融资、知识产权证券化等金融创新。专利资产通过融资平台获得融资的，专利许可人支付的属于融资利息的部分，可以依法作为企业财务费用在税前扣除。

第二十三条　本市由中国人民银行征信中心动产融资统一登记公示系统对动产担保进行统一登记，推广使用动产、知识产权、股权、应收账款、订单、保单等进行担保融资。市场主体办理动产担保登记，可以对担保物进行概括性描述，可以约定担保权益涵盖担保物本身及其将来产生的产品、收益、替代品等资产。法律、行政法规另有规定的，从其规定。

本市建立市区两级政府性融资担保体系，发展政府性融资担保机构，建立普惠型贷款风险补偿机制和应急转贷机制，支持符合产业政策、有市场发展前景的中小微企业和科技创新型企业发展。

金融监督管理部门应当鼓励、引导金融机构开发、推广惠及中小微企业的金融产品，开通中小微企业服务绿色通道，简化贷款手续，增加对中小微企业的信贷投放，并合理增加中长期贷款和信用贷款支持，降低中小微企业的融资成本，提高融资便利度。

市人民政府应当支持完善企业融资综合服务平台，依法向金融机构提供市场监管、海关、司法、税务、不动产登记、电水气、公积金、社保等涉企信用信息，为中小微企业提供融资综合信用服务。

第二十四条　本市低压非居民用户（含社会投资简易低风险项目）电力外线工程依法免予办理相关行政许可，20千伏及以下高压电力外线工程、供水和中低压天然气外线工程项目在工程建设项目联合审批平台统一收件、统一出件、资料共享、并联审批，审批办理时限不超过五日。

供水、排水、供电、供气、通信网络等公用企事业单位应当在经营场所的显著位置和官方网站公开服务范围、标准、收费、流程、完成时限等信息。鼓励公用企事业单位全面实施网上办理、移动支付等便利业务，优化流程、减少申报材料和压缩办理时限。

对市场主体投资的建设项目需要附属接入市政公用设施的小型工程项目，由供水、排水、低压供电等公用企事业单位直接上门提供免费服务。

供水、供电、供气、通信网络等公用企事业单位应当加强对市场主体服务的质量保障，不得违法拒绝或者中断服务。相关部门应当建立水电气以及通信网络供应可靠性的管制和保障措施。

第二十五条　本市扶持产业园区建设，建立园区统计分析监管预警制度，推动建立粤港澳大湾区的园区衔接互认机制。

相关部门应当根据需要在产业园区设立政务服务窗口。园区管理运营单位通过推荐函等方式为园区企业办事提供证明、保证等服务的，相关部门应当予以支持。

鼓励各类产业园区的管理运营单位设立一站式企业服务受理点，提供开办企业、项目建设、人才服务、知识产权管理等政策咨询和代办服务。

第二十六条 本市培育数字经济新产业、新业态和新模式，支持构建工业、交通、城市管理等领域规范化数据开发利用场景，引导数字经济和实体经济深度融合，构建数字经济的生态系统，推动经济高质量发展。

相关部门应当加强政策引导，推动人工智能、可穿戴设备、车联网、物联网、远程医疗、网上新零售等领域数据采集标准化，推动数据要素流通体制机制研究和先行先试，引导培育数据交易市场，建立健全数据资源交易机制和定价机制，保护数据产品所有人、使用人依法获得数据产品的合法权益。

第二十七条 本市支持企业建设产业供应链数字化平台，建立产业供应链风险预警和应对机制，加强与产业供应链上下游的协同合作。

市、区人民政府及其有关部门应当建立健全应急供应链智慧分级响应和联防联控机制，建设应急用工、物流与供应链协同调度平台，根据应急响应级别、国内国际市场动态和本行政区域产业结构优化升级需要，为市场主体提供人力资源、设施设备、供给需求、知识产权保护和政策信息等服务。

市、区人民政府及其有关部门应当采取下列措施，构建粤港澳大湾区产业供应链协同发展服务体系：

（一）推动粤港澳大湾区内部体制机制互通；

（二）破除生产要素的流通壁垒，推动资本、人才和知识等生产要素的自由流通；

（三）建立跨区域产业合作创新平台和产业技术联盟，完善产业协同创新，推动资本、人才和知识等生产要素集聚，形成完备的创新产业生态链，支持粤港澳企业、高校、科研院所共建产业技术创新平台；

（四）构建多层面、跨区域的产业合作协调机制，促进产业互补和产业合理布局。

第二十八条 本市依法建立健全社会信用管理制度以及与市场经济相适应的信用秩序，推动信用信息深度开发利用，提升信用服务水平，形成知信、守信、用信的良性氛围。

市人民政府应当建立覆盖全面、稳定、统一且唯一的公共信用代码一码制度，通过市公共信用信息管理系统统一归集市场主体的公共信用信息，并与企业信用信息公示系统、法院被执行人信息查询平台以及市场资信调查评级机构等信用服务机构的信用信息系统等对接，实现信用信息跨部门、跨行业、跨地区交换共享。

市人民政府应当建立标准化、公益性的市场主体公共信用信息综合评价体系，相关部门在税收征管、工程建设、生态环境保护、交通运输、安全生产、食品药品、教育医疗等重点领域对市场主体和从业人员进行行业信用评价。

第二十九条 市、区人民政府及其相关部门应当在行政审批、财政性资金使用、提供政务服务过程中推行信用承诺制，加强查询使用行政相对人的信用记录。

金融监督管理部门应当引导金融机构在信贷审批、风险防范、证券发行、信用担保、保证保险等领域使用第三方信用服务产品。

本市鼓励市场主体在开展市场交易、企业管理、行业治理、融资信贷、社会公益等活动中查询、使用信用信息。鼓励市场信用服务机构开发和创新信用产品，扩大信用产品的使用范围。

第三十条 本市按照国家和省的有关规定建立守信联合激励对象和失信联合惩戒对象名单，守信主体激励措施清单和失信主体惩戒措施清单，依法实施守信联合激励和失信联合惩戒。

相关部门应当建立健全本管理领域信用修复制度，明确信用修复的条件、方式、程序以及证明材料等内容，并向社会公布。

第三十一条 本市培育和发展各类行业协会、商会。行业协会、商会应当加强内部管理和能力建设，及时反映行业诉求，组织制定和实施团体标准，规范行业秩序、降低交易成本，为市场主体提供信息咨询、宣传培训、市场拓展、权益保护、纠纷处理以及人才评价等方面的服务。行业主管部门和登记管理部门应当加强对行业协会、商会的指导，依法规范和监督行业协会、商会的收费、评比、认证等行为。

本市倡导和鼓励行业协会、商会设立市场主体维权服务平台，参与和支持企业维权，提升维权效率和管理水平。

第三章 政务环境

第三十二条 市、区人民政府及其有关部门应当统一政务服务标准，增强服务意识，提升政务服务效能，按照减环节、减材料、减时限、优服务的原则，创新政务服务方式，推动应用新技术，实现政务服务规范化、标准化、协同化、便利化。

市政务服务管理部门应当对政务服务事项实施统一管理，会同有关部门根据市场主体需求整合政务服务事项，制定政务服务事项清单及办事指南，并向社会公布。政务服务事项清单及办事指南应当明确事项名称、设定依据、申请条件、申请材料、办理机构、投诉渠道等信息，申请条件和申请材料不得含有兜底条款，线上办理和线下办理标准应当一致。市政务服务管理部门应当制定政务服务事项统一管理办法，并向社会公布。

第三十三条　本市推行政务服务事项在网上全程办理、移动化办理，推进一企一档建设，为企业提供精准化、智能化政务服务，但法律、法规另有规定或者涉及国家秘密、公共安全等情形的除外。对可以实现网络共享的材料、通过网络核验可以获取的信息以及前端流程已经收取的材料，相关部门不得要求重复提交。

市政务服务管理部门建设全市统一的一体化在线政务服务平台，推进各区、各部门政务服务平台规范化、标准化和互联互通。相关部门应当依托一体化在线政务服务平台，完善统一身份认证、电子支付，共享交换信息，健全电子证照、空间地理、自然资源、信用信息等数据库，推进电子证照、电子印章、电子签名等智能应用，实现全事项全要素全过程自动归集、互联共用、智能分析、全程监督。

第三十四条　市、区人民政府各部门应当按照有关规定将政务服务事项纳入政务服务大厅管理。

市、区政务服务管理部门应当按照统一入口、统一平台、统一标准的原则推行集成服务，在各级政务服务大厅实行前台综合受理、后台分类审批、统一窗口出件；健全一次性告知、首席服务、限时办结等制度，根据需要为市场主体提供错时服务、全天候服务、个性化定制服务。

市、区人民政府应当对政务服务事项纳入政务服务大厅管理和集成服务的情况进行监督和检查。

第三十五条　本市建立政务服务事项和政务服务大厅窗口服务"好差评"以及"差评"评价核实整改和反馈制度。"好差评"评价情况纳入政务服务质量通报。具体办法由市政务服务管理部门制定并向社会公布。

第三十六条　政务服务管理、公安、人力资源社会保障、规划和自然资源、住房城乡建设、市场监督管理、税务、海关等部门应当依法采集、核准、更新、共享政务数据，编制本部门政务信息资源目录，并依照法律、法规和规章等有关规定，合法使用所获取的共享政务信息。政务数据资源管理和信息共享的具体办法，由市人民政府另行制定。

本市建立政企数据共享机制，破解政企数据融合应用的壁垒，进一步促进和规范公共数据的开放和利用。

第三十七条 市人民政府建立统一的电子证照服务系统，在工程建设领域、开办企业、不动产登记、获得电力等领域加快推广电子证照的应用，推行完税证明电子化。

市、区人民政府及其有关部门应当对实体证照和电子证照实行同步签发、同步更新、同步注销，推行电子证照一网申请、受理、审批、公开、查询及打印下载。

电子证照和具有代表身份认证信息数字签名的电子文档可以作为法定办事依据和归档材料，并可以不以纸质形式归档和移交相关部门。申请人在申请办理有关事项时可以通过出示电子证照表明其身份、资质，电子证照的具体应用场景由市政务服务管理部门会同相关部门确定后公布实施。

符合《中华人民共和国电子签名法》规定的电子签名与手写签名或者盖章具有同等法律效力；电子印章与实物印章具有同等法律效力；电子证照与实体证照具有同等法律效力，法律、行政法规另有规定的除外。相关部门已经建立电子印章系统的，应当实现互认互通。

第三十八条 本市对行政许可事项实施清单管理制度。市人民政府应当及时向社会公布清单并进行动态调整。

在行政许可事项清单之外，不得违法设定或者以备案、登记、注册、目录、规划、年检、年报、监制、认定、认证、审定以及其他任何形式变相设定或者实施行政许可。设定机关对其设定的不适应经济社会发展需要的行政许可，应当及时修改或者废止。

各相关部门应当将本年度行政许可办理、费用收取、监督检查等工作情况，向同级人民政府报告并依法向社会公布。

第三十九条 本市推行政务服务事项告知承诺制度。除直接关系公共安全、生态环境保护和人身健康、生命财产安全的政务服务事项外，申请人以书面形式承诺符合办理条件并提供相关材料的，相关部门应当直接作出决定。

相关部门应当根据法定权责，制定实行告知承诺的政务服务事项目录清单和办事指南，并向社会公布。

相关部门应当加强事中事后监管，定期对承诺人履行承诺的情况进行抽查，将承诺人履行承诺情况纳入本市公共信用信息管理系统。承诺人未履行承诺的，相关部门应当依法追究责任。

第四十条 相关部门应当建立政务服务事项容缺容错受理工作机制，制定容缺容错受理事项及申请材料目录并向社会公布。

相关部门对基本条件具备、主要申报材料齐全且符合法定条件，但次要条件或者次要申报材料有欠缺的登记、审批事项，应当一次性告知可容缺容错申报的材料，先予受理并进行审查；申请人在规定时限内补齐所有容缺容错材料，经审查符合法定要求的，应当作出决定。

第四十一条 相关部门设定证明事项应当评估给市场主体造成的影响，说明设定必要性，并公布证明事项清单，列明设定依据、索要单位、开具单位等。证明事项索要单位应当在新设证明事项实施或者原有证明事项取消之日起七个工作日内完成清单更新。未纳入清单的证明事项和盖章环节，不得要求市场主体提供。

各区人民政府及其相关部门应当加强证明的互认共享，不得重复向市场主体索要证明，并按照国家和本市的要求，推行证明事项告知承诺制，进一步减证便民。

第四十二条 国有建设用地的用地单位可以凭国有土地划拨决定书、国有建设用地使用权出让合同或者政府投资项目的用地预审意见等申请办理建设工程规划许可证。

第四十三条 在符合规划、不改变用途的前提下，企业在工业用地、仓储用地上对工矿厂房、仓储用房进行改建、扩建和利用地下空间，提高容积率、建筑密度的，不再增收新增工业、仓储用途建筑面积的土地价款。

第四十四条 本市推行工程建设项目风险分级分类审批和质量安全监管制度。各类工程主管部门应当结合实际分别制定审批流程图，推行工程建设项目一站式开工审批、过程联合监管、一站式联合验收。

本市在特定区域实施区域评估制度，由相关区域的管理机构结合控制性详细规划，统筹组织区域环境影响、水土保持、地质灾害、文物考古、节能评价、地震安全性等评估工作。市场主体在已经完成区域评估的区域建设工程项目的，不再单独开展上述评估，但国家、省、市另有规定的除外。

第四十五条 市住房城乡建设、交通运输、水务、林业等房屋建筑和市政基础设施工程的监管部门可以按照国家有关规定取消施工图审查或者缩小审查范围，由相关部门通过政府购买服务开展监督抽查。

房屋建筑工程项目满足土地、规划条件后，建设单位可以按照基坑支护和土方开挖、地基基础和地下结构、地上结构等施工进展顺序，分阶段申请办理施工许可证。

第四十六条 鼓励社会投资低风险工程建设项目的建设单位聘请建筑师、工程师等专业技术人员负责内部技术检查，加强企业内部质量管理。社会投资低风险工程建设项目的具体范围由市住房城乡建设部门确定并向社会公布。

从事施工图审查的建筑专业审查人员、施工现场监理的专业技术人员以及工程质量安全监督管理人员应当具备国家、省相关规定的专业资格要求。

本市探索在建筑工程领域推行建筑师负责制，注册建筑师为核心的设计团队、所属的设计企业可以为建筑工程提供全周期设计、咨询、管理等服务。

新出让居住用地的土地出让人应当将投保工程质量潜在缺陷保险列入土地出让合同。新建保障性住房和安置房项目应当投保工程质量潜在缺陷保险。鼓励新建商品房项目投保工程质量潜在缺陷保险。

第四十七条 本市优化通关流程，提高通关效率，完善企业提前申报、两步申报等模式，深化申报容错机制和主动披露容错机制，积极推广各类便利化口岸通关措施；依照有关规定推行先放后检、先放行后缴税、先放行后改单等模式。

本市建立完善国际贸易单一窗口跨部门综合服务管理平台，完善货物申报、舱单申报、运输工具申报、跨境电商、市场采购、国际会展等服务功能。推进进出口企业、船公司、船代、货代等不同主体之间的信息共享，实现口岸"通关+物流"的一体化服务联动。

商务、港务、发展改革、市场监督管理等部门应当加强口岸收费目录清单管理。收费主体应当在国际贸易单一窗口公开收费目录和收费标准，在目录以外不得收取费用。

第四十八条 税务机关应当持续优化税务服务，推动相关税费合并申报及缴纳，充分利用已有的信息共享资源，精简办税资料和流程，压缩办税时限；拓宽办税渠道，推广使用电子发票，实现全程网上办税；为纳税人提供税收信息和税收政策网上查询、咨询服务，提高税务服务便利化。

第四十九条 新建社会投资简易低风险工程建设项目的建设单位可以同步申请竣工验收和不动产登记，一次性获取联合验收意见书和不动产权证电子证照。

不动产登记机构办理企业间不动产转移登记，应当与住房城乡建设部门、税务机关等加强协作，实行一窗受理、当场缴税、当场发证、一次完成。不动产登记机构应当与公用企事业单位、金融机构等加强协作，实现电力、供排水、燃气、网络过户与不动产登记同步办理。推广在商业银行申请不动产抵押登记等便利化改革，探索开展跨境融资抵押业务。

不动产登记机构应当按照国家和本市不动产登记资料查询的相关规定，为单位和个人提供网上和现场查询服务。单位和个人可以按照不动产坐落位置、不动产权属证书号、不动产单元号等索引信息，免费查询非住宅类且权利人为法人和非法人组织的登记信息和地籍图信息，但涉及国家秘密的除外。对于不动产是否存在权利负担、司法限制等信息，申请人可以自助免费获取。

第五十条　市、区人民政府应当强化全球招商推介，加强投资促进服务，建立健全招商引资统筹协调、考核激励、跟踪服务机制。市发展改革部门应当会同市规划和自然资源等部门建设本市重点项目信息库，制定发布全市产业地图，推动项目与产业地图精准匹配。

市、区人民政府及其有关部门应当建立招商项目落地保障和承诺办结责任制，对重大招商项目提供绿色通道服务。

第五十一条　本市推行惠企政策"免申即享"办理模式，通过政府部门信息共享等方式，实现符合条件的企业免予申报、直接享受政策。

对确需企业提出申请的惠企政策，本市推行集成服务模式，将政策兑现事项纳入政务服务事项管理，在市、区政务服务大厅或者全市统一的一体化在线政务服务平台实施集成服务。

市政务服务管理部门应当组织机关、事业单位全面梳理需要使用财政资金支付的行政奖励、资助、补贴等各项优惠政策和产业促进政策，编制政策兑现事项清单和办事指南，并向社会公布。

市政务服务管理部门或者区人民政府指定的部门应当组织相关部门定期对政策兑现事项涉及的优惠政策和产业促进政策进行评估，及时更新政策兑现事项清单，并对相关部门的政策兑现事项实施监督考核。

第五十二条　机关、事业单位应当履行向市场主体依法作出的政策承诺以及依法订立的各类合同，不得以行政区划调整、政府换届、机构或者职能调整以及相关责任人更替等为由拒绝履行、不完全履行或者迟延履行。因国家利益、社会公共利益需要改变政策承诺、合同约定的，应当依照法定权限和程序进行，给市场主体造成损失的，应当依法予以补偿。

机关、事业单位不得违反合同约定拖欠市场主体的货物、工程、服务等账款，也不得在约定付款方式之外变相延长付款期限。

市、区人民政府应当建立拖欠账款行为约束惩戒机制，通过预算管理、审计监督等，防止和纠正机关、事业单位拖欠市场主体账款。

第五十三条 市人民政府应当加大向区人民政府和经济功能区管理机构的放权力度。除确需市级行政机关统一协调管理的事项外，市人民政府可以授权或者委托区人民政府和经济功能区管理机构依法行使涉及优化营商环境的行政职权。具体下放事项清单，由下放事项涉及管理领域的部门牵头制定并报市人民政府批准后实施。

第五十四条 发生突发事件时，市、区人民政府及其相关部门应当采取以下措施，维护生产秩序和产业供应链稳定，保障市场主体的财产安全和自主经营权利：

（一）建立突发事件动态分析评估和反馈机制，对易遭遇风险的行业、企业、设施、场所制定安全保护应急处理方案，纳入应急预案；

（二）建立有效的社会动员机制，鼓励市场主体开展互助，采取调整薪酬、弹性工时、轮岗轮休等方式，稳定劳动关系，维持运行并及时复工复产；

（三）组织评估突发事件对本地区经济和重点行业的影响，根据评估结果精准制定实施救助、补偿、补贴、减免、返还、安置等措施；

（四）鼓励金融机构给予延期还贷、展期续贷、降低利率和减免利息支持；

（五）为市场主体寻求法律救济提供必要帮助；

（六）对突发事件中临时征收征用的应急物资，应当及时返还，无法返还的，应当依法补偿。

第五十五条 市、区人民政府及其有关部门应当建立常态化的政企沟通机制，听取市场主体意见，为市场主体提供政策信息，协调解决市场主体的困难和问题。

相关部门应当优化政企服务模式，建立健全市区联动的企业服务机制，为市场主体办理政务服务事项提供免费的咨询、指导、协调服务。

第五十六条 市、区人民政府及其相关部门应当充分运用现代科技手段，按照公共信用信息目录以及标准规范要求，将履行职责过程中产生的行政许可、行政处罚、抽查检查、失信联合惩戒对象等涉企信息及时、准确、完整地向市公共信用信息管理系统报送，并通过信用广州网统一向社会公开。

第四章　人文环境

第五十七条　市、区人民政府应当编制和严格执行生态环境保护规划，构建生态文明制度体系，强化生态文明建设监督保障；持续改善生态环境质量，提升生态环境竞争力，吸引创新要素集聚；坚持绿色发展理念，倡导绿色生活方式，加强生态环境保护和修复。

第五十八条　市、区人民政府应当完善交通基础设施布局，推动区域交通一体化，健全立体式综合交通网络，优化城市交通出行结构，推动绿色交通发展，逐步分区域试行自动驾驶商业化出行服务，提升交通运输质量、效率、安全度、便捷度。

第五十九条　本市健全住房市场体系和住房保障体系，提升物业管理水平，完善社区周边配套设施，改善居住条件。

市、区人民政府应当通过住房补贴、人才公寓等方式降低本市居住成本。符合划拨目录的政府部门、公益类事业单位投资建设的人才公寓用地，可以以划拨方式供应。鼓励用人单位等社会力量通过直接投资、间接投资、参股等方式参与人才公寓建设、筹集、运营和管理。

第六十条　本市促进文化繁荣发展，丰富文化产品和服务，提高文化开放与包容度，营造鼓励创新和亲商安商的文化氛围。

市、区人民政府及其有关部门应当加强对花市、广府庙会、粤剧、粤菜、粤语等岭南文化的保护和宣传，打造特色鲜明的城市文化品牌。

第六十一条　市人民政府应当在场馆用地、交通物流、网络通信、导向标志等配套设施和服务方面，支持和保障中国进出口商品交易会等展会的发展，推动其创新贸易模式，优化展览结构，改善办展办会环境，提升会展和商贸服务等功能，提高国际化、专业化、市场化、信息化水平。

市人民政府应当通过多种方式宣传、推介中国进出口商品交易会，扩大其国际影响力，提升对本市会展行业发展的带动效应。

第六十二条　人力资源社会保障部门应当培育新就业形态，支持市场主体采用灵活用工机制，引导有需求的企业开展共享用工合作。

人力资源社会保障部门应当建立健全劳动人事争议联合调解工作机制，畅通劳动者维权渠道，引导市场主体加强内部集体协商制度建设，加大监督执法力度，依法保护劳动者及企业合法权益。

人力资源社会保障部门应当及时公布人力资源供给与市场需求信息，引导用人单位优化人力资源结构，加强劳动者职业技能培训，完善劳动者失业保障和就业服务的相关制度和程序，按照国家规定取消水平评价类技能人员职业资格，推行社会化职业技能等级认定。

第六十三条 人力资源社会保障部门应当建立健全人力资源服务体制机制，加强人才大数据建设，建立人才区块链支撑平台、人才大数据标准规范体系和安全管理平台，提升人才服务业的精准服务能力。

本市完善人才引进和积分落户政策，推动人才城市的户籍准入年限在我市累计认可。市、区人民政府应当为认定的各类高层次人才提供引进落户、人才绿卡、住房及医疗保障、配偶就业、子女入园入学等一站式窗口服务。

市人民政府应当建立健全粤港澳大湾区人才引进平台，支持粤港澳人才合作示范区先行先试。鼓励试点放宽具备港澳职业资格的金融、建筑、规划等专业人才从业限制，参与建立粤港澳大湾区专业技术人才职称评价和职业资格认可工作机制。

人力资源社会保障部门应当组织实施急需职业和工种的人才培养开发计划，构建技能人才"终身培训体系"，培育技艺精湛、门类齐全、结构合理、素质优良的"羊城工匠"；鼓励和支持企业建立首席技师制度，完善首席技师认定、聘用和考核等机制。

第六十四条 市、区人民政府应当根据本行政区域人口、经济社会发展水平，合理设置教育机构、医疗机构、养老机构和托幼机构，提高公共服务水平。

机场、车站、码头、旅游景区、影剧院、博物馆、会议中心、展览馆、体育馆、商场、宾馆、医院以及城市道路等管理单位，应当按照规定设置相应的公共信息标志。

第六十五条 市人民政府应当积极完善、合理布局外国人服务机构和国际教育、医疗、养老、休闲、文化、商业、交通等配套设施，提升城市国际化水平。

市人民政府应当推进国际合作公共服务设施建设。支持开展教育国际交流与合作，引进境外著名高校与本地高校合作办学，建设国际交流合作示范学校和特色学校。鼓励本市医院与境外医学院校、医疗机构和医学研究机构合作，提升医疗机构的国际化服务能力。

第六十六条 市人民政府应当进一步提升对外开放水平，积极参与"一带一路"建设，深化与"一带一路"沿线国家在基础设施互联互通、经贸、金融、生态环保、知识产权及人文交流领域的合作；加强与国内外城市的合作交流，促进要素便捷流动。

市人民政府应当建立适应总部机构和研发中心运营的差异化营商管理服务体系。鼓励各类企业在本市设立总部机构、研发中心，鼓励与国际商贸中心、综合交通枢纽和科技教育文化中心建设密切相关的跨国企业、国际组织落户本市。

第五章 法治环境

第六十七条 市、区人民政府及其有关部门应当落实国家监管规则和标准体系，对接国家在线监管系统，实施公平统一、公开透明的监管制度，构建规范化、标准化、智能化的监管体系。

行政执法机关应当在广泛收集市场主体意见的基础上编制监管事项清单，明确监管主体、对象、内容、方式和处置责任等事项，实行清单动态调整并向社会公布，实现监管全覆盖。对食品安全、药品安全、公共卫生、安全生产、自然资源保护、生态环境保护等直接涉及公共安全和人民群众生命健康的特殊行业、重点领域，行政执法机关应当依法实行全过程重点监管。

市人民政府有关部门应当以公共信用信息综合评价结果等为依据，制定本行业、本领域信用分级分类监管标准，合理确定抽查比例和频次。

市、区人民政府及其有关部门应当推行远程监管、移动监管、预警防控等非现场监管，推动监管事项全覆盖、监管过程全记录和监管数据可共享、可分析、可预警。

第六十八条 市人民政府应当依法建立统一的市场管理容错机制，建立市场主体轻微违法违规经营行为免予行政处罚和行政强制清单，对违法行为轻微并及时纠正，没有造成危害后果的，不予行政处罚；对违法行为情节显著轻微或者没有明显社会危害的，可以不采取行政强制措施。

本市对新技术、新产业、新业态、新模式等实行包容审慎监管，除法律、法规、规章禁止的，或者对公共安全和人民群众生命健康有危害的市场主体行为外，市、区人民政府及其有关部门应当按照有利于市场主体经营发展的原则给予一定时限的包容期，不得简单予以禁止或者不予监管。

市、区人民政府及其有关部门应当针对新技术、新产业、新业态、新模式的性质、特点，分类制定监管规则，建立政府、企业、协会以及资源提供者和消费者多方协同治理机制；制定的临时性、过渡性监管规则和措施，在确保质量和安全的基础上，可以适当降低抽查比例。

第六十九条 行政执法机关应当根据监管需求，加强协作，明确联动程序，提高跨部门、跨领域联合检查效能。需要在特定区域或者时段对监管对象实施不同监管部门多项监管内容检查的，应当经区级以上人民政府批准，采用联合检查的方式，由牵头部门组织、多部门参加，在同一时间、针对同一对象，实施一次检查，完成所有检查内容。

同一行政执法机关同一时期对同一检查对象实施多项检查的，原则上应当合并进行。除重点监管企业外，同一系统上级部门已对同一企业检查的，下级部门原则上不得再次实施。行政执法机关开展检查，应当采取随机抽取检查对象、随机选派检查人员的方式，并及时公布检查、处理结果。

第七十条 行政执法机关应当在执法权限范围内，建立健全行政执法自由裁量基准制度，依法细化、量化裁量标准，合理确定裁量范围、种类和幅度，并根据法律、法规、规章的变化情况和执法工作实际及时进行修订。

行政执法自由裁量标准应当报送同级司法行政部门审核并按照国家、省、市的有关要求向社会公示。行政执法机关行使自由裁量权的，应当在行政执法决定中说明理由和依据。

第七十一条 行政强制应当具有法定依据并依照法定程序实施。

行政执法机关实施行政强制，应当遵循合法、适当、教育与强制相结合的原则，对采用非强制性手段能够达到行政管理目的的，不得实施行政强制；对违法行为情节显著轻微或者没有明显社会危害的，可以不采取行政强制措施；确需采取行政强制措施的，应当限定在必需的范围内，尽可能减少对市场主体正常生产经营活动的影响。

第七十二条 市、区人民政府应当深化综合行政执法体制改革，推进相对集中行使行政处罚权，减少执法主体和执法层级；根据省人民政府的决定，在农业、文化市场、生态环境保护、交通运输、市场监督管理等领域组建综合执法队伍，在镇人民政府、街道办事处整合执法力量，按照有关法律、法规规定相对集中行使行政处罚权及相关的行政检查权、行政强制措施权。

第七十三条 市、区人民政府及其有关部门应当依法开展清理整顿、专项整治等活动，需要在相关区域对相关行业、领域的市场主体采取普遍停产、停业等措施的，应当按照重大行政决策的法定程序执行，并提前书面通知企业或者向社会公告。

第七十四条 市人民政府应当完善知识产权保护机制，理顺知识产权综合管理和执法体制，统一知识产权行政执法立案标准，建立重大案件多部门会商机制，健全多部门联合执法机制，优化知识产权行政保护和司法保护的衔接，加强跨区域知识产权执法协作，加大对知识产权的保护力度。

本市加强知识产权信用监管，建立知识产权保护信息共享机制，依法健全知识产权失信主体联合惩戒机制，实现知识产权保护行政执法、司法诉讼、仲裁调解等信息联动监管。知识产权部门应当运用源头追溯、实时监测、在线识别等现代科技手段，加强对自主品牌和新业态、新领域创新成果的知识产权保护。

本市依法实行知识产权侵权惩罚性赔偿制度，强化知识产权保护的侵权预警、法律服务和司法救济。市、区人民政府有关部门应当建立海外知识产权维权援助机制，依法为企业知识产权海外维权提供信息、法律和资金等支持。鼓励有条件的区建立知识产权维权调处中心。

第七十五条 市、区人民政府应当结合政府工作报告或者专项工作报告，向同级人民代表大会及其常务委员会报告优化营商环境工作。市、区人民代表大会及其常务委员会应当加强对本行政区域优化营商环境工作的监督。

第七十六条 市场主体可以通过各级人民政府及其有关部门设立的电话、网站、政务新媒体等渠道对损害营商环境的行为投诉举报。市政务服务管理部门应当依托12345政府服务热线等渠道建立全市统一的政务服务咨询和投诉受理平台，实行统一接收、按责转办、限时办结、统一监督、统一考核。

本市推进在关系重大民生和公共利益的特定行业、领域建立内部举报人保护制度。内部人员举报严重违法违规行为和重大风险隐患经查证属实的，相关部门应当严格保护并依法予以奖励。

第七十七条 各级人民政府及其有关部门应当聘请人大代表、政协委员、民主党派成员、专家学者、行业协会负责人、商会负责人、企业代表、执业律师、媒体记者和群众代表等担任社会监督员，及时对营商环境问题提出意见和建议。

社会监督员应当搜集、反馈社会各界对营商环境工作的意见建议和破坏营商环境的问题线索等情况，客观公正地提出监督、评价意见，并遵守有关保密规定。

各级人民政府及其有关部门应当接受社会监督员的监督，及时整改查实的问题。

第七十八条 本市成立由机关单位、专业院校、社会组织等共同参与的优化营商环境法治联合体，有效整合法治资源，推动成员单位协同工作，积极培育法治智库，合力解决营商环境优化过程中的制度瓶颈和体制机制问题。

市、区人民政府及其有关部门应当依托优化营商环境法治联合体，加强优化营商环境法治保障，提升制度供给水平，增进政府与市场主体的沟通，破解市场主体在营商环境法治保障方面反映集中的问题。

第七十九条 市、区人民政府及其有关部门制定涉及市场主体权利义务的规范性文件，应当进行合法性审核。没有法律、法规或者国务院决定和命令依据的，行政规范性文件不得减损市场主体合法权益或者增加其义务，不得设置市场准入和退出条件，不得干预市场主体正常生产经营活动。

市、区人民政府及其有关部门起草或者制定涉及市场主体经济活动的地方性法规、规章、规范性文件和其他政策措施时，应当按照规定进行公平竞争审查。鼓励社会第三方机构参与公平竞争审查工作。

市场主体认为行政规范性文件存在合法性问题的，可以向制定机关及其上级机关提出书面审查建议。市场主体认为政策措施涉嫌违反公平竞争审查标准的，可以向市场监督管理部门举报。有关机关应当依法建立健全审查建议和举报的受理回应机制，并及时向审查建议人或者举报人反馈。

第八十条 市、区人民政府及其有关部门制定涉及市场主体活动的政府规章、行业规划、产业政策和其他与市场主体生产经营活动密切相关的政策措施，应当采取实地调研、座谈会、论证会、听证会等形式，充分听取、合理采纳市场主体和行业协会、商会的意见和建议；除依法需要保密外，应当通过报纸、网络等向社会公开征求意见，并建立健全意见采纳情况反馈机制，征求意见的期限一般不少于三十日。

涉及市场主体权利义务的规章、行政规范性文件和政策措施，应当自印发之日起三个工作日内通过官方载体以及网上政务平台、移动客户端、服务热线等载体公开发布，为市场主体提供政策解读。

市、区人民政府及其有关部门制定与市场主体生产经营活动密切相关的政策措施，应当为市场主体留出一般不少于三十日的适应调整期；涉及行业规定或者限制性措施调整的，在听取相关行业企业意见的基础上合理设置缓冲过渡期，给市场主体留出必要的适应调整时间。但涉及国家安全和公布后不立即施行将有碍施行的除外。

第八十一条 市司法行政部门应当整合律师、公证、司法鉴定、仲裁、调解、法律援助等公共法律服务资源，在劳动争议、知识产权、生态环境保护、金融、商事等领域创新公共法律服务内容、形式和供给模式，建立全面覆盖、便捷优质的法律服务网。

市司法行政部门应当推动信息技术在公共法律服务领域的应用，建设"广州公法链"，全面推行电子公证书、电子司法鉴定意见书等法律服务电子文书，推动部门间数据共享，实现办理各类法律服务事项时当事人身份、不动产等信息的高效查询和应用。

本市建立多语种营商环境地方性法规、政府规章和政策文件数据库，将本市制定的相关地方性法规、政府规章和政策文件等进行翻译，不断提升制度的透明度、便利度。

第八十二条 人民法院应当全面依法平等保护市场主体合法权益，推进民事诉讼繁简分流机制改革，完善执行工作长效机制建设，提升审判执行的质量和效率，及时审结案件。

人民法院应当完善执行联动机制，加强与政府相关部门、人民检察院以及企事业单位的协作，健全信息共享机制。政府相关部门、企事业单位应当配合人民法院依法查询市场主体的身份、财产、交易、联系方式等信息，协助人民法院查找被执行人，支持人民法院实施网络查控和处置，切实解决执行难。

公安机关、人民检察院、人民法院应当加大拘留、逮捕措施必要性的审查力度，依法正确适用取保候审等非羁押强制措施，防止将经济纠纷作为经济犯罪处理，防止将民事案件作为刑事案件办理。

严禁违反法定权限、条件、程序对市场主体的财产和企业经营者个人财产实施查封、冻结和扣押等强制措施；依法确需采取强制措施的，不得超标的、超范围实施，并采取措施减轻对市场主体正常生产经营的不利影响，在条件允许的情况下为市场主体预留必要的流动资金和往来账户。

对涉及犯罪的民营企业投资人，在当事人服刑期间依法保障其行使财产权利等民事权利。

第八十二条 本市积极完善调解、仲裁、行政裁决、行政复议、诉讼等有机衔接的多元化纠纷解决机制，为市场主体提供高效、便捷的纠纷解决途径；完善人民调解、行政调解、行业性专业性调解、司法调解联动工作体系，建立健全调解与公证、仲裁、行政裁决、行政复议、诉讼等衔接联动机制。

本市探索建立统一的在线商事纠纷多元化解平台，推进商事纠纷在线咨询、在线评估、在线分流、在线调解和在线确认工作，高效化解市场主体在金融、知识产权、房屋租售和其他商事领域的纠纷。

本市支持商事仲裁机构和商事调解机构发展，探索创新应用互联网仲裁云平台，推进粤港澳大湾区、"一带一路"沿线仲裁机构和调解机构深度交流合作，协调粤港澳三地仲裁裁决认可与执行、调解员资质互认。

本市设立广州国际商贸商事调解中心等调解机构，构建调解与诉讼有机衔接的商事纠纷解决机制，为在穗企业的商事纠纷提供快捷、高效、经济、灵活的服务。支持境外知名国际商事仲裁、调解等争议解决机构按照规定在中国（广东）自由贸易试验区广州南沙新区片区等区域设立业务机构，就国际商事、海事、投资等领域发生的民商事争议开展仲裁调解业务。

第八十四条 市、区人民政府以及人民法院应当建立健全企业破产工作协调机制和破产费用多元化保障机制，统筹推进企业破产过程中的业务协调、费用保障、信息共享、财产处置、信用修复、职工安置、融资支持和风险防范等工作，提高企业破产工作的办理效率和社会效益。

对于在破产案件办理过程中侵犯破产企业财产的行为，公安机关应当及时处理，排除破产管理人接管财产的障碍。

第八十五条 破产管理人、清算组持人民法院出具的破产、强制清算受理裁定书，指定管理人（清算组）决定书，查询人身份证件查询案件企业注册登记材料、社会保险费用缴纳情况、公积金、银行开户信息和存款状况，以及不动产、车辆、知识产权、股权、股票、期货、债券等信息，接管并处置企业财产，相关部门、金融机构应当予以配合。

人民法院应当加强对破产管理人、清算组的监督管理，健全对破产管理人的考核机制。

破产管理人协会应当加强行业自律，加大对破产管理人的培训力度，提高破产管理人的履职能力和水平。

第八十六条 人民法院应当优化破产流程，提高破产案件审判效率，完善执行与破产的信息交流和共享机制，推进执行与破产工作的有序衔接，探索建立重整识别、预重整等破产拯救机制，完善市场主体救治和退出机制。

企业因重整取得的债务重组收入，依照国家有关规定和政策处理。对于破产企业涉及的房产税、城镇土地使用税等，税务机关应当依法予以减免。

破产企业重整期间，人民银行应当依法督促金融机构及时变更、修复企业信用信息；税务机关按照有关规定自动解除或者经破产管理人申请解除重整企业非正常户认定状态；市场监督管理部门应当依法及时将重整企业从经营异常名录或者严重违法企业名单中移除。

第八十七条　本市支持人民法院探索建立个人债务集中清理机制，促进诚信债务人经济再生。

第八十八条　本市推进智慧法院、智慧检察院建设，推进新技术与司法工作深度融合，不断拓展跨部门大数据办案平台、互联网远程视频提审、庭审、案件全流程网上办理等的应用深度和广度。鼓励广州互联网法院创新运用现代科技，加强网络空间治理和知识产权的司法保护。

人民法院、人民检察院应当加强一站式诉讼服务中心建设，完善综合诉讼服务平台，提高民商事案件诉讼指引、诉讼辅助、诉讼事务、审判事务、诉讼监督等诉讼服务全程网上办理水平，并严格遵守法律及司法解释关于民事案件审理期限的规定。

本市建立群体性证券纠纷处理机制，完善律师调查令制度，为中小投资者在证据取证、全程全方位调解、引入专业支持、降低诉讼成本等方面提供便捷、高效的诉讼服务。

人民法院、人民检察院应当健全司法公开制度，优化升级司法公开平台。市场主体可以通过诉讼服务平台查询案件的审判流程信息。本市中级人民法院应当通过司法公开平台向社会及时公开本市各级人民法院商事案件平均审理天数、结案率等动态信息。

第六章　法律责任

第八十九条　各级人民政府和有关部门及其工作人员在优化营商环境工作中，有下列情形之一的，由上级主管机关或者监察机关责令改正，对部门给予通报批评，对直接负责的主管人员和其他直接责任人员依法给予处分：

（一）违反本条例第十四条第三款规定，对企业变更住所设置障碍的；

（二）违反本条例第十六条第二款规定，指定或者变相指定中介服务机构提供中介服务，强制或者变相强制市场主体接受中介服务的；

（三）违反本条例第二十条第二款规定，收取目录清单之外的涉企收费或者保证金，擅自提高收费标准、扩大收费范围、变相收取费用的；

（四）违反本条例第二十一条第二款规定，设定不合理条件，违规设立预选供应商、预选承包商名录，或者以其他形式排斥、限制潜在投标人、供应商的；

（五）违反本条例第三十四条第一款规定，未按照规定将政务服务事项纳入政务服务大厅管理的；

（六）违反本条例第五十六条规定，未按照规定向市公共信用信息管理系统报送涉企信息的；

（七）违反本条例第七十九条第一款、第二款规定，起草或者制定涉及市场主体的地方性法规、规章、规范性文件和其他政策措施，未进行合法性审核或者公平竞争审查的；

（八）违反本条例第八十条第一款规定，制定涉及市场主体活动的政府规章、行业规划、产业政策和其他政策措施，未听取市场主体和行业协会、商会的意见和建议的；

（九）违反本条例第八十五条第一款规定，拒不配合破产管理人、清算组查询案件企业相关信息、接管和处置企业财产的；

（十）其他不履行优化营商环境职责或者破坏营商环境的情形。

第九十条　中介服务机构违反本条例第十六条第四款规定的，由有关部门责令改正，依法追究法律责任。

第九十一条　供水、排水、供电、供气、通信网络等公用企事业单位未按照本条例第二十四条规定公开服务范围、标准、收费、流程、完成时限等信息，或者违法拒绝、中断服务的，由有关部门责令改正，依法追究法律责任。

第七章　附　则

第九十二条　本条例自2021年1月1日起施行。

广州市人民政府关于实施健康广州行动的意见

穗府〔2020〕9号

各区人民政府，市政府各部门、各直属机构：

为深入贯彻习近平新时代中国特色社会主义思想，全面贯彻党的十九大和十九届二中、三中、四中、五中全会精神，深入贯彻习近平总书记出席深圳经济特区建立40周年庆祝大会重要讲话和视察广东重要讲话、重要指示精神，积极防范卫生健康领域重大风险，贯彻落实《国务院关于实施健康中国行动的意见》《健康中国行动（2019—2030年）》《广东省人民政府关于实施健康广东行动的意见》《健康广东行动（2019—2030年）》和《"健康广州2030"规划》，加快推进健康广州建设，进一步提高全市人民健康水平，现就实施健康广州行动提出如下意见。

一、总体目标

到2022年，预防、治疗、康复、健康促进一体化的健康服务体系基本建立，居民健康素养水平持续提高，健康生活方式加快推广，健康环境持续改善，公共卫生服务体系不断优化，应对重大疫情和公共卫生安全事件能力全面增强，重大慢性病发病率上升趋势得到遏制，重点传染病、严重精神障碍、职业病得到有效防控，重点人群口腔保健水平稳步提高，地方病保持消除状态，致残和死亡风险逐步降低，残疾报告和综合干预工作体系形成，重点人群健康状况显著改善。

到2030年，系统连续的预防、治疗、康复、健康促进一体化的健康服务体系更加完善，居民健康素养水平大幅提升，健康生活方式得到全面普及，健康环境进一步改善，公共卫生服务体系持续优化，构建起强大的公共卫生体系，居民主要健康影响因素和残疾障碍发生得到有效控制，健康口腔社会支持性环境全面形成，因重大慢性病导致的过早死亡率明显降低，消除和控制重大疾病危害，人均健康预期寿命得到较大提高，居民主要健康指标水平保持在高收入国家行列（根据世界银行数据，2016年中高收入国家人均预期寿命为75岁，高收入国家为80岁；同期我市为81.75岁。2017年、2018年、2019年我市分别为81.96岁、82.28岁、82.52岁），健康公平基本实现。

二、主要任务

（一）实施健康知识普及行动。维护健康需要掌握健康知识。建立科学的健康教育需求评估机制，运用以电子信息技术为基础的监测手段，掌握居民健康行为问题及其影响因素，有针对性地实施健康促进与健康干预措施，不断提高居民健康素养水平，提升群众自我保健意识。建立和培育全市健康教育专家队伍，成立健康科普专家库，完善分类使用工作机制，发挥专家特长开展健康知识普及活动。充分利用各种主题宣传活动，搭建全媒体健康教育宣传网络，开展全方位、多维度、广覆盖的健康知识传播行动。鼓励各级电台、电视台和其他媒体开办优质健康科普节目和栏目，义务刊播健康科普公益广告。实施重点人群、重点内容健康教育干预项目，针对青少年、老年人、企事业单位职工、公务员、新广州人等不同群体开展精准干预。重点推进艾滋病、多发传染病、常见慢性病、营养与运动等内容的健康知识宣传项目，推广疾病预防、紧急救援、卫生应急、及时就医、合理用药等维护健康的知识与技能。倡导文明健康的生活方式，牢固树立每个人是自己健康第一责任人的理念，培养个人形成良好卫生习惯。到2022年和2030年，全市居民健康素养水平分别不低于27%和37%。

（二）实施合理膳食行动。合理膳食是保证健康的基础。针对现阶段居民营养不足与过剩并存、营养相关疾病多发等问题，积极开展营养健康知识宣传，提高全民营养素养，营养健康和膳食指导覆盖一般健康人群及特定人群。推广平衡膳食模式，推进减盐、减油、减糖，引导奶及奶制品消费。推进预包装食品营养标签及食品营养标准宣贯执行，开展膳食与食养习惯研究。推广健康烹饪模式、营养操作规范与营养均衡配餐，倡导食品加工和餐饮服务营养化转型。到2022年和2030年，成人肥胖增长率持续减缓；居民营养健康知识知晓率分别在2019年基础上提高10%和在2022年基础上提高10%；5岁以下儿童生长迟缓率分别低于7%和5%。

（三）实施全民健身行动。运动健身是身体健康的重要途径。因地制宜兴建健身设施，持续推进公共体育场馆惠民开放，全面提升社会体育场馆惠民开放质量，着力增加体育设施供给，建成城镇社区"15分钟健身圈"。积极举办健身赛事活动，完善健身组织网络，加强国民体质监测，推动科学健身，倡导科学文明健康的生活方式。到2022年和2030年，经常参加体育锻炼人数比例持续提升，城乡居民达到《国民体质测定标准》合格以上的人数比例分别达到95%和96%。

（四）实施控烟行动。吸烟严重危害身体健康。广泛开展控烟宣传，推动个人和家庭充分了解吸烟、二手烟暴露和电子烟的严重危害。鼓励领导干部、医务人员和教师发挥控烟引领作用，把各级党政机关、学校、医疗机构全面建成无烟单位，倡导无烟家庭。加强控烟队伍建设，加大执法力度，落实常态化巡查评估。修订《广州市控烟条例》，禁止向未成年人销售烟草制品和电子烟。实现室内公共场所、室内工作场所和公共交通工具全面禁烟，力争到2022年全面无烟法规保护的人口比例达到100%。

（五）实施心理健康促进行动。心理健康是健康的重要组成部分。制订全市心理健康促进行动方案，加强覆盖全生命周期心理健康服务体系建设，提升全市心理健康服务能力和水平。加强心理健康素养促进，普及心理健康知识，引导公众科学缓解压力，促进心理健康。健全精神卫生综合管理机制，完善精神障碍社区康复服务。到2022年和2030年，居民心理健康素养水平提升到25%和35%，心理相关疾病发生的上升趋势减缓。

（六）实施健康环境促进行动。良好的环境是健康的保障。向公众、家庭、单位（企业）普及环境与健康相关的防护和应对知识。推进大气、水、土壤污染防治。巩固国家卫生城市建设，推进健康城市、健康村镇建设，将促进健康理念融入城市规划、建设和管理的各项政策之中。逐步建立环境与健康的调查、监测和风险评估制度。采取有效措施预防控制环境污染相关疾病、道路交通伤害、消费品质量安全事故等。到2022年和2030年，居民饮用水水质达标情况明显改善，并持续改善。

（七）实施妇幼健康促进行动。孕产期和婴幼儿时期是生命的起点。针对婚前、孕前、孕期、儿童等阶段特点，积极引导家庭科学孕育和养育健康新生命。加强妇幼卫生资源配置，提高妇幼健康服务机构、妇产儿童专科医疗机构和综合性医院的产科、儿科服务能力。推进助产机构与新生儿病室分类管理，开展出生缺陷三级防控，提升妇幼健康服务能力，提供生育全过程的基本医疗保健服务，持续控制孕产妇和婴儿死亡率。深化儿童健康管理，加强儿童早期发展服务及眼保健和视力筛查。加强妇女健康管理，大力推进农村妇女宫颈癌和乳腺癌检查等妇幼公共卫生项目。推动妇幼健康服务进社区、中医药进妇幼。到2022年和2030年，婴儿死亡率分别控制在3‰及以下和2.8‰及以下，孕产妇死亡率分别控制在12/10万及以下和10/10万及以下。

（八）实施中小学健康促进行动。中小学生处于成长发育与健康行为形成的关键期。动员家庭、学校和社会共同维护中小学生身心健康。引导学生树立正确的健康观念，掌握促进健康的知识和技能，形成良好的生活方式和健康行为，养成有益于健康的锻炼习惯。加强中小学校卫生与健康管理，加强学校卫生健康与体育专业能力建设，增强学生体质，促进中小学生健康成长和全面发展。到2022年和2030年，全市学生体质健康标准达标优良率分别达到50%及以上和60%及以上，全市儿童青少年总体近视率力争每年降低0.5个百分点以上，新发近视率明显下降。到2030年，全市中小学生掌握基本健康知识与技能，形成良好生活方式和健康行为；基本掌握2项以上运动技能，形成体育锻炼意识和习惯；掌握调节情绪与压力方法，有主动维护自身心理健康的意识。

（九）实施职业健康保护行动。树立人人享有职业健康、劳动者依法享有职业健康保护权利意识。针对不同职业人群，倡导健康工作方式，落实用人单位主体责任和政府监管责任，预防和控制职业病危害。完善职业病防治法规标准体系。加强职业病危害源头管控，加强重点职业病监测，出台实施我市用人单位职业病危害风险分类分级监督管理办法，指导各区各部门突出监管重点，提高工作效能。强化用人单位开展职工健康管理。加强尘肺病等职业病救治保障。到2022年和2030年，接尘工龄不足5年的劳动者新发尘肺病报告例数占年度报告总例数的比例稳定保持30%及以下和20%及以下，重点行业的用人单位职业病危害项目申报率、工作场所职业病危害因素检测率均分别达到85%及以上和95%及以上。

（十）实施老年健康促进行动。健康是保障老年人自主行动和参与社会活动的基础，老年人健康快乐是社会文明进步的重要标志。加强老年健康宣传教育，开展老年健康指导和综合干预。面向老年人普及膳食营养、体育锻炼、定期体检、健康管理、心理健康以及合理用药等知识。引导老年人加强自我健康管理，完善居家和社区养老政策，推进医养结合，探索长期护理保险制度，健全老年健康服务体系，打造老年宜居环境，鼓励社会参与老年健康服务，支持老年健康用品产业和科技创新，实施老年人群营养改善行动，构筑老年健康精神文化生活，实现健康老龄化。到 2022 年和 2030 年，65 至 74 岁老年人失能发生率有所下降，65 岁及以上人群老年期痴呆患病率增速下降。

（十一）实施心脑血管疾病防治行动。心脑血管疾病具有高患病率、高致残率、高复发率和高死亡率的特点，带来了沉重的社会及经济负担。普及心脑血管疾病知识，提升患者自我管理能力和社会应急救护能力。通过个人、家庭、社会和政府的努力，加强高血压、血脂异常、糖尿病，以及肥胖、吸烟、缺乏体力活动、不健康饮食习惯心脑血管疾病危险因素的预防控制，实施心脑血管疾病的早期筛查及干预。推进各区创建慢性病综合防治示范区，推进健康单位建设，开展"三减三健"（减盐、减油、减糖和健康口腔、健康体重、健康骨骼）等健康生活方式专项行动，全面实施 35 岁以上人群首诊测量血压制度。推进"三高"（高血压、高血糖、高血脂）疾病医患共管。到 2022 年和 2030 年，心脑血管疾病死亡率分别下降到 209.7/10 万及以下和 190.7/10 万及以下。

（十二）实施癌症防治行动。癌症是我市居民的主要死亡原因。加强科普宣传，推进癌症危险因素综合防控，推广健康生活方式，提高居民防癌意识。推进癌症防治网络建设，加强癌症防治能力建设和多部门协作，健全死因监测和癌症登记报告，进一步提升信息化水平。进一步规范和推广本地重点癌症筛查、早诊早治策略以及规范化诊疗能力建设，降低癌症发病率和死亡率，提高患者生存质量。加强科技技术创新，加大中医药防治癌症工作力度。到 2022 年和 2030 年，我市总体癌症 5 年生存率分别不低于 43.3% 和 46.6%。

（十三）实施慢性呼吸系统疾病防治行动。慢性呼吸系统疾病影响我市居民健康水平。建立和完善慢性呼吸系统疾病监测防控体系，加强健康教育和危险因素防护，逐步实施高危人群首诊肺功能检查、40 岁及以上人群体检肺功能检查策略，提高居民肺功能检查的普及性。探索和推广社区综合防治技术及其他早诊技术，加强基层医疗卫生机构对慢性呼吸系统疾病规范化诊疗能力建设，为高危人群和患者提供全程防治管理服务。到 2022 年和 2030 年，70 岁及以下人群慢性呼吸系统疾病死亡率下降到 9/10 万及以下和 8.1/10 万及以下。

（十四）实施糖尿病防治行动。糖尿病是一种常见的终身性内分泌代谢疾病。加强糖尿病危险因素控制，普及糖尿病防控知识。增强个人合理膳食、适量运动、戒烟限酒、心理平衡等健康行为，鼓励患者定期开展血糖、糖化血红蛋白的自我监测。加强精准识别高危人群和糖尿病及并发症筛查的能力，规范糖尿病患者风险评估流程和连续性患者管理。进一步提升基层医疗机构糖尿病诊疗水平，进一步加强信息化建设。到2022年和2030年，糖尿病患者规范管理率分别达到60%及以上和70%及以上。

（十五）实施健康口腔行动。口腔健康是身体健康的重要组成部分，是反映一个地区居民身心健康、文明水平的重要标志。通过提升口腔健康能力、普及口腔健康行为、优化口腔健康管理，完善全市口腔卫生服务体系，加强基层人力资源建设；推进覆盖全人群、全生命周期的口腔健康知识普及、健康技能培养及健康管理。到2022年，全市口腔卫生服务体系进一步健全，健康口腔社会支持性环境逐步建立，重点人群口腔保健水平进一步提高；12岁儿童患龋率控制在29%及以下。到2030年，健康口腔社会支持性环境全面形成，居民树立正确口腔健康意识和口腔健康行为，口腔健康服务水平和居民口腔健康水平得到较大提升，实现口腔健康公平；12岁儿童患龋率控制在25%及以下。

（十六）实施传染病及地方病防控行动。传染病和地方病是重大公共卫生问题。强化多部门联防联控，有效落实属地、部门、单位、个人在重大疾病防控中的职责，进一步推进传染病监测与预警体系建设。强化大数据在疾病预警预测中的应用，多形式开展人群健康教育及健康促进，持续推进疫苗接种人群覆盖水平，有效保障食品及饮用水安全，积极探索国内和输入性重大传染病控制的新技术、新方法，注重在疾病防控中专业技术支撑作用的发挥，加大力度控制病毒性肝炎、肺结核、艾滋病、登革热、梅毒、流感、手足口等疾病的流行。加强新冠肺炎等新发突发急性传染病防控体系以及紧急医学救援、核辐射紧急医学救援体系建设，不断提升卫生应急能力。到2022和2030年，艾滋病人群感染率控制在0.15%以下和0.2%以下，5岁以下儿童乙型肝炎病毒表面抗原流行率控制在1%以下和0.5%以下，肺结核发病率控制在55/10万以下和有效控制，继续保持包虫病非流行区状态，维持疟疾和血吸虫消除状态，适龄儿童免疫规划疫苗接种率保持在95%以上。

（十七）实施塑造健康湾区联合行动。塑造健康湾区是落实粤港澳大湾区发展规划纲要的重要内容之一，是增进粤港澳三地居民健康福祉的重要举措。鼓励我市医院与港澳医疗机构紧密合作，打造健康医疗高地。鼓励港澳服务提供者在穗投资办医。深化中医药领域合作，推进生物医药科技创新合作，大力发展健康产业。推动医疗卫生人才联合培养和交流。加强传染病联防联控，完善紧急医疗救援联动机制，探索转诊机制。到2022年，粤港澳大湾区医疗卫生合作更加紧密；到2030年，粤港澳大湾区健康共同体基本形成，世界一流健康湾区建设取得重大进展。

（十八）实施中医药健康促进行动。中医药在治未病、重大疾病治疗和疾病康复中具有独特优势，广州信中医、爱中医、用中医氛围浓厚。宣传推广岭南中医药文化，推进中医药交流合作。完善中医药健康服务体系、强化中医药在疾病预防中的作用，推广体现中医"治未病"理念的健康工作和生活方式。加强中医诊疗能力建设，打造高水平中医医院，加强中医特色专科建设，建设区域中医"治未病"服务体系和中医"治未病"质控中心。发展特色康复医学，实施中医药康复能力提升工程，提升中医药特色康复能力。借助粤港澳大湾区及"一带一路"的发展战略，推进中医药交流合作。到2022年和2030年，全市镇卫生院、社区卫生服务中心能够提供中医非药物疗法的比例均达到100%，村卫生站提供中医非药物疗法的比例分别达到90%、95%；中医医院设置治未病科室比例达到100%，三级中医医院设置康复科比例达到100%。

（十九）实施智慧健康行动。智慧健康是优化医疗资源配置、提升医疗服务效率和水平、降低看病就医成本的有效途径和重要动力。积极推进智慧健康行动，不断完善健康医疗大数据应用标准，优化全民健康信息平台体系，通过"互联网+医疗健康"创新智慧医疗服务模式，推进医疗、公共卫生、行业治理、个人健康管理等智慧健康服务应用，促进预防保健与医疗等数据互通共享，推进建设国家级专病大数据中心，为智慧健康发展提供数据、平台和产业支撑。到2022年，全部公立医疗机构接入平台实现健康医疗信息互联互通互认，区域医疗协同应用水平不断深化，健康医疗服务信息便民惠民水平大幅提升，进一步提高智慧医疗服务质量。到2030年，新一代智能技术得到深入应用，信息化全面支撑卫生健康治理体系和治理能力现代化，成为驱动卫生健康事业科学发展的先导力量。

（二十）实施公共卫生服务体系优化行动。公共卫生服务体系是健康广州建设的重要支撑。完善公共卫生安全体制机制，加强疾病预防控制体系建设，强化医疗机构公共卫生职能和卫生应急能力，全面提升市、区两级疾控中心实力，构建疾病预防控制信息共享平台，增强重大疾病防控能力。建设广州市应急医院和突发事件紧急医学救援指挥中心，强化基层卫生应急队伍建设，高标准建设市卫生应急指挥决策信息系统和突发事件紧急医疗救援指挥大厅，强化卫生应急指挥决策的信息化支撑，密切多部门和跨地域合作，加强联防联控，提升突发公共卫生事件应对能力。加强妇幼健康服务机构建设，强化妇幼健康服务机构公共卫生属性，逐步建立保障与激励相结合的运行新机制，到2025年所有妇幼健康服务机构达到二级及以上水平。建立健全职业病防治监管体系，推进职业病监测、体检、诊断、救治"四位一体"的防治技术支撑体系建设。提高基本公共卫生服务均等化水平，做实做细家庭医生签约服务，推进基层医疗卫生机构标准化建设及基层卫生服务提升工程，构建完善的基层医疗卫生服务网络。持续推进残疾预防工作，增强全社会残疾预防意识，开展全人群、全生命周期残疾预防，加强对致残疾病及其他致残因素的防控，加大残疾人医疗救助力度。建立健全爱国卫生队伍，将病媒生物防制列为基本公共服务内容，鼓励街（镇）购买病媒生物防制有偿服务，创新爱国卫生运动的方式方法，推动从环境卫生治理向全面社会健康管理转变。到2022年，医疗卫生机构的公共卫生服务履职能力进一步增强，应对重大疫情和公共卫生安全事件能力全面增强；到2030年，广州市疾病预防控制机构突发公共卫生应急处置能力、实验室检测能力及疾病防控能力达到国际一流水平，构建起强大的公共卫生体系，人民健康得到全方位、全周期保障。

三、保障措施

（一）加强组织领导，健全工作机制。成立健康广州行动推进委员会，制定印发《健康广州行动（2020—2030年）》，细化行动目标、任务措施和职责分工，统筹指导各区和各相关职能部门加强协作，研究疾病的综合防治策略，做好实施监测和考核。各区要结合实际建立健全领导推进工作机制，进一步研究和细化本辖区实施方案，逐项抓好任务落实。各相关部门要按照职责分工，将预防为主、防病在先融入各项政策举措中，推动落实重点任务。建立实施健康广州行动推进工作报告制度，各区政府、各相关责任部门每年要向推进委员会报告健康广州行动进展情况。

（二）动员各方参与，形成强大合力。强化跨部门协作，鼓励和引导单位、社区（村）、家庭和个人积极参与健康广州行动，凝聚各方力量，形成健康促进的强大合力。各单位特别是学校、社区（村）要充分挖掘和利用自身资源，积极开展健康细胞工程建设，创造健康支持性环境。鼓励企业研发生产符合健康需求的产品，增加健康产品供给。鼓励社会捐资，完善资金来源多元化的保障机制。鼓励金融机构创新健康类产品和服务。卫生健康相关行业学会、协会和群团组织以及其他社会组织要充分发挥作用，参与组织健康促进和健康科普工作。

（三）加大投入力度，强化支持保障。将健康广州行动项目预算纳入财政预算项目，作为公共财政支持的重点，确保每年项目预算资金及时到位；落实项目进度、绩效评价，提高基本公共卫生服务项目、重大公共卫生服务项目资金使用的针对性和有效性。加强健康服务体系建设和人才培养，提高疾病防治和应急处置能力。支持开展一批影响健康因素和疑难重症诊疗攻关重大课题研究。完善相关政策法规体系，保障各项任务落实和目标实现。积极推进数字政府改革建设，推动部门和区域间共享健康相关信息。支持各类社会组织和智库加强理论研究，积极开展健康广州行动实践，为实施健康广州提供智力支持。

（四）加强宣传引导，营造浓厚氛围。充分发挥电视、广播、报纸、公益广告等媒介作用，广泛宣传健康广州行动的重大意义、目标任务、重大举措。加大正面宣传和典型引导，增加各界对健康广州行动的普遍认知，调动全社会各方面参与的主动性、积极性。宣传普及各种健康知识，突出个人对自身健康负责的理念，促进增强科学健康观念和转变健康管理意识，引导群众了解和掌握必备健康知识，践行健康生活方式，营造全社会广泛关注和积极参与健康广州行动的良好社会氛围。

广州市人民政府
2020 年 12 月 15 日

广州市人民政府关于印发进一步支持中国进出口商品交易会提升影响力辐射面的通知

穗府〔2020〕10号

各区人民政府，市政府各部门、各直属机构：

根据习近平总书记致第120届中国进出口商品交易会（以下统称广交会）贺信关于"新形势下，广交会要贯彻创新、协调、绿色、开放、共享的新发展理念，创新体制机制、商务模式，提高服务水平，支持广大参会企业互利共赢、共同发展，更好发挥全方位对外开放平台作用，在更高层次上运用两个市场、两种资源，为推动我国开放型经济发展、促进开放型世界经济发展作出新的更大的贡献"的指示精神，为更好发挥广交会"中国第一展"的龙头带动作用，加快建设国际会展之都，全面增强广州国际商贸中心功能，现就进一步支持广交会提升影响力辐射面有关工作通知如下：

一、总体要求和发展目标

（一）总体要求。主动服务，靠前保障，从规划扩建、合作共建、要素供给、功能配套、宣传推广、环境优化等方面加大支持力度，推动广交会全面贯彻新发展理念，加快创新体制机制、商务模式和展会服务模式，更好联通国内市场和国际市场，更好发挥全方位对外开放平台作用，为推动我国开放型经济发展、促进开放型世界经济发展作出新的更大贡献。

（二）发展目标。推动广交会加快实现从货物贸易为主向货物、服务、技术全方位贸易转变，从出口促进为主向进口和出口并重促进贸易平衡转变，从展览为主向展览与会议结合转变，从线下为主向线上线下融合转变。按照"一次规划，分步实施"原则推进展馆及相关配套建设，到2022年底广交会展馆室内可展览面积达48万平方米左右，会议室面积超过2.5万平方米，广交会规模进一步扩大,结构更加优化,质量和效益提升,行业影响力和品牌辐射力增强。

二、扩大广交会影响力

(三)支持举办高端论坛。用好广交会平台和国家有关机构、商协会及知名企业资源,支持广交会在每年春季举办高端国际经贸论坛,打造国际经贸高层次对话交流平台。

(四)提升展会质量和效益。结合展馆建设,推动广交会创新和优化组织模式、功能布局、参展结构,增强经贸洽谈、行业交流、新品发布等功能,提升展会发展质量和水平,强化对产业链供应链现代化和科技创新的带动作用。

(五)强化广交会品牌传播。把广交会作为城市重要品牌,多渠道广泛推介传播。广邀境内外媒体与会,引导主流新闻媒体加强采访报道,全媒体传播广交会动态。安排来华访穗境外政府团组参观广交会,利用友城交流、海外路演、夏季达沃斯论坛"广州之夜"等国际平台推介广交会,扩大广交会的国际影响力。

三、支持广交会创新发展

(六)支持广交会增强联通国内国际双循环功能。支持广交会扩大邀请国内采购商,鼓励国内行业协会、电商平台、批发零售和进口企业等到会洽谈采购,并参与广交会相关活动。积极争取展会境外展品在展期内进口和销售享受免税政策。

(七)支持"智慧广交会"建设。支持广交会线上线下融合发展。支持展馆信息化改造,对"智慧广交会"建设项目和广交会电子商务发展按相关规定给予扶持。

(八)支持"绿色广交会"建设。支持广交会举办绿色展示设计大赛,鼓励和引导企业实施绿色变革与创新。将广交会展馆重大设备设施改造项目纳入广州市重点工程,加快展馆设备设施节能改造,降低水、电、气等资源和能源消耗。加强对展览垃圾的分拣回收和分类处理,协调解决广交会展馆固体废物中转、分类场地问题。

四、提升服务广交会水平

（九）完善服务保障机制。强化省市政府交易会协调服务机制，为广交会提供交通、治安、安全、供水供电、通讯、卫生、环境、天气、出入境、商务、宣传等各领域全方位精准服务。用好市会展业改革发展工作联席会议机制，协调推动广交会发展和提升影响力辐射面。

（十）强化广交会宾客服务。指导主要商圈和餐饮行业、娱乐行业协会倡议所属企业给予广交会参展商、采购商消费优惠。优化广交会白云机场值机柜台服务，为参展商、采购商航空出行提供便利。协调落实国家有关部委、各地交易团在广交会期间酒店供应问题，为提升广交会服务功能提供全方位支撑。

（十一）优化口岸通关服务。创新入境展品查验监管模式，对展览组织机构出具有效证明的展品实施提前申报、集中申报等便利措施。广交会期间，在主要旅检口岸现场设立礼遇通道，为参展人员和展品提供通关便利。

（十二）强化路面交通秩序管理。加大警力部署，强化广交会和其他大型展会期间路面秩序管控和交通疏导，优化撤展货车轮候场地、进场流线，在展馆周边车流量较小路段设置临时货车轮候区并加强管理。完善琶洲地区智能停车诱导系统运行，缓解广交会及其他大型展会期间琶洲地区的交通压力。

（十三）强化公共交通保障。优化广交会及其他大型展会期间的运力组织和现场管理，合理安排各种运力，发挥地铁、公交等大运量、高效率公共交通工具作用，加强巡游出租车、如约的士、如约巴士等车辆调度。

五、强化会展核心区建设

（十四）提升广交会展馆竞争力。高标准建设广交会展馆四期扩建项目，完善展馆会议和综合服务配套功能，打造规模领先、功能完备的会展核心区。结合展馆扩建，完善展馆地下交通设施，优化展馆区域交通组织。研究实施展馆景观照明提升方案，形成新的城市夜景名片。支持广交会展馆挖掘场地潜力，开展多业态经营，承接大型年会、论坛、演艺、赛事等活动。

（十五）完善商务物流配套。用好琶洲会展公园绿地，设计打造适合参展参会人员休闲、娱乐、消费的活动场地。建设琶洲地区展览信息发布及导向设施系统。科学规划，根据广交会等品牌大展需要，研究设立远程货车轮候区，推进琶洲互联网创新集聚区和会展物流轮候区 PPP（政府与社会资本合作）项目建设，完善广交会展馆和琶洲地区会展物流配套设施。

（十六）加快市政配套设施建设。制定实施近期和中长期优化广交会展馆周边市政路网工作方案，加快双塔路、海洲路、琶洲西区道路等市政道路建设。推进琶洲港澳客运口岸码头建设。

（十七）强化市政排水系统管理。加强展馆周边市政排水系统的综合整治，采用雨水涵养利用系统减轻市政管道运营压力，增强琶洲地区防洪排涝的能力。结合地铁十一号线建设，强化周边排水管线管理，充分保障周边的排水要求。对展馆周边排水管道淤泥和排水口垃圾进行常态化清理。

六、促进广交会与城市和产业发展融合

（十八）营造良好城市氛围。利用全市主要入境口岸、标志性建筑物、主要商业区等场所公益广告资源播放广交会宣传广告，鼓励各商业场所在广交会期间悬挂欢迎广交会来宾标语，营造热情好客的城市氛围。

（十九）促进文商旅融合。将广交会迁址历史纳入广州文化旅游资源，推动在《广东文化和旅游活动指南》中增加广交会等重要国际性展会的内容。精心设计商旅文考察路线，组织安排采购商、参展商参观考察广州，加强与广州相关产业企业的交流合作，拓展广交会的投资、贸易和城市宣传功能。根据广交会招商计划，研究联合开展宣传推介、招商推广和贸易促进活动。策划在秋季广交会期间举办广州国际美食节活动。

（二十）促进会展行业发展。支持广交会发挥资源优势，创新合作模式，为我市培育、引进更多有影响力的展会，影响带动我市会展业高质量发展。支持中国对外贸易中心（集团）加强会展业发展趋势研究，创新会展业态和会展模式，引领和带动会展业创新发展。支持中国对外贸易中心（集团）牵头制定《绿色展台评价指南》《展览场馆安全管理基本要求》《绿色展览运营指南》等会展业国家标准，组建全国性展览行业协会并将协会落户广州，组织或承办全国会展业行业活动。

广州市人民政府
2020 年 12 月 17 日

广州市人民政府关于印发广州市全面推进农房管控和乡村风貌提升实施方案的通知

穗府〔2020〕11号

各区人民政府，市政府各部门、各直属机构：

现将《广州市全面推进农房管控和乡村风貌提升实施方案》印发给你们，请认真组织实施。实施过程中遇到的问题，请径向市农业农村局反映。

广州市人民政府
2020年12月21日

广州市全面推进农房管控和乡村风貌提升实施方案

为全面推进农房管控和乡村风貌提升，进一步提高农村人居环境整治工作水平，建设与粤港澳大湾区相匹配的生态宜居美丽乡村，按照《广东省人民政府关于全面推进农房管控和乡村风貌提升的指导意见》（粤府〔2020〕43号）有关要求，结合我市实际，制定本实施方案。

一、工作目标

以习近平新时代中国特色社会主义思想为指导，全面贯彻党的十九大和十九届二中、三中、四中、五中全会精神，深入贯彻习近平总书记对广东重要讲话和重要指示批示精神，将全面推进农房管控和乡村风貌提升作为实施乡村振兴战略、加强和改进乡村治理的重要抓手，作为建设精美农村和粤港澳大湾区世界级城市群后花园的重要内容，以农村人居环境改善促进农村优化发展，不断增强广大农民群众的幸福感、获得感、安全感。

2020年底前，建立以"一户一宅"为基础的农房建设管控制度机制和乡村风貌提升"1+N"政策体系，农村违法违规建房乱象得到初步遏制。率先在全市主要交通干线、重要生态廊道和乡村旅游线沿线打造示范片、示范带，每个涉农区至少打造2个以上示范区域，引领带动全市农房管控、乡村风貌提升工作。

2022年底前，宅基地"一户多宅"、农村违法建设明显减少，存量整治成效显著，新建农房管理步入规范化法制化轨道；全市省级生态宜居美丽乡村示范区、示范镇、示范村的存量农房率先基本完成微改造，全市基本完成乡村风貌提升工作，乡村风貌提升整体效果显现。

2025年底前，宅基地"一户多宅"、农村违法建设基本解决，实现农村宅基地和农房建设管理规范有序、管控有效；全市80%以上存量农房完成微改造，广府、客家及少数民族（畲族）等各具风格的岭南特色乡村风貌和新时代广州乡村风貌充分呈现，全市乡村风貌提升取得显著成效。

二、工作措施

（一）加强村庄规划与农房设计管控。坚持规划先行，编制"多规合一"、简约实用的村庄规划，优化提升农村生产、生活和生态用地布局，强化规划刚性约束作用。鼓励村民集中建房，引导村庄建设用地集约化利用。优化农房设计图集，大力宣传推广应用，鼓励以行政村或自然村为单元，选用1—3种设计图集，形成协调和谐的农房设计建设风格。

（二）严格落实"一户一宅"等宅基地管理规定。严格执行农村村民一户只能拥有一处宅基地的法律规定，落实《广州市人民政府办公厅关于加强农村住宅建设管理的实施意见》（穗府办规〔2020〕18号）和《广州市人民政府办公厅关于印发广州市乡村建设规划许可证实施办法的通知》（穗府办规〔2020〕17号）有关规定，加快"房地一体"确权、农村宅基地审批以及有关确权登记颁证工作。规范农村宅基地建房审批，村民建房应向具有宅基地所有权的农村集体经济组织或村民自治组织提出申请，经公示和村级组织审核，符合资格条件的报镇（街）审批，禁止未批先建、超面积占用宅基地。经批准易地建住宅的，村民的原宅基地由村集体收回后统一安排使用。城镇建设用地规模范围内，可以通过建设农民公寓、农民住宅小区等方式，满足农民居住需求。

（三）强化农村新建住房全程监管与存量违建的处置。各涉农区镇（街）要推行村庄规划、申请条件、审批程序、审批结果、投诉举报途径"五公开"制度，落实审查到场、批准后丈量放线到场、住宅建成后核查到场的"三到场"要求，有效管理村民住房建设。加强执法监管，依法组织开展动态巡查，及早发现和处置涉农建房、宅基地使用的各类违法违规行为，坚决遏制农村各类违法建设。加强对历史遗留问题的研究处置，摸清农村地区存量违法建设底数，建立台账。按照农村历史违法用地和违法建设分类处理相关工作要求，持续推进农村存量违法建房分类处理与分步消化。

（四）有效盘活农村土地资源。深化宅基地制度改革，在尊重村民意愿和维护村民合法权益的前提下，依法通过有偿转让、有偿调剂、有偿收回等方式，引导村民有序规范退出宅基地。鼓励宅基地使用权人经本集体经济组织同意后，向集体经济组织内部符合条件的村民转让宅基地使用权。村集体经济组织可以出租、合作、入股等方式盘活利用农村住宅及宅基地，建立盘活利用产生的土地增值收益台账，除依法需上缴的外，全部用于农业农村发展。探索推进农村集体经营性建设用地流转入市。推进破旧泥砖房及危房清拆、拆旧复垦、拆违腾退地及废弃宅基地、空心村等闲置地的盘活利用，优先保障村民新增宅基地、村庄基础设施和公共服务设施建设以及乡村产业发展用地需要。

（五）有序推进存量农房微改造和新建农房风貌塑造。制定出台我市乡村风貌提升负面清单和乡村风貌修复提升工作指引，有序推进存量农房的改造修复，加强对新建农房的风貌塑造与管控，推动存量农房和新建农房风貌的有机融合与协调和谐。对存量农房，符合"一户一宅"的，年代较新、风格不协调的进行立面改造与修复，年代久远、局部破损、有地方特色和使用价值的泥砖房、青砖房加固修缮、活化利用。对新建农房，依据村庄总体风貌定位，鼓励选用市级农房建设设计图集样，有效引导新建房的样式、色调、风格与整村农房建筑风格及村居环境相协调。

（六）因地制宜分类提升村庄风貌。做好一般村庄的整治提升。重点实施破旧泥砖房、削坡建房、危房和违法建筑的清理整治。巩固改善村庄基础环境，鼓励房前屋后点缀建设"四小园"（小菜园、小果园、小花园、小公园），提升村庄绿化美化。谋划好传统村落的保护修复。保护传统村落格局、风貌、环境等要素构成的整体空间形态，重视挖掘乡村人文历史、风土人情、名人轶事以及非物质文化遗产，保护和活化利用革命遗址及文物古迹、历史建筑、传统民居、名人故居、工场作坊遗址、古树名木和古驿道等，修缮要严格审批，修旧如旧。搞好地域村庄的特色打造。对北部山区、南部沙田区及少数民族（畲族）居住的村庄，突出传统文化习俗、传统建筑风貌特点、少数民族建筑特色，建设各具特色、各美其美的岭南美丽乡村，推进旅游文化特色村认定。

（七）以点带面示范引领促风貌提升。以省级生态宜居美丽乡村示范区（从化区）、示范镇（10个）、示范村（118个）和省级新农村示范片（5个）、美丽乡村群等为重要节点，利用山水林田湖、河流水道点缀串联，结合古驿道修复、"四好农村路"、村道硬化、绿道碧道建设等工程，连点成面推进乡村风貌提升。鼓励各涉农区规划打造地域特征鲜明的乡村风貌一区一品牌。

（八）沿线连片建设美丽乡村。加快推进"美丽廊道"建设，落实铁路沿线周边环境综合整治有关工作方案，优先在交通主干线沿线等开展农房外立面适度整饰，保证沿线村庄整洁悦目。各涉农区选择2—3条重点乡村生态旅游线，推进乡村旅游标准化建设，完善旅游标识标牌、旅游厕所、停车场、游客咨询中心等乡村旅游"八小工程"，结合沿线各类项目建设，连线打造旅游景观和特色农业景观，提升沿线乡村风貌，构建民居风貌协调、田园气息浓郁、体现岭南特色的乡村风貌示范带、示范片。

三、工作要求

（一）建立健全工作机制。参照省的做法，建立市农房管控、乡村风貌提升和宅基地管理工作联席会议制度，统筹谋划全市工作，研究解决工作推进中的重点、难点问题。适时组织召开全市现场推进会，完善市统筹、区主体、镇村实施的工作机制。将农房管控和乡村风貌提升纳入全市乡村振兴工作实绩考核，列入市领导干部联系乡村振兴工作重点关注和督促指导工作内容。市直各相关部门要尽快制定完善"1+N"政策文件体系，加强沟通协调，形成工作合力，抓好任务落实。各涉农区要加强对农房管控和乡村风貌提升工作的组织领导和统筹协调，压实主体责任，确保镇、村实施到位。

（二）统筹优化资金保障。各涉农区要统筹本级财力和省、市级涉农资金等，借助金融服务乡村振兴战略机制、市属国企联系乡村振兴机制、"千企帮千村"平台、政府专项债券、乡贤捐赠等多种途径，不断拓宽投融资渠道。

鼓励金融资本、社会资本参与整村农房改造与风貌提升，强化投入保障。

（三）加强宣传引导支持。加强对农房管控和乡村风貌提升工作的宣传引导，组织参加省乡村振兴大擂台直播大赛及十大美丽乡村系列评选活动。发挥相关规划设计单位专业优势，加强对存量农房改造、新农房建设和村庄风貌提升的技术指导。深入推进"三师"专业志愿者下乡、"大师小筑"等设计下乡专业技术服务，鼓励建立驻镇（村）设计师制度，探索建立符合乡村特点的技术服务长效机制。加强镇村干部、扶贫干部、乡村建筑工匠和建设管理人员培训与队伍建设，充实基层农房管控工作人员和技术人才，建立乡村建设协管员机制，为工作开展提供人才技术支撑。

（四）完善长效管护机制。全面加强农村人居环境管护工作队伍建设，加快推进农村人居环境管护工作由村党组织一个口子统筹、由本村村民组成一支队伍实施、建立一套制度进行规范并纳入村规民约，充分发挥村民作为农村人居环境整治、乡村风貌提升工作的建设者、管理者、受益者的主体作用，做到常治长效。

本实施方案中的农房管控是指农村村民自建房的设计、审批、改造、建设和管理，乡村风貌提升是指村庄自然风貌、房屋建筑和生产设施、村内巷道、历史遗迹、重要节点等全要素空间的规划、设计、建设和管理。

广州市人民政府关于印发广州市精准支持现代物流高质量发展若干措施的通知

穗府规〔2021〕1号

各区人民政府，市政府各部门、各直属机构：

现将《广州市精准支持现代物流高质量发展的若干措施》印发给你们，请认真组织实施。实施过程中遇到的问题，请径向市发展改革委反映。

广州市人民政府
2021年3月3日

广州市精准支持现代物流高质量发展的若干措施

为深入贯彻习近平新时代中国特色社会主义思想，全面落实构建以国内大循环为主体、国内国际双循环相互促进的新发展格局战略，推动广州加快建设"全球效率最高、成本最低、最具竞争力"国际物流中心，营造现代物流和供应链良好发展环境，促进现代物流高质量发展，不断完善提升国家中心城市功能、产业能级和核心竞争力，现就加快精准支持现代物流高质量发展制定如下政策措施。

一、建设高质量现代物流基础设施

（一）加快建设运营高效、要素集聚的国家物流枢纽。增强交通枢纽和物流园区规划布局引领和统筹，依托白云空港、南沙海港、广州铁路枢纽建设，优化布局现代物流产业集聚区，促进交通物流产业深度融合发展。对标国际一流标准，加快特大型、大型交通物流枢纽规划建设，推进交通枢纽、物流园区与先进制造业、商贸服务业融合发展，强化干线运输、区域分拨、多式联运、仓储服务、跨境物流、城市配送等多种物流资源向综合交通枢纽周边园区集聚，打造一批枢纽经济增长极。加快推进南沙港口型国家物流枢纽建设，推动符合条件的特大型物流枢纽申报生产服务型、空港型、陆港型、商贸服务型国家物流枢纽试点。鼓励社会资本参与物流枢纽、节点建设运营。

（二）支持建设保税物流集散中心。对企业利用综合保税区、保税物流园区等海关特殊监管区域建设国际集散仓和国际中转仓，开展国际物流集散和中转业务的，对企业投入的自动分拣、操作等设施设备按其固定资产实际发生的50%、最高不超过100万元给予一次性补助。对跨境电商企业按照海关监管要求，建设自动分拣线并投入海关监管设备设施的，按其固定资产实际发生的50%、最高不超过100万元给予一次性补助。

（三）强化现代物流发展用地保障。对全市规划的物流枢纽（园区）范围内的物流设施项目，优先纳入全市年度土地利用计划和供应计划予以保障。对属于物流仓储用地的，鼓励通过弹性年期出让、先租后让、租让结合等多种方式供地。支持在符合规划、不改变用途的前提下，对提高自有工业用地或仓储用地利用率、容积率并用于甲级仓储、智能分拨转运等物流设施建设的，不再增收土地价款。支持在规模化物流园区集中建设、运营充电设施。支持充分利用机场噪音区、交通枢纽周边碎片化边角地发展现代物流服务。提高物流项目用地强度，新建物流仓储用地容积率一般不低于2.0，研发总部类参照同等地区的商办用地确定容积率。

（四）支持利用城市更新存量资源建设现代物流及数字经济融合发展特色产业园。鼓励通过中心城区物流园区、批发市场、旧厂房、旧仓库、工业标准厂房和商务楼宇等存量资源的改造提升，将符合条件的地块纳入"三旧"改造标图建库范围，建设物流和数字经济融合发展的特色产业园。支持推动产业园内传统商贸企业线上转型发展，加大数字经济、电子商务新模式新业态的招商引资和产业培育力度，大力发展在线新经济。

二、健全现代物流公共平台体系

（五）全面增强物流公共平台服务效能。持续推进国际贸易"单一窗口"功能完善，争取国家试点，在广州率先打通港口、机场、铁路物流信息节点，推动口岸通关全程无纸化、智能化。加快推动构建航空、航运"通关+物流"

电子货运生态圈，支持白云国际机场推进电子货运试点，进一步运用电子运单，形成航空货运标准体系，建设航空物流公共服务平台。支持广州港推进集装箱设备交接单、提货单、电放保函、换单委托书等进出口环节物流单证的电子化；创新水陆联运货物监管模式，深入推进南沙港区和广州铁路货运站出口、过境、保税仓出仓的货物区站一体化。加快"智慧口岸"建设，支持海关推进"智慧海关"建设，充分利用移动互联网、物联网、人工智能、大数据技术，加快改造建设智能作业平台、智能查验平台。实现口岸"7×24小时"通关，大力推广提前报关、电子报关、预约通关等便利化通关措施。实行口岸物流"限时作业"，定期向企业公布口岸作业流程和全程清关时限。

（六）支持现代物流和供应链平台建设。支持建设与综合交通、制造业融合的基础性、功能性、具有明显公益属性的现代物流和供应链公共服务平台。鼓励大型交通运输、生产制造企业将自营物流面向社会提供公共物流服务，对纳入市级以上（含市级）推广使用的政策咨询、信息互联互通、物流配送、金融服务、技术推广研发等具有行业公共服务性质的物流和供应链服务平台，按年度平台实际投入的30%、每年不超过100万元给予资金补助，补助期限不超过3年。

三、支持现代物流、供应链企业成链集群发展

（七）支持现代物流和供应链龙头企业发展。积极引进国际国内大型现代物流和供应链龙头企业及其区域总部、营销中心、数据中心、结算中心、研发中心，支持企业将注册地和纳税地迁入我市并在我市交易结算。对于国内外知名的现代物流和供应链企业在广州新设立公司的、大型企业迁入并达到广州市总部企业认定标准的，按照我市总部经济政策规定对新引进企业给予500万元至5000万元不等的资金奖励。

（八）支持航空物流、航运物流、现代供应链企业间加强紧密合作，实行企业合作联盟抱团创新发展。充分发挥白云国际机场、广州港运营龙头企业引领带动作用，鼓励组建航空物流、航运物流产业联盟，引导和鼓励我市交通物流、供应链物流、物流园区、物流运营平台以及多式联运经营主体加强多种形式的业务协作，通过物流产业链、供应链创新资源优化整合。切实发挥产业联盟企业合作、政企合作互动平台作用，推动多方交流合作、信息互联互通、标准规范制定、技术成果推广、行业自律管理。

（九）鼓励物流与供应链企业做大做强。制定市重点物流企业认定办法，对认定的物流企业给予综合支持，提供融资发展、发行企业债、人才落户、租金补贴等方面支持。对于信用记录优、成长性好、依法纳税记录表现突出、没有重大负面记录的市重点企业上报项目，积极争取省、市政策支持，组织重点物流企业与金融机构开展供需洽谈活动并予以重点推荐。按企业所在地就近原则支持符合条件的专业服务型、综合服务型物流企业创建物流服务品牌，对于入选全球物流50强、全国物流50强企业和5A级、4A级、3A级物流企业的分别给予200万元、100万元、50万元、30万元、10万元一次性奖励。积极支持符合条件的供应链创新和应用示范企业申报高新技术企业。

四、强化优质产业项目要素保障

（十）优化优质项目用地供给。凡在广州落地的现代物流和供应链上市公司、投资符合广州产业导向且投资额超过10亿元的产业项目；或在市物流枢纽规划布局的物流枢纽产业园引入投资额10亿元以上的现代物流和供应链产业项目，可采用50年出让年期，参照项目所在区工业用地出让最低价标准设定出让起始价。

（十一）加大优质项目落地保障服务力度。对政府核准投资项目目录外的企业投资项目，一律按属地办理原则实行网上告知性备案。对于投资额10亿元以上或经市物流发展和供应链建设领导小组认定的重大现代物流和供应链产业项目，纳入重点项目建设报批绿色通道，实行"一家牵头、一窗受理、并联审批、联合审图、限时办结、联合验收"的部门联动工作机制，加快项目建设审批进度。按照市领导联系督导市重大项目工作制度，对项目立项、规划、土地、环保、报建等前期工作进行专项跨前服务，通过协同办公、并联审批集中解决项目评估、规模核定、用地选址等事项。在项目用地成交后，经市政府批准，可参考项目落地成本、投资进度、生产经营等因素，采取"一企一案"在一定年限内逐年给予综合支持。

五、支持物流创新发展

（十二）支持发展多式联运。鼓励多式联运经营人申报国家多式联运示范工程，对入选工程给予奖励，金额不超过多式联运示范工程项目相关投资的10%，最高奖励不超过300万元。支持发展海铁联运，结合南沙港铁路投产运营,由市港务局对在广州港从事海铁联运的运营公司进行核算,按核算年度完成海铁联运集装箱量进行奖励,其中:省内的奖励标准为250元/标准箱;省际的奖励标准为350元/标准箱。鼓励白云国际机场开行"卡车航班",对货运代理公司承揽白云国际机场的医疗药品及器械、带电电子产品进行运费补贴,国内出港货物给予每公斤0.3元、国际出港货物给予每公斤1元补贴。

(十三)规范港口进出口环节合规成本。完善口岸目录清单制度,清单之外一律不得收费,引导推动口岸经营服务企业降低收费水平。建立发展改革、市场监管、商务、港务等口岸查验单位共同组成的口岸监督管理协作机制。继续执行免除广州港货物港务费中地方政府留存部分的政策,继续对进出南沙港区的国内和国际集装箱班轮引航费按国家规定收费标准上限下浮15%收取。

(十四)促进物流标准化研究推广。支持行业协会和本市物流和供应链企业参与物流标准制定,对主导制定国际标准、国家标准、行业标准的,相关成果经标准化行政主管部门发布或备案后,分别给予每一个标准60万元、40万元、20万元一次性奖励(单个申报主体每年度不超过3个)。

六、强化财政资金引导作用

(十五)优化财政引导资金使用模式。整合既有支持物流发展相关扶持资金,修订广州市现代物流发展专项资金管理办法,专项资金设立年度资助总额原则上不超过5亿元,实际资助额以年度预算为准,调整预算额度需经市物流发展和供应链建设领导小组审议后报市政府审定。本政策所列奖补资金除总部企业奖励外,在该专项资金中列支,纳入财政年度预算。

符合条件的企业享受本政策外,同时符合享受本市其他财政扶持政策的,按就高不就低原则不得重复享受。具体办法和实施细则另行制定。各区政府可结合本区实际制定相应配套措施。

本措施自发布之日起实施,有效期3年。有效期内,若相关法律、法规、规章或上级政策发生变化,本政策措施相关涉及内容从其变化。

广州市科技创新条例

(2020年12月30日广州市第十五届人民代表大会常务委员会第四十四次会议通过 2021年3月18日广东省第十三届人民代表大会常务委员会第三十次会议批准)

第一章 总 则

第一条 为了深入实施创新驱动发展战略,共建粤港澳大湾区国际科技创新中心,加快建设科技创新强市,推进现代化建设,根据《中华人民共和国科学技术进步法》《中华人民共和国促进科技成果转化法》等法律、法规,结合本市实际,制定本条例。

第二条 本条例适用于本市行政区域内科技创新活动。

第三条 本市坚持创新在现代化建设全局中的核心地位,强化科技自立自强战略支撑,面向世界科技前沿、面向经济主战场、面向国家重大需求、面向人民生命健康,汇聚国家战略科技力量,提升企业技术创新能力,激发人才创新活力,促进科技成果转化,改革科技创新的体制机制,完善区域创新体系。

第四条 市、区人民政府领导本行政区域内的科技创新工作,将科技创新纳入国民经济和社会发展规划,贯彻落实促进科技创新的法律、法规和政策,完善科技创新的制度和机制。

第五条 市科技行政主管部门负责本市科技创新工作的统筹规划、指导协调和监督管理,并组织实施本条例。

发展改革、教育、工业和信息化、财政、人力资源社会保障、审计、卫生健康、国有资产管理、规划和自然资源、住房城乡建设、税务、商务、金融、知识产权等部门和本市司法机关在各自职责范围内,协同实施本条例。

第六条 市、区人民政府应当建立科技创新工作协调联动机制，加强政策的协调审查，增强部门之间、市区之间政策的连贯性和协同性，研究解决科技创新工作中的重大问题，促进科技创新措施有效落实。

市、区人民政府和相关单位应当加强与中央单位科技资源对接，建立健全沟通协调机制，支持中央单位科技成果在本市落地转化和产业化。

第七条 市、区科学技术协会应当根据章程的要求，积极参与市、区科技创新政策的制定和规划的编制，向市、区人民政府及其相关行政管理部门提出科技创新动态分析报告和政策建议，在促进学术交流、推进学科建设、普及科学技术、培养专门人才、开展咨询服务、加强科学技术人员自律和维护科学技术人员合法权益等方面发挥作用。

第八条 鼓励学术团体、行业协会、产业技术联盟、基金会、企业等组织和个人开展下列活动：

（一）参与科技创新政策制定、规划编制、技术标准制定、科技成果转化、科学普及等；

（二）为科技创新活动提供资金支持；

（三）通过设立科学技术奖等方式对科技创新进行奖励；

（四）提供信息、中介、研发平台、知识产权促进与保护等科技服务；

（五）其他有利于科技创新的活动。

第九条 市、区人民政府应当优化科技研发和产业的空间布局，支持科技产业园区、战略性新兴产业基地、高新技术产业化基地等园区和基地建设，支持广州国家高新技术产业开发区建成世界一流高科技园区。

市、区人民政府应当以中新广州知识城和南沙科学城为极点，规划建设链接全市科技创新关键节点的科技创新轴，完善沿线产业规划、基础设施和生活配套，集聚国家一流人才资源、科技基础设施、高等院校、科研机构和科技创新企业；支持广州人工智能与数字经济试验区建设成为粤港澳大湾区数字经济高质量发展示范区；支持中新广州知识城建设成为具有全球影响力的国家知识中心；支持广州科学城建设成为国家一流的智造中心；支持南沙科学城建设成为粤港澳大湾区综合性国家科学中心主要承载区。

第十条 市科学技术、教育、卫生健康、农业农村、工业和信息化等行政管理部门应当按照国家相关规定开展对新兴技术领域技术研发与应用的伦理风险和安全管理。

高等学校、科研机构、企业等主体及其科技人员开展涉及生命健康、人工智能等方面研究的，应当按照国家有关规定进行伦理、安全审查。

第十一条 市人民政府应当定期向市人民代表大会常务委员会报告本市科技创新法律法规和政策执行、科技创新发展规划和计划、科技创新专项资金使用、科技创新成果的产出和转化、高新技术产业发展等情况。

市人民代表大会常务委员会应当定期开展对科技创新工作的监督。

第二章 基础研究和应用基础研究

第十二条 鼓励高等学校、科研机构、企业、社会组织以及科技人员开展基础研究和应用基础研究，提升原始创新能力，优化学科布局和研发布局，推进学科交叉融合，自由探索未知的科学问题，发现和开拓新的知识领域，完善共性基础技术供给体系，增强本市科技创新策源地功能。

支持企业独立或者联合高等学校、科研机构等共建研发机构和联合实验室，开展面向行业共性问题的应用基础研究。

第十三条 市人民政府应当完善基础研究和应用基础研究经费持续稳定的财政投入保障机制，逐步提高基础研究和应用基础研究在市科技创新发展专项资金中的比重，财政资金重点支持基础前沿、社会公益、重大关键共性技术的研究、开发、集成等公共科技活动。

第十四条 市人民政府设立市自然科学基金或者与国家、省自然科学基金设立联合基金，资助开展基础研究和应用基础研究，培养科技人才，增强原始创新能力和关键核心技术供给能力。

第十五条 市、区人民政府应当统筹规划、布局建设重大科技基础设施，保障设施的正常运行，承接设施衍生技术的开发与应用，发挥设施对科技资源的集聚与辐射作用。

市、区人民政府应当推进新一代移动通信技术、人工智能、工业互联网、物联网、区块链、大数据、智能交通、云计算、超算、智慧能源等新型基础设施建设。

市、区人民政府应当鼓励民办高等学校、民办科研机构、民营企业建设或者参与建设重大科技基础设施和新型基础设施，根据实际情况给予资金支持。

第十六条 市、区人民政府应当统筹规划科技创新平台建设与发展，加大对核心科技创新平台建设的支持力度，积极争取国家重大科技创新平台落地本市，将符合条件的科技创新平台优先列入年度重点项目建设计划。

市、区人民政府在用地保障、财政资金、人才引进、出入境管理、注册登记、信息服务、成果转化、运营管理自主权、生活配套设施建设等方面，对在本市设立的下列科技创新平台的建设与发展给予支持：

（一）科技基础条件平台、国家实验室、省实验室、国家重点实验室、技术创新中心、产业创新中心、工程研究中心、制造业创新中心、临床医学研究中心等重大创新平台；

（二）与境内外高等学校、科研机构、行业龙头企业共建的联合研究院；

（三）境内外顶尖实验室、研究所、高等学校、跨国公司在本市设立的高水平研究院、科学实验室和研发中心；

（四）其他具有本市优势和特色的科学研究创新平台。

第十七条　支持企业及其他社会力量通过设立基金、捐赠等方式投入基础研究和应用基础研究。企业或者社会组织用于资助基础研究和应用基础研究的捐赠支出，可以按照有关规定参照出资捐赠享受有关优惠待遇。

第三章　技术创新

第十八条　完善以企业为主体、市场为导向、产学研用深度融合的技术创新体系，形成研究开发、应用推广、产业发展贯通融合的机制，提高自主创新能力。

市、区人民政府应当在技术创新中发挥组织、协调、引导作用，支持技术创新平台建设和企业开展技术创新活动。

第十九条　坚持围绕产业链的核心环节和城市建设服务的重大问题，支持人工智能、集成电路、智能网联汽车、生物医药、脑科学与类脑研究、新能源、新材料等关键领域核心技术开发，积极参与国家战略性科学计划和科学工程，加强科学探索和技术攻关，突出关键共性技术、前沿引领技术、现代工程技术、颠覆性技术创新，形成持续创新的系统能力。

第二十条　对于涉及国家利益和社会公共利益的重大技术攻关项目，市人民政府可以通过下达指令性任务等方式，组织关键核心技术攻关项目。

第二十一条　市、区人民政府应当制定政策措施，通过资金扶持、用地保障、公共服务采购等方式支持新型研发机构的发展，完善多元化投资机制。

新型研发机构应当建立和完善管理制度现代化、运行机制市场化、用人机制灵活的法人治理结构，聚焦科学研究、技术创新和研发服务。

第二十二条 发挥企业在技术创新中的主体作用，强化协同创新，促进各类创新要素向企业集聚，支持行业骨干企业牵头组建创新联合体，与高等学校、科研机构以及其他组织建立联合研究开发机构、技术转移机构、产业技术创新联盟等各类产学研平台，承担国家、省、市重大科技项目，合作开展产业关键共性技术攻关，实现创新成果产业化。

鼓励企业单独或者联合高等学校、科研机构申报本市科技计划项目；对具有明确市场应用前景的科技计划项目，科技行政主管部门应当优先立项。

企业申报或者联合高等学校、科研机构申报国家或者省级重大科技项目获准立项、组织单位有明确资金配套要求和配套比例的，市或者区财政部门应当按照配套要求或者比例予以配套；没有明确配套要求和比例的，可以视财力情况予以配套资金支持。

第二十三条 支持高等学校、科研机构、企业和其他社会组织牵头或者参与国际标准、国家标准、行业标准、地方标准和团体标准的起草和修订，推动科技创新成果形成相关技术标准。

第四章 科技人才

第二十四条 市人民政府应当根据本市经济社会发展和高等学校、科研机构、企业等主体科技创新的实际需要，制定科技人才发展规划，实施广聚英才计划，加大培养、引进科技人才的财政投入，打造全球人才创新高地。

市人民政府应当推进国际化人才特区建设，开展技术移民试点。

市人才工作部门应当会同科技、人力资源社会保障等行政管理部门编制高端和紧缺人才目录，并定期向社会发布。

第二十五条 市、区人民政府应当建立健全科技人才培养、引进、使用、评价、激励等工作机制，扩大用人单位人事自主权。

市人才工作部门应当会同科技、人力资源社会保障等行政管理部门优化引进、认定科技人才的程序。

第二十六条 市、区人民政府应当支持高层次科技人才和领军团队来穗发展，给予人才经费和项目资助经费。

本市重点引进和培养下列高层次科技人才和领军团队：

（一）基础研究或者战略性新兴产业核心技术研究领域的国际顶尖战略科

学家和科学家团队；

（二）开创战略产业项目、延伸产业链、掌握核心技术的科技人才团队；

（三）科技金融、科技中介、知识产权运营和保护等科技创新高端服务业领域的人才和人才团队；

（四）经市人民政府认定的，对我市科技创新创业或者产业发展具有战略引领推动作用的人才和人才团队。

市、区人民政府鼓励高等学校、科研机构和其他企事业单位聘请科学顾问、咨询专家，发挥高层次科技人才和领军团队作用，依照相关规定给予适当经费支持，对符合规定条件的人才可以给予相应的人才待遇。

第二十七条　市人民政府应当建立符合人才成长规律长期稳定的青年科技人才支持和培养机制，设立青年科技人才支持专项，支持青年科技人才开展科技创新活动，培育青年科技人才成长为学科带头人，对符合条件的青年科技人才开展的研发活动给予政策和资金支持。

第二十八条　本市鼓励和支持高等学校对学科专业实行动态调整，推动与本市产业需求相适应的人才培养，促进交叉学科发展，提高人才培养质量。

本市鼓励和支持学校根据人才培养定位，开发开设创新创业教育课程，建立健全学生创业指导服务专门机构，建立学生创新创业教育实践平台和校外实践教育基地，加强创新创业培训。

第二十九条　本市建立和完善高技能人才培养、引进、评价、使用、激励、保障等机制，提高高技能人才待遇水平。

本市促进职业技术教育的发展，支持职业院校和各类职业技能培训机构与企业合作共建实习实践基地，支持职业院校教师和企业技术人才双向交流，创新企业人才培养模式。

本市支持企业开展职工在岗教育培训，建立首席技师制度，建设技能大师工作室、劳模和工匠人才创新工作室、职工创新工作室、青创先锋工作室等。

第三十条　市人民政府应当建立多元化科技人才评价机制，坚持分类评价、同行评审，构建用人主体发现、国际同行认可、大数据测评的人才遴选机制。

市人民政府应当建立以科研能力和创新成果质量、贡献为导向的科技人才评价指标体系，完善科技人员的考核评价和技术职务聘用制度，将科学发现、技术创新和科技成果推广应用、产业化情况作为考核评价和技术职务聘用的重要依据，支持符合条件的高等学校、科研机构、大型企业等用人单位自主开展职称评聘和人才认定。

第三十一条　鼓励企业与高等学校、科研机构建立科技人才双向流动机制。高等学校、科研机构科技人员可以按照有关规定到企业兼职兼薪。高等学校、科研机构可以设置一定比例的流动岗位，引进有创新实践经验的企业家和企业科技人员兼职从事教学和科研工作。

科技人员兼职期间，应当就兼职期限、保密内容、知识产权保护、收益分配、后续成果归属等与所在本单位、兼职单位进行约定。

第三十二条　本市实行人才绿卡制度，非本市户籍的高层次科技人才享受市民同等待遇。

市、区人民政府及其相关行政管理部门在企业设立、项目申报、科研条件保障、出入境、户籍或者居住证办理、住房保障、医疗保障、子女入学、配偶安置、购车上牌等方面，应当为科技人才提供便利条件和服务。

市、区人民政府应当鼓励金融机构为科技人才提供投资、贷款、保险等金融服务，搭建创投机构与创新项目对接平台，探索设立人才科技创新基金。

市人力资源社会保障行政管理部门应当建设科技人才大数据平台，构建全市统一、线上线下相结合的一站式智能化人才综合服务平台，推进人力资源服务产业发展。

市、区人民政府应当根据科技人才集聚的要求，规划建设人才公寓，为科技人才安居提供便利。

第三十三条　市、区人民政府及其相关部门应当加强科技创新重点人才项目监测考核和绩效评估，建立并实施人才退出机制。

入选人才项目的人员因未尽到勤勉尽责义务导致科研项目中期考核、结题验收不合格，或者存在科研失信行为的，科技行政主管部门、人才工作部门可以要求整改，对其作出退出经费资助或者人才项目的决定，取消相关称号，部分或者全部收回资助，相关人员按规定在一定期限内不得申报人才项目。

第五章　科技经费和科技金融

第三十四条　本市建立以政府投入为引导、企业投入为主体、社会资本广泛参与的多元化、多渠道的科技经费投入体系，推动全社会科技创新经费持续稳步增长。

市、区人民政府应当将财政性科技经费纳入本级财政预算，保障财政性科技经费投入。

市人民政府设立科技创新发展专项资金，用于基础研究、应用基础研究、技术研发、成果转化、科技创新交流与合作、科技创新基础设施和科技创新平台建设等活动。

第三十五条 市、区人民政府可以通过奖励、科技金融等方式，支持企业加大关键核心技术的研发经费投入，建立企业研发机构，加强技术创新能力建设，发展成为具有自主知识产权、自主品牌和持续创新能力的创新型企业。

第三十六条 国有企业应当根据经营状况，加大研发投入，提高企业的核心竞争力。

国有资产监督管理部门应当加强对国有企业研发投入的引导和督促，并将国有企业的研发投入、技术创新能力建设、技术创新成效以及知识产权产出与应用等纳入经营业绩考核。

第三十七条 企业开发新技术、新产品、新工艺，从事核心技术、关键技术和公共技术研究，或者开展基础研究和应用基础研究的，按照有关规定享受研究开发费用税前加计扣除、科研仪器设备加速折旧、技术开发和转让税收减免等优惠待遇。

税务机关应当会同相关行政管理部门落实国家促进科技创新的相关税费政策，提供办理减免相关税费的咨询服务和指南，提高税费服务工作水平和效率。

税务机关应当向社会公开税费优惠政策、办理减免税费的种类、条件、程序、期限等。

第三十八条 本市加强科技创新基金体系建设，通过政府引导、市场培育等方式，建立覆盖种子期、初创期、成长期、并购重组期投资的基金体系，完善科技创新基金退出机制，支持私募股权投资二级市场建设。

市、区人民政府可以设立天使投资基金等投资引导基金并足额出资，引导社会资本向科技创新项目、科技企业进行风险投资。

本市鼓励社会资本进入科技创新创业领域，支持创业投资机构与在穗机构共同设立创业投资基金，开展投资活动。

市人民政府应当建立和完善国有投资基金的种子期、初创期、成长期、并购重组期投资机制和符合科技创新创业投资规律的国有资产绩效考核机制，充分发挥国有投资基金对科技创新的引领和推动作用。

第三十九条 本市鼓励商业银行建立聚焦科技企业信贷服务的风险控制和激励考核体系，开展知识产权质押贷款、预期收益质押贷款、高新技术产品订单贷款等适应科技创新创业需求的融资业务。

本市鼓励商业银行结合科技企业特点，依法开展外部投贷联动业务。

第四十条 市、区人民政府应当建立健全科技企业多层次资本市场扶持制度，建立科技企业上市后备库，加强分类指导，鼓励和支持符合条件的科技企业在境内外多层次资本市场挂牌上市。

市、区人民政府应当鼓励符合条件的企业通过发行公司债券、企业债券等进行直接融资，可以通过适当方式安排补助、补贴。

市、区人民政府应当鼓励科技企业强化知识产权运用，发行知识产权证券化产品等满足融资需求。

第四十一条 小额贷款公司、融资担保公司、融资租赁公司、商业保理公司等地方金融机构可以依法开发、开展特色金融产品和服务，为科技企业提供融资便利。

第四十二条 本市鼓励保险机构依法开展科技保险业务，创新产品和服务，为科技企业在产品研发、生产、销售各环节以及数据安全、知识产权保护等方面提供保障，建立科技企业保险理赔快速通道。

第四十三条 市、区人民政府应当通过建立科技贷款风险财政有限补偿制度以及知识产权质押融资风险分担机制等方式，充分发挥现有政策性担保资金的作用，扶持担保机构为企业的科技创新活动提供担保。

市、区人民政府可以将开展科技创新金融服务的商业银行、保险机构以及地方金融机构纳入财政风险补偿、风险代偿等范围。

第四十四条 市、区人民政府应当根据本行政区域的实际情况，建立科技金融服务中心等服务机构或者平台，利用大数据、区块链、人工智能等科技手段，为科技企业提供线上化、智能化、批量化投融资对接等服务。

市科技行政主管部门应当会同市金融工作部门与金融机构建立科技创新政策及信息沟通机制，定期发布科技企业及高新技术项目情况，鼓励、引导金融机构设立为科技企业服务的分支机构或专营部门，提供适应科技企业需求的金融产品和金融服务。

第六章 成果转化

第四十五条 市、区人民政府应当支持下列事项，促进科技成果在本市转化：

（一）高等学校、科研机构建立科技成果转化机构；

（二）科技成果的中间试验、工业性试验、工程化开发以及示范应用；

（三）科技成果转化专业服务机构建设和发展；

（四）科技成果转化人才的培养；

（五）促进科技成果转化的其他事项。

市、区人民政府应当支持科技创新所需的应用场景建设，支持新技术、新产品、新业态、新商业模式在本市测试、试用、应用，并依法提供其所需的数据开放、基础设施、技术验证环境、检测标准、示范应用等服务，为其在本市落地提供便利。

市人民政府应当编制创新产品目录，推进创新产品首台套示范应用。

第四十六条 市、区人民政府应当加大对科技成果转化的财政支持力度，创新财政资金支持方式，引导社会资本投入，通过设立科技成果转化引导基金、风险补偿、科技保险、投贷联动等方式，支持高投入、高风险、高产出的科技成果的转化和产业化。

第四十七条 科技成果持有者可以采用下列方式进行科技成果转化：

（一）自行投资实施转化；

（二）向他人转让该科技成果；

（三）许可他人使用该科技成果；

（四）以该科技成果作为合作条件，与他人共同实施转化；

（五）以该科技成果作价投资，折算股份或者出资比例；

（六）开展技术开发、技术咨询、技术服务；

（七）其他协商确定的方式。

第四十八条 市人民政府应当采取有效措施，支持科技成果和知识产权交易平台建设，鼓励第三方评估机构发展，扶持技术经纪行业发展，促进交易市场发展，完善交易规则与程序，引导高等学校、科研机构、企业、科技创新服务机构和科技人才有序参与科技成果和知识产权交易活动。

第四十九条 利用本市财政资金设立的应用类科技项目，项目主管部门应当在合同中明确项目承担者的科技成果转化义务、项目主管部门可以许可他人实施的条件和程序等事项。

项目承担者无正当理由未履行成果转化义务的，项目主管部门可以在技术市场信息网络平台上发布，并依照约定许可他人实施。

第五十条 成果完成人在完成职务科技成果后，应当向所在单位报告，并对该职务科技成果后续试验、开发、应用、推广等工作予以配合。成果完成人所在单位对职务科技成果实施转化的，应当告知成果完成人。

高等学校、科研机构等事业单位可以授权成果完成人自主转化职务科技成果。成果完成人应当依照本条例第五十一条第二款的规定确定职务科技成果转化的价格，并在职务科技成果处置后一个月内将处置结果报所在单位。

第五十一条 高等学校、科研机构等事业单位对其持有的科技成果享有自主处置权、收益分配权，可以自主决定成果的转让、许可或者作价投资等，相关主管部门不再审批或者备案，但涉及国家秘密、国家安全、公共安全的除外。科技成果转化所获得的收入全部留归单位。

高等学校、科研机构等事业单位应当通过协议定价、在技术交易市场挂牌交易、拍卖等方式确定科技成果的价格。

高等学校、科研机构等事业单位可以按照不低于科技成果转化资产处置净收入或者科技成果形成的股份、出资比例百分之七十的标准，与成果完成人约定科技成果转化收益分配比例，以及资产处置、知识产权分配等具体事项。

科技成果转化资产处置净收入，是指科技成果技术合同成交额扣除相关税费、单位维护该科技成果的费用，以及处置过程中的评估、鉴定等直接费用后的余额。

第五十二条 高等学校、科研机构等事业单位职务科技成果转化所得收益用于在编在职人员的奖励部分，纳入事业单位绩效工资管理并进行绩效工资总量申报核定，但不纳入单位绩效工资总量基数调控。

国有企业对完成、转化职务科技成果做出重要贡献的人员给予奖励和报酬的支出，计入当年本单位工资总额，但不受当年本单位工资总额限制、不纳入本单位工资总额基数。

第五十三条 对于接受企业、其他社会组织委托项目形成的职务科技成果，高等学校、科研机构等事业单位依法享有所有权的，可以以合同约定由科技人员享有所有权或者使用权。

利用财政资金形成的职务科技成果，项目承担单位按照权利与责任对等、贡献与回报匹配的原则，依法赋予科技成果完成人或者团队所有权或者长期使用权，但不得影响国家安全、国家利益和重大社会公共利益。赋予科技成果完成人或者团队科技成果长期使用权的，许可使用期限不少于十年。

第七章　知识产权

第五十四条　本市实施知识产权战略，打通知识产权创造、运用、保护、管理、服务全链条，健全知识产权综合管理体制，增强系统保护能力，充分发挥知识产权引导、激励、保障科技创新的作用，建设知识产权强市。

市人民政府设立知识产权发展专项资金，用于知识产权的创造、运用、保护和管理，引导企业加大对知识产权的投入。

第五十五条　市、区人民政府应当实施专利等知识产权质量提升工程，引导企业加强知识产权储备，提高知识产权的价值。

市、区财政资金支持的应用性研究开发项目，应当以高价值知识产权的产出作为项目实施的主要目标。

第五十六条　市知识产权管理部门应当会同有关部门推动完善知识产权价值评估制度，培育具有较强公信力和市场认可度的评估机构，为知识产权运用、保护提供技术支持。

第五十七条　市、区人民政府应当推进规范化、市场化的知识产权运营服务体系建设，促进知识产权各项要素高效配置和合理流动，打造知识产权服务集聚区，发挥知识产权对高质量发展的保障支撑作用。

市、区人民政府应当支持专利信息利用等知识产权运营服务业的发展，培养知识产权运营专业人才，提高知识产权交易、许可、评估、投融资等方面能力。

第五十八条　市知识产权管理部门应当引导企业建立完善知识产权管理制度，形成贯穿研发、生产、经营各环节的知识产权管理体系，提高企业可持续发展能力。

第五十九条　市、区人民政府应当优化知识产权公共服务体系，为企事业单位、创新平台提供知识产权保护知识、信息、培训和辅导等公共服务，引导并协助高等学校、科研机构、企业等单位加强知识产权管理和风险防范。

市、区人民政府应当支持行业协会、知识产权服务机构等建立知识产权服务平台，为企事业单位和科技人员提供知识产权状况检索、查询、预警等服务。

第六十条　申报科技计划项目、参加科技创新产品政府采购、申请科技创新财政资金等活动的单位或者个人应当提交未侵犯知识产权的书面承诺，并在签订协议时约定违背承诺的责任。

第六十一条　本市建立多元化知识产权纠纷处理机制，充分发挥广州知识产权法院和其他司法机关的职能作用，加强知识产权的行政执法、司法审判、仲裁、调解等工作的有效衔接，保障科技创新主体合法权益。

市知识产权管理部门应当会同相关行政管理部门制定展会知识产权保护标准，建立展会知识产权快速保护模式，探索建立粤港澳大湾区展会知识产权境内外协同保护模式。

第六十二条　市知识产权管理部门应当建立境外知识产权保护协助机制和知识产权纠纷预警防范机制，推动成立知识产权境外维权联盟，开展企业境外知识产权保护现状调查，制定企业境外知识产权纠纷应对指引，提升企业和其他组织知识产权境外布局和境外维权能力。

第八章　区域与国际合作

第六十三条　市人民政府应当制定科技创新区域与国际合作规划，建立全方位、多层次、多渠道面向全球的科技创新区域与国际合作体系，支持科技创新主体融入全球创新网络，建成国际科技创新枢纽。

第六十四条　本市应当积极参与国家"一带一路"科技创新行动计划，全面发挥科技创新合作对共建"一带一路"的先导作用，打造发展理念相通、要素流动畅通、科技设施联通、创新链条融通、人员交流顺通的创新共同体。

支持企业、高等学校、科研机构在境外设立离岸科技孵化基地，与海外机构共建一批高水平联合实验室和研发中心。

第六十五条　本市推进粤港澳大湾区国际科技创新中心建设，优化创新制度和政策环境，促进创新要素便捷流动，加强与粤港澳大湾区其他城市科技创新的基础建设、产学研融合、平台共建、成果对接、知识产权保护等合作，推动广州、深圳、香港、澳门科技创新走廊建设，加快构建区域协同创新共同体。

第六十六条　市、区人民政府应当鼓励和支持高等学校、科研机构、企业等通过建设科技合作园区、公共创新平台、合作开展重大科技项目、专利实施许可合作等形式，开展国际和港澳台科技合作。

市、区人民政府应当鼓励和支持高等学校、科研机构、企业，以及各类对外科技交流专业机构通过举办学术会议、科技创新展会、创新创业大赛等方式开展国际和港澳台科技合作交流工作。

市、区人民政府应当支持外国和港澳台专家牵头或者参与本市科技创新战略研究、规划编制、项目实施、项目评审和验收等工作。

市、区人民政府鼓励和支持外国和港澳台专家、科研机构或者企业按照有关规定承担本市科技创新计划项目或者担任项目负责人。

市、区人民政府应当在商务考察、出境参展、贸易洽谈、离岸创新创业、技术贸易、出入境管理、外汇管理等方面为国际和港澳台科技创新合作交流提供服务和便利。

第六十七条 本市支持科技成果转化专业服务机构开展跨境、跨区域的科技成果转化服务，在不涉及国家安全、不损害国家利益的前提下为开展技术合作、技术贸易，引进、消化和吸收境外先进技术提供服务。

鼓励国际、国内其他地区科技成果转化专业服务机构在本市设立分支机构，集聚科技成果转化人才，开展科技成果转化合作。

第六十八条 本市支持港澳高等学校和科研机构按照有关规定牵头或者独立申报市科技计划项目。

本市按照有关规定建立财政科研资金跨境使用机制，财政科研资金可以直接拨付至港澳高等学校和科研机构。

科技行政主管部门负责统筹和协调财政科研资金跨境使用。

第九章　创新环境

第六十九条 市、区人民政府应当建立科技创新决策专家、企业咨询机制，在编制实施重大战略规划、制定重要科技创新政策、作出重大科技项目布局决策前，咨询专家和相关企业的意见。

市、区人民政府可以通过购买服务等方式，引入高端智库、咨询机构参与科技创新决策咨询。

第七十条 市、区人民政府及其相关行政管理部门应当创新体制机制，营造有利于科技创新的政策环境，通过资金扶持、规划引导、场地安排、协同攻关、政府采购、人才服务、技术推广、信息共享等途径和方式,提高本行政区域科技创新能力。

本市行政区域内高等学校、科研机构等单位高层次人才享受同等政策待遇。

民办高等学校、民办科研机构、民营企业等在科技计划项目申报、成果奖励、人才评价与服务等方面与公办高等学校、公办科研机构、国有企业等单位享受同等政策待遇。

第七十一条 市科技行政主管部门应当根据国民经济和社会发展规划组织编制科技创新发展规划,报市人民政府批准后组织实施。科技创新发展规划应当包括科技创新发展战略、目标、投入、重点领域与重点项目、保障措施等内容。

市科技行政主管部门应当根据科技创新发展规划制定科技创新计划并组织实施。

市科技行政主管部门应当根据科技创新发展规划和计划,定期向社会公布科技创新扶持项目指南,为高等学校、科研机构、企业开展科技创新活动提供指引。

第七十二条 市、区人民政府及其相关行政管理部门在国土空间规划和城市更新中,应当优先保障科技基础设施、重大创新平台、重点创新型企业等科技创新用地需求和配套用地需求,为科技创新发展提供公共生活配套保障。

市、区人民政府可以按照规定采用划拨或者协议出让方式供应科研用地,保障重大科技基础设施建设。采用划拨方式供应科研用地的,应当严格限制使用人的条件和土地使用用途等。

市、区人民政府可以实行用地弹性年期供应制度,根据科技创新相关政策和产业发展情况、用地单位经营情况,在法定最高出让年期内合理确定出让年期。

市、区人民政府可以按照规定采用长期租赁、先租后让等方式供应土地,保障科技创新类产业的用地需求。采用先租后让方式供应土地,企业租赁期满通过验收的,可以依法申请办理土地出让相关手续。

市、区人民政府可以通过配套建设、提高容积率、整治统租、回购、合作开发等方式筹集创新型产业用房,保障科技创新类产业、科研机构、科技公共服务平台、孵化器和众创空间以及技术先进型服务企业的用房需求。

有关单位和人员不得擅自改变本条第二、三、四、五款规定的土地、用房的用途；擅自改变土地用途的，由相关部门责令交还土地，并按照有关规定予以处理；擅自改变用房用途的，由相关部门按照合同约定收回用房。

第七十三条 市、区人民政府应当根据国家和省的战略规划和要求，结合本市产业发展实际情况，大力培育和发展战略性支柱产业集群和战略性新兴产业集群，加快建立具有国际竞争力的现代化产业体系。

市、区人民政府应当提升重点产业市场准入便利化水平，创新适合新技术、新产品、新业态、新模式发展的监管机制，对处于研发阶段、缺乏成熟标准或暂不完全适应既有监管体系的新兴技术和产业，实行包容审慎监管。

第七十四条 市、区人民政府应当根据科技创新企业的成长规律和发展需求，引导和支持多元投资主体建设众创空间、孵化器、加速器、科技产业园等全生命周期的科技企业孵化育成体系，对符合国土空间规划的孵化器新建或者扩建项目，优先安排用地计划指标。

市、区人民政府应当建立完善科技企业孵化器和众创空间建设发展奖励等财政资金支持制度，引导科技企业、孵化器、众创空间等孵化育成机构科学发展，支持在孵企业自主创新活动，完善创业孵化功能环境。

科技企业育成机构应当提高专业化服务水平，按照市场机制的原则，为进驻企业提供创新创业链条完整服务。

第七十五条 市、区人民政府应当建立科技创新服务机构引导扶持制度，推进科技创新服务机构的市场化、专业化、规范化、国际化，加大对科技创新服务机构的资金支持力度，重点支持研究开发、工业设计、科技成果转化、技术服务外包、检验检测、试验验证、科技咨询、知识产权服务、信息服务等领域的科技创新服务机构。

本市建立和推行公共科技服务政府购买制度，委托符合条件的科技创新服务机构提供专业性、技术性较强的技术服务。

第七十六条 市科技行政主管部门应当会同相关行政管理部门构建多层次科学数据开放共享和服务保障体系，采集科技项目、科技成果、科技人才、科技报告、科研诚信等数据信息，向社会提供信息查询、项目申报等一站式公共服务。

第七十七条 本市支持重大科技基础设施、重大科研平台等创新平台和大型科学仪器设施向社会开放，为其他单位和个人开展科技创新活动提供共享服务。

利用市财政资金购置的大型科学仪器设施,其维护和管理责任单位应当向市科技行政主管部门指定的共享平台报送大型科学仪器设施的名称型号、应用范围、服务内容等基本信息。

市科技行政主管部门应当将财政资金资助的创新平台,以及企业愿意向社会开放的专业技术研究开发平台的技术类别、研究内容、分布情况等基本信息向社会公布。

第七十八条 教育行政管理部门应当推动中小学校加强科学素质教育,建立激发科学思考、启发科学发现、引发科学探索的启智型基础教育导向。

中小学校应当按照教育部门有关规定,建立课外科学普及活动与学校科学课程相衔接的机制,开展多种形式课外科学普及活动。

鼓励中小学校与高等学校、科研机构、企业等联合建设创新实验室,开展创新人才培养试验和科学创造活动。

市人民政府应当加强广州科学馆等大型科普场馆建设,市、区人民政府应当支持广州市科学技术普及基地等专题科普场所运营。

第七十九条 科技行政主管部门应当会同宣传、文化等部门,加大对科技人才、创新企业家、高技能人才以及科技创新成果的宣传力度,弘扬科学家精神、企业家精神和工匠精神,培育热爱科学、崇尚创新、追求卓越、宽容失败的创新文化。

第八十条 利用本市财政资金的科技项目,项目申报期间,以科技人员提出的技术为主进行论证,项目实施期间,科技人员可以在研究方向不变、申报指标不降低的前提下,自主调整研究方案和技术路线。科技项目负责人可以根据项目需要,按照规定自主组建科研团队,并结合项目实施进展情况进行相应调整,报项目管理机构备案。

第八十一条 市人民政府应当扩大科技人员经费使用自主权,简化科技项目经费预算编制,推行科技经费负面清单、包干制等符合科技创新规律的财政科技经费使用管理模式。

利用本市财政资金的科技项目,项目承担单位在项目总预算不变的前提下,可以根据科研活动实际需要自主调剂直接经费全部科目的经费支出;项目承担人员的劳务费、绩效奖励等人力资源成本可以从项目经费中支出,不受比例限制。

科技项目经费应当及时下拨给项目承担单位,纳入单位预算进行管理。

第八十二条 科技行政主管部门和相关行政管理部门应当建立、完善财政性科技经费的申请、使用管理和审核机制，向社会公布各类财政资金的使用范围、申请条件、审核程序等，为高等学校、科研机构、企业和其他单位申请财政资金提供一站式服务。

第八十三条 项目主管部门应当建立科技项目立项审查、评审结果公开制度以及评审专家的遴选、回避、问责制度。

科技项目可以按照项目组织需要，实行专家评审、专家咨询、以赛代评、以投代评等方式与行政决策相结合的立项审查制度。专家评审、咨询意见应当作为科技项目立项的重要参考依据。

评审人员应当遵守相关法律法规，按照公平竞争和诚实信用的原则开展评审、验收、评估、鉴定活动，不得有下列行为：

（一）提供虚假的评审结果或者鉴定结论；

（二）泄露申报单位的商业秘密或者技术秘密；

（三）串通申报单位获取非法利益；

（四）其他损害国家利益和社会公共利益的行为。

评审人员违反前款规定的，由相关行政管理部门记入科研诚信档案，并在五年内不得参与财政资助的科技成果和科技项目评审、验收、评估、鉴定等工作。

第八十四条 市、区相关项目主管部门应当建立以结果管理为导向的科技项目管理体制，通过部门间监督检查结果互认等方式避免对科技创新活动的行政干扰，健全科技项目立项、执行、验收等制度，按照下列要求，对科技项目进行监督管理：

（一）精简科技项目申报要求，整合管理环节，对科技管理信息系统已有的材料，不得要求申报人重复提供；

（二）自由探索类基础研究项目和实施周期在三年内的项目，以承担单位自我管理为主，以抽查方式实施过程检查；

（三）合并财务验收和技术验收，委托项目管理专业机构进行综合评价验收。

审计部门依法开展科技项目审计工作，加强各级审计部门之间的沟通，采取审计结果互认等方式避免重复审计。

科技项目的立项、验收情况和过程检查结果依法向社会公开，但具有涉密性、敏感性等不宜公开的项目除外。

第八十五条 市、区科技行政主管部门应当会同相关行政管理部门建立科研诚信管理工作机制，建立科研诚信信息共享机制和科研诚信档案，按照有关规定完善失信行为调查核实、公开公示、惩戒处理等制度。

高等学校、科研机构、企业等主体及其科技人员存在科研失信行为的，按照有关规定处理。

高等学校、科研机构、企业发现科技人员在科技创新工作中存在科研失信行为的，应当向相关主管部门报告，由其记入科研诚信档案。

第八十六条　市、区科技行政主管部门应当健全科技报告制度，推进科技成果的完整保存、持续积累、开放共享和转化应用。

市、区财政资金支持的科技项目的承担者应当向相应科技行政主管部门提交科技报告，并按照规定将科技成果和相关知识产权信息汇交到科技成果信息系统。涉密项目的科技报告按照相关保密规定另行处理。

市科技行政主管部门应当健全科技成果信息公开制度，按照有关规定无偿向社会公布科技项目实施情况以及科技成果相关信息，提供科技成果信息查询、筛选等公益服务，对本市科技成果转化状况进行监测、分析和评价。

鼓励利用非财政资金支持的科技项目的承担者向科技行政主管部门提交科技报告，将科技成果和相关知识产权信息汇交到科技成果信息系统。

第八十七条　市、区科技行政主管部门应当会同同级统计机构建立健全科技创新统计制度，定期向社会公布本行政区域内的科技创新主要统计指标，对本地区科技创新发展状况进行监测、分析和评价。

第八十八条　对财政资金资助的科技项目，其原始记录证明项目承担单位和科技人员已经履行了勤勉尽责义务仍不能完成的，经项目主管部门组织专家论证后，该项目可以结题；该项目承担单位和个人继续申请利用财政资金设立的科技项目不受影响。

项目承担单位应当加强对原始记录的管理，指导、督促科技人员规范、及时、准确做好研究开发、试验等科研记录，确保原始记录客观、真实、完整。

第八十九条　高等学校、科研机构等事业单位以及国有企业推进科技成果转化，没有达到预期效果或者因成果转化后续价值发生变化造成损失，负有责任的领导人员和直接责任人员已经履行勤勉尽责义务，未牟取非法利益，决策和实施程序符合规定的，不纳入高等学校、科研机构等事业单位以及国有企业国有资产对外投资保值增值考核范围，免责办理亏损资产核销手续。

第九十条　市、区人民政府及其部门、事业单位、国有企业工作人员推进科技创新工作出现失误或者偏差，未达到预期效果，同时符合下列条件的，不承担责任，不作负面评价，在绩效考核、评先评优、职务晋升、职称评聘和表彰奖励等方面不受影响：

（一）决策和实施程序未违反法律法规的强制性规定；

（二）未造成重大损失；

（三）相关人员履行了勤勉尽责义务且未谋取非法利益；

（四）未恶意串通，损害公共利益和他人合法权益。

符合前款规定条件之一的，可以从轻、减轻处理。

法律、行政法规和本省地方性法规对免责和从轻、减轻处理另有规定的，从其规定。

第九十一条　单位或者个人受到责任追究，认为依照本条例第八十八条、第八十九条、第九十条规定应当免责或者容错的，可以向责任追究决定机关、申诉处理机关提出申辩、申请复核或者申诉；有关机关经审查认为符合免责或者容错规定的，应当撤销责任追究决定或者重新作出从轻、减轻处理的决定。

对依照本条例规定不予追究责任的情形，在没有新的追责事实、证据的情况下，不重新启动调查、问责程序。

第九十二条　单位或者个人采取欺骗手段获得财政性科技项目经费、补贴、奖金、税收优惠待遇的，由有关部门追回相关资金，记入科研诚信档案，按照有关规定进行处理；构成犯罪的，依法追究刑事责任。

第九十三条　市、区人民政府及其科技行政主管部门和相关行政管理部门违反本条例规定，未依法履行职责的，由有关机关责令改正，对负有责任的领导人员和直接责任人员依法给予处分；构成犯罪的，依法追究刑事责任。

第十章　附　则

第九十四条　本条例有关高等学校、科研机构的规定，适用于医疗卫生和文化机构。

第九十五条　本条例自 2021 年 7 月 1 日起施行。《广州市科技创新促进条例》《广州市促进科技成果转化条例》和《广州市科学技术经费投入与管理条例》同时废止。

广州市人民政府关于印发广州市用绣花功夫建设更具国际竞争力营商环境若干措施的通知

穗府〔2021〕6号

各区人民政府，市政府各部门、各直属机构：

现将《广州市用绣花功夫建设更具国际竞争力营商环境若干措施》印发给你们，请认真组织实施。实施过程中遇到的问题，请径向市全面优化营商环境领导小组办公室（市发展改革委）反映。

广州市人民政府
2021年5月8日

广州市用绣花功夫建设更具国际竞争力营商环境若干措施

为深入贯彻习近平总书记关于广州要"率先加大营商环境改革力度""在现代化国际化营商环境方面出新出彩"等重要指示精神，坚持"人人都是营商环境、处处优化营商环境"理念，用绣花功夫扎实推动营商环境改革各项任务落实落地，努力构建更具竞争力的国际一流营商环境，更好服务市场主体和人民群众，助力粤港澳大湾区建设，特制定若干措施如下：

一、全面推进改革创新试点

（一）建设国家营商环境创新试点城市。围绕行政审批制度、商事登记制度、事中事后监管机制、政务服务效能等重点领域先行先试，争取一批含金量大、企业和群众呼声高、示范带动效应强的综合授权改革在广州落地，打造全国营商环境改革的重要"策源地"和"试验田"。

（二）争创要素市场化配置改革试点示范。推进省要素市场化配置改革试点。建立完善要素市场，创新要素供给方式，建设要素交易平台，推动要素价格市场决定、流动自主有序、配置高效公平，打造全国乃至全球资源要素配置中心。

（三）构建中新广州知识城开放合作示范区。对标国际先进水平，推动知识城在公共管理、人才服务、金融创新、知识产权保护和运用等方面，形成更多创造型引领型改革成果，构建知识创造新高地、国际人才自由港、湾区创新策源地、开放合作示范区，打造成为具有全球影响力的国家知识中心。

（四）建设南沙粤港澳全面合作示范区。推动粤港澳制度规则常态化对接，持续深化"湾区通"工程，打造内地与港澳规则相互衔接示范基地。推动营商环境国际交流促进中心落户南沙，实施对港澳跨境服务贸易更加开放措施，吸引集聚更多港澳专业服务机构，提升服务贸易自由化水平。

（五）打造社会信用体系建设全国标杆城市。推进越秀区、广州高新区（黄埔区）开展省信用建设服务实体经济发展试点，探索形成适应高质量发展要求的社会信用体系。拓展"信易+"惠企便民应用场景，支持南沙区创建信用治理创新先行区。

二、率先构建粤港澳大湾区高标准市场体系

（六）促进资源要素跨境流动高效便捷。争取放宽赴港澳签注管理，试行往返港澳便利政策。推进大湾区职称评价和职业资格认可，支持符合条件的港澳专业人才申报职称评审、参加职业资格考试。深化粤港"跨境一锁"应用，扩大"一锁到底、全程监管"模式应用，服务范围由货运转关扩展至粤港澳三地进出境邮件转关运输。探索推进大湾区内地海关与港澳相关机构检验检测结果互认，减少重复检验检测。简化优化跨境科研资金管理。

（七）提升投资贸易便利化水平。争取放宽港澳企业商事登记投资者主体资格证明文件要求限制，开展穗港澳投资跨境商事登记全程电子化，探索开展公证文书信息共享。探索简化涉港澳公证文书，压减注册登记证明文件，推进电子签名互认证书应用。建立完善"湾区制造""湾区服务"评价认证体系。

（八）构建多元化争端解决机制。健全商事合同纠纷非诉解决、速调速判机制，探索国际商事网上调解方式，引导商事主体选择网络仲裁。推进南沙国际仲裁中心、广州国际商贸商事调解中心建设,持续推进粤港澳大湾区仲裁联盟建设,逐步实现仲裁员名册互认、仲裁规则共享。

(九)强化知识产权保护运用。开展大湾区知识产权互认试点。建设中国(广州)知识产权保护中心,携手港澳开展知识产权快速协同保护工作。加快出台知识产权保护与促进条例,完善知识产权纠纷司法鉴定和技术调查服务制度。推动知识产权跨境转让交易便利化,争取在广州开发区等特定区域开展知识产权临时仲裁。

(十)推进金融市场互联互通。推动扩大港澳居民代理见证开立个人银行结算账户业务试点银行机构范围,探索跨境人民币业务创新试点,推动建立跨境理财通机制。探索广东自贸区南沙新区片区FT账户(自由贸易账户)业务创新,推进贸易融资资产跨境转让业务试点,推动资本项目改革、金融市场开放和本外币合一银行账户体系探索。

三、攻坚营商环境便利化法治化改革

(十一)开办企业。全面推行"照、章、税、保、金、银"[申请营业执照、刻制印章、申领发票和税务UKey(税控设备)、就业和参保登记、住房公积金缴存登记、预约银行开户]全流程0.5天办结。依托"开办企业一网通平台",实现无介质一网联发电子营业执照、电子印章、电子发票。深化"证照分离"改革,简化涉企生产经营和审批条件,聚焦市场准入多头审批、市场主体关注度高的行业,研究实施"一业一证"改革,实现准入准营同步提速。

(十二)办理建筑许可。将社会投资简易低风险工程建设项目政策适用范围扩大至建筑面积10000平方米,全面推行一站式网上办理,从取得用地到不动产登记全流程6个环节,行政审批11个工作日内办结。全面推行联合测绘、联合审图,提升审批效率、服务质量。融合工程建设质量安全风险等级和施工单位管理水平两个维度,率先构建"双风险矩阵",差异化、精准化实施工程质量安全分级监管,提升监管效能。

(十三)获得用电用水用气。持续做好低压用户"四零"(零上门、零审批、零投资、零申请)和高压用户"三省"(省力、省时、省钱)服务。居民用户、低压非居民用户从报装申请到装表接电全过程2个环节,无外线工程3天通电、有外线工程7天通电;高压用户3个环节,供电企业办电报装业务12个工作日内办结。打造"停电可转供、故障可自愈"的坚强电网，2021年底前配网可转供电率达到99%。复制推广用电改革经验，提升用水用气办事便利度和群众满意度。

（十四）获得信贷。针对普惠金融服务机构实施差异化激励。运用普惠贷款风险补偿、应急转贷、贷款保证保险等政策工具，加大对中小企业融资支持力度。创新信贷产品和服务，拓展中小企业贷款抵质押物范围。不断扩大"银税互动""信易贷"规模，推动"贷款+投资""贷款+认股权"等投贷联动服务新模式发展，拓宽中小企业融资渠道。

（十五）不动产登记。推广应用电子签章、电子证照，实现企业间存量非住宅转移登记证照在线签发、纸质证书免费邮寄，个人不动产登记业务全程网办。拓展不动产登记"全城通办"业务范围。深化不动产登记与银行等金融机构的协同服务。实现不动产登记与电水气过户线上、线下"一窗受理、并联办理"。

（十六）纳税。推广应用165项高频办税事项"一次不用跑"和244项涉税（费）业务"全程网上办"事项清单。优化企业所得税、城镇土地使用税、房产税、土地增值税、印花税"五税合一"办税服务，加快推进财产行为税一体化纳税申报，简并纳税次数。推广"财税衔接""智能导办"，压减纳税时间。推进发票电子化改革，免费提供增值税电子专票开具服务。推进境外人士"无差别便利办税（费）"服务和"港澳企业及居民税费境外线上办理"服务。

（十七）跨境贸易。进一步拓展广州国际贸易"单一窗口"功能，深入实施单证无纸化提交和电子化流转，为企业提供全程可跟踪物流信息服务，以及电子支付、外汇结算、信用保险等金融集成服务。深化"两步申报""两段准入"改革，压减货物滞港时间和物流成本。创新海关监管方式，在确保数据安全的前提下，积极探索推进"远程监管模式""智慧审证""智能审图"。规范公示口岸收费清单，对进出南沙港区国际和国内集装箱班轮引航费按规定标准上限降低15%征收。

（十八）政府采购和招标投标。优化公共资源"一网通办"平台，完善在线招投标、采购评审、合同签订、工程验收功能，实现普通公路养护工程招投标全程在线办理。深化远程异地评标应用，实现异地抽取、在线打分、网上签名、生成报告。推行信用管理，通过扩大信用承诺制应用范围，鼓励招标人逐步减免取消投标保证金、履约保证金等各类工程担保。将改革范围拓展至普通公路新改建、房屋建筑等建设项目。

（十九）执行合同。完善随机自动分案系统，形成"智能识别为主、人工分流为辅"的繁简分流模式，扩大小额诉讼程序适用范围。完善独任制适用激励机制，制定适用独任制的案件标准，对基层法院民商事案件确立以独任制的适用为主、以合议制的适用为辅的审判组织原则。推进审判执行业务全流程网上办理，创新从立案到归档无纸化"一站式方案"。

（二十）办理破产。完善预重整规则及配套制度，实现庭外重组与庭内重整有效对接。建立重整投资平台，引入金融机构为有重整价值的企业继续经营提供流动性支持。完善市场主体退出机制，推进个人债务集中清理，建立财产登记、社会保障、征信记录等方面的协调机制。升级智慧破产审判系统，建设破产资产网络信息交互平台，对接破产企业需求与市场要素供给，实现资产快速变现和价值最大化。

（二十一）保护中小投资者。完善在线纠纷多元化解平台，提供分流推送案件、调解、申请司法确认、电子送达等在线服务。建立诉前调解机制，标的额1000万元以下案件均可适用。完善律师调查令、书证提出令等制度，建立网上申请律师调查令平台，提升中小投资者获取证据便利度。完善中小投资者诉讼绿色通道，组建专业化团队，集中高效审理中小投资者案件。

（二十二）劳动力市场监管。逐步建立和完善企业工资监控管理系统，对用人单位动态监管和风险监测预警。实现劳动人事争议调解仲裁全程"网上办"。设立"粤港澳大湾区劳动争议联合调解中心广州琶洲速调快裁服务站"和"粤港澳大湾区劳动争议（广州）创新研究院"，打造与国际接轨的劳动争议速调快裁服务模式。发布就业创业景气指数，搭建灵活用工、共享用工信息平台，开展劳动保障守法诚信评价。

四、提升服务市场主体的质量和效率

（二十三）全面实现政企民沟通"零距离"。充分发挥市优化营商环境法治联合体和市咨询委员会的作用，构建政府、企业和社会常态化研讨交流机制，发挥人大代表、政协委员、专家学者、市场人士、行业协会、中介机构等专业力量，为重大改革问题提供解决方案。依托政务服务大厅、网站以及12345政府服务热线等渠道为企业提供营商环境政策宣讲、政务服务咨询和诉求受理服务，对企业诉求"接诉即办"。

（二十四）深入实施"一件事一次办"改革。围绕个人全生命周期，新增出生、失业、退休等10件个人"一件事"专题服务；围绕企业从进入到退出全周期，新增准入设立、项目落地、创新创业等10件企业"一件事"主题服务。各事项由首办环节责任单位总牵头，制定协同审批工作方案，重新编制办事指南。公布"一件事一次办"改革事项清单、办事流程、审核标准，为市场主体提供精准导航导办服务。

（二十五）推进政务服务事项跨域通办。除法律法规规定必须到现场办理的事项外，其余事项全面纳入"跨域通办"事项清单，分批次对外公布。与深圳共建政务服务"广深通办"机制，统一业务标准和办理流程，率先实现两地跨城通办。与省内其他城市共建政务服务"省内通办"机制，实现多地联办。围绕粤港澳大湾区"9+2"城市群企业和群众异地办事需求，建立"湾区通办"机制，涉港澳服务事项在"穗好办"APP、"广东政务服务网"平台同步预约、跨境办理。

（二十六）进一步放出活力服出便利。深化市级行政权力事项下放工作，持续推动放权强区，同步制定配套保障措施，从人力财力方面加强对区和镇街保障，确保基层接得住、管得好，市、区两级服务质量同步提升。印发实施"疏解方案"3.0版，进一步疏解企业群众办事创业堵点痛点问题。

五、强化数字赋能营商环境改革

（二十七）提升"数字政府"效能。提升"一网通办"用户友好度和服务智能化水平，打响"穗好办"政务服务品牌。建立健全"一网统管"标准体系，建设"穗智管"城市运行管理中枢。优化政务云平台基础承载能力，建设政务区块链基础平台，打造政务"联盟链"，推动各领域政务数据"上云""上链"、协同共享。推动电子证照、电子印章、电子签名等"应用尽用"，探索推广电子凭证应用，加快实现政务服务"四免"（免材料、免表单、免实物章、免手写签名）。

（二十八）加速数字应用场景落地。坚持以提升企业获得感满意度为导向，加快政务服务流程再造和模式升级，全面推进涉企事项全程网办。坚持以民生需求为导向，有序推进就业服务、社会保障、教育供给、医疗健康等领域数字化应用。坚持共建共治共享，建设治安防控、应急防灾、生态治理、交通管理、城市管理等社会治理应用场景。

（二十九）建立公共数据开放利用管理机制。研究建立公共数据采集汇聚、共享交换、开放利用的基础制度和标准规范，提高数据质量和规范性。研究制定数据资源确权、开放、流通、交易相关制度，完善数据产权保护制度。安全有序推进政企数据共享对接与开发利用，构建政企数据共享机制。

（三十）推行政策兑现集成服务。全面梳理使用财政资金支付的行政奖励、资助、补贴等惠企政策，编制和公布政策兑现事项清单和办事指南。完善惠民惠企政策兑现"一站式"服务模式，试点开展惠企政策分类和标签化管理，加快实现一次申报、全程网办、快速兑现。强化政策精准推送，试行符合条件的企业免予申报、直接享受政策。

六、加快构建智慧监管新模式

（三十一）构建信用全周期闭环监管。建立健全贯穿市场主体全生命周期，衔接事前事中事后的信用监管机制。推动各领域实施行业信用评价，在"双随机一公开"监管中应用企业公共信用综合评价结果，依据企业信用等级、风险程度合理确定不同等级企业抽查频次。建立信用修复"一网通办"机制。探索推进政府和平台企业、征信机构合作监管模式。

（三十二）推行行业综合监管。聚焦数字经济等新经济领域，探索建立行业综合监管制度，厘清监管事项，理顺职能职责，建立行业综合监管清单，明确综合监管程序规则。强化监管全流程各环节衔接，做到监管信息实时共享，建立健全审批与监管部门数据互通、衔接配套工作机制，全面推行跨部门联合监管，实现"进一次门、查多项事"。

（三十三）实施包容审慎监管。按照鼓励创新原则，以容错纠错为导向，构建权责明确、公平公正、简约高效的包容审慎监管体系，分类量身定制事中事后监管规则和标准，统一行业执法标准和尺度。审慎行使自由裁量权，将市场轻微违法经营行为免处罚免强制清单范围扩展至各执法领域。实施对互联网医疗的监管，提高纠纷处置能力。推动个人健康档案在广州市内各医疗机构间共享。

（三十四）加强社会共治监管。坚持政府主导、企业自治、行业自律、社会监督，推动形成多元共治、互为支撑的协同监管格局。规范企业信息披露及企业年报公示制度，督促企业开展标准自我声明和质量公开承诺。针对安全生产、食品药品等关系人民生命财产安全和公共利益的重点行业，守住监管底线。建立"吹哨人"、内部人员依法举报机制,对严重违法违规行为和重大风险隐患的内部举报人予以奖励和严格保护。

(三十五)提升智慧协同监管。建设智能化行业综合监管平台系统,打造"主动发现、智能预警、自动派单、管理闭环"的智慧监管模式,促进政府监管规范化、精准化、协同化。统一数据标准,率先探索将市场监管部门"双随机、一公开""双公示""行政执法两平台""互联网+监管"四大监管体系融合互通,建立"四管合一"综合智慧监管平台。在食品药品、税务、海关、城市管理等监管领域推广应用"云监管",减少实地监管次数。

各区各部门要进一步完善优化营商环境工作机制,由"一把手"亲自抓,抓实抓好各项任务落地。各项改革任务牵头部门要落实改革主体责任,制定本领域改革方案,明确配合部门责任分工、改革时序和节点安排。各配合部门要主动对接牵头部门,切实履行职能职责,一体化协同推进相关领域改革任务。全市开展形式多样的宣传推介,提高改革政策的可及性,确保市场主体和人民群众切实享受改革红利,加强营商环境改革督导,坚持以评促改,引导和督促各区各部门不断深化营商环境改革。

广州市人民政府关于印发积极应对新冠肺炎疫情影响着力为企业纾困减负若干措施的通知

穗府规〔2021〕3号

各区人民政府,市政府各部门、各直属机构:

现将《关于积极应对新冠肺炎疫情影响着力为企业纾困减负若干措施》印发给你们,请认真组织实施。实施过程中遇到的问题,请径向市发展改革委反映。

广州市人民政府
2021年6月22日

关于积极应对新冠肺炎疫情影响
着力为企业纾困减负若干措施

为深入贯彻落实习近平总书记重要讲话和重要指示批示精神,全面落实党中央、国务院决策部署和省委、省政府工作要求,根据《广州市优化营商环境条例》相关规定,更好统筹疫情防控和经济社会发展,进一步聚焦企业(含个体工商户)关切,着力纾解企业困难,减轻企业负担,特别是加大对受疫情影响较大区域、行业的企业帮扶力度,努力把疫情影响降至最低,更大激发市场主体活力,促进经济平稳健康发展,特制定以下措施。

一、加大金融支持力度

强化跨部门信息共享,汇总受疫情影响较大行业、中高风险地区及实施封闭封控管理区域内的中小微企业名单,引导金融机构高效对接企业融资需求,精准提供融资支持。推动金融机构贯彻落实普惠小微企业贷款延期还本付息政策,助力小微企业缓解资金周转压力。对于实施延期还本付息的贷款,金融机构应坚持实质性风险判断,不因疫情因素下调贷款风险分类,不影响企业征信记录。推广运用普惠贷款风险补偿机制和转贷服务机制,力争在"两项机制"支持下2021年普惠小微企业贷款全年增长30%以上、新增小微企业法人"首贷户"数量高于2020年。支持银行业金融机构落实"普惠型小微企业贷款不良率不高于各项贷款不良率3个百分点以内"的容忍度标准。鼓励小额贷款公司对疫情防控相关企业、受疫情影响较大企业和个人下调贷款利率5%—10%、减免手续费用、延期或展期1—3个月、免除1—3个月罚息等,相关小额贷款公司可据此上调融资余额和贷款余额上限。

二、进一步减税降费

受疫情影响的纳税人、扣缴义务人可依法申请延期申报。对受疫情影响的"定期定额"户,结合实际情况合理调整定额,或简化停业手续。对纳税人在中高风险地区及实施封闭封控管理区域内或用于受疫情影响较大行业的房产、土地,纳税确有困难的,免征2021年6月至7月房产税、城镇土地使用税。增值税小规模纳税人适用3%征收率的应税销售收入减按1%征收率征收增值税。小规模纳税人发生增值税应税销售行为,合计月销售额未超过15万元人民币(以1个季度为1个纳税期的,季度销售额未超过45万元人民币)的,免征增值税。对小型微利企业年应纳税所得额不超过100万元人民币的部分,减按12.5%计入应纳税所得额,按20%的税率缴纳企业所得税;小型微利企业年应纳税所得额超过100万元人民币但不超过300万元人民币的部分,减按50%计入应纳税所得额,按20%的税率缴纳企业所得税。对个体工商户年应纳税所得额不超过100万元人民币的部分,在现行优惠政策基础上,减半征收个人所得税。继续按不高于2017年征收标准征收残疾人就业保障金,落实分档减缴和暂免征收优惠政策,实施期限至2022年12月31日(即征收所属期为2021年度)。对所属期为2021年1月1日至2021年12月31日的文化事业建设费予以免征。

三、减轻企业社保缴费负担

阶段性调整全市失业保险浮动费率至2022年4月底,原缴费系数为0.6

的下调为0.4，原缴费系数为0.8的下调为0.6。自2021年5月1日至2022年4月30日期间，在实施省级统筹基准费率标准和继续执行费率浮动办法的基础上，各用人单位的工伤保险缴费费率统一阶段性按下调50%执行。继续实施阶段性降低职工医保缴费率政策，用人单位的职工医保缴费率降低为6.35%（含生育保险费0.85%）。对全市中高风险地区及实施封闭封控管理区域内的单位、个人，尽量通过网上办理养老、失业、工伤、医疗和生育保险的参保缴费业务，未能按时办理的，可以在调整为非中高风险地区或解除封闭封控管理的次月起3个月内补办补缴，此期间不加收滞纳金，视同正常缴费，不影响个人社保权益。

四、减轻企业租金负担

对承租市属、区属国有全资、国有控股及实际控制国有企业和行政事业单位权属的土地房产（住宅用途除外），且最终承租人为非国有企业和非行政性事业单位的给予租金减免。其中，在有效合同期内，对位于中高风险地区及实施封闭封控管理区域范围内的，给予减免2个月租金；市内其他区域的，给予减免1个月租金；免收的租金在国企年度经营业绩考核和工资总额管理中视作利润。各区要引导支持集体物业、非国有企业和个人业主为受疫情影响较大行业、中高风险地区及实施封闭封控管理区域内的最终承租人减免租金或允许延期、分期缴租，对执行情况较好的可申请房产税、城镇土地使用税减免。

五、稳定企业用工

对不裁员、少裁员、符合条件的用人单位，继续实施普惠性失业保险稳岗返还政策，大型企业按不超过企业及其职工上年度实际缴纳失业保险费的30%返还，中小微企业按不超过60%返还。社会团体、基金会、社会服务机构、律师事务所、会计师事务所和以单位形式参保的个体经济组织参照实施。

六、深化信用服务实体经济功能

在"粤信融""信易贷"等中小微企业融资平台开设疫情防控金融服务专区，归集、整合疫情防控各项金融支持服务政策；完善"电力信易贷""物流信易贷""餐饮信易贷"等专属信贷产品，优化无抵押无担保纯信用融资产品"快易贷"等金融产品,为各类型中小企业提供融资综合信用服务。充分考虑疫情的影响,审慎认定失信惩戒名单,及时指导各类失信主体开展信用修复,提升信用等级。

七、加大住宿餐饮及零售企业帮扶力度

研究制定住宿餐饮业消费促进政策,帮助企业渡过难关、平稳发展。餐饮企业符合条件的岗位经审批可实行综合计算工时制或不定时工作制,保障餐饮单位稳定用工。餐饮企业可依法申请区域、路段和时段的城市道路临时占用许可,以移动餐车、快闪店等方式,参与食品摊贩经营,丰富餐饮消费供给。对保障全市尤其是中高风险地区及实施封闭封控管理区域群众生活必需品做出较大贡献的保供零售企业给予适当奖励。

八、推动文化旅游业尽快复苏

加大对文化旅游企业的金融、财政支持力度。支持文旅企业,特别是文艺院团、旅游企业为机关、企事业单位、社会组织的党建活动、党史学习教育有关活动、工会活动、公务活动、重大接待活动、会展等提供服务,鼓励委托旅行社代理安排交通、住宿、餐饮、会务等事项。支持市、区教育部门选择管理规范、信誉良好的旅行社安排学生研学实践活动。

九、加大会展业支持力度

对广州市新型冠状病毒肺炎疫情防控指挥部第13号通告发布（2021年5月29日）后,正在举办或已经进场布展的展览会,以及原定7月31日前举办,因配合分级分类疫情防控需要而延期,且2021年内继续在广州专业展馆举办的展览会,对举办单位实际发生的场租费用按照10%给予财政补贴,单个展览会最高补贴不超过100万元人民币。

本政策措施中"中高风险地区及实施封闭封控管理区域"指根据政府疫情防控工作通告,2021年5月21日后为中高风险地区及实施过或正在实施封闭封控管理的区域所在的街道（镇）;"受疫情影响较大行业"指住宿和餐饮业、零售业、交通运输业、文化体育和娱乐业、旅游业、会展业。

上述政策措施有效期自印发之日起至2021年12月31日,文中及国家和省政策另有规定的除外。

广州市人民政府关于印发广州市建设国家数字经济创新发展试验区实施方案的通知

穗府〔2021〕10号

各区人民政府，市政府各部门、各直属机构：

现将《广州市建设国家数字经济创新发展试验区实施方案》印发给你们，请结合实际认真贯彻落实。执行中遇到的问题，请径向市发展改革委反映。

广州市人民政府
2021年7月18日

广州市建设国家数字经济创新发展试验区实施方案

为深入贯彻国家数字经济发展战略，全面落实《国家数字经济创新发展试验区实施方案》、《广东省人民政府关于加快数字化发展的意见》（粤府〔2021〕31号）、《广东省人民政府关于印发广东省建设国家数字经济创新发展试验区工作方案的通知》（粤府函〔2020〕328号）及年度工作要点要求，加快广州数字经济创新发展，着力提升数字化生产力，探索构建以数据为关键要素的数字经济新生态，以更高质量推进实现老城市新活力、"四个出新出彩"，制定本方案。

一、总体要求

以习近平新时代中国特色社会主义思想为指导，深入贯彻落实习近平总书记关于发展数字经济的重要指示要求，抓住建设国家数字经济创新发展试验区和粤港澳大湾区国际科技创新中心的双重机遇，发挥广州在国内国际双循环中的重要作用，以促进数字产业化和产业数字化为驱动，围绕要素流通、核心技术产业发展、数字化转型、数字治理、数字经济基础设施建设等关键环节，强化创新要素高效配置，加快穗港澳规则对接，深化数字技术研发应用，推动数字经济核心产业发展，大力培育新业态新模式，加速经济社会各领域数字化转型，率先探索数字经济创新发展新思路、新模式、新路径，将广州打造成为粤港澳数字要素流通试验田、全国数字核心技术策源地、全球数字产业变革新标杆。

二、试验目标

力争通过 2 年左右时间试验探索，构建形成与数字经济发展相适应的政策法规体系、公共服务体系、产业生态体系和技术创新体系。数字经济对地区生产总值贡献率和产业数字化渗透率不断提升，到 2022 年，全市电子信息制造业产值超过 2800 亿元，软件和信息服务业收入超过 6000 亿元。穗港澳数字经济规则对接机制基本完善，实现数字经济创新要素在穗港澳充分汇聚、顺畅流动、深度应用。在数据要素高效配置、数字经济核心技术攻关等方面取得新突破，把广州建设成为国家数字经济创新发展试验区（广东）核心区，总结形成一批可复制推广的创新发展经验，有力支撑粤港澳大湾区建设，引领全国数字经济高质量发展。

三、重点任务

（一）加快数字新型基础设施建设。

1. 建设高速万物智联网络。全面建设 5G SA（独立组网），推进 F5G（第五代固定网络）建设，利用 50G PON（无源光纤网络）技术探索试验万兆接入能力。在率先实现 5G 商用的基础上，扩大 700MHz 频段广电 5G 网络的试验和建设规模。到 2022 年，全市累计建成 5G 基站达 3.89 万座，建成高可靠、低时延、广覆盖的 5G 网络连续覆盖城市。抢先部署下一代互联网等传输类基础设施建设，进一步提升 IPv6（互联网协议第 6 版）端到端贯通能力。加快工业互联网、车联网等行业应用型数字基础设施建设，推动形成行业公共服务平台。稳步推进工业互联网标识解析国家顶级节点（广州）扩容增能和二级节点建设，到 2022 年，共建成 35 个以上工业互联网标识解析二级节点，累计标识解析注册量超 50 亿。加快 NB-IoT（窄带物联网）建设，积极发展 LPWAN（低功耗广域网），深化 IIOT（工业物联网）在工业制造领域的行业应用，推动设备联网数据采集，到 2022 年，实现全市 NB-IoT 网络深度覆盖。前瞻布局量子通信网、卫星互联网、6G 等未来网络，规划部署量子保密通信城域试验网。

2. 布局先进算力基础设施。加快国家超级计算广州中心升级改造，建设基于 GPU（图形处理器）的人工智能、区块链算力中心，加快完善自主计算产业生态，打造粤港澳大湾区超算资源共享圈。积极布局建设智能计算中心等新型高性能计算平台，鼓励发展安全可扩展的区块链基础设施。布局建设低时延类小型或边缘数据中心，推进高等级绿色云计算平台及边缘计算节点建设，推动计算生态向移动端迁移。开展传统数据中心整合改造提升工程，整合提升低、小、散数据中心，加快应用先进节能技术，提升资源能源利用效率，推动集约绿色发展。探索构建基于超导计算、量子计算、类脑计算、生物计算、光计算等新型计算体系的算力基础设施。

3. 加快传统基础设施"智慧+"升级改造。全面推进智慧机场、智慧航道、智慧港口、智慧城市轨道交通建设，加快广州白云机场建设运营管理全生命周期智慧化改造，支持南沙港打造全数字化、智能化、无人化的湾区示范性港口，打造全国智慧城市轨道交通标杆示范。加大人工智能和大数据等技术在智慧交通建设等方面的应用，进一步提升综合交通枢纽智慧化水平。引导电厂集成智能传感、智能管控、智能管理等功能，构建智慧发电运行管理系统。加快数字配电网建设，推动构建新一代运维体系，实现生产管理高度数字化和安防能力提升，打造技术先进的"一体化、标准化、模块化"的智能设备应用，构建全覆盖、配网全域立体智能化监控体系及 5G+新一代高级量测体系。建设电动汽车智慧充电桩，支撑负荷密集区域配电网高效安全运行。推进"互联网+"智慧能源建设，建好用好广州市能源管理与辅助决策平台，提升能源精细化智能化管理水平。

（二）促进创新要素安全高效流通。

1. 推动数据资源开发利用。建立政务数据开放"负面清单"制度，进一步提升数据开放共享水平，以一体化政务大数据中心为主，公安大数据平台、智慧广州时空信息云平台等为辅，形成自然人、法人、自然资源与空间地理、社会信用和电子证照等基础数据库。探索建立政府"首席数据官"制度，推动公共数据应用场景创新。在人口管理、金融服务、医疗健康、教育、交通、生物安全等领域，统筹组织开展公共数据资源开发利用试点，建立开发利用目录清单，明确边界条件和监管措施。深化政企数据互联互通，强化政府、行业领域可用数据资源归集与分析，促进政府数据资源和社会数据资源安全可信、共享共用。拓展数据资源采集渠道，鼓励企业、行业协会、科研机构、社会组织等市场主体，采用网络搜取、传感采集、自愿提供、有偿购买等方式，推动行业数据、第三方社会数据有序汇聚。大力发展数据清洗、建模、可视化、用户画像、行业分析、信用评价等数据服务产业，鼓励企业、科研机构开展数据共享、开放、分析等精准化服务，实现由提供数据向提供服务转变。

2. 建立数据要素高效流通体系。探索建立数据流通与治理沙盒试验区，开展对数据确权、个人数据保护等相关法律法规的预研。加快推进数字经济领域立法工作，建立数据资源全链条制度体系。建立健全数据生成采集、整合汇聚、确权定价、流通交易、开发利用等方面的基础性规则，规范数据交易行为，加强个人信息保护和数据安全管理。引导培育大数据交易市场，搭建省级大数据流通、交易综合服务平台，促进大数据产业和实体经济、公共服务的深度融合，在安全可控的前提下，探索数据跨级、跨域融合。探索区块链、电子认证、隐私保护、数据安全等技术在数据确权与拆分、评估与定价、质押与抵押、访问与传输等领域的创新应用，发展数据资产评估、大数据征信、大数据融资等相关配套服务。争取国家支持在广州特定区域实行穗港澳三地数据跨境开放共享及安全管理，率先探索穗港澳数据要素流通规则，促进数据资源在大湾区充分汇聚、顺畅流动和深度应用。争取国家支持允许穗港澳联合设立的高校、科研机构建立专用科研网络，实现科学研究数据跨境互联。探索建设南沙（粤港澳）数据服务试验区，争取国家支持建设离岸数据中心，开展国际大数据服务。加快中新广州知识城国际数字枢纽建设，打造国际型信息基础设施枢纽、数据资源枢纽、国际合作枢纽、数字产业枢纽。

3. 推动数字贸易快速发展。建设数字贸易交易促进平台，促进境内外数字经济资源、内容、产品、服务、项目的展示和交流对接，提供数字版权确权、估价和交易流程服务。推进"智慧广交会"建设，在组展、招展等业务环节实现线上线下融合，建成全天候商贸平台。加速推进天河中央商务区国家数字服务出口基地建设，打造数字贸易的重要载体和数字服务出口的集聚区。依托南沙自贸区、空港经济区，提高跨境货物通关效率，创新跨境电子商务发展方式，加强广州商贸、制造、服务等产业链联动，扩大跨境电子商务贸易规模。积极参与国际数字贸易规则与标准制定，加快数字贸易发展和数字技术应用，培育贸易新业态新模式。探索建设国际互联网专用通道，为数字贸易提供快捷便利化的数据专用通路。引导专业批发市场通过互联网、大数据、云计算等新技术应用实施数字化转型，提升产业服务水平。鼓励企业搭建面向国际的基于互联网、区块链技术的电子商务、跨境贸易、对外投融资、数据服务、技术标准等服务平台，鼓励先进技术和模式向海外复制推广。

4. 深化数字科技和产业国际合作。鼓励香港、澳门符合条件的高校、科研机构（包括在穗的分支机构）申报粤穗联合基金和广州重点领域研发计划，就数字经济重大科研项目开展粤港澳合作。加快推动中新国际联合研究院、人工智能与数字经济广东省实验室（广州）等创新平台建设，深化数字经济领域国际前沿科技交流合作。持续发挥广州国际创新节、海交会、创交会等高层次国际科技创新交流展示平台作用，加强人才、科技、产业国际合作与交流。把握广州建设国际交往中心契机，深化数字经济国际交流，举办数字经济主题大会、论坛，汇聚国际顶级创新要素。加快境外合作数字经济园区建设，鼓励和支持数字经济领域企业"走出去"和"引进来"。在新兴产业领域争取国际标准组织、国际协调组织、重点企业、重大项目落户广州。

（三）完善数字经济创新体系建设。

1. 构建高水平战略创新体系。把握粤港澳大湾区国际科技创新中心和大湾区综合性国家科学中心建设机遇，围绕数字科技前沿领域，加快谋划建设人类细胞谱系等重大科技基础设施，探索建立多方共建共享机制。加快推进人工智能与数字经济广东省实验室（广州）等省实验室建设，积极争取建设国家生物信息中心粤港澳节点。推进广东粤港澳大湾区国家纳米科技创新研究院、广东省大湾区集成电路与系统应用研究院、中国科学院自动化研究所广州人工智能与先进计算研究院、华南理工大学先进材料学科平台等高水平创新研究平台建设。在第三代半导体及集成电路、新型显示、未来通信高端器件、超高清视频、生物医药等领域，布局建设一批国家产业创新中心、国家制造业创新中心、国家技术创新中心、国家企业技术中心等国家级创新平台。

2. 加强重点领域核心技术攻关。集中力量开展数字经济基础通用技术、前沿颠覆技术和非对称技术的研究创新。持续推进实施重点领域研发计划，着力突破集成电路制造设备、材料和工艺、基础软件、工业软件等重点领域关键核心技术。探索发展FDSOI（全耗尽绝缘体上硅技术）、异构集成等集成电路新技术路径。支持大型工业软件企业突破CAD（计算机辅助设计）、CAE（计算机辅助工程）、EDA（电子设计自动化）等关键核心技术。在大数据、云计算、人工智能、区块链、数字孪生等新技术领域开展技术基础理论、核心算法及关键共性技术研究。在6G、太赫兹、8K、量子信息、类脑计算、先进光子和集成芯片等前沿技术领域启动一批基础性、前瞻性重大科技项目。推动数字经济领域开展高价值专利培育布局。

3. 加快重大载体建设和试点示范。全面推进国家新一代人工智能创新发展试验区、国家人工智能创新应用先导区、国家区块链发展先行示范区建设，打造人工智能与区块链技术创新策源地、集聚发展新高地、开放合作重点区和制度改革试验田。面向关键共性技术和平台需求，建设国际化的开源项目和开源社区，鼓励龙头企业围绕人工智能、区块链、先进计算等重点领域，构建开放、融合、具有引领发展能力的创新生态，形成多元创新主体共同参与、协同创新平台有力支撑、场景应用深入融合的产业生态圈。举全市之力打造广州人工智能与数字经济试验区，发挥琶洲核心片区（含广州大学城）、广州国际金融城片区、鱼珠片区创新集聚和产业融合优势，建成世界一流的数字经济示范区、金融科技先行区、以区块链为特色的中国软件名城示范区、粤港澳大湾区智慧核和科技成果转化示范基地。中新广州知识城强化数字科技创新与知识产权保护，积极推动数字技术与智能装备、智慧城市等领域深度融合，打造数字经济与实体经济融合的产业集聚区。广州科学城围绕创业孵化、成果转化、国际技术转让等领域，打造数字经济新兴产业集聚区。南沙科学城对接全球高端科技创新资源，推动基础研究和产业技术创新融通发展，探索数字技术在海洋经济、人工智能产业、生物医药产业链、社会公共服务等领域的应用与创新，打造粤港澳大湾区产业和社会公共服务数字转型示范区。联动发挥全市各区域型数字经济集聚区主体作用，构建数字经济协同发展格局。

4. 推进新技术跨界融合与模式创新。加快新一代信息技术与生物技术、材料技术、能源技术等新技术交叉融合，支持跨界新技术新产品新业态新模式发展。推动计算生物、人工智能与智能诊疗、药品研发、基因检测、3D生物打印等生物医药领域重点技术的交叉融合。支持人工智能、量子计算在医疗大数据分析和诊疗中的创新应用。大力推进利用区块链技术实现电子健康档案和电子处方的共享共用。以生产领域为重点积极发展共享经济，重点推进厂房、设备、员工等生产要素共享平台发展，探索共享制造的商业模式和应用场景，促进流通和消费领域共享经济健康发展。大力发展特色化平台经济，推动电商服务从消费领域向工业领域延伸，积极构建工业电商平台，支持农业、物流业、贸易等细分领域的垂直电商平台与综合平台实现错位发展。大力推动线下线上结合的跨界融合创新，加快发展在线教育、互联网医疗、线上办公等线上服务新模式。

（四）提升数字经济核心产业优势。

1. 推动软件和信息服务业发展壮大。强化广州作为中国软件名城的产业集聚和辐射带动作用，积极创建中国软件名园，推动全市软件信息服务业加快形成梯队式协同发展新格局。重点发展基础软件、工业软件、区块链、互动娱乐等领域的软件和信息服务业，着力增强产业链供应链自主可控能力。加快通用软硬件（广州）适配测试中心建设，建设信息技术应用创新产品资源池，推进金融、交通、通信、能源等重点行业协同攻关创新，打造信创产业高地。推进设计仿真工业软件适配验证中心建设，支持研发推广 CAD、EDA 等工业软件，夯实制造业数字化基础。加快创建国家区块链发展先行示范区，推动区块链产业集聚，培育发展区块链产业生态。推进国家信息消费示范城市建设，做优做强互动娱乐产业。加快建设国家新型工业化产业示范基地（大数据），构建大数据全产业链。

2. 加强电子信息制造业发展优势。加快发展集成电路设计、超高清视频和新型显示产业。以片式化、微型化、集成化、高性能为目标，重点突破关键材料、核心电子元器件研发瓶颈，向中高端电子元器件研发与产业化发展。重点突破高端通用芯片设计，大力发展第三代半导体芯片，前瞻布局毫米波芯片、太赫兹芯片，优先发展特色工艺制程芯片制造，支持先进制程芯片制造，积极推进数模混合芯片制造。加快推进广州"粤芯"二期项目建设，推动集成电路设计、封装测试企业做大做强。牵头实施国家超高清视频产业行动计划，谋划建设世界显示之都，为建设全国超高清视频应用示范区和内容制作基地提供硬件基础。支持发展 OLED（有机发光二极管）、AMOLED（有源矩阵有机发光二极体）、Micro-LED（微型发光二极管）、QLED（量子点发光二极管）、印刷显示、柔性显示、石墨烯显示等新型显示关键核心技术，加速激光显示、3D 显示等前沿显示技术研发及产业化。加快推进超视堺 10.5 代 TFT-LCD（薄膜晶体管液晶显示器）显示器件生产线等重大项目建设，探索新型显示与 5G、物联网、工业互联网、人工智能等新一代信息技术的创新融合，积极拓展车载、医用、工控、穿戴、拼接、透明、镜面等新应用、新市场。

3. 推动数字创意产业集群化发展。高标准建设一批数字技术驱动型的数字创意产业园，培育一批具有全球竞争力的数字创意头部企业。强化技术攻关和数字文化产业装备制造发展，加快 VR/AR（虚拟现实/增强现实）、MR（混合现实）、全息成像、裸眼 3D 等数字创意关键应用技术攻关，大力发展 VR、可穿戴式、沉浸式等数字内容制作设备制造产业。建设公共数字文化服务云平台，推动各类公共数字文化服务平台互联互通，实现数据资源和应用服务合理调度。实施原创优质 IP（具有知识产权的知名文创作品）培育工程，提升游戏、动漫、网络文学等先进视听内容生产和供给能力。加快中国（广州）超高清视频创新产业园区建设，发挥超高清内容产业集群效应。重点推进花果山超高清视频产业特色小镇、广州国际媒体港、大湾区（花都湖）5G 高新视频数字创意产业基地等特色产业园区建设，做优做强 4K/8K 优质内容生产，推进 4K/8K 电视频道和节目制播系统建设。发挥动漫游戏电子竞技产业全国领先优势，依托科韵路软件业集聚区等互联网产业集聚区，培育一批具有国际影响力的动漫游戏品牌，建设国际一流的电竞赛事场馆。联动发挥全市各区互联网和数字创意集聚区作用，培育文商旅融合的数字创意新兴产业生态。发挥天河区国家文化出口基地以及龙头企业优势，促进粤港澳动漫游戏、网络文化、数字文化装备、数字艺术展示、数字印刷等数字创意产业合作。

（五）加速重点领域产业数字化转型。

1. 深入推进智能制造发展。以汽车制造、高端装备、家居、生物医药等行业转型为重点，推进智能制造建设。支持智能制造企业强化智能传感器、控制器、工控操作系统、嵌入式软件、工业数据分析软件系统等基础软硬件研发。引导工业企业与软件企业、互联网企业加强合作，促进大数据与云计算、物联网、工业互联网等融合集成，开发工业大数据应用解决方案。支持建设跨行业、特定行业、特定场景的工业互联网平台，持续完善工业互联网网络、平台、安全体系，推动企业将生产设备、核心业务系统等关键环节向云端迁移。支持规模以上工业企业开展生产线装备智能化改造，重点实施以传统制造装备联网、关键工序数控化等为重点的技术改造，加快先进智能装备和系统普及应用，建设智能生产线、智能车间和智能工厂，支持创建灯塔工厂。培育推广个性化定制、网络协同制造、远程运维服务、众创众包等智能制造新模式,推动"工业互联网+供应链"创新发展。大力发展机器人产业,高水平建设一批机器人技术研发和成果转化平台,支持建设国家工业机器人检测与评定中心(广州)等检测评价服务平台。实施"定制之都"示范工程,围绕定制家居、汽车、时尚服饰、智能终端、专业服务等重点领域,培育具有国际竞争力的规模化个性定制龙头骨干企业,打造集总部经济、展示体验为一体的产业集聚园区。

2. 加快智能汽车应用示范。推进车载高精度传感器、车规级芯片、智能操作系统、车载智能终端、智能计算平台、信息安全、高精度地图(定位)等产品研发和产业化,培育全国领先的解决方案和产品供应商。建立健全智能汽车测试评价体系及测试基础数据库,建设多源导航平台,建立完善包含路网信息的地理信息系统,构建先进完备的智能汽车基础数据体系。推进南沙区自动驾驶与智慧交通产业示范区、生物岛5G自动驾驶应用示范岛、广汽智联新能源汽车产业园、小鹏汽车智联总部、花都智能网联和新能源汽车产业基地等示范园区建设,加快智能道路基础设施建设和模型、软件、硬件、车辆及道路等在环测试工具开发,完善自动驾驶测试场景库,进一步推动中心城区自动驾驶道路测试和场景应用。搭建多层纵深防御、软硬件结合的安全防护体系,开展车载信息系统、服务平台及关键电子零部件安全检测,强化远程软件更新、监控服务等安全管理。争创全国车联网先导区,推动建立粤港澳大湾区内部跨市、跨境测试及应用协同机制,建设环大湾区车路协同试验网。

3. 探索智慧金融创新发展。深入实施"电子金融、数字金融、智慧金融"发展战略,推进区块链、大数据、人工智能等新技术在银行、证券、保险等行业的深度渗透,推动客户营销、风险防范、金融监管等领域的智慧化提质升级。积极推进智慧银行建设,推广智能柜员机、无人网点等新业态新模式。鼓励金融机构运用金融科技创新产品和服务,鼓励金融机构运用金融科技创新产品和服务,积极推动广州市供应链金融创新发展,探索构建广州供应链金融服务体系。支持广州期货交易所依托金融科技建设安全、高效的技术系统。建设完善"金鹰系统"(地方金融风险监测防控中心),打造地方金融风险监测防控的广州模式,打击各类非法集资、非法融资活动,维护金融秩序健康稳定。推进广州市数字普惠金融监管试验区建设,推动数字金融稳健创新发展。

4. 做大做强数字会展产业。依托中国进出口商品交易会平台优势,加强

"云上广交会""智慧广交会"建设,推动"线上数字经济+线下实体会展"融合转型。加强琶洲地区会展企业集聚,加快推动物联网、VR/AR、数字孪生、多媒体展示、全息投影等技术在各类会展活动中的应用,提升参展商家与观众的互动体验。加强对会展数据资源价值的深度挖掘,支持企业建设具有统计数据、分析评估等功能的会展信息管理系统。加大力度在琶洲地区引入数字经济领域国际性、高规格、前沿创新性题材的主题展会,支持工业自动化、智能装备、智慧物流、智能工厂、智慧交通等数字经济题材展会做大做强,发挥展会平台作用,促进数字经济与传统产业融合。加快中国进出口商品交易会(广交会)四期展馆建设,做大做强"广交会"品牌,提升会展业核心竞争力。

5. 推动数字农业升级发展。加强数字技术在现代农业产业园建设中的应用,推进农业生产、农产品加工和流通环节的数字化转型。依托广州国家现代农业产业科技创新中心等重点平台,促进农业科技创新孵化。深化物联网、大数据、地理信息系统、无人机等技术手段在农业中的应用。加强农业数据管理,有效实现农业气象灾害预判、农业生产实时监控、精准管理、远程控制和智能决策。打造粤港澳大湾区"菜篮子"工程枢纽城市,完善粤港澳大湾区"菜篮子"信息平台建设,采用区块链、物联网、大数据等技术实现农产品全生命周期溯源、质量安全与流通服务管理。试行食用农产品合格证制度,推进农产品质量安全追溯应用,强化蔬菜、水果、畜禽、禽蛋、养殖水产品可追溯,构建"来源可查、去向可追、责任可究"追溯制度机制。支持增城5G农业试验区建设,支持花都、从化、番禺、南沙等区深化种养、旅游等产业融合发展,提升现代都市农业发展水平。加快农产品电子商务发展,拓展丝苗米、迟菜心、荔枝等特色优质农产品网上推介销售渠道,发展农产品直播带货和农业跨境电商等新业态。

(六)加强数字化公共服务供给。

1. 加快数字政府迭代升级。完善政务信息化建设,推进大数据、云计算、人工智能、5G、物联网、区块链等前沿技术在数字政府领域的应用,实施基础设施联通优化工程、大数据流通治理工程、公共平台互通协同工程、创新应用工程、标准化工程。以开放、安全、合规为原则,在统筹规划和统一标准的基础上,建立全市统一的政务区块链基础平台。通过可信身份、电子证照共享和政务服务数据跨部门、跨区域共同维护利用、共享校验,最大限度地减材料、减跑动、减时限、减环节,打造"一网通办、全市通办"的"穗好办"政务服务品牌，建成"一网统管、全城统管"的"穗智管"城市运行管理中枢。打造覆盖政务信息化全链条、跨部门、跨层级的联合运营体系，实现全市数字政府各相关机构、组成要素一体化协同发展。

2. 筑牢智慧城市数字底座。加强大数据、云计算、物联网等前沿技术在智慧城市治理过程中的应用，建设部署感知灵敏、互联互通、决策及时的城市大脑神经感知网络。深入推进智慧交通发展，提升城市交通运行智能化管控水平，加快互联网数据和城市路口信号控制系统双向互通，实行交通控制随流量柔性调节，建设停车信息平台，提升车位查询、地图导航、车位预约等服务水平。积极推进智慧灯杆建设，加快推进现有灯杆"一杆多用"改造。以城市建设和智能管理为导向，加快 BIM（建筑信息模型）技术推广应用，建设具有规划审查、建筑设计方案审查、施工图审查、竣工验收备案等智能化辅助审查的广州 CIM（城市信息模型）平台。加强城市人口、能源管理、环境保护、食品药品、市场主体、公共安全等领域数据归集、挖掘及关联分析、精细化管理，加快城市人口监测大数据平台等平台建设，为妥善应对重大突发公共事件、创新特大型城市精细化管理和绿色发展新模式提供支撑。

3. 提升智慧医疗服务成效。推进"互联网+健康医疗"发展，完善智慧门诊、智慧住院、5G 远程医疗、智慧医保、智慧健康养老等服务。加快线上线下分级诊疗服务和医联体建设，鼓励医联体、互联网医院、药房、商保的信息共享。健全服务安全管理责任制度，加强医疗机构及数据管理平台安全防护，实施分级分类管理，探索在保障个人隐私数据安全基础上，实现电子健康档案、体检结果等医疗数据共享。推进健康医疗大数据深化应用，支持利用大数据技术进行医疗服务协同创新以及临床和科研应用创新。加强传染病及突发公共卫生事件态势研判、防控部署、应急联动，鼓励运用大数据、人工智能、云计算等数字技术，在疾病监测、风险预警、流行病学调查、防控救治、资源调配等方面更好发挥支撑作用。

4. 提高智慧教育应用能力。构建"互联网+教育"服务体系，建设智慧校园、智慧课堂，加快推进 5G、超高清视频技术等在教育领域普及应用。探索发展人工智能、区块链、大数据、VR/AR 等信息技术在个性化教学、教育知识产权保护、教学资源共享等领域应用创新，支持多终端在线教育。引进虚拟现实教学、在线自我测评、开放式创客实验室、全景直播互动教学等新一代智能化设备和教学场景。建设广州智慧教育公共服务平台，整合部、省、市各级公共数据资源，实现数据共享及系统互联互通。推动学生体质体能监测、教师发展、校园安全、智慧阅读、校车动态大数据管理，提升校园智慧治理能力。

四、保障措施

（一）加强组织协调。

发展改革、网信部门会同有关部门，加强对试验区建设指导，统筹协调试验区改革中的重大问题，强化政策协同和支持力度。积极争取国家和省的支持，推进一批政策试点、设施试点、应用试点、专项工程优先在广州落地实施。加强体制机制改革创新，各部门要加强创新政策探索和配套政策制定，切实形成工作合力。各项工作牵头部门应制定具体工作方案或计划，明确阶段性目标和时间节点，定期总结工作情况，研究解决存在问题，确保各项工作按时按质推进。

（二）加大要素保障。

充分发挥市级相关专项资金和投资基金作用，积极争取国家和省重大专项资金支持我市数字经济创新发展。鼓励市金融机构加大金融科技创新力度，开发数字经济领域科技融资担保、知识产权质押融资等产品和服务。支持符合条件的数字经济企业在境内外资本市场上市融资，拓展融资渠道。充分运用政府采购政策支持数字经济相关创新成果，推动数字经济新技术新产品应用推广。完善优化数字经济领域重大项目用地、用能等要素资源配置和保障，将项目用地需求列入我市年度土地利用计划，对纳入国家、省、市重大规划和重点项目管理的重大项目，优先保障项目用地、用能等指标。加强数字经济人才培养，鼓励有条件的高校增设数字经济相关专业和课程，创建数字经济领域一流学科。鼓励高校、职业院校和重点龙头企业采用"五业联动"的职业教育发展新机制培养"数字工匠"，加强数字经济高端人才引进。

（三）强化协同治理。

建立健全更具弹性的行业监管体制，建立完善信用分级分类监管机制，包容新业态新模式发展。推动构建适应新业态新模式特点的从业人员权益保护机制，探索建立新型灵活就业社会保障制度和从业人员技能培训体系。加强对数字经济的统计监测和评估，探索数字经济统计监测方法，开展区域性数字经济发展态势、规模体量、带动效应（含对本地生产总值贡献率）、就业和产业结构影响、质量效益等关键指标监测，科学监测评估实施成效。

（四）促进经验创造。

对在市本级事权范围内主动改革探索、对其他地区有借鉴意义的政策制度，相关部门要加强推广。对较为成熟的、具有基础性支撑性的重大政策举措，按程序上报国家和省推广。加强传统产业数字化转型示范案例宣传，组织发布数字经济改革试验优秀案例集，促进数字经济产业集聚成果经验推广。梳理总结创新经验和特色亮点，推动与试验区内其他城市及非试验区地区的横向交流，互学互鉴数字经济创新发展好经验好做法，促进试验区典型特色做法的整套复制、有效推广。

广州市临空经济区条例

(2021年8月5日广州市第十五届人民代表大会常务委员会第五十二次会议通过 2021年9月29日广东省第十三届人民代表大会常务委员会第三十五次会议批准)

第一条 为了促进和保障临空经济区建设，推动经济高质量发展，根据有关法律、法规，结合本市实际，制定本条例。

第二条 本条例适用于临空经济区的规划、建设、发展以及与临空经济区经济社会发展相关的管理、服务等活动。

临空经济区的范围包括经国务院有关部门批准的广州临空经济示范区和市人民政府确定由临空经济区管理机构管理的区域。

第三条 临空经济区应当贯彻新发展理念，围绕"一带一路"和粤港澳大湾区建设，坚持统筹规划、生态优先、临空导向、节约集约、创新驱动、集聚发展的原则，积极服务构建新发展格局，全面建设国际航空枢纽、生态智慧现代空港区、临空高端产业集聚区和空港体制创新试验区。

第四条 临空经济区应当发挥白云机场综合保税区的功能优势和辐射带动作用，提升对外开放水平，推动白云机场综合保税区建立与国际贸易发展相适应的运行及监管模式，打造具有全球竞争力和影响力的加工制造中心、研发设计中心、物流分拨中心、检测维修中心、销售服务中心。

第五条 临空经济区应当坚持区域协同发展，加强与本市及周边自由贸易试验片区、综合保税区、经济技术开发区等的合作互融、协同发展，探索与粤港澳大湾区、泛珠三角以及"一带一路"沿线等全球各地区建立多层面、跨区域的合作协调机制，建设高质量国际化合作平台，在规划、用地、招商、投资、贸易、金融等多领域加强合作，促进产业发展，提升临空经济区的辐射带动功能。

第六条 广州国际航空枢纽建设领导小组发挥统筹指导作用，研究、决定临空经济区发展战略、体制机制创新等重大问题。

市人民政府应当健全临空经济区常态化协调机制，加强与国家、省、机场和其他驻临空经济区单位的沟通，并向市人民代表大会常务委员会报告临空经济区的建设和发展情况。

广州空港经济区管理委员会（以下简称管委会）是临空经济区的管理机构，在临空经济区行使市人民政府相应的管理权限，负责临空经济区的建设和发展，并组织实施本条例。

市人民政府相关职能部门、属地区人民政府应当按照各自职责协同推进临空经济区的建设和发展。

第七条 管委会应当依法履行下列职责：

（一）组织编制和实施临空经济区产业发展等专项规划，落实国土空间规划，对临空经济区的土地利用依法实施管理；

（二）负责临空经济区发展改革、科技、工业和信息化、财政、规划和自然资源、生态环境、住房城乡建设、水务、商务、统计、政务服务数据管理等行政管理工作；

（三）负责临空经济区内企业法人的安全生产综合监督管理工作；

（四）负责与临空经济区经济发展、园区建设相关的社会管理和公共服务工作；

（五）协调市场监督、金融、海关、铁路、民航、边检、税务、机场管理、航空公司、轨道交通等单位在临空经济区内的工作；

（六）统筹、协调有关部门在白云机场综合保税区派驻的办事机构或者人员的办公保障等相关工作；

（七）市人民政府赋予的其他职责。

属地区人民政府应当配合管委会做好临空经济区的规划编制、土地收储、招商引资、开发建设等工作，做好其他社会管理和公共服务工作。

市人民政府应当在本条例施行之日起一年内制定交由管委会行使的审批、审核事项和执法权限目录，并明确管委会的其他具体行政管理职责、公共服务的范围以及市人民政府有关职能部门、属地区人民政府在临空经济区的职责，向社会公布并动态调整。

第八条 管委会负责临空经济区的财政管理，编制临空经济区财政预算草案和管委会经费预算草案。管委会的财政收支纳入市本级预算管理。

临空经济区的财政收入主要用于临空经济区基础设施的建设和管理，以及扶持鼓励重点产业发展、科技创新、人才保障等。

市人民政府应当加大对临空经济区的财政支持力度，支持临空经济区公共事业发展和基础设施建设。

第九条 鼓励支持各类市场主体采用市场化运作方式依法参与临空经济区的投资建设、资源配置以及使用等活动。

管委会可以依法设立开发企业。开发企业经管委会同意，依法负责融资、投资、基础设施建设、国有资产经营、土地综合开发等招商引资、投资建设事项。管委会对开发企业履行出资人责任，对企业负责人进行业绩考核，对企业资产经营情况进行审计、监督。

管委会可以在交通、物流仓储、产业园区等基础设施领域，推进设立不动产投资信托基金，推动国有企业参与不动产投资信托基金。

第十条 临空经济区应当建立改革创新的激励机制和容错纠错机制，完善以支持改革创新为导向的考核评价体系，激发创新活力。市人民政府有关部门和属地区人民政府应当按照各自职责，支持临空经济区的改革创新，支持临空经济区复制推广自由贸易试验区改革创新经验。

管委会应当建立重大事项决策咨询机制，在编制临空经济区专项规划、确定重点工程项目、引进大型项目等重大事项决策前，组织相关领域的专家开展重大事项决策咨询。

临空经济区可以探索适合临空经济区发展需要的治理模式，参照自由贸易试验区权限探索设立法定机构，探索委托社会组织承接专业性、技术性或者社会参与性较强的公共管理和服务职能。

管委会可以根据吸引人才、激励工作、精简高效的原则，探索与临空经济区建设和发展相适应的人事管理和绩效管理制度。

第十一条 管委会应当根据市国民经济和社会发展规划以及国土空间总体规划，会同属地区人民政府依法编制临空经济区总体发展规划和相关专项规划，按照法定程序报请批准后公布实施。

管委会应当统筹临空经济区的产业布局、人口分布、资源利用和基础设施建设，引入教育、卫生、文化、体育等优质公共服务资源，推动临空经济区港产城一体化发展，形成空港、产业、居住、生态功能区共同支撑的国际航空城。

第十二条 市人民政府应当保障临空经济区的建设和发展用地，统筹安排用地规模、用地指标和补划基本农田。

管委会应当综合考虑不同区域的功能定位和建设用地条件等因素划定产业区域，优先保障国际航空枢纽重点项目用地，合理预留人才住房和保障性住房用地、公建配套用地、绿化用地以及其他生态建设用地。

第十三条　市人民政府应当建立临空经济区生态建设和环境保护的联动机制，加强生态修复和建设，强化环境治理和保护，支持检察机关开展环境公益诉讼，促进形成绿色生态低碳发展的临空经济区。

管委会应当做好建设项目环境准入评估，推动节能环保材料和新能源技术的应用，大力发展循环经济，倡导绿色低碳的生产生活方式。

第十四条　跨区域项目需要占用临空经济区用地或者其地下空间的，有关部门应当在项目选址前征求管委会、属地区人民政府的意见。管委会在办理跨区域建设项目的项目选址前，应当征求属地区人民政府的意见。

第十五条　管委会应当建立产业用地评估制度，对产业生命周期、产业投资强度、吸纳就业、技术引领、产业带动、集约用地、生态保护、投入产出效益等方面进行评估，将评估结果纳入本市政务服务平台，并依据评估结果对不同的产业确定相应的土地使用期限。

第十六条　管委会应当坚持统一规划、综合开发、集约节约利用的原则，推进差别化土地供应，探索城市地下空间竖向开发、分层赋权等改革创新做法，依法采取土地使用权租赁等方式对临空经济区未出让的土地进行开发利用。

临空经济区内的土地征收补偿工作由属地区人民政府依法组织实施，土地出让收入在扣除收储成本和应计提各项政策性资金后，由管委会与属地区人民政府共享收益。

第十七条　管委会应当建立企业土地使用的退出机制，在国有土地使用权出让合同或者租赁合同中明确约定土地退出条件，当合同约定的情形发生时，由管委会按照合同约定收回土地使用权。

第十八条　市人民政府应当加强国际航空枢纽建设，统筹建设机场立体化综合交通体系，实现临空经济区内航空、铁路、高速公路和轨道交通等交通网络高效连接，确保产业、交通、城市发展的有机衔接。

市人民政府有关部门、属地区人民政府和管委会应当相互配合，按照国土空间规划的要求组织建设临空经济区及其周边地区的水、电、气、信息、通信、道路等市政基础设施。管委会应当推进临空经济区内交通微循环建设，负责临空经济区内市政道路的维护管养。

市人民政府应当推动临空经济区与粤港澳大湾区基础设施全面对接和发展要素高效流动，争取国家在航权、空域、时刻资源分配等方面对国际航空枢纽的倾斜性支持，扩大境内外航空网络建设，推动建立境内外货运联盟和多式联运代码共享，提升航空枢纽国际通达性，强化中转功能，提升通关效率，增强枢纽竞争力。

第十九条 临空经济区重点发展航空制造维修、高端制造、商务会展、航空物流、跨境电商、航空金融、生物医药和总部经济等临空高端产业，培育新一代信息技术、人工智能与数字经济等临空新经济，构建以航空运输、物流为基础，以临空产业为主体的现代化临空经济体系。

管委会应当会同属地区人民政府制定公布临空经济区产业发展规划和重点产业指导目录。

第二十条 管委会应当建立产业项目评价机制，对产业项目的环境影响、经济效益、技术水平、风险控制、项目管理等方面进行评价，引导产业发展。

管委会支持通过政府投资、吸引社会资本参与等方式扩大基础设施和产业发展基金规模，鼓励在临空经济区内设立创业投资企业和产业投资基金，参与临空经济区的创业投资。

管委会应当根据产业发展需要，推广改革开放创新政策措施，对重点产业在资金支持、企业培育、产业引导、土地供应、物业使用等方面给予扶持。临空经济区重点产业扶持办法由管委会制定公布。

第二十一条 市人民政府支持主基地航空企业发展，鼓励各类航空企业入驻临空经济区，发挥临空经济区全球资源配置的载体作用，推动粤港澳大湾区建设成为世界一流公务机运营管理中心。

市人民政府支持临空经济区建设发展临空高新技术产业集聚区，培育跨境电子商务以及离岸贸易、国际贸易结算、国际大宗商品交易、保税展示交易等开放型经济业态。

市人民政府支持企业在临空经济区建设面向全球的航空维修制造、改装基地，支持企业在综合保税区承揽航空器材包修转包业务，支持企业开展保税维修业务。

市人民政府支持航空公司以及综合物流服务商在临空经济区建设航空物流转运中心，建设集货物信息、道路交通信息、政务监管和电子商务于一体的智慧物流信息系统，构建多式联运现代物流服务体系，创新航空物流产品体系和业务模式，实现规模化、网络化、专业化发展。临空经济区支持企业运用大数据、区块链、人工智能等新技术建设网上贸易平台。

促进临空经济区航空产业发展的办法由管委会制定公布。

第二十二条 市人民政府应当推动临空经济区依托粤港澳大湾区内航空港、铁路港、公路港、海港等口岸，发挥广州国际商贸中心功能，发展多式联运，建设广州空铁融合经济示范区。

临空经济区推动粤港澳大湾区口岸通关模式创新，推进粤港、粤澳查验单位之间信息互换、监管互认、执法互助，实现通关便利化。

第二十三条 管委会应当将政务服务事项纳入政务服务大厅管理，对政务服务大厅的硬件设施、现场管理、人员管理、服务制度和政务服务事项推行标准化建设，实行规范化管理。

管委会应当制定公布政务服务事项清单和同城通办政务服务事项清单，对清单内的政务服务事项实行一站式受理、一网通办。

管委会应当在政务服务大厅提供招商投资咨询、政策兑现、属地公用服务等个性化服务，组织涉及临空经济区开发、建设和管理行政审批事项的部门和属地公用企事业单位协同提供服务；开辟多语种一站式快捷通道，提供公共服务咨询和政务翻译服务。

第二十四条 管委会应当会同市人民政府有关部门、属地区人民政府、海关、民用航空管理部门、机场管理机构等单位按照统筹规划、资源共享、需求主导、实用高效、融合创新、保障安全的原则，组织实施临空经济区的数字化建设，促进区内政务信息资源的整合共享和有效利用，提升临空经济区内的数字化水平。

管委会应当依托一体化在线政务服务平台和政务信息共享平台，推动市场监管、税务、海关等有关部门信息实现共享，协调服务，提升管理和服务效能，对标国际先进水平建设具有临空经济特色的一流营商环境。

第二十五条 市人民政府支持金融服务机构为临空经济区提供跨境金融服务。发挥国家级绿色金融改革创新试验区优势，利用跨境融资、跨境并购、跨境资产转让、跨境资金池等创新产品，在支付结算、投融资、跨境交易等方面为企业提供金融服务。支持发展科技金融、供应链金融、物流金融、航空金融、进出口贸易金融、离岸金融等特色金融。

市人民政府支持在临空经济区开展飞机等大型设备的融资租赁业务，建设融资租赁集聚区。

市人民政府相关部门应当对临空经济区内的金融服务、融资租赁给予政策支持。

第二十六条 临空经济区支持基础性、公益性研究和航空产业发展急需的重大共性关键技术研发。鼓励企业与高等院校、科研机构等主体深度融合,开展航空产业相关的高新技术研究开发、成果应用与推广、标准研究与制定等活动,促进成果转化。

临空经济区鼓励设立创新创业示范基地和科技成果转化服务示范基地,实行双创企业、科技创新平台奖励制度。

第二十七条 市人民政府有关部门应当根据临空经济区发展需求,将临空经济产业领军人才和重点发展领域紧缺人才纳入本市人才需求目录,支持临空经济区建立综合人才评价机制。

管委会应当建立完善人才服务保障体系,通过建立人力资源服务平台、人才奖励制度、人才公寓、人才培训基地、人才交流机制、引进优质教育医疗资源等方式,为人才的户口迁移、住房、培训交流、就医、子女义务教育等提供服务和保障。人才评价和服务保障具体办法由管委会制定公布。

鼓励社会组织、企业和个人发起设立人才发展基金,鼓励境内外人力资源服务机构参与临空经济区人力资源开发,鼓励高等院校、职业院校与企业共同建设飞行、空管、机务、物流等高端专业技术人才的培养和孵化基地。

管委会应当探索境外人才出入境、停留居留管理的便利途径,探索依法推动境外执业资格互认。

第二十八条 市、区人民政府有关部门及其工作人员和管委会及其工作人员违反本条例规定,不依法履行职责的,由有权机关责令改正,对部门给予通报批评,对直接负责的主管人员和其他直接责任人员依法给予处理;构成犯罪的,依法追究刑事责任。

第二十九条 临空经济区改革创新需要暂时调整或者停止适用本市地方性法规的,市人民政府可以依法提请市人民代表大会及其常务委员会作出决定;需要暂时调整或者停止适用本市政府规章的,市人民政府应当及时作出决定。

第三十条 本条例自 2022 年 1 月 1 日起施行。

广州市人民政府关于印发广州市加快培育建设国际消费中心城市实施方案的通知

穗府〔2021〕15号

各区人民政府，市政府各部门、各直属机构：

现将《广州市加快培育建设国际消费中心城市实施方案》印发给你们，请认真组织实施。实施过程中遇到问题，请径向市商务局反映。

广州市人民政府
2021年11月5日

广州市加快培育建设国际消费中心城市实施方案

根据商务部等14部门《关于培育建设国际消费中心城市的指导意见》（商运发〔2019〕309号）、《关于开展国际消费中心城市培育建设工作的通知》（商消费函〔2021〕344号）精神和《商务部 国家发展改革委 住房城乡建设部关于印发〈培育国际消费中心城市总体方案〉的通知》（商消费函〔2021〕395号）要求，结合广州实际，制订本实施方案。

一、总体要求

（一）指导思想。

以习近平新时代中国特色社会主义思想为指导，全面贯彻党的十九大和十九届二中、三中、四中、五中全会精神，深入贯彻习近平总书记在庆祝中国共产党成立100周年大会上重要讲话和对广东系列重要讲话、重要指示批示精神，立足新发展阶段，贯彻新发展理念，以推动高质量发展为主题，以深化供给侧结构性改革为主线,以改革创新为根本动力,以满足人民日益增长的美好生活需要为根本目的,锚定"国际"重要方向、"消费"核心功能、"中心"关键定位,坚持湾区联动、优势互补、供需互促、双向协调,大力实施尚品、提质、强能、通达、美誉"五大工程",统筹用好国际国内两个市场、两种资源,着力提升供给的创新性、丰富性、适配性,携手港澳全面增强对全球消费的集聚辐射力、资源配置力、创新引领力,加快建成具有全球影响力、美誉度的国际消费中心城市,更好服务构建新发展格局,引领粤港澳大湾区高质量发展,加快实现老城市新活力、"四个出新出彩"。

(二)基本原则。

——坚持政府引导、市场运作。强化统筹协调,加大制度供给和政策支持力度,加快完善市场化法治化国际化营商环境,充分调动各类市场主体的积极性创造性,激发消费市场活力,增强内生发展动力。

——坚持科学规划、世界一流。结合城市国土空间总体规划,坚持全球视野、世界眼光、"软硬"并重,高水平谋划布局建设国际一流消费基础设施体系,构建最放心舒心称心的国际化消费环境,争创国际消费中心城市典范。

——坚持协同共建、相得益彰。抓住粤港澳大湾区、深圳先行示范区和横琴、前海合作区建设重大机遇,强化交通对接、规则衔接、产业共建、环境共塑、消费共促,携手港澳把粤港澳大湾区打造成为全球最具活力和竞争力的国际消费枢纽。

——坚持创新引领、供需互促。大力推进供给侧结构性改革,强化创新支撑、新品开发、品牌培育,发展新业态新模式,拓展新领域新场景,满足品质生活新需求,促进形成需求牵引供给、供给创造需求的良性发展格局。

(三)发展目标。

依托粤港澳大湾区产业发展大协同、创新资源大集聚、国际交通大枢纽、国际贸易大通道、消费潜力大释放优势,用好区域全面经济伙伴关系(RCEP)机制,大力提升广州国际知名度、通达便利度、政策引领度,增强消费繁荣度、商业活跃度,更好汇聚全球消费资源、吸引全球消费人群。用5年左右时间,基本建成"湾区制造"引领、全球资源荟萃,错位互补协同、城乡生态包容,文商旅体融合、岭南文化凸显,自由便利流动、双向互济共进,面向世界的数智化、时尚化、现代化国际消费中心城市,焕发"千年商都"的经典魅力与时代活力。

——汇聚全球消费资源的现代商都。具有全球视野和国际品牌运作能力的国内外商业投资商、运营商来穗投资运营，打造国际知名品牌重要集散地、新品首发地，成为国际组织机构进驻、国际消费者游购、国际性会议举办、国际性赛事组织的首选地，实现从"卖全球"向"卖全球、买全球"转变。

——创新消费供给的智造名城。制造业品质化、高端化、价值化大幅提升，"湾区制造""广东制造"品牌充分彰显，匠心独造的广州名品、名牌深入人心，"定制之都""买在广州"闪耀世界，成为国潮好货重要诞生地、全球新品重要策源地。

——引领消费升级的时尚之都。建成国际级、城市级、现代社区等层次清晰、智慧人本、便利舒适的现代消费网络体系，建成一批具有全球影响力的标志性商圈，打造一批引领全球消费风向的名节名展，把广州打造成具有国际影响力的时尚文化交汇点、时尚活动荟萃地，建成具有国际影响力的时尚之都。

——满足多元需求的服务高地。新业态、新模式持续快速健康发展，"电商之都"地位进一步巩固提升，文、商、旅、体、医、美（容）美美与共、深度融合，数字艺术、数字创意蓬勃发展，城市消费能级显著提升，"乐玩广州""美在花城"影响世界。

——畅通内外市场的门户枢纽。国际综合交通枢纽能级显著提升，交通的通达性、人员和商品出入境的便利性显著增强，国际交往中心建设迈上新台阶，建成中国特色社会主义文化强国的城市范例，城市形象地位的国际传播力、影响力显著提高，成为近悦远来的著名全球城市。

二、重点任务

（一）实施"尚品"工程，构建全球消费资源集聚地。

以创新驱动、高质量供给引领和创造新需求，推进高水平科技自立自强，加快制造业向高品质、品牌化、定制化、国际化转型，着力培育一批具有全球影响力、彰显城市魅力的名品名牌，吸引全球高端消费资源集聚，引领世界消费新潮流。

1. 提升制造业价值品牌。发展战略性新兴产业，实施未来产业培育行动。改造提升纺织服装、美妆日化、箱包皮具、珠宝首饰、家居建材等特色优势产业，支持建立设计中心、新品研发中心、新品牌孵化中心。支持企业和第三方服务机构开展产品和服务质量提升、品牌创建推广活动，加大咨询、检测、金融、信息服务等生产服务供给。实施10万名设计师聚集计划，培育引进一大批具有国际影响力的名师。培育发展一批年产值超百亿千亿元的时尚龙头企业，做强做大广州国际时尚产业大会，擦亮"时尚之都"名片。支持大型商业连锁企业、电商平台实施自有品牌战略，探索"生产基地+产地消费"新模式，支持外贸加工企业打造自有品牌。深入推进中华老字号"一企一策"创新发展、数字化转型，支持老字号发布"国潮新品"。加快中国（广州）知识产权保护中心建设，助力高端装备制造产业和新材料产业发展。

2. 拓展定制消费新领域。打响"广州原创""广州设计"品牌，推进产业数字化改造，支持龙头企业和服务商建设工业互联网平台，完善工业互联网服务体系。推进国家服务型制造示范城市建设，实施"全球定制之都"推广计划，支持开展大规模个性化定制、新型精益制造、协同制造、共享制造等新模式，支持定制企业设立连锁体验店和大型定制中心，塑造知名的定制产品与服务品牌，建成完整的规模化个性化定制产业体系和发展生态。争创国家级、省级工业设计中心和国家级工业设计研究院，提升原创设计、定制设计能力。做大做强"中国（广州）定制家居展""广州设计周""世界生态设计大会"等活动，推动广州定制品牌集聚扩容。

3. 广聚国际高端消费资源。支持全球消费品牌在广州设立旗舰店、全场景体验中心或服务中心，加大优品进口，提高消费国际化水平。吸引人工智能、绿色环保、新能源汽车、数字创意等行业优质企业进驻和发展，培育发展高端消费品牌运营管理、客户管理、互联网服务等第三方服务专业主体，吸引中高端消费品牌企业设立总部。发挥广交会等展会、在穗世界500强企业、国际知名企业、产业链"链主"型外资企业的资源汇聚作用，吸引中华老字号、国际知名商品和服务品牌进驻，引入更多首牌、首发，提升名牌效应。培育一批"专精特新潮"企业，支持本土创新型企业发展壮大。

4. 推动农产品双向流通。加大有影响力、有地域特色的优质农产品进口，建立相对稳定的供应渠道，满足多样化消费需求。实施农产品品牌战略，鼓励农业龙头企业注册马德里国际商标，支持本地优质农产品"走出去"。完善粤港澳大湾区"菜篮子"生产体系，建立质量安全标准体系。

（二）实施"提质"工程，打造全球消费潮流新高地。

加快数字赋能，推动消费载体、供给渠道、业态结构提档升级，大力培育建设名圈、名街、名场、名店，擦亮"买在广州"品牌，打造品质消费的世界级标杆。

5. 建设国际知名商圈。打造国际大都市"一带两区一轴"世界级消费功能核心承载区。推动75公里珠江两岸全线贯通，打造珠江世界级消费服务业发展带。沿珠江前航道建设城市中央活力区，打造更高能级、更多功能、更强黏度的全球高端功能引领地、国际文化旅游消费中心地。充分发挥南沙国家新区、自贸试验区、粤港澳全面合作示范区"三区"叠加政策优势以及大湾区中心区位优势，打造文商旅消费融合创新的南沙滨海新城区。连片提升广州东站、天河体育中心、"六运"小区、花城广场、海心沙、海心桥、广州塔及周边地区、琶醍、环海珠湿地、海珠创新湾等消费地标、景观节点，将城市新中轴拓展提升为时尚消费地标集聚地。构建"5+2+4"的国际知名商圈体系，做强做大和培育天河路—珠江新城、长隆—万博、金融城—黄埔湾、白鹅潭、广州塔—琶洲5个世界级地标商圈。深化全国步行街改造提升示范，推动智慧化改造，建设广府活力区（北京路—海珠广场）、大西关（上下九—永庆坊）2个具有世界影响力的岭南特色商圈。加快建设广州北站—白云机场、广州南站、南沙湾（南沙国际游轮母港）、广州东部交通枢纽4个枢纽型国际商圈，形成聚合消费客流的新极点。

6. 提升拓展都市特色商圈。构建"一区一特色"的区域性、差异化城市特色商圈体系。在白云区规划建设面向全球特别是亚洲地区、集文商旅体娱于一体、具有广州特色风情的消费集聚区。发展聚龙湾等新型特色商圈，推进环市东、白云新城、江南西、番禺市桥、南沙蕉门河、花都新华、科学城、环九龙湖、增城广场、从化太平奥特莱斯等一批传统商圈提质扩容。高标准建设培育知识城、空港新城、南部创新城（莲花湾）、东部山水城、从化生态示范城综合性商业中心，打造具有广州范、烟火味的城市级商圈。

7. 发展国际化新型社区商业。发展品牌连锁便利店，增强"一店多能"服务功能。因地制宜发展运动健身、保健养生、休闲娱乐、老年康护等业态，丰富线下体验点、快递配送点、智能取餐点、新式书店、无人便利店、智慧菜市场等新业态。结合城市有机更新打通"最后一公里"，实现所有城区15分钟便民生活圈全覆盖。提高中心城区社区商业配置标准，强化"一站式"便民服务设施配置，打造具有广州特色的5分钟便民生活圈。加强出入境服务站、外籍人士物业服务窗口等国际化社区设施配套。

8. 提升商品市场能级。以国家商品交易市场优化升级专项行动试点为契机，依托存量交易场所建设广东国际茶叶交易中心，打造茶叶市场小镇，协同推动建设广东中药材交易中心，形成全产业资源集聚平台和消费体验中心。

支持中大布匹、流花服装、狮岭皮具、番禺珠宝、白云美妆、从化花卉集聚集群发展，推动特色专业市场向品牌化、体验化文商旅融合功能转型，建设一批主题产业园区和时尚商场。巩固发展江南果菜批发市场、新黄沙水产市场等农产品交易市场，建设世界食材交易中心，提升粤港澳大湾区果菜、水产集散地功能，布局强化全球市场网络。培育壮大"专业市场行业数字化创新联盟"，推动商品交易市场数字化转型。

9. 做强电商之都。建设广州空港新城、南沙港跨境电商国际枢纽港，发展跨境电商、保税展示交易、"网购保税+实体新零售"，利用海关特殊监管区的政策优势，打造国际领先的跨境电商商品集散中心。培育一批国家电子商务示范基地、企业，壮大综合性本地龙头电商平台企业，举办世界跨境电商大会、中国跨境电商交易会等活动。实施直播电商"个十百千万"工程，加快推动电商新业态新模式发展，集聚一批领军型直播电商平台和具有跨境电商服务能力的MCN（多频道网络）机构，培育一批特色鲜明直播电商基地，做强做大直播电商主体。

10. 培育新消费新场景。拓展无接触式消费体验，有序推动无人配送、无人驾驶在特殊场景落地和示范。推动实体商业数字化转型，促进传统购物场所向消费体验中心、文化时尚创意中心、产品和服务设计中心升级。拓展5G（第五代移动通信技术）应用领域，培育信息消费新业态。加强公共信用信息对消费场景的支撑，持续激发消费活力。开展智能网联汽车（自动驾驶）混行试点，构建游戏电竞产业生态圈，探索开展社会信用信息融合应用，大力发展绿色消费。以从化温泉度假区、广州花园、莲花山等为依托，导入商业配套，打造融合式消费场景。以广州市红色文化传承弘扬示范区（越秀）片区为核心构建红色印记场景。以北京路、起义路、沙面—文化公园、东山口—新河浦、荔湾湖—恩宁路、陈家祠等打造文脉记忆场景。以沙面、长堤、海珠广场、二沙岛等打造艺术水岸场景。以特色骑楼、街巷为载体打造粤韵街巷场景。以新河浦、华侨新村、泮塘五约、龙津西、旧南海县等为载体打造新时代烟火生活场景。以西堤—长堤、江南西路—太古仓、恩宁路—十三行等打造繁华商埠场景。

（三）实施"强能"工程，建设多元融合服务消费引领区。

促进文商旅体娱深度融合，大力发展文化娱乐、休闲旅游、康养、会展、美食、美容、运动等服务消费，提升"乐玩广州""食在广州""美在花城"的全球知名度。

11. 提升城市文化消费品质。挖掘广州作为岭南文化中心地、近现代革命策源地、海上丝绸之路发祥地、改革开放前沿地的文化底蕴，提升广州红色文化、岭南文化、海丝文化、创新文化等独具特质的城市文化品牌效应。推进省"三馆合一"、市"三馆一院"等重大文化设施建设，丰富文化消费载体。推进4K超高清节目频道建设，扩大电影市场消费规模，大力发展重点影片创作，进一步发展电影文化，加快推出舞台精品剧目。推进国家文化和旅游消费试点城市建设，做强数字文化产业，办好中国动漫金龙奖、中国国际漫画节、中国（广州）国际纪录片节、广州国际漫画展等活动，建设世界级数字音乐产业平台，打造千亿级超高清视频内容制作产业基地。推进非遗项目与市场接轨，建设一批非遗街区、非遗特色景区，加大非遗文创产品开发力度，鼓励开拓国际市场，提升文化消费影响力和软实力。

12. 打造世界旅游消费目的地。拓展旅游消费区域，增加5A、4A级旅游景区数量，打造一批国际旅游消费集聚区。支持广州塔、长隆旅游度假区、融创文旅城、正佳广场等地标性文商旅综合体建设提升。提升珠江沿岸文化旅游资源品质，高质量打造世界级滨江景观带。引进发展世界级旅游娱乐项目，推进"岭南之窗"广州文旅融合创新示范区、"粤文化"文化旅游城、粤港澳大湾区北部生态旅游合作区、南海神庙历史文化综合发展区等重大项目建设。挖掘"千年商都"特色资源，打造一批夜间文化和旅游消费、精品民宿集聚区，创新和丰富"Young 城 Yeah 市"等夜间消费品牌。全力打造婚庆旅游品牌，助推"甜蜜产业"发展。推进南沙国际邮轮母港建设，开发重点客源市场，推动邮轮旅游发展。培育壮大旅游企业，发展国际国内旅游产业。推进美丽乡村建设，提升乡村旅游水平。提升旅游类展会和活动专业化、国际化水平，做强做优广州文交会、广州国际灯光节等文旅会展活动。引入一批国际知名品牌高端酒店，加大星级酒店建设力度，提升接待服务国际化水平和对国际旅游消费人群的吸引力。

13. 建设国际康养高地。发挥医疗资源集中优势和中医药的国际影响力，吸引国际人群来穗进行医疗和康养消费。推动生命健康产业协同发展，打造粤港澳大湾区生命健康产业创新区。大力发展高端医疗、医学美容等医疗产业，建设广州国际医药港、国际医美中心、中新知识城肿瘤防治医疗集群、生命健康产业园等一批具有国际竞争力的健康服务项目。着力培育健康体检、咨询等健康管理服务，鼓励发展互联网医疗服务新模式，推出岭南特色的中医药康养精品体验，促进广府文化、中医药文化、康养产业深度融合发展。

活化提升中药中华老字号，发展"时尚中药"，打造"南药小镇"，擦亮"广药"品牌。

14. 打造全球会展之都。推进广交会展馆四期建设，完善周边消费配套功能，实现展城融合，提升广交会链接国内外市场的平台枢纽作用。全力做好广交会和珠江国际贸易发展论坛服务保障工作，进一步扩大"广交会"影响力、辐射面。推进广州空港中央商务区建设，建成空港特色会议会展中心。办好白云机场商务航空展、世界超高清视频产业发展大会等行业领先展会，做大粤港澳大湾区知识产权交易博览会，做强汽车、家具、美容美发、建材、家电、餐饮等一批传统消费类展会，大力培育新型消费类展会，提升国际化、品质化水平，形成10个左右亚洲乃至全球规模第一展会，带动产业投资和高端消费。

15. 建设世界美食之都。擦亮"食在广州"金字招牌，深入推进"粤菜师傅"工程，实施餐饮名店、名厨、名品、名宴战略，培育和引进美食品牌，提升餐饮行业品质。发展传统特色小吃，传承弘扬粤菜文化。大力推进社会餐饮服务业"互联网+明厨亮灶"建设，支持餐饮老字号活化和转型，引进国内外知名餐企、品牌首店、餐饮电商平台。提升餐饮数字化和质量安全水平。引导餐饮潮流化发展，不断壮大钻级酒家、米其林、黑珍珠等餐厅规模，推进"万国食坊·广州（中国）进口食品交易中心"项目，提升餐饮行业国际化水平。发挥广州作为世界美食城市联盟成员作用，引入国际性美食赛事、展会等。高水平组织办好广州国际美食节。支持餐饮企业"走出去"，培育一批全国性、国际性餐饮集团。推动餐饮与文化、旅游、商业等业态融合，打造美食集聚区和地标街区。

16. 建设世界体育名城。积极申办国际国内顶级体育赛事，提升世界田联接力赛、世界羽联巡回赛年终总决赛、广州马拉松赛、足球中超联赛、CBA联赛（中国男子篮球职业联赛）、国际龙舟邀请赛等国际国内重大赛事影响力，拓展赛事消费，发展体育经济。支持香港马会从化马场建设和运营，争取开展速度赛马赛事试点。支持国家体育产业示范基地、体育旅游示范基地等建设，用好中国体育文化博览会、中国体育旅游博览会，搭建体育资源共享平台。全面整合传统和新兴体育活动资源，优化体育场馆布局，完善体育消费设施。注重在兴建、培育和提升城市商圈品质过程中融入体育元素，丰富体育消费场景。协同推进大湾区体育事业和体育产业发展，联合打造湾区体育消费圈。

（四）实施"通达"工程，构建面向全球的交通网络。

坚持把建设国际综合交通枢纽作为消费发展的基础性工程，高标准建成畅通全市、贯通全省、联通全国、融通全球的现代化交通网络，完善现代流通体系，打造全球重要交通枢纽和国际物流中心。

17. 建设国际综合交通枢纽。加快推进空港、海港、铁路港与数字港"四港联动"，形成"产业带动+流量承载"良性循环的交通枢纽发展模式。推进白云国际机场三期扩建工程建设，共建粤港澳大湾区世界级机场群，吸引国际航空公司来穗发展、加密航线网络，提升"广州之路"辐射深度和广度，形成全球便捷交通圈。提升国际港口综合通过能力，为全球消费者和货物进出口提供便利高效服务。推进港口中欧班列常态化运营，畅通海铁联运通道。

18. 构建国内直达交通网络。增加国内航线、航班数量，打造国内"空中快线"。建设"五主三辅"铁路客运枢纽，加快形成"多站布局、客内货外"的枢纽格局。落实高铁战略性通道建设，强化与周边省会城市和省内地市快速直达。加快推进广州都市圈城际铁路建设，构建以广州为中心的"极轴+放射"的大湾区城际轨道网络。完善骨架高速路网，加密珠江口过江通道，强化粤港澳大湾区内部衔接，扩充出省通道容量，提升对外辐射能力。加快推进琶洲港澳客运口岸建设。

19. 提升城市公共交通便利度。推进城市轨道交通建设，力争到2025年底地铁运营里程达800公里。探索建立城际铁路与地铁系统制式兼容、互联互通换乘体系，实现大湾区城际铁路公交化运营及轨道交通产业协同发展。在场站综合体内导入城市商业、商务、文化服务功能，让交通枢纽成为消费产业的展示贸易窗口。以重要商圈、城市景区、交通枢纽等为重点，优化局部交通微循环，完善智慧停车系统，改善消费出行环境。

20. 完善现代物流供应链体系。推进由广州空港物流枢纽、广州南沙港物流枢纽、广州东部公铁联运枢纽、广州铁路集装箱中心站公铁联运枢纽、广清空港现代物流产业新城等5个特大型物流枢纽，10个大型物流枢纽及N个物流骨干节点构成的"5+10+N"物流枢纽体系（"5+10+N"物流枢纽体系是指广州空港物流枢纽、广州南沙港物流枢纽、广州东部公铁联运枢纽、广州铁路集装箱中心站公铁联运枢纽、广清空港现代物流产业新城等5个特大型物流枢纽，白云神山物流枢纽、龙沙汽车物流枢纽、广州高铁快运物流枢纽、黄埔新港物流枢纽、下元物流枢纽、花都港物流枢纽、花都狮岭物流枢纽、增城开发区物流枢纽、小虎沙仔物流枢纽、从化明珠物流枢纽等10个大型物流枢纽及N个物流骨干节点）建设。结合全国供应链创新与应用示范城市建设，着力完善物流和供应链体系，培育一批供应链服务龙头企业。推动金融机构、核心企业、政府部门、第三方专业机构等各方加强信息共享，依托中征应收账款融资服务平台等金融基础设施，鼓励银行等金融机构为供应链企业提供金融创新服务。

（五）实施"美誉"工程，营造具有全球吸引力消费环境。

突出安心消费、舒心消费，增强消费便利性及安全性，提升各类消费主体和客群的体验感，提升广州消费国际知名度和美誉度。

21. 提升城市环境品质。开展城市品质提升行动，重点提升珠江两岸、各级商圈、交通枢纽、旅游景点、城市主干道沿线等区域城市环境，打造多样化高品质公共空间，增强特色商业街区吸引力。更好统筹消费舒适度、便利度与繁荣度需求，统筹推进城市更新等九项重点工作，加强城市环境卫生治理，增加优质商业载体供给，引导商业空间聚集发展，提升公共服务设施配套水平，打造宜商宜居环境。推动重要交通枢纽、重点商圈、重大功能平台周边区域"三旧"改造，打造一批一流商圈，发展一批特色商业街，形成一批综合性社区商业服务中心。

22. 完善相关标准体系。对标国际一流服务标准，实施城市服务质量提升行动。加强服务规范培训，提升服务技能和水平，促进窗口型国际消费场所、消费网点服务、路牌指引、宣传导语国际化、标准化、口碑化。推进南沙全球溯源中心建设，推行高端品质认证。推动实施内外销产品"同线同标同质"工程。鼓励龙头企业和连锁企业参与相关标准制订，发布标准评价指数，树立"广州服务"新标杆。

23. 优化消费市场监管。按照包容审慎和协同监管原则，完善消费领域新型监管机制，为新型消费营造规范适度的发展环境。建立贯穿市场主体全生命周期，衔接事前、事中、事后全监管环节的新型监管机制，加大对销售假冒伪劣商品、侵犯知识产权、虚假宣传、价格欺诈、侵犯个人信息安全等行为的打击力度，着力营造安全放心诚信消费环境。

24. 打造重大国际消费平台。持续办好国际论坛、国际组织活动、跨国企业年会等大型国际会议，打造广州国际购物节、采购节、美食节、旅游节、音乐节等国际性名节。打造高端国际性交流平台，引进聚集世界一流产业资源。吸引国内外商务客人、留学生、国际机构工作人员来穗学习培训，吸引国际组织来穗设立总部式分支机构，增强对海外目标人群的广州形象传播，提升国际交往中心能级。设立国际消费论坛，拓宽国际友城和国际城市多边组织渠道资源。

（六）构建共建共享体系，形成区域消费联动发展新格局。

抢抓粤港澳大湾区建设、共建"一带一路"、RCEP机制等重大机遇，深化穗港澳合作，强化广深"双城"联动、广佛"极点"带动，推动与横琴、前海两个合作区战略互动，聚集整合区域消费资源，促进优势互补，培育形成具有全球影响力的消费城市群。

25. 共建共享现代产业体系。联动大湾区及粤东西北城市打造一批战略性新兴产业集群，引领打造"湾区制造"和"粤智能、广服务、粤健康"国潮"新广货"品牌。高水平建设穗港、穗澳合作产业园，支持香港再工业化和澳门经济适度多元发展。推进共建"广深惠"智能网联汽车产业集群、"广深佛莞"智能装备产业集群、"广佛惠"超高清视频和智能家电国家级先进制造业集群。加强与肇庆、梅州、云浮、韶关、河源在旅游、农产品、中药等领域合作，支持佛山、肇庆、清远、云浮、韶关在汽车、智能制造等领域强化对广州的产业配套，打造珠三角地区与北部生态发展区协同发展的绿色消费示范区。

26. 共建共享国际消费枢纽。聚焦湾区所向、港澳所需、广州所能，携手打造国际一流湾区和世界级消费城市群。建设"一带一路"商务馆展贸中心，深化与"一带一路"国家合作交流。加强大湾区商贸、会展、旅游等重要消费领域合作，促进优质消费资源协同共享。探索广深"一会两地"等新模式，互相支持办好广交会、高交会等重大会展，加速创新消费产品市场推广。强化与横琴、前海两个合作区现代服务、消费金融、旅游休闲、中医药等产业合作，争取开展跨境电商零售进口药品试点。联动香港、澳门、深圳开展跨境人民币业务、要素交易平台等金融创新合作，提升跨境消费金融支持便利度。

27. 共建共享优质生活圈。推进粤港澳大湾区优质生活圈建设，深化大湾区教育交流合作，高水平建设香港科技大学（广州），加大与澳门高校合作力度，加强技能技术人才培养、技能竞赛等职业教育合作，高水平建设世界留学目的地城市。深化医疗卫生合作，吸引港澳优质医疗机构来穗提供医疗服务。共建人文湾区，大力塑造湾区人文精神，提升文化产业经济社会效益，打造宜居宜业宜游多元文化融汇发展的人文城市。

（七）完善政策制度体系，构建近悦远来的营商环境。

对接国际通行规则，构建适应国际消费中心城市发展要求的制度体系和高度国际化、快捷化、舒适化的国际消费格局。

28. 建立与国际接轨的市场机制。加强与香港、澳门地区消费维权组织的交流合作与信息共享，探索建立粤港澳大湾区跨境消费权益共同保护机制。推广互联网仲裁推荐标准，参与亚太经合组织跨境商事争议在线解决机制建设，打造全球企业投资首选地与全球互联网仲裁首选地。制定市场主体经营行为管理负面清单，建立开放包容审慎执法机制，激励新业态、新模式发展。建立标准化市场管理模式，探索实施文商旅体娱等领域大型活动安全许可和商家户外经营摆卖"一网通办"。对健康医疗、整形美容、文化创意、休闲娱乐、教育培训等新兴服务消费，在优化监管的前提下，进一步放宽准入和资质审批条件。

29. 优化商品进出口服务。鼓励番禺钻石珠宝走向世界，争取把广州钻石交易中心、广东省珠宝玉石交易中心打造成为国家级交易平台。开展钻石、珠宝玉石进出口一般贸易业务，争取赋予税收优惠和消费税后移办理政策。发展免退税经济，支持企业申请免税品经营资格。支持南沙国际邮轮母港开设口岸免税店，扩大白云国际机场等口岸免税店经营规模，探索在重点商圈、重要交通枢纽等消费节点地域开展市内免税店经营业务试点，支持国潮国货进驻免税店。发展保税展销体验消费及境外旅客购物离境退税服务，培育打造离境退税示范街区。发展外贸新业态，争取将市场采购贸易相关政策试点范围扩展至全市商品交易市场，将大湾区产品更便利地销往全球。争取深化内地和港澳互利合作的税收优惠。支持会展业发展，争取对在广州举办的国家级展会展期内销售的合理数量进口展品，免征进口关税、进口环节增值税和消费税。高水平推进南沙进口贸易促进创新示范区建设，因地制宜布局建设一批服务全国的进口贸易平台，满足高水平消费需求。推进全球优品国际分拨中心建设，吸引国际知名品牌商的销售配送中心落户广州综保区，打造全球高档消费品的国际销售配送中心。

30. 加大项目落地支持力度。强化空间规划引领，加强重大商业项目和商圈改造用地保障。统筹推进商圈打造、供应链物流仓储、商业设施建设与城市更新、城市功能提升、产业转型升级工作，整合和集约使用现有土地资源。建立商务部门前置介入城市规划服务工作机制，优化商业消费相关设施审批流程，出台支持公益性设施兼容配置经营性场所的管理办法，鼓励土地用途与建筑功能复合利用，制定商业用地功能复合标准规范，为商业与自然景观资源、历史文化资源、交通枢纽、医疗健康设施等"跨界融合"提供政策支撑。

31. 便利人员跨境消费。出台便利外籍人员入出境、停居留的政策措施。建设面向国际旅客团队的入境签证互联网申报平台，对参团入境人员提供签证办理便利。发挥广东省外国人144小时过境免签、144小时便利签证等政策作用，为国际旅客设计提供文商旅融合串联旅游线路。在重点景区、商圈设置可受理境外银行卡的终端设备，完善外卡收单受理环境，提升支付便利度。

32. 强化相关人才支撑。加大复合型创新型商业人才培养力度，重点培养引进具有国际视野的国际品牌运营、商业营销管理、商业地产开发、时尚设计、专业经纪、专业公关、专业买手等高端专业人才。鼓励支持消费人才参加国家职业资格考试，支持应用型本科高校和有关职业院校加强与相关行业合作，开展职业技能提升行动，培育消费新职业人群。打造国际知名人力资源服务机构，为消费人才提供强力支撑。

三、保障措施

（一）加强组织领导。建立工作协调机制，定期会商研究推进重大工作。调整完善广州市培育建设国际消费中心城市工作领导小组组织架构和工作机制，由市政府主要负责同志任组长，市直相关部门和各区政府主要负责同志为成员，领导小组办公室设在市商务局。定期召开专题会议，加强工作调度指挥，强化工作落地落实，确保工作进度成效。各区参照建立相关工作机制。

（二）加强政策配套。市直有关部门、各区全力参与、共同推进培育建设，充分调动社会资源，形成全市"一盘棋"工作格局。市领导小组办公室协调各成员单位出台贸易、产业、招商、会展、旅游、教育、人才等专项国际化政策。加强整体谋划，组织编制广州市培育建设国际消费中心城市发展规划、广州市培育建设国际消费中心城市空间体系规划。市直相关部门根据本方案出台细化措施、配套政策，在城市规划、用地审批、营商环境、活动举办等方面给予全力支持。各区政府制定出台本区培育建设行动方案，相关区制定"5+2+4"国际知名商圈专项规划、方案，细化落地相关内容，突出本区亮点特色，各区规划、方案报市领导小组备案实施。市、区两级财政加大资金支持力度。积极争取国家有关部委和省更大政策支持，先行先试、率先发展。

（三）加强统计监测。积极组织建设成效评估，按要求及时向商务部、省报送进展成效情况。各区相应对照国际消费中心城市评价指标体系采取措施，进行重点提升。统计部门建立健全消费等主要经济指标监测体系，紧盯重点行业、龙头企业、商品市场，加强数据统计和运行分析。创新统计方式方法，探索运用第三方支付大数据，推动消费监测关口前移，提高经济运行调度精准性、时效性。

（四）加强国际传播。强化城市大宣传、大推介理念，联合国际著名传媒机构开展城市整体营销、城市品牌宣传。借助南国都市4K超高清频道等渠道，深度挖掘播报广州文商旅体娱等消费资源及其亮点，常态化播出国际消费中心城市培育建设内容，推广国际消费中心城市宣传口号和形象标识，打造具有国际影响力的时尚栏目，提升广州消费的国际影响力、传播力、辐射面。充分利用世界大都市协会主席城市便利条件，借助协会平台加强相关宣传推介。利用国际友城、友好港、驻穗领馆、海外华侨组织等资源构筑宣传推介网络，广泛传播城市国际形象，营造建设国际消费中心城市的良好氛围。

广州市人民政府关于印发广州市数据要素市场化配置改革行动方案的通知

穗府函〔2021〕224号

各区人民政府，市政府各部门、各直属机构：

现将《广州市数据要素市场化配置改革行动方案》印发给你们，请认真贯彻执行。执行过程中遇到的问题，请径向市政务服务数据管理局反映。

广州市人民政府
2021年11月24日

广州市数据要素市场化配置改革行动方案

为进一步促进数据由资源向要素转化，推进数据要素市场化配置改革，促进产业和政府数字化转型，提高数字政府建设水平，根据《中共中央 国务院关于构建更加完善的要素市场化配置体制机制的意见》、《广东省人民政府关于印发广东省数据要素市场化配置改革行动方案的通知》（粤府函〔2021〕151号）等要求，结合我市实际，制定本行动方案。

一、总体要求

（一）指导思想。

以习近平新时代中国特色社会主义思想为指导，全面贯彻落实党的十九大和十九届二中、三中、四中、五中、六中全会精神，深入学习贯彻习近平总书记"七一"重要讲话和对广东、广州工作的系列重要指示批示精神，坚持以供给侧结构性改革为主线深化数据要素配置，加快培育数据要素市场，促进数据要素流通规范有序、配置高效公平，充分释放数据要素红利，助力数字经济创新发展。

（二）主要目标。

立足广州市作为超大城市的发展实际，坚持以"需求导向、机制创新、数据驱动、可持续发展"为牵引，依托广州市"数字政府"改革建设等成果，创新公共数据管理体制，完善相关法规制度规范，健全数据要素流通与监管规则，按重点任务分工表确定的时间安排推进，力争"十四五"期间率先构建"统一、开放、法治、安全、高效"的数据要素市场体系，推进全域数据要素赋能，助力超大型城市治理体系和治理能力现代化。

二、主要任务

（一）加强制度体系建设。

1. 健全公共数据管理机制。制定《广州市公共数据管理规定》，明确各级行政机关和公共企事业单位在数据采集、汇聚、共享、开放、安全、管理等方面的工作要求。推行首席数据官制度试点，建立上下贯通的首席数据官组织体系，完善上下贯通、纵横联动的公共数据资源协同机制，提升全市数据治理能力和水平。建立公共数据资源管理评价指标体系，定期开展工作评估。

2. 加快数字经济等领域立法。加快推动《广州市数字经济促进条例》出台，在数据要素流通、数据资源发展、数字产业化、产业数字化、治理数字化等方面提出具体措施。研究制定数据管理地方性法规。

（二）提升数据基础支撑能力。

3. 优化政务大数据中心建设。提升政务大数据中心的支撑能力，打造数字政府和智慧城市的数据中台，并完善运行管理机制。推进政务大数据中心各区分节点建设，加强基层数据资源池及基层治理数据库建设，形成"1+11+N"市区一体化格局。探索通过试点授权建设模式，支持各行业主管部门建立行业专题数据库和行业数据标准。完善自然人、法人、空间地理、电子证照、信用等基础数据库，丰富生态、交通、文化旅游、卫生医疗、市场监管、金融、社会救助等主题数据库。加强城市视频监控等物联感知数据资源管理。

4. 构建先进算力和数据新型基础设施。探索开展算力普查，摸清算力总量、人均算力和算力构成。提升广州超算中心计算能力，建设边缘计算资源池节点,形成"超算+智算+边缘计算"多元协同的先进算力基础设施集群,提供通计算、内存计算、高性能计算、AI计算、边缘计算等全场景计算服务。

(三)规范数据全生命周期管理。

5. 规范公共数据采集汇聚和质量管理。开展公共数据资源普查,摸清公共数据资源底数。按照一数一源的原则,通过职能数据清单强化数据采集汇聚,出台职能数据清单编制规范,明确数据采集及更新维护的责任部门,组织各部门开展职能数据清单梳理。加强数据质量管控,按照多源校核、动态更新的原则对数据校核、确认,确保数据的真实性、准确性、完整性、时效性和可用性。

6. 强化公共数据共享。依托市政务数据服务门户,提升数据共享效率,积极协调国家和省级垂直管理系统数据回流。推进数据资源一体化,畅通基层数据共享、回流渠道。加强基层事项标准化管理。探索基层数据综合采集,推进一次采集、多方利用,减少数据重复采集和"二次录入"。

7. 推进公共数据有序开放。制定《广州市公共数据开放管理办法》。以需求为导向、依法有序原则向社会开放公共数据,优先开放与民生紧密相关、社会迫切需要的数据。定期举办数据开放创新应用大赛。

(四)加强数据融合创新应用。

8. 深化公共数据资源开发利用。推进人口、金融等公共数据资源开发利用场景试点工作。鼓励掌握数据的自然人、法人和非法人组织与政府开展合作,提高公共数据开发利用水平。

9. 推进产业数字化发展。推进智慧能源、智慧环保、智慧管线、智能交通、智慧水务、智慧花城等数字基础设施建设。推进智慧教育、智慧养老、数字农业、数字商贸、数字金融、智慧医疗、数字文旅、智慧物流、智慧空港等领域建设。争取建设国家生物信息中心粤港澳大湾区节点。建立工业基础大数据库,推动工业数据资源有效利用,加强工业数据分级分类指导,争取广东工业互联网大数据分中心落地。

10. 构建数字产业创新生态。支持数据服务企业做大做强,带动数据产业发展,培育壮大数据产业集群。鼓励行业组织、企业和高校院所等单位推动数据分析挖掘、数据可视化、数据安全与隐私保护等核心技术攻关,强化数据技术应用,搭建数据产品和服务体系,打造数据创新生态。

11. 加快推进智慧城市建设。推进"穗智管"城市运行管理中枢和各行业领域主题建设,实现省市区三级联动,深化数据分析应用,在应急管理、智慧交通等主题中充分运用大数据分析技术处理海量数据，助力态势预测研判及科学部署决策，优化公共服务输出能力，为城市运营提供技术支撑，实现智慧城市统一高效运营。

12. 强化数字赋能营商环境。擦亮"穗好办"政务服务品牌，加快业务流程再造和模式升级，以民生需求为导向，有序推进就业服务、社会保障、教育供给、医疗健康等领域数字化应用，全面推进涉企事项全程网办。深入实施"一件事一次办"改革，推广电子证照、电子印章、电子签名、电子凭证应用，加快实现政务服务"四免"。完善惠民惠企政策兑现"一站式"服务模式，试点开展惠企政策分类和标签化管理，加快实现一次申报、全程网办、快速兑现，试行符合条件的企业免予申报、直接享受政策。

13. 推进重点领域数据创新应用。以科技、通信、社会保障、卫生健康、交通、企业投融资、普惠金融等重点领域为试点，推进公共数据和社会数据深度融合应用。支持大型工业企业、互联网平台企业等行业龙头企业开展数据融合应用场景试点。

（五）促进数据要素流通交易。

14. 探索数据流通交易机制及配套建设。推动建立跨行业、跨区域、跨部门的数据流通机制，在数据要素市场培育、新业态监管、知识产权保护等领域探索建立与国际规则相衔接的制度体系。按照国家政策制度要求，探索数据确权交易机制以及数据交易中心建设相关工作。支持海珠区争取公共数据运营机构落户琶洲人工智能与数字经济试验区。探索数据经纪人制度试点，规范开展数据要素市场流通中介服务。研究建立数据交易协调监管机制，开展数据要素交易市场监管。探索建设数据融合应用平台，研究通过联邦学习、多方安全计算等前沿技术，以数据"可用不可见"的方式提供安全可信的数据综合开发利用环境。

15. 推动粤港澳大湾区数据有序流通。支持南沙（粤港澳）数据要素合作试验区建设。建设国际互联网数据专用通道，推动跨境数据安全流动。探索建立"数据海关"，加强跨境数据流通的审查、评估、监管等工作。开展数据生产要素统计核算试点，建立数据资产统计调查制度，明确数据资产统计范围、分类标准。

（六）强化数据安全保护。

16. 建立数据分类分级和隐私保护制度。落实政府主导、多方参与的数据分类分级保护制度，制订市区两级各部门及相关行业和领域的重要数据具体目录，对列入目录的数据进行重点保护。落实政府部门、企事业单位、社会公众等数据安全保护责任。

17. 健全数据安全管理机制。健全数据安全风险评估、报告、信息共享、监测预警、应急处置机制以及数据保密技术防护监管体系。推动有关部门、行业组织、企业、教育和科研机构等按照国家、省数据安全制度，开展数据安全保护、风险评估和应急处置等工作。

18. 完善数据安全技术体系。构建云网数一体化协同安全保障体系，运用可信身份认证、数据签名、接口鉴权、数据溯源等数据保护措施和区块链等新技术，强化对算力资源和数据资源的安全防护，提高数据安全保障能力。

三、保障措施

（一）加强组织领导。各区、各部门要高度重视数据要素市场化配置改革工作，在市"数字政府"改革建设工作领导小组的领导下，切实落实工作责任，加强组织协调，明确工作分工，完善工作机制，确保各项任务落实到位。

（二）加强资金保障。统筹政务信息化项目立项和"数字政府"建设相关经费，重点做好数据治理、数据开发利用、数据要素市场化配置改革资金保障。积极稳妥引入社会资本，在基础设施和公共平台建设、政企数据融合应用等方面发挥作用。

（三）强化人才队伍。加强人才队伍建设，加大对首席数据官的选拔和培养力度，组织开展首席数据官专题培训，并将数据治理、公共数据资源开发利用、数据要素市场化配置改革等纳入公务员培训课程，着力打造一支"懂业务、懂技术、懂管理"的复合型的人才队伍。

（四）强化监督评估。加强数据要素市场化配置改革工作监督，定期开展工作进展情况评估，评估结果纳入数据管理评价指标和"数字政府"改革建设工作评估。

广州市平安建设条例

(2021年9月28日广州市第十五届人民代表大会常务委员会第五十五次会议通过 2021年12月1日广东省第十三届人民代表大会常务委员会第三十七次会议批准)

第一章 总 则

第一条 为了防范和化解社会风险，营造共建共治共享社会治理格局，建设平安广州，根据有关法律、法规，结合本市实际，制定本条例。

第二条 本条例适用于本市行政区域内的平安建设活动。

第三条 平安建设遵循总体国家安全观，坚持党的领导、政府负责、民主协商、社会协同、公众参与、法治保障、科技支撑的原则，坚持系统治理、依法治理、综合治理、源头治理。

第四条 市、区平安建设组织协调机构负责统筹推进本行政区域内的平安建设工作，履行下列职责：

（一）组织、指导实施平安建设相关法律、法规；

（二）贯彻、执行国家、省、市关于平安建设的决议和决定；

（三）编制平安建设规划，研究平安建设重大问题；

（四）指导、督查相关部门落实领导责任制和目标管理责任制；

（五）建立和实施平安建设考核奖惩制度；

（六）协调推进平安建设的其他事项。

市、区平安建设组织协调机构下设办公室，负责平安建设组织协调机构的日常工作。

镇、街道平安建设组织协调机构在市、区平安建设组织协调机构的领导下，组织开展群防群治、基层社会治理等活动，协调指导社区矫正、社区戒毒、社会治安防控、矛盾纠纷化解等工作。

第五条　平安建设组织协调机构应当根据平安建设工作需要，确定本行政区域内的相关单位作为平安建设组织协调机构的成员单位，并实行动态调整。

平安建设组织协调机构的成员单位应当遵守本级平安建设组织协调机构的各项制度，执行会议决议、决定，履行相应的平安建设工作职责，指导、监督、检查本行业、本系统平安建设工作。

第六条　平安建设实行目标管理责任制。市平安建设组织协调机构应当制定平安建设中长期工作目标和年度工作目标。平安建设组织协调机构的成员单位应当根据平安建设中长期工作目标和年度工作目标确定本单位的工作目标、工作任务并落实目标管理责任。

平安建设实行领导责任制。国家机关主要负责人为本行政区域、本系统或者本单位的平安建设第一责任人，企业事业单位、人民团体和其他社会组织法定代表人为本单位的平安建设第一责任人。

第七条　区、镇、街道社会治安综合治理中心作为平安建设工作平台，应当建立调度、分办、协同等工作机制，开展社会风险排查、研判、防控和矛盾纠纷化解、平安建设宣传等工作。

第八条　各级人民政府应当履行平安建设相关职责，将平安建设纳入国民经济和社会发展规划，将平安建设工作经费纳入同级财政预算，加强社会治安综合治理中心标准化建设，为平安建设工作提供保障。

第九条　国家机关应当按照职责分工，将与平安建设相关的法律、法规、典型案例、工作成效等纳入平安建设宣传教育内容，开展平安建设宣传教育。

鼓励社会力量参与平安建设宣传，支持法律服务工作者发挥专业优势开展平安建设法治宣传，支持报刊、广播、电视、互联网等各类媒体开展平安建设公益宣传。

家庭、学校和社会应当相互配合，对青少年开展平安建设宣传教育，防止青少年受到毒品、邪教和其他不良思想的影响。

第二章　基础建设

第十条　各级人民政府及相关单位应当建立社会风险排查、分析和研判机制，定期对本行政区域、本行业社会风险进行排查、分析和研判，对社会风险隐患信息进行搜集和监测，对社会风险发生的可能性进行评判、预测并制定相应的分级预警制度。

平安建设组织协调机构的成员单位应当定期向同级平安建设组织协调机构办公室报送本行业、本系统重大社会风险评估报告，并根据高等级风险预警信号制定预防处置方案和措施，及时进行化解处置。处置涉及多个行业、部门、区域的，平安建设组织协调机构办公室应当统筹协调。

预防处置结束后，相关单位应当自行或者委托第三方对公共事件防控、社会治安防控和犯罪预防、矛盾纠纷化解等预防处置措施的效果进行评估，并根据评估结果优化调整相关措施。

第十一条　重大行政决策和重大建设工程可能对社会稳定、公共安全等造成影响的，应当开展社会安全稳定风险评估。

开展社会安全稳定风险评估应当听取公众意见，并可以自行或者委托第三方采取定性、定量分析方法对决策或者工程的风险可控性进行分析。

第十二条　本市建立健全重大突发事件应急处置机制，建设应急指挥综合平台和突发事件应急指挥系统，整合应急管理力量，完善重大突发事件的应急预案，并定期开展应急处置培训、演练。

本市建立重大突发事件信息沟通机制，畅通政府有关部门、企业事业单位、镇人民政府、街道办事处、社区、新闻媒体、社会公众以及相关专业机构之间信息传递和交流渠道，全面、准确、及时向社会发布重大突发事件信息，调配社会资源，组织动员全社会参与重大突发事件的应急处置工作。

相关部门在重大突发事件应急处置中应当依法向供水、供电、供气、民航、铁路、水运、公路客运、轨道交通、公共交通等经营管理单位和各类互联网企业、社会数据所有方，归集使用相关数据，为开展紧急救援等工作提供实时数据。

第十三条　各级人民政府应当加强社会面治安防控、重点行业治安防控、镇（街）和村（居）治安防控、机关和企业事业单位内部安全防控、信息网络防控等立体化社会治安防控网建设。

第十四条　国家机关、企业事业单位、人民团体以及其他社会组织应当依法加强内部治安保卫组织建设，完善安全防范设施，制定并执行下列内部治安保卫制度：

（一）门卫、值班、巡查制度；

（二）治安保卫重要部位的安全管理制度；

（三）单位内部的消防、交通、网络安全管理制度；

（四）治安防范教育培训制度；

（五）治安防范设施的维护管理制度；

（六）治安隐患排查、整改制度；

（七）单位内部发生治安案件、涉嫌刑事犯罪案件、治安突发事件的报告制度；

（八）治安保卫工作检查、考核及奖惩制度；

（九）法律、法规规定的其他内部治安保卫制度。

第十五条 市、区平安建设组织协调机构办公室应当建立健全平安建设信息共享机制，推动公共安全视频系统的联网应用，依法将平安建设工作有关的业务信息、数据资料接入城市运行管理中枢，提高平安建设智能化水平。

市政务服务数据管理部门应当会同相关部门加强城市运行管理中枢的建设和应用，为社会治安防控、公共安全保障、矛盾纠纷化解等平安建设活动提供数据支持。

相关部门收集、使用平安建设相关数据时，应当严格依法保护个人隐私和商业秘密，保障个人和数据信息安全。

第十六条 市来穗人员服务管理部门负责统筹组织、协调、指导、监督本市网格化服务管理工作，建立健全网格化服务管理机制。各区人民政府、镇人民政府和街道办事处应当明确承担网格化服务管理工作的部门或者机构。

区、镇人民政府和街道办事处应当科学划分网格，编制网格服务管理事项和网格员职责清单，合理配置网格员。

网格员应当按照网格服务管理事项和职责清单开展日常巡查、信息采集、问题上报和调处应急等工作。对收集的公众诉求、问题隐患等事项，应当通过网格化服务管理信息系统等渠道及时上报，相关部门应当在收到上报信息后十个工作日内进行处置并反馈。

第十七条 各级人民政府和相关部门应当畅通公众表达诉求的渠道，建立及时回应基层需求的联动工作机制，妥善解决公众反映的问题、及时回应公众诉求。

鼓励公众通过广州12345政务服务便民热线等平台，表达经济调节、市场监管、社会管理、公共服务、生态环境保护等领域的诉求。广州12345政务服务便民热线等平台的管理机构应当建立诉求分级分类办理机制，完善受理、派单、办理、答复、督办、办结、回访、评价等环节的工作流程，实现诉求办理的闭环运行。

第十八条 卫生健康部门应当会同相关部门加强社会心理服务体系建设，建立健全社会心理服务网络，发展心理工作者、社会工作者等社会心理服务人才队伍，定期开展社会心态监测、心理健康指导、心理咨询服务等活动。

镇人民政府、街道办事处可以依托城乡社区综合服务设施或者社会治安综合治理中心等设置基层社会心理服务工作站，开展心理健康知识宣传，提供心理健康服务。

第十九条 市平安建设组织协调机构办公室应当会同市公安机关每月分析全市治安、刑事案件形势和规律特点，科学调度防控资源。

公安机关应当根据本市违法犯罪规律特点和趋势变化，组织开展违法犯罪行为专项打击行动，并根据需要会同相关部门开展专项治理。

第三章　重点防治

第二十条 本市建立常态化扫黑除恶工作机制，设立举报电话、邮箱、信箱，建立健全智能化举报平台和举报奖励机制，落实举报人和证人保护措施，拓宽线索举报渠道。

公安机关应当及时排查涉黑涉恶举报线索。公安机关、人民检察院、人民法院应当依法惩处黑恶势力犯罪。

住房城乡建设、交通运输、金融监管、市场监管、生态环境等部门应当按照职责分工加强行业领域平安建设突出问题专项整治，发现涉黑涉恶犯罪线索的，应当及时向公安机关通报。

第二十一条 公安机关应当会同相关部门将下列遭受恐怖袭击可能性较大以及遭受恐怖袭击可能造成重大人身伤亡、财产损失或者社会影响的单位、场所、活动、设施等确定为防范恐怖袭击的重点目标，并报本级反恐怖主义工作领导机构备案：

（一）国家机关、学校和医疗卫生机构等单位；
（二）机场、车站、大型娱乐商业综合体和重要会展场所等公共场所；
（三）大型文化、体育、宗教、演出等活动；
（四）供水、供电、供气、供热、储油输油等公共设施；
（五）法律、法规规定的其他重点目标。

重点目标的管理单位应当依法履行管理职责，配备符合标准的技防、物防等设备、设施，建立健全内部安全防范工作制度。

第二十二条 公安机关应当会同相关部门加强对枪支弹药、管制刀具和易燃易爆、剧毒等危险物品安全管理的监督检查工作，对非法制造、贩卖、携带、存放枪支弹药、管制刀具和易燃易爆、剧毒等危险物品的行为依法及时处理。

危险物品的生产、储存、运输、销售、使用等相关单位应当严格执行安全管理制度，并配合政府相关部门的监督检查。

第二十三条 市、区人民政府应当建立健全金融风险防范和处置工作机制，依法打击取缔非法集资等非法金融活动，加强金融法律、法规以及相关知识的宣传教育，提高公众对金融风险的防范意识。

金融监督管理部门应当建立健全金融风险监测防控平台，运用大数据等现代信息技术手段，加强对金融风险的排查和预警，并及时向社会发布风险提示。

金融机构、非银行支付机构应当加强对资金异常流动情况及其他非法金融活动的监测，发现资金异动等非法金融活动线索的，应当及时向金融监督管理部门报告。

第二十四条 任何单位和个人使用网络应当遵守法律、法规的规定，遵守公共秩序，尊重社会公德，不得危害网络安全，不得利用网络制作、复制、发布、传播虚假信息或者从事其他法律、法规禁止的行为。

公安机关和网信等部门等应当依法履行网络安全监督管理职责，建立健全网络综合防控体系和执法联动协作机制，预防和惩治网络违法犯罪行为。

网络运营者应当依法建立健全服务规则和管理制度，发现法律、法规禁止发布或者传播的信息的，应当立即停止服务、采取有效措施防止信息扩散并向有关主管部门报告。

第二十五条 市、区人民政府应当建立健全打击防范电信网络诈骗协调工作机制，统筹推进本行政区域内打击防范电信网络诈骗工作。公安机关、新闻出版、广播电视、通信、网信、金融监管等部门应当依法加强对电信企业、金融机构（含支付机构）、互联网企业等市场主体的监管。

公安机关应当组织专项打击行动，会同相关部门开展联合治理行动，依法打击利用电信、网络等载体实施诈骗、盗窃、违法销售、非法集资、非法放贷等违法犯罪行为。电信企业、金融机构（含支付机构）、互联网企业等市场主体应当予以配合。

电信企业、金融机构（含支付机构）、互联网企业等市场主体应当加强反诈骗风险监测，发现涉嫌违法犯罪信息的，应当及时采取措施，向客户作出风险提示并向公安机关报告。

第二十六条 寄递物流企业应当建立安全管理制度，落实持证经营、实名收寄、物件验视、技防安检、从业人员登记等要求，推进寄递物流视频联网建设。

寄件人或者其委托人办理寄递业务时应当配合检查，拒绝接受验视或者安全检查的，寄递物流企业不得收寄。

公安机关和邮政、交通运输等相关部门应当加强对寄递物流企业执行安全管理制度情况的监督检查。

第二十七条 本市建设工程实行用工实名制管理和劳动者工资支付专户管理等制度。施工总承包单位或者分包单位应当与务工人员签订书面劳动合同，并及时将工人的身份信息录入管理系统，加强对施工现场的用工核查和管理。施工总承包单位和分包单位应当依法设立工人工资支付专用账户，将工人工资款与其他款项分开管理。

住房城乡建设、人力资源社会保障、交通运输、水务、林业和园林等部门应当按照职责分工，加强对建设工程领域用人单位与务工人员签订劳动合同、支付工资以及工程建设项目实行用工实名制管理、劳动者工资专用账户管理、施工总承包单位代发工资、工资保证金存储、维权信息公示等情况的监督检查。

第二十八条 公安机关和网信、通信等相关部门应当完善相关配套制度和标准体系，规范大数据、云计算和人工智能等新技术的研发应用，并按照职责分工做好社会风险防范和处置工作。

市交通运输、市场监管、商务、工业和信息化、邮政等相关部门和公安机关应当建立协同监管机制，会同各区人民政府及相关单位加强对共享单车、共享租车、网约车、智联汽车等新业态企业和外卖餐饮、物流快递、电子商务等相关平台、企业的监督管理。

网约车、外卖餐饮、物流快递等相关平台、企业应当合理运用政策激励措施和技术监管手段，加强对驾驶员、配送员的安全教育和管理。

第二十九条 人民法院、人民检察院、公安机关、国家安全部门、司法行政部门等应当依法预防和惩治套路贷、网络贩毒、网络赌博、侵犯公民个人信息、侵犯知识产权、制售假冒伪劣商品、污染环境、破坏野生动物资源等违法犯罪活动。

第三十条 司法行政部门应当依法推进社区矫正工作，落实监督管理、教育帮扶等各项任务，为社区矫正对象在教育学习、心理辅导、职业技能培训、社会关系改善等方面提供必要的帮扶。

社区矫正对象所在的村民委员会、居民委员会、单位或者就读学校应当依法协助做好社区矫正工作。

第三十一条 司法行政部门应当会同相关部门采取就业培训、释前辅导、困难帮扶等措施，帮助刑满释放人员回归社会正常生活。

市司法行政部门应当依法开展强制隔离戒毒工作和邪教人员教育转化工作，完善并严格执行各项安全监管制度，确保强制隔离戒毒场所和法制教育场所安全运行。

镇人民政府、街道办事处应当依法开展社区戒毒和社区康复工作，制定社区戒毒、社区康复工作计划，根据工作需要配备社区工作人员，为社区戒毒人员和社区康复人员提供心理矫治、关系调适等专业服务。

第三十二条 民政部门应当依法开展流浪乞讨人员救助工作。公安机关、城市管理和综合执法部门以及其他相关部门应当按照职责分工加强街面巡查，依法处理流浪乞讨人员违反治安管理、城市管理等相关法律、法规的行为。镇人民政府、街道办事处应当落实流浪乞讨人员属地管理责任。

公安机关接到胁迫、诱骗、利用未成年人乞讨举报的，应当进行调查，发现有违法犯罪嫌疑的，应当依法及时处理。

第三十三条 市卫生健康部门应当会同相关部门制定本市严重精神障碍患者服务管理治疗工作办法。

公安、司法行政、信访、卫生健康、民政、医疗保障等部门应当按照职责分工，建立健全严重精神障碍患者服务管理工作机制，强化信息互通，完善危机干预、帮扶救助等心理健康服务并建立心理健康档案。镇人民政府、街道办事处应当提供心理辅导服务和危机干预服务，建立高风险患者专人、专职、专岗服务小组和应急处置队伍。

第三十四条 公安、教育、民政、司法行政、人力资源社会保障、住房城乡建设、卫生健康、来穗人员服务管理等部门应当按照职责分工，做好来穗人员治安管理、随迁子女入学、社会救助、法律援助、劳动就业、住房保障、医疗保障、信息采集和居住证申领等服务管理工作，依法保障来穗人员合法权益。

第三十五条 公安机关及住房城乡建设、来穗人员服务管理等部门应当按照职责分工，做好出租屋治安管理和流动人口服务管理工作，依法采集、登记、核查相关信息并保护个人信息安全。

镇人民政府、街道办事处应当建立日常巡查制度，协助公安机关和相关部门排查出租屋治安隐患，采集、核查出租屋和流动人口相关信息。

物业服务企业应当配合相关部门做好相关信息的采集工作，发现物业服务区域内存在违反出租屋治安管理行为的，应当及时采取合理措施制止、向公安机关报告并协助处理。

出租人应当依法申报出租屋信息，督促承租人及时排除安全隐患，发现承租人涉嫌违法犯罪的，应当及时向公安机关或者相关部门报告。

第三十六条 公安机关、人民检察院、人民法院、司法行政部门应当建立办理涉及未成年人案件的专业化队伍，根据未成年人的身心特点依法开展法治教育和安置帮教等工作。

公安机关、人民检察院、人民法院和司法行政部门、民政部门、教育行政部门、卫生健康部门以及共青团、妇联等单位应当建立健全沟通协调机制，对未成年被害人及其家庭实施必要的家庭教育指导以及心理干预、经济救助、法律援助、转学安置等保护措施。

第四章 矛盾化解

第三十七条 市、区平安建设组织协调机构应当推动建立健全矛盾纠纷多元化解机制，发挥人民调解、行政调解、司法调解、商事调解、行业调解、专业调解、诉讼、仲裁、行政裁决、行政复议等作用，促进社会矛盾纠纷及时有效化解。

司法行政部门应当会同人民法院、人力资源社会保障部门、仲裁机构等相关单位建立统一的矛盾纠纷多元化解信息化平台，运用互联网新技术开展在线诉前分流、在线调解、在线司法确认、在线仲裁。

第三十八条 司法行政部门应当推动构建以人民调解为基础，人民调解、行政调解、司法调解、商事调解、行业调解、专业调解相衔接的大调解工作格局。

司法行政部门和相关行业主管部门应当指导设立医患、家事、消费、金融、物业、交通事故、知识产权、农村土地承包经营等领域矛盾纠纷专业调解组织，调解相关领域的矛盾纠纷。鼓励和支持人大代表、政协委员、律师及其他法律工作者参加专业调解组织。

鼓励在投资、金融、房地产、知识产权、国际贸易等领域设立从事商事纠纷调解的专业化组织，承接人民法院、行政机关以及其他社会组织委派或者委托的案件，开展商事纠纷调解。

第三十九条 司法行政部门应当支持公证机构在金融、产权保护、突发公共事件应对等领域发挥作用，参与矛盾纠纷化解。

第四十条 本市加快南沙国际仲裁中心建设，健全粤港澳大湾区仲裁联盟工作机制，加强与"一带一路"沿线国家和地区以及世界各国商事仲裁机构的交流合作，提升国际争议仲裁公信力。

仲裁机构应当健全仲裁程序，优化仲裁规则，完善在线争议解决平台，加强国际商事争议在线解决机制建设。

第四十一条 信访部门应当会同公安机关和相关部门及时处理重大群体性上访事件，推动落实诉访分离制度和涉法涉诉信访依法终结制度，建立健全网络信访受理平台，畅通和规范网上信访渠道。

第四十二条 规划和自然资源、住房城乡建设、人力资源社会保障、卫生健康等部门及相关单位，应当在土地和房屋征收、劳动关系、社会保障、医患纠纷等领域，建立民生实事协商平台，建立健全对话、协商、谈判机制，广泛听取社会公众的意见建议，并及时反馈意见建议采纳情况。

卫生健康部门、医疗机构应当及时处理医疗纠纷，引导患方通过协商、调解、诉讼等合法途径解决医疗纠纷。公安机关应当维护医疗机构治安秩序，依法惩治侵害患者和医务人员合法权益以及扰乱医疗秩序等违法犯罪行为。

人力资源社会保障部门应当指导劳动人事争议调解、仲裁等工作，依法及时处理劳动争议。

第五章 社会参与

第四十三条 村民委员会、居民委员会应当建立健全本村、本社区平安建设联防联控等工作制度，将平安建设相关要求纳入村规民约或者社区公约，引导村民、居民参与平安建设活动。

第四十四条 鼓励和支持符合条件的社会组织参与反邪教、应急处置、社区治理、社区禁毒、社区矫正、社会帮教、精神障碍社区康复和精神障碍患者服务管理等公益性、服务性、互助性平安建设活动。

鼓励和支持行业协会、商会发挥行业自律功能，引导成员参与平安建设活动，协助主管部门建立行业公共安全风险评估、化解和管控机制，防范和化解行业风险。

鼓励和支持社会工作服务机构及其他社会组织参与平安建设活动，提供困难救助、矛盾调处、人文关怀、心理疏导、行为矫治、关系调适、资源协调等专业服务。

第四十五条 鼓励和支持业主大会、业主委员会参与平安建设活动，化解邻里矛盾纠纷、维护业主权益、参与社区治理。

鼓励和支持物业服务企业采用新技术、新方法提高物业服务和管理水平，推进平安小区智慧化建设。物业服务企业应当依照物业服务合同履行安全管理和服务职责，协助相关单位做好服务管理区域内的秩序维护、社区治理和公益宣传等平安建设工作。

第四十六条 鼓励和支持社会公众参加平安建设志愿服务组织，开展社情民意调查、矛盾纠纷化解、社会治安巡逻、平安法治宣传、应急处置支援和文明行为引导等工作。

因参与平安建设活动使本人或者家庭成员受到恐吓威胁、滋事骚扰、跟踪尾随、攻击辱骂、损毁财物的，公安机关应当依法采取相关保护措施。

第六章 考评监督

第四十七条 市平安建设组织协调机构应当建立并实施执法监督、纪律作风督查巡查、约谈挂牌等制度，对区人民政府、相关部门和单位落实平安建设目标责任制的情况进行监督检查。

市平安建设组织协调机构应当建立健全平安建设考核机制，每年对区人民政府、相关部门和单位落实平安建设目标责任制的情况进行考核。

区平安建设组织协调机构参照前款规定执行。

第四十八条 市、区平安建设组织协调机构在监督、巡查中发现有下列情形之一的，应当根据情节轻重，采取通报、约谈、挂牌督办等形式进行督导，并责令限期整改：

（一）不重视平安建设，相关工作措施落实不力的；

（二）区域以及系统或者行业内重大安全隐患整改不力，社会矛盾纠纷比较突出的；

（三）在较短时间内连续发生重大刑事案件或者群体性事件、公共安全事件的；

（四）平安建设工作考核评价不合格、不达标的；

（五）对公众反映强烈的社会治安和公共安全问题没有及时采取有效措施进行处置的；

（六）其他需要督促整改的情形。

第四十九条 各级人民政府、相关部门应当把平安建设成效和年度考核结果，以及市、区平安建设组织协调机构通报、约谈、挂牌督办等情况纳入领导班子和领导干部政绩考核指标。

因未履行平安建设工作职责，依照国家、省和市有关规定受到相关处理的地区、单位，在规定期限内不得被评为精神文明先进单位，不得被授予综合性荣誉称号；其单位主管负责人和直接责任人，不得被评为先进个人。

第五十条 市、区人民代表大会常务委员会应当通过听取和审议专项工作报告、组织执法检查等方式，对相关单位履行平安建设职责的情况进行监督。

监察委员会、人民法院、人民检察院在依法行使职权时，发现相关单位履行平安建设职责存在薄弱环节和突出问题的，应当及时提出监察建议、司法建议、检察建议。

相关单位及其工作人员应当自觉接受人民政协的民主监督，主动接受新闻媒体的舆论监督和公众的社会监督。

第五十一条 国家机关、企业事业单位、人民团体及其他社会组织工作人员拒不履行或者不正确履行平安建设职责的，由有权机关依法给予处分；构成犯罪的，依法追究刑事责任。

第七章 附 则

第五十二条 本条例自2022年3月1日起施行，《广州市社会治安综合治理条例》同时废止。

广州市人民政府关于印发广州市推进制造业数字化转型若干政策措施的通知

穗府规〔2021〕8号

各区人民政府，市政府各部门、各直属机构：

现将《广州市推进制造业数字化转型若干政策措施》印发给你们，请认真组织实施。实施过程中遇到的问题，请径向市工业和信息化局反映。

广州市人民政府
2021年12月9日

广州市推进制造业数字化转型若干政策措施

为贯彻落实《广东省人民政府关于印发广东省制造业数字化转型实施方案及若干政策措施的通知》（粤府〔2021〕45号）和《广州市优化营商环境条例》，深入实施制造业数字化转型发展战略，加快我市制造业数字化、网络化、智能化转型升级步伐，推动制造业高质量发展，特制定本政策措施。

一、发展目标

到2023年，全市制造业数字化、网络化、智能化水平明显提升，智能化生产、网络化协同、个性化定制、服务化延伸、数字化管理等新模式、新业态广泛推广。推动3500家规模以上工业企业运用新一代信息技术实施数字化转型，带动15万家企业上云用云降本提质增效。建成工业互联网标识解析二级节点20个以上，引进培育200家左右制造业数字化转型服务商，打造1—2家国家级跨行业、跨领域工业互联网平台，10家以上特色专业型工业互联网平台。

到 2025 年，全市制造业数字化、网络化、智能化水平进一步提升，推动 6000 家规模以上工业企业实施数字化转型，带动 20 万家企业上云用云降本提质增效，数字化引领的生产方式、企业形态、业务模式、就业方式变革取得明显成效，规模化个性定制生产方式广泛应用，基本建成具有国际影响力的"定制之都"和全球数产融合标杆城市。

二、精准施策，分类推进制造业数字化发展

1. "一链一策"推动重点产业链网络化协同。依托重点产业"链长制"工作推进机制，围绕智能网联与新能源汽车、绿色石化和新材料、现代高端装备、超高清视频和新型显示、半导体和集成电路、生物医药及高端医疗器械等重点产业，支持"链主"企业发挥龙头带动作用，构建工业互联网平台生态，形成协同采购、协同制造、协同配送的应用解决方案，赋能上下游、产供销、大中小企业协同发展，提升产业链协作效率和供应链一体化协同水平，实现订单、库存、计划、生产、交付、品质、物流等关键环节数据的互联互通和在线高效协同。对符合条件的项目，按照不超过项目投入费用的 30% 进行补助，单个项目最高不超过 500 万元。

2. "一行一策"促进传统特色产业集群数字化发展。继续实施深化工业互联网赋能，改造提升传统特色产业集群行动计划。以"定制之都"建设为牵引，聚焦定制家居、纺织服装、美妆日化、箱包皮具、珠宝首饰、食品饮料等优势特色产业集群，推动建设行业级工业互联网平台，打造"1+2+N"集群数字化转型整体解决方案，构建"云"上产业链和虚拟产业园，发展中央工厂、协同制造、共享制造、众包众创、集采集销等新模式，提升集群制造资源和创新资源的共享和协作水平，促进大中小企业融通发展和协同创新。支持集群内中小企业应用"1+2+N"解决方案实施数字化转型，对服务企业数字化转型成效显著的平台服务商，按成功服务企业数量给予奖励，奖励金额最高不超过 500 万元。

3. "一企一策"引导重点优势企业智能化升级。支持制造业单项冠军（单项冠军产品）企业、"专精特新"等重点优势企业实施数字化技术改造，建设智能工厂、智能车间，提高企业内部的生产管控和精益制造能力，提升智能制造水平，促进优势产品做强做大。支持实施设备更新和升级换代，引进和购置智能制造装备,推动生产装备数字化。支持应用工业互联网、5G(第五代移动通信技术)等新一代信息技术实现企业设备数据、系统数据、供应链数据等在云端或平台集成、分析、应用。对符合条件的项目,按照技术改造、首台(套)重大技术装备推广等政策给予奖补。

4. 持续推进国企数字化转型。以"上云用数赋智"为重点突破口,加快建设智慧国资,促进市属国有工业企业数字化、网络化、智能化发展,提升产业基础能力和产业链现代化水平,打造行业数字化转型样板。以核心业务板块为重点,推动市属工业类企业集团工业互联网覆盖率提升。加强市属工业企业工业互联网推广应用的安全指导、监管工作,督促市属国有企业落实工业互联网安全主体责任。

三、夯实数字化转型基础设施

5. "一园一策"加强产业园区内外网络建设。支持工业企业对工业现场"哑设备"进行网络互联能力改造,支撑多元工业数据采集。支持工业企业运用新型网络技术和先进适用技术改造建设企业内网,探索在既有系统上叠加部署新网络、新系统,推动信息技术(IT)网络与生产控制(OT)网络融合。鼓励电信运营商加大力度推进制造业集聚产业园区、大型厂区、产业特色明显的工业园区网络建设。加快5G网络建设与推广,推动建设5G全连接工厂,支持制造业企业结合产业转型升级的实际需求,面向典型生产制造场景,搭建与行业应用系统相结合的5G示范网络,对符合条件的项目,按照不超过项目投入费用的30%进行奖补,每个项目最高不超过500万元。

6. 加快工业互联网标识解析体系建设。推动工业互联网标识解析国家顶级节点(广州)扩能增效,提升顶级节点(广州)服务能力。加快推动标识解析二级节点建设运营,深化标识在设计、生产、服务等各环节应用,推动标识解析系统与工业互联网平台、工业APP(应用软件)等融合发展。加快解析服务在各行业规模应用,促进跨企业数据交换,推动基于标识解析的关键产品追溯、供应链管理、个性化定制、产品全生命周期管理等集成创新应用,提升产品全生命周期追溯和质量管理水平。

7. 培育工业互联网平台。加快建设技术水平高、集成能力强、行业应用广的跨行业、跨领域工业互联网平台,以及面向重点行业的特色型工业互联网平台、面向特定技术领域的专业型工业互联网平台。支持工业互联网平台增强服务全国的能力,对平台企业被国家工业和信息化部门评选为跨行业跨领域综合型工业互联网平台的,一次性奖励500万元;被评选为国家级特色型或专业型工业互联网平台的,一次性奖励300万元。大力引进行业领先的工业互联网平台企业,市委、市政府重点引进的对我市产业发展具有重大带动作用的企业可专题研究给予政策扶持。

四、开展技术创新行动

8. 支持工业软件研发及应用推广。支持有条件的企业围绕关键领域开展技术攻关,发展普适性强、复用率高的基础共性和行业通用工业软件。支持平台型软件企业开放核心应用、内容等平台能力,为开发者导入各类资源。推进信息技术应用创新,支持信息技术应用创新企业开展软件产品研发、应用迁移、适配测试、信息服务创新等项目。大力发展自主可控工业软件,鼓励支持我市信息技术服务企业纳入省工业互联网产业生态供给资源池,提升我市数字化转型供给能力。对符合条件的信息技术应用创新项目,按不高于项目投资额的30%给予补助,最高不超过500万元。

9. 发展智能硬件及装备。支持研制具有自感知、自决策、自执行功能的高端数控机床、工业机器人、检测装配、物流仓储等数字化智能制造装备及所需工业级芯片,并实现在重点行业的规模化应用。推动先进工艺、信息技术与制造业深度融合。发展智能网联装备,支持工业企业运用数字化、网络化技术改造生产设备,提升核心装备和关键工序的数字化水平,推动人工智能、数字孪生等新技术创新应用。

五、合力打造开放共赢的产业生态

10. 完善数字化转型服务。推进国家工业互联网大数据中心广东分中心建设,推动工业数据的采集、传输、加工、存储和共享,深化工业大数据应用,开展重点产业链数据监测分析。支持制造业企业、行业协会等参与、制定制造业数字化领域相关国际、国家、行业标准和团体标准,建立数字化转型规范标准。支持优秀数字化转型服务商,为我市制造业企业提供数字化转型诊断、咨询服务。支持企业开展两化融合管理体系(升级版)贯标,对通过两化融合管理体系(升级版)贯标评定的企业给予一次性奖励30万元。

11. 支持培育数字化专业人才。支持高校联合数字化转型服务机构、工业互联网平台商（服务商）、龙头企业等开展数字化转型相关学科专业建设，建设数字化转型人才培训公共服务平台，建设重点行业制造业数字化线上培训平台，构建产教融合人才培养体系。将数字化转型内容列入中小民营企业家培训课程。鼓励制造业企业大力引进数字化转型人才，对符合条件的人才（项目）按照有关规定给予奖励。

六、保障措施

12. 加强组织领导。在市先进制造业强市建设领导小组框架内，设立市制造业数字化转型工作专班，统筹谋划和推进全市制造业数字化转型工作，协调解决在制造业数字化转型工作中的重大问题。强化市、区联动，鼓励各区"因地制宜"制定差异化的政策措施，形成政策合力。建立制造业数字化转型监督评价和定期报送机制，加强跟踪督导。

13. 强化金融服务。鼓励商业银行等各类金融机构加大对制造业企业实施数字化转型升级的信贷支持力度，有针对性地创新数字化转型金融产品，为工业企业数字化转型提供融资服务。依托广州工业和信息化产业发展基金等各类基金，采用股权投资等方式，支持工业互联网企业和制造业数字化转型服务商加快发展。鼓励有条件的金融机构在业务范围内与工业互联网企业按照依法合规、风险可控的原则开展合作，探索建立基于生产数据的征信系统，提供个性化、精准化的金融产品和服务。

14. 强化安全保障。加大工业互联网安全和工控安全宣传力度，指导工业企业加强网络安全分类分级管理，推动工控安全企业落实主体责任，协助省通信管理局做好标识解析系统、公共工业互联网平台监测工作。

15. 加强宣传引导。在公共媒体、公共场所、公共渠道加强制造业数字化转型宣传，举办制造业数字化转型专题论坛，促进国内外交流。支持建设工业互联网展示中心，宣传推广数字化转型优秀案例。加强制造业数字化转型经验模式总结和宣传推广，擦亮广州全球"定制之都"名片。

本政策措施自2022年1月1日开始实施，有效期至2025年12月31日。

附件：名词解释

附件

名词解释

制造业数字化转型：聚焦制造业企业以及产业链、供应链，运用工业互联网、大数据、云计算、人工智能、区块链等数字技术，以数据为驱动，对研发设计、生产制造、仓储物流、销售服务等业务环节，进行软硬结合的数字化改造，推动制造业企业生产方式、企业形态、业务模式、就业方式的全方位变革，重构传统工业制造体系和服务体系，促进产业链、供应链高效协同和资源配置优化，催生新模式新业态。

"1+2+N"解决方案：面向每一个行业或产业集群，形成行业解决方案服务商、跨行业跨领域平台等两方组成紧密合作的建设主体，协同N个数字化转型合作伙伴（可包括但不限于工业设计、共享制造、物流仓储、直播电商、金融服务等），通过建设行业级工业互联网平台，打造行业数字化转型解决方案。

两化融合管理体系贯标：两化融合管理体系是企业系统地建立、实施、保持和改进两化融合过程管理机制的通用方法。两化融合贯标是指贯彻《信息化和工业化融合管理体系》标准、充分利用企业"战略—优势—能力"主线、助推企业在未来获得可持续的竞争优势的一个指标。

上云上平台：围绕研发设计、生产管控、经营管理、售后服务等核心业务环节，利用工业互联网新技术、新工具、新模式，实施数字化转型升级，进一步降低经营成本、提升生产效率、提高产品质量、降低能耗排放、优化产业协同等。

工业大数据：工业领域产品和服务全生命周期数据的总称，包括工业企业在研发设计、生产制造、经营管理、运维服务等环节中生成和使用的数据，以及工业互联网平台中的数据等。

广州市人民政府关于印发广州市建设国家营商环境创新试点城市实施方案的通知

穗府〔2022〕1号

各区人民政府，市政府各部门、各直属机构：

现将《广州市建设国家营商环境创新试点城市实施方案》印发给你们，请认真组织实施。实施过程中遇到的问题，请径向市全面优化营商环境领导小组办公室（设在市发展改革委）反映。

广州市人民政府
2022年1月25日

广州市建设国家营商环境创新试点城市实施方案

为深入贯彻习近平总书记关于广州要率先加大营商环境改革力度、在现代化国际化营商环境方面出新出彩的重要指示精神，按照国家营商环境创新试点部署要求，推动各项改革任务落地见效，制定本实施方案。

一、总体要求

（一）指导思想。

坚持以习近平新时代中国特色社会主义思想为指导，全面贯彻党的十九大和十九届历次全会精神，立足新发展阶段，完整、准确、全面贯彻新发展理念，服务和融入新发展格局，以推动高质量发展为主题，以制度创新为核心，坚定不移推动实现老城市新活力、"四个出新出彩"，不断激发市场主体活力和社会创造力。

（二）基本原则。

——坚持系统推进。树牢"人人都是营商环境、处处优化营商环境"理念，全链条优化审批、全过程公正监管、全周期提升服务，系统化推动创新试点总体部署落实落地。

——坚持制度创新。从制度层面提出更多有利于培育和发展壮大市场主体的改革创新举措，推出首创性、突破性的制度性成果，形成"广州经验"，打造营商环境"制度高地"。

——坚持法治理念。明确政府和市场的边界，按照法定程序推进改革，做到改革有序，于法有据，保障规则公平、机会公平和权利公平，给市场主体以稳定预期。

——坚持底线思维。统筹好发展和安全，科学把握改革时序和节奏，加快建立全方位、多层次、立体化监管体系，实现事前事中事后全链条全领域监管，确保创新试点改革总体风险可控。

（三）主要目标。

2022年底前，各改革事项取得突破性进展，完成相关改革政策制定出台，基本建立与试点要求相适应的管理制度，构建更有效率的企业全生命周期服务体系，营造更有吸引力的投资贸易环境，营商环境位居全国前列。2025年底前，建成市场化法治化国际化的一流营商环境，营商环境国际竞争力跃居全球前列，成为全球资源要素配置中心，以及全球企业投资首选地和最佳发展地，形成可复制可推广的经验成果，打造全国优化营商环境"策源地"和"试验田"。

二、重点任务

（四）进一步破除区域分割和地方保护等不合理限制。

1. 率先实施"一照多址""一证多址"改革。简化企业设立分支机构登记流程，拓展"一照多址""一证多址"适用区域，实现一次申请、一本执照、多个地址，促进企业扩大经营规模。便利分支机构、连锁门店信息变更，促进商品服务自由流通，形成良性循环。

2. 探索企业生产经营高频事项跨区域互认通用。积极推动数字证书、电子证照、部分产品跨区域流通检疫申请流程等企业生产经营高频许可证件、资质资格等，在试点城市间率先互通、互认、互用，为市场主体提供便利，为构建相互开放、相互协调的有机市场体系探索经验。

3. 深化招投标全流程电子化改革。实现从下载招标文件、提交投标文件、开标、评标，到异议、澄清修改、合同签订、文件归档的全流程网上办理。建立健全招标计划提前发布制度，以更加阳光透明、规范高效的招投标制度规则和标准，为内外资企业营造一视同仁、公平竞争的市场环境。

（五）健全更加开放透明、规范高效的市场主体准入和退出机制。

4. 率先实施市场准入"极简审批"。实现涉企经营许可事项"证照分离"改革全覆盖，推动"一照通行"改革，覆盖更多行业，打破"准入容易准营难、办照容易办证难"的隐性壁垒，建立简约高效、公正透明、宽进严管的行业准营规则，充分保障企业行使主体资格，实现"一网通办、一照通行"。

5. 打造开办企业更便捷更智能城市。优化"5G智慧导办"，为企业名称登记、信息变更、预约银行开户等事项提供数字化、可视化全程导办服务。全面推行标准化智能审批，应用企业名称、企业住所、经营范围"三个自主申报"，以及"人工智能+机器人"智能无人审批，实现"网购式"智慧开办企业。

6. 释放破产制度对资源配置的最大价值。探索破产审判与破产事务相分离改革，进一步加强管理人履职保障，加快信用修复、财产解封、财产处置、破产管理人选任、预重整等制度创新。提高破产审判效率，促进诚信企业"经济再生"，推动市场主体拯救和退出机制发挥最大化作用。

7. 着力解决企业"退出难"。畅通市场退出通道，完善优胜劣汰的市场主体退出机制，全面实施简易注销、探索市场主体除名等便捷退出途径，推动失联企业吊销出清、完善政府依职权出清机制，健全企业被动退出渠道。

（六）持续提升投资和建设便利度。

8. 深化工程建设项目审批制度改革试点。统一工程建设项目审批事项办理流程和办事指南，推动投资审批制度改革与用地、环评、节能、报建等领域改革衔接，强化审批数据共享。坚决杜绝审批中存在的"体外循环""隐性审批"等行为，确保"清单之外无审批、流程之外无环节、指南之外无材料"。

9. 完善"用地清单制"常态化服务。强化靠前服务意识，完善"用地清单制"，形成"清单式"信息，土地供应时"一单尽列"、免费公开，对市、区土地储备机构在土地出让前已主动完成的评估普查事项，企业在后续阶段不再重复申报或者审批部门简化审批条件，推动项目审批、建设提速增效，实现"交地即开工"。

10. 全面实施竣工"一站式"联合验收。实行规划、消防、人防、档案等事项限时完成联合验收，统一出具联合验收意见书，结果文书在线获取，政府部门直接备案，不动产登记部门共享结果。一个工程规划许可证范围内涉及多个单位工程的建设项目，在符合项目整体规划要求、质量安全要求、达到安全使用条件的前提下，对已满足使用功能的单位工程可采用单独竣工验收方式，验收合格后可单独投入使用。

11. 创新应用工程质量监管"风险矩阵"。完善工程质量安全风险源等级、综合管理风险等级"双矩阵"监管体系，根据项目类型、结构安全、质量缺陷可能性、施工安全风险性，对项目进行风险等级划分，实施差异化、精准化安全管理措施。探索建立工程质量潜在缺陷保险制度，创新引入第三方机构实施风险管控。

12. 政企协同"四办"提升用能服务。全面落实"三零"（零上门、零审批、零投资）服务，高质量推行"三省"（省力、省时、省钱）服务，创新推出"四办"系列服务举措，推动企业用电"主动办"、用电业务"线上办"、获得用电"联席办"、电水气热网"一次办"，进一步提升公共服务水平。

（七）更好支持市场主体创新发展。

13. 打响"中小企业能办大事"改革品牌。依托广州开发区建设全国首个"中小企业能办大事"创新示范区，带动要素供给、产业融合等各重点领域和关键环节制度创新，为全市中小企业提供"产业政策、发展环境、专业园区、投资基金、资本运作"全周期服务，全面激发中小企业创新创造创业活力。

14. 推进要素市场化配置改革。分类完善要素市场化配置体制机制，优化资本要素和土地要素配置方式，提高劳动力和技术要素流动效益。培育发展数据要素市场，充分发挥数据作为关键生产要素的重要价值。促进土地要素集约高效利用，资本要素精准配置，创新人才集聚发展，打造全球资源要素配置中心。

15. 构建顺畅高效的技术成果转化体系。围绕成果权属、股权激励、税收等关键环节，打破制约科技成果转化的瓶颈，形成科技、产业、金融良性循环。加快科技成果产权制度改革，制度化解决科技成果权属问题，构建与研发工作和创新规律相符合的政策体系，激发科技人员积极性。

16. 深耕知识产权运用和保护综合改革试验田。聚焦知识产权市场化高效运营转化，集聚最齐全的知识产权资源，进一步完善贯穿科技型中小企业全生命周期的全链条知识产权运用服务，通过"股权融资—质押融资—证券融资—上市融资"，助力处于各发展阶段的企业以"知本"变"资本"，打造知识产权运用引领型创新驱动发展之城。

（八）持续提升跨境贸易便利化水平。

17. 高水平建设粤港澳大湾区口岸枢纽。强化国际性综合交通枢纽功能定位，推动港口群、空港群、陆路口岸群联成一体、智能运作，打造粤港澳大湾区"物流走廊"。推动建立粤港澳大湾区口岸航运发展联盟，推进引导水陆空铁各口岸功能互补、优势叠加、错位发展。

18. 全面拓展广州国际贸易"单一窗口"服务功能。全面深化"单一窗口"框架结构，由口岸通关领域进一步向国际贸易管理全链条延伸。争取逐步打通港口、机场、铁路等物流信息节点，实现"一站式"在线办理换单、押箱、提箱等手续，推动口岸通关全程无纸化、智能化。积极推动国际贸易"单一窗口"在粤港澳大湾区内互联互通。

19. 探索建设全球报关系统。为各国贸易商提供跨越多国海关（多边界）的国际贸易清报关、物流一体化服务。利用跨境电子证据链等技术，实现跨境贸易"通得快""管得住"，提升多边同步通关效率及跨境物流效率，降低国际贸易进出口商的综合服务成本。

20. 加快推进建设全球溯源中心。进一步拓展全球溯源体系的产业服务功能，重塑以价值为导向的国际贸易生态链，推动建立基于共建共享的国际贸易新规则，实现"全球溯源体系"制度创新向"全球溯源中心"转变。

21. 深化南沙多式联运"一单制"试点改革。推动广东自贸区南沙新区片区开展以铁路运输为主的多式联运"一单制"试点改革，实现"一次托运、一次计费、一份单证、一次保险"。率先实现铁路与港口信息互联互通，推进联运各方信息共享和业务协同，提供多式联运"一站式"服务，对水运转铁路运输货物，探索实行"车船直取"模式。

（九）优化外商投资和国际人才服务管理。

22. 营造更具吸引力的国际投资环境。推动广东自贸区南沙新区片区跨境贸易投资高水平开放试点，打造内地与港澳规则衔接示范基地。完善外商投资企业融资、通关、人员出入境和工作许可等便利化举措，降低外商投资企业投资和运营成本，促进粤港澳大湾区内各类资源要素高效便捷流动。

23. 构建国际商事仲裁"广州模式"。叠加"云仲裁"的规则优势和技术优势，整合粤港澳大湾区优质法律资源、完善国际商事仲裁"广州模式"，进一步打破国界之别、司法壁垒、时空阻隔，为跨国、跨境民商事纠纷提供高效便捷的解纷渠道，实现"足不出户、全程在线、一键仲裁、化解纠纷"。

24. 建立面向全球的人才服务管理机制。加快建设南沙"国际化人才特区"，打造中新广州知识城国际人才自由港，健全吸引国际人才体制机制，实现精准引才高效引智。围绕国际人才引进使用、培养评价、工作居留、服务保障，着力构建各行业全方位覆盖、各环节全链条支持、各阶段全周期鼓励的服务管理体系，打造全球人才创新创业高地。

（十）维护公平竞争秩序。

25. 建立健全公平开放透明的市场竞争规则。完善市场准入和退出、产业发展、招商引资、招标投标、政府采购、经营行为规范、资质标准等涉及市场主体活动的规章、规范性文件的公平竞争审查制度，强化公平竞争审查的刚性约束。建立竞争政策与产业政策的协调机制，推动产业政策由差异化、选择性向普惠化、功能性转变。全面清理规范行业协会商会涉企收费行为，健全遏制乱收费、乱摊派的长效机制。

26. 打造公共资源交易"一张网"。深化公共资源交易平台整合共享，建立分类统一、公开透明、服务高效、监督规范的公共资源交易平台体系，打造全市公共资源交易"一张网"。

27. 加强反垄断与反不正当竞争执法。构建全方位、多层次、立体化的竞争监管体系和执法保障体系，综合应用大数据、区块链技术提高执法专业化水平。建立健全线索排查分析、线上证据固化、线下核查处置的反不正当竞争网络监测机制，强化互联网竞争行为监测。

（十一）进一步加强和创新监管。

28. 实施综合监管"一件事"改革。聚焦同一区域涉及跨部门、跨层级监管的同一类监管对象，或者同一部门涉及跨领域、跨层级监管的同一类监管对象，建立健全资源有效共享、业务有机协同的综合监管机制，做到"进一次门、查多项事"，实现监管效能最大化、对监管对象干扰最小化。

29. 推广"信用风险分类+双随机、一公开"智慧监管模式。优化以信用为基础的新型监管机制，将企业公共信用综合评价结果和企业信用风险分类结果深度嵌入"双随机、一公开"监管，依据企业信用等级、风险程度等实行靶向抽查、差异化监管。

30. 探索建立与数字经济相适应的监管规则。打造粤港澳大湾区数字要素流通"试验田",建立健全数据生成采集、整合汇聚、确权定价、流通交易和开发利用等方面的基础制度和标准规范。对数字经济领域企业标签化管理,实行触发式监管,做到"无事不扰"。

31. 加快构建"四位一体"监管体系。坚持政府监管、行业自治、企业自律、社会监督,持续提高政府监管效能,推动行业协会商会健全行业经营自律规范,支持企业开展标准自我声明和质量公开承诺,探索实行惩罚性赔偿和内部举报人制度,推动形成多元共治、互为支撑的协同监管格局。

32. 健全对新业态的包容审慎监管机制。按照鼓励创新原则,以容错纠错为导向,构建权责明确、公平公正、简约高效的包容审慎监管体系,给予市场主体成长"容错""试错"空间。建立市场主体轻微违法经营行为免处罚免强制清单动态调整机制,审慎行使自由裁量权,统一行业执法标准和尺度,保障执法力度均衡统一。

(十二)依法保护各类市场主体产权和合法权益。

33. 构筑"政务诚信监测治理"体系。建立政务诚信监测治理体系,建立健全政府失信责任追究制度,开展政府失信专项治理。打造亲清政商关系长效机制。建立政务诚信诉讼执行协调机制,保障市场主体合法权益。

34. 加强海外知识产权维权协作。建立海外知识产权维权协作机构,为"走出去"企业提供高效、便捷的海外知识产权风险防范和纠纷应对服务。建立以中小微企业为重点援助对象的知识产权维权援助制度,加强重点产业知识产权海外布局,提升国际竞争力。鼓励保险机构开展知识产权海外险业务。

35. 完善企业深度参与营商环境建设长效机制。建立营商环境监测、企业参与涉企政策制定等制度,畅通企业参与营商环境意见建议渠道,最大程度调动企业参与营商环境建设的积极性、主动性、创造性。畅通常态化政企沟通渠道,以政策"透明度"赢得企业"满意度"。

(十三)优化经常性涉企服务。

36. 提升企业全周期"管家+专家"帮办服务。推行政务服务首席服务制度,聚焦企业全生命周期,优化全程免费帮办服务,提升"点对点""面对面"专属服务体验。深入开展"广州政务讲堂"政策宣讲,依托"云窗口"应用,推行远程帮办模式,开展"云坐席"线上服务,实现企业诉求"一键提",政府部门"速反馈",精准服务"更匹配"。

37. 创建数据金融共享应用先行区。建立以担保人名称为索引的电子数据库，依托动产融资统一登记公示系统实现登记信息的统一查询，提高动产和权利担保融资效率和可获得性。依托全国首个APP端"信易贷"平台，创新"信用+科技+普惠金融"，实现信用贷款从线上到掌上跨越。

38. 构建以税收大数据为驱动力的智慧税务。深化"多税合一"综合申报改革，持续压减纳税缴费次数和时间。用好税收全流程数据，将税收服务政策与纳税人缴费人数据进行关联，"点对点"精准服务，实现从无差别纳税服务向精细化、智能化、个性化服务转变，从"以票治税"向"以数治税"分类精准监管转变，进一步优化纳税人办事体验。

39. 健全利企便民的数字化政务服务网络。全面实现涉企证照电子化，强化电子证照、电子印章跨层级、跨部门、跨区域共享互认互信，涉企服务审批事项普遍推行"电子亮照亮证""一照通办"。简化非公证继承登记程序，推进不动产登记"一网通办"，登记税费"一次清缴"，实行跨域"随心办"。聚焦群众办事频度高的治安、户政、交管等公安服务，推行"一窗通办"，促进更多事项网上办、一次办。

40. 开启惠企政策"一键享"新服务。分批筛选高频"智能审批"服务事项，通过数据关联分析和预测，主动研判用户潜在个性需求，对符合条件的企业实行政策精准推送、免予申报，线上一键确认即可兑现，实现"免申即享"，变"企业找政策"为"政策找企业"，推动惠企政策从"精准推送"向"精准兑现"转变。

三、组织保障

（十四）加强统筹协调。在市全面优化营商环境领导小组框架内，成立由分管市领导牵头，市发展改革委、市政务服务数据管理局、市市场监管局、市司法局以及广州开发区紧密协同的营商环境创新试点专责小组，统筹推进创新试点工作，落实国家关于地方政府推动创新试点走深走实的工作要求，审议创新试点重要方案和政策，协调解决重点难点问题，建立完善与试点要求相适应的管理制度。依托市优化营商环境咨委会，组织开展理论研究，提供政策咨询。依托市优化营商环境法治联合体，凝聚社会共识，为创新试点提供高质量法治保障。

（十五）完善工作机制。市发展改革委承担专责小组整体推进工作，重大事项及时提请专责小组研究协调解决。市政务服务数据管理局组织推动国家专网、系统、数据落地应用，做好数字化支撑。市市场监管局牵头制定事前事中事后监管举措。市司法局根据国家和省法律、行政法规等调整情况，及时组织对现行规章、规范性文件作出相应调整，做好创新试点法治保障，确保改革不触碰风险底线。广州开发区充分发挥改革尖兵作用，在积极推进省营商环境改革创新实验区建设的基础上，为创新试点工作探索更多有益经验。

（十六）强化部门职责。各改革事项牵头单位要强化主体责任，纵向衔接国家和省对口部门，横向组织市相关责任单位，加强创新试点探索和配套政策制定，建立一个改革事项对应一个工作方案、一套操作规范、一批应用场景、一套评估体系的"四个一"工作机制，形成齐抓共管、整体推进的工作格局，确保各项改革任务落地见效。

（十七）鼓励探索创新。支持广州开发区充分发挥"中小企业能办大事"创新示范区引领作用，聚焦中小企业发展，进一步加大改革力度，为全国营商环境改革探路先行。各区要弘扬基层首创精神，主动作为、创新思路，积极探索原创性、差异化改革举措。市各有关部门要营造有利环境，支持各区先行先试，及时总结推进改革过程中形成的典型经验做法，在更大范围复制推广。

（十八）强化宣传推介。市委宣传部要组织媒体资源，利用电视、报刊、网络、自媒体等多渠道，开展部门访谈、专家解读等形式多样的创新试点改革宣传。市优化营商环境法治联合体、咨委会要发挥好桥梁纽带作用，通过研讨交流、政策宣讲等方式，向企业和营商人士精准推介创新试点落实政策，传导改革红利、彰显改革魄力。

广州市生态环境保护条例

(2021年10月27日广州市第十五届人民代表大会常务委员会第五十六次会议通过　2022年1月16日广东省第十三届人民代表大会常务委员会第三十九次会议批准)

第一章　总　则

第一条　为了加强生态环境保护，推进生态文明建设，促进经济社会可持续发展，根据《中华人民共和国环境保护法》等法律、法规，结合本市实际，制定本条例。

第二条　本条例适用于本市行政区域内生态环境保护及其相关活动。

第三条　生态环境保护遵循绿色发展、人与自然和谐共生的理念，坚持保护优先、预防为主、系统治理、社会共治、损害担责的原则。

第四条　市、区生态环境保护委员会负责统筹协调本行政区域生态环境保护工作，制定生态环境保护工作的重要政策措施，协调解决生态环境保护工作中的重大问题，督促落实生态环境保护工作责任。

第五条　本市各级人民政府对本行政区域内的生态环境保护工作及生态环境质量负责。

市、区人民政府应当加强对生态环境保护工作的领导，将生态环境保护工作纳入国民经济和社会发展规划，采取有效措施，持续改善生态环境质量。

镇人民政府、街道办事处依职责做好生态环境保护工作，健全生态环境网格化监督管理制度，落实承担生态环境保护责任的人员。

第六条　市生态环境主管部门对本市生态环境保护工作实施统一监督管理，组织实施本条例。

发展改革、工业和信息化、公安、财政、规划和自然资源、住房城乡建设、交通运输、水务、农业农村、卫生健康、市场监督管理、城市管理综合执法、林业园林、港务、海事等部门，在各自职责范围内对生态环境保护工作实施监督管理。

第七条 本市实行生态环境保护目标责任制和考核评价制度。市、区人民政府应当将生态环境保护目标完成情况纳入对本级人民政府负有生态环境保护监督管理职责的部门及其负责人和下一级人民政府及其负责人的考核内容，并作为考核评价的重要依据。考核结果应当向社会公开。

本市推行自然资源资产离任审计和生态环境损害责任终身追究制。

第八条 市、区人民政府应当与粤港澳大湾区其他城市加强生态环境保护合作，根据需要建立跨行政区域生态环境保护合作机制，协商生态环境保护重大事项，推动生态环境保护工作协同、资源共享和规则对接。

负有生态环境保护监督管理职责的部门应当在规划编制、生态保护、环境管理、污染治理、应对气候变化、环保科研与产业等领域，组织开展粤港澳大湾区区域合作和交流，根据需要开展联合检查、联动执法、区域突发环境事件协调处理等工作。

第九条 单位和个人依法有享受良好生态环境、获取生态环境信息、参与生态环境保护监督管理等权利，有权对破坏生态环境的行为进行举报，有保护和改善生态环境的义务。

第十条 负有生态环境保护监督管理职责的部门应当加强生态环境保护宣传教育，普及生态环境保护知识，倡导绿色生产生活方式，引导单位和个人参与生态文明建设。

中、小学校应当将生态环境教育列入教学内容，组织学生开展生态环境教育实践，培养学生的生态环境保护意识。

广播、电视、报刊、网络等媒体应当适当开设公益性的生态环境教育节目、栏目，定期发布生态环境公益广告，开展生态环境公益宣传教育。

机场、车站、码头、旅游景点、景区等公共场所和公共交通工具的经营者或者管理者应当开展生态环境公益宣传。

鼓励在具备条件的国家公园、自然保护区、自然公园和博物馆、文化馆、科技馆、实验室等场所建立生态环境教育基地，向社会提供生态环境教育服务。

第二章　保护优化

第十一条　市人民政府应当根据国家、省有关规定以及本市生态环境状况，编制、发布、实施生态保护红线、环境质量底线、资源利用上线和生态环境准入清单，建立生态环境分区管控体系，并作为规划资源开发、产业布局和结构调整、城镇建设以及重大项目选址的重要依据。

市规划和自然资源部门应当会同有关部门建立生态保护红线定期评估机制，评估结果应当作为优化生态保护红线布局以及生态环境保护考核的依据。

第十二条　市生态环境主管部门应当根据国家、省生态环境保护规划以及本市国民经济和社会发展规划，会同本市有关部门组织编制市生态环境保护规划，经上一级人民政府生态环境主管部门审查后，报市人民政府批准并公布实施。

生态环境保护规划的内容应当包括生态保护和污染防治的目标、任务、保障措施等，并与国土空间规划相衔接。

第十三条　市生态环境主管部门应当会同有关部门，根据本市经济社会发展和生态环境保护等需要，划定大气、水、声等环境功能区划，明确相应的环境质量标准和管控要求，报市人民政府批准后公布实施。

第十四条　市、区人民政府及其相关部门作出可能对生态环境产生较大影响的重大行政决策前，应当征求相关单位和社会公众意见并组织专家论证，分析、预测和评估对生态环境可能造成的影响，提出预防或者减轻不良环境影响的对策、措施和建议等内容。

可能对生态环境产生较大影响的重大行政决策事项范围，由市生态环境主管部门会同有关部门拟订，由市人民政府批准后公布实施。

第十五条　市、区人民政府应当将应对气候变化和控制温室气体排放作为制定中长期发展战略和规划的重要内容，制定碳排放达峰行动方案，采取措施推进碳达峰、碳中和相关工作。

市生态环境主管部门应当组织编制温室气体排放清单，会同有关部门在环境影响评价、国土空间规划、基础设施建设、水安全、灾害防御、产业发展、金融等领域落实应对气候变化要求，推进温室气体和污染物排放协同控制。

鼓励企业事业单位和其他生产经营者向社会公开温室气体排放信息。

第十六条 市、区人民政府及其相关部门应当指导本行政区域内企业事业单位和其他生产经营者加强碳排放控制和管理，推动建设碳普惠体系，建立商业激励、政策鼓励及市场交易相结合的低碳行为引导机制，鼓励单位和个人践行绿色低碳生产生活和消费方式。

纳入国家、省碳排放管理和交易范围的企业事业单位和其他生产经营者应当依法开展碳排放信息报告与核查、配额清缴履约等工作。市、区人民政府及其相关部门应当采取措施，为符合条件的单位和个人申报核证自愿减排量，参与碳排放交易提供便利。

第十七条 市、区人民政府应当采取措施，加强对具有重要生态服务功能和生态价值的生态系统的保护。城市开发建设应当保护天然植被、地表水系、滩涂湿地以及野生动植物等自然生态系统及资源，确保原有生态功能和价值不降低。

市、区人民政府应当组织有关部门实施生物多样性保护重大工程，构建生态廊道和生物多样性保护网络，开展生物遗传资源的保护和利用。

市、区人民政府应当保护珍稀、濒危野生动植物，对稀有、濒危、珍贵生物资源及其栖息地、原生地实行重点保护，组织有关部门对引进物种进行跟踪观察，对可能入侵的有害物种及时采取安全控制措施。

第十八条 城市开发建设应当依法同步规划、建设污水处理设施、垃圾转运和处理设施、医疗废物集中处理设施以及其他危险废物集中处理设施等生态环境保护基础设施。

第十九条 单位或者个人违反有关规定，造成生态环境损害的，应当依法及时进行治理和修复。在规定期限内未修复的，规划和自然资源、生态环境、水务、农业农村、林业园林等部门可以自行修复或者委托他人实施修复，所需费用由造成损害的单位或者个人负担。

因历史原因、公共利益或者重大自然灾害等情形导致具有重要生态服务功能和生态价值的湿地、水体、森林、水源涵养地等生态系统功能退化或者价值受损的，规划和自然资源、生态环境、水务、农业农村、林业园林等部门和相关管理机构应当依职责组织或者指导、协调实施生态修复。

第二十条 市人民政府可以作为本市生态环境损害赔偿权利人，可以指定司法行政、财政、规划和自然资源、生态环境、住房城乡建设、水务、农业农村、城市管理综合执法、林业园林等有关部门代表赔偿权利人开展生态环境损害赔偿具体工作。

生态环境损害赔偿资金应当统筹用于开展生态环境修复相关工作。

第二十一条　市人民政府应当统筹、协调和指导本市生态保护补偿工作，建立生态保护补偿协调机制，确定本市综合性生态保护补偿方案、生态保护补偿年度计划以及生态保护补偿范围调整等事项。

区人民政府负责本行政区域内的生态保护补偿工作。

第二十二条　市、区人民政府应当建立多元化的生态环境保护投融资机制，建立市场化运营的生态环境保护相关基金，支持、鼓励和引导社会资金参与生态环境保护和相关产业。

本市鼓励发展绿色金融，鼓励金融机构开展绿色信贷，支持金融机构和企业在绿色循环低碳领域发行绿色债券，支持设立各类绿色发展基金，鼓励发展重大环保装备融资租赁。

第二十三条　市人民政府及有关部门应当采取措施，鼓励和支持生态环境保护、修复等领域的科学技术研究开发、成果转化和推广应用，加强生态环境保护、修复等领域的专业技术人才培养，促进环保产业持续健康发展。

第三章　污染防治

第二十四条　市生态环境主管部门应当按照上一级人民政府重点污染物排放总量控制计划的要求，制定本行政区域重点污染物排放总量控制实施方案，报市人民政府批准后组织实施，并在批准后十五日内报上一级生态环境主管部门备案。

第二十五条　本市依法实行排污许可管理制度。禁止未依法取得排污许可证或者违反排污许可证的要求排放污染物。

企业事业单位和其他生产经营者排放污染物应当符合规定的污染物排放标准和重点污染物排放总量控制指标。

第二十六条　市生态环境主管部门应当会同市水务部门以及相关区人民政府确定跨行政区域河流交接断面，制定交接断面水质阶段性控制目标，明确上下游水质交接等责任。

市生态环境主管部门应当组织开展交接断面水质监测，并与市水务部门、流域管理机构以及相关区人民政府共享监测信息。

交接断面水质状况应当作为相关区人民政府生态环境保护目标责任考核的内容以及生态保护补偿的参考依据。

第二十七条　本市禁止销售和使用磷含量超过规定标准的洗涤用品；市、区人民政府应当采取措施，推广使用无磷洗涤用品。具体办法由市人民政府另行制定。

第二十八条　市人民政府可以根据大气污染防治的需要，依法划定并公布高污染燃料禁燃区。

高污染燃料禁燃区内禁止销售、燃用高污染燃料，禁止新建、扩建燃用高污染燃料的设施；已经建成的燃用高污染燃料的设施，应当在市人民政府规定的期限内停止燃用高污染燃料，改用天然气、页岩气、液化石油气、电力等清洁能源；已经完成超低排放改造的高污染燃料锅炉，在改用上述清洁能源前，大气污染物排放应当稳定达到燃气机组水平。

第二十九条　市人民政府可以根据大气污染防治需要，依法采取以下措施：

（一）逐步淘汰高排放车辆；

（二）合理控制燃油、燃气机动车保有量；

（三）限制燃油、燃气机动车通行等其他措施。

第三十条　市生态环境主管部门应当公布挥发性有机物重点控制单位名单，会同有关部门制定挥发性有机物污染防治技术指引并指导重点控制单位采取管控措施。

在本市从事印刷、家具制造、机动车维修等涉及挥发性有机物的活动的单位和个人，应当设置废气收集处理装置等环境污染防治设施并保持正常使用。服装干洗企业应当使用全封闭式干洗设备。

在本市生产、销售、使用的含挥发性有机物的涂料产品，应当符合低挥发性有机化合物含量涂料产品要求。建筑装饰装修行业应当使用符合环境标志产品技术要求的建筑涂料及产品。

鼓励挥发性有机物重点控制单位安装污染治理设施运行情况连续记录监控和生产工序用水、用电分表监控以及视频监控等过程管控设施。鼓励排放挥发性有机物的生产经营者实行错峰生产。鼓励在夏秋季日照强烈时段，暂停露天使用有机溶剂作业或者涉及挥发性有机物的生产活动。鼓励涂装类企业集中的工业园区和产业集群建设集中涂装中心。

第三十一条　禁止从事露天焚烧塑料、垃圾等产生烟尘和有毒有害气体的活动。

区人民政府可以根据区域环境污染防治需要，划定禁止露天烧烤的区域。

任何单位和个人不得在禁止区域内露天烧烤或者为露天烧烤提供场地和服务。

在禁止区域外露天烧烤的餐饮服务业经营者，应当采取油烟净化措施，使油烟达标排放，防止对附近居民的正常生活环境造成污染。

第三十二条 禁止在居民住宅楼、未配套设立专用烟道的商住综合楼以及商住综合楼内与居住层相邻的商业楼层内新建、改建、扩建产生油烟、异味、废气的餐饮服务项目。

符合法定条件的新建商业设施确需设置餐饮功能的，应当依法设立专用烟道、油烟净化、异味处理等设施以及其他排污设施，使油烟达标排放，防止对附近居民的正常生活环境造成污染。专用烟道油烟排放口设置高度及与周围居民住宅楼等建筑物距离控制应当符合国家、省、市有关要求。建设工程设计方案应当对可设置餐饮功能予以标注。

第三十三条 本市各级人民政府应当采取措施，加强本行政区域内的土壤污染防治和安全利用。

市生态环境主管部门应当会同同级发展改革、农业农村、规划和自然资源、住房城乡建设、林业园林等部门，根据生态环境保护规划要求、土地用途、土壤污染状况普查和监测结果等，依法编制土壤污染防治规划，报市人民政府批准后公布实施。

第三十四条 土壤污染责任人或者土地使用权人可以委托具备相应专业能力的单位开展土壤污染风险管控和修复，但不得存在下列情形：

（一）委托从事土壤污染状况调查和风险评估的单位从事同一地块的土壤风险管控和修复活动；

（二）委托从事土壤风险管控和修复的单位从事同一地块的土壤风险管控和修复效果评估。

从事土壤污染状况调查和风险评估、土壤风险管控和修复效果评估的单位，应当对评估报告的真实性、准确性、专业性负责。

第三十五条 机动车辆不得在禁鸣喇叭的路段和区域鸣喇叭，船舶进入港区不得使用高音喇叭和乱鸣声号。法律、法规另有规定的，从其规定。

市、区人民政府应当根据不同时段、活动类型等因素，依法加强噪声敏感建筑物集中区域的噪声污染防治管理。在噪声敏感建筑物集中区域内，禁止在十二时至十四时、二十二时至次日七时从事产生干扰正常生活的噪声污染的货物装卸、室内装修、健身娱乐等活动。

第三十六条 进行建筑施工作业的，施工单位应当在施工现场显著位置设置公告栏，向周围居民公告项目名称、施工单位名称、施工场所、施工内容和期限、施工污染防治措施、投诉渠道、监督电话等信息。建筑施工作业应当符合国家建筑施工场界噪声排放标准、作业时间等要求。因特殊情况确须延长作业时间的，应当依法取得住房城乡建设、生态环境、水务、交通运输或者地方人民政府指定的部门出具的关于延长作业及其期限的证明文件，并向附近居民公告。

新建居民住宅的房地产开发经营者应当在销售场所显著位置书面公示周边可能对本住宅居民产生的环境影响。

第三十七条 鼓励有条件的企业建设固体废物利用处置设施，处置自身产生的固体废物，并根据处置能力依法提供社会化服务。

第三十八条 重大传染病疫情发生时，市人民政府应当统筹协调医疗废物的收集、贮存、运输、处置等工作，各区人民政府及其相关部门应当协助保障所需的车辆、场地、处置设施和防护物资。

疫情期间集中隔离医学观察场所、中高风险地入穗交通工具内产生的废弃物，应当参照医疗废物处置或者由市人民政府指定部门按照要求组织收运和处置。采样检测、疫苗接种过程中产生的废弃物，属于医疗废物的，应当依法处置；不属于医疗废物的，由市人民政府指定部门按照要求组织收运和处置。

第三十九条 道路照明、监控补光、景观照明、户外广告招牌等设置照明光源，以及在建筑物外立面采用玻璃幕墙等对周围环境产生反光影响的材料的，应当符合国家、省、市有关规定和标准，不得影响车辆正常行驶和周围居民的正常生活。

公安、住房城乡建设、交通运输、市场监督管理、城市管理综合执法等部门可以对不同类型区域、不同光源或者照明设施制定控制性指引。

第四十条 市、区人民政府应当合理规划工业布局，推动生态工业园区建设，依法引导企业入驻工业园区。

工业园区管理机构应当编制园区生态环境保护方案，配套建设污水处理、固体废物处理处置、噪声污染防治等生态环境基础设施并保障其正常运行，建立园区企业环境档案，对园区内企业排放污染物实施监督管理。工业园区内的企业应当采取有效措施，确保污染物稳定达标排放。

工业园区管理机构和园区内的企业应当依法向社会公开园区内生态环境基础设施建设和运行情况、企业污染物排放情况、环境风险防控措施落实情况等信息。

生态环境、水务、工业和信息化等有关部门应当加强工业园区污染物排放监管，检查园区生态环境保护措施落实情况。

第四十一条 市、区人民政府应当采取措施，鼓励工业园区推行环境污染第三方治理，支持建设共享共用、集中运营的公共生态环境基础设施。

排污单位委托第三方机构运营其防治污染设施或者实施污染治理的，不免除或者减轻排污单位应当承担的法律责任。

第四十二条 新建、改建、扩建码头工程（油气化工码头除外）应当按照法律、法规和强制性标准等要求，同步设计、建设岸电设施。已建成投入使用的码头应当按照法律、法规和强制性标准等要求逐步实施岸电设施改造。

具备受电设施的船舶（液货船除外），在沿海、内河港口具备岸电供应能力的泊位靠泊的，应当依法使用岸电。船舶使用岸电的具体办法由市人民政府另行制定。

市人民政府应当采取措施，鼓励和支持本市珠江河段的旅游观光、交通运输船舶在非营运时间使用岸电。

第四十三条 市、区人民政府应当依法建立农业和农村生态环境保护协调机制，加强农业和农村环境统一规划和综合治理，安排一定比例的生态环境保护专项资金用于农业农村生态环境保护，鼓励发展生态农业，推广应用清洁能源，防止农业面源污染。

农业农村部门应当对畜禽、水产养殖废弃物综合利用以及化肥、农药等投入品的使用提供指导和服务，推广使用有机肥，加强对农药和肥料包装废弃物、农用薄膜、过期报废农药等的回收、贮运、综合利用与无害化处理的监督管理，防止造成环境污染或者其他生态破坏。

第四十四条 鼓励和支持排污单位投保环境污染责任保险，重点区域、重点行业的排污单位应当依法投保强制性环境污染责任保险。

第四章 监督管理

第四十五条 市生态环境主管部门应当会同政务服务数据管理等部门加强生态环境保护信息化建设，建设统一的生态环境保护数据管理系统和信息平台，开展数据整合、信息查询、辅助决策、服务管理等工作，为生态环境保护工作提供信息数据支撑。

负有生态环境保护监督管理职责的部门应当按照规定通过数据管理系统和信息平台归集、发布和共享相关信息。

第四十六条 依法实行排污许可管理的排污单位应当按照排污许可管理相关规定和监测标准规范，制定自行监测方案，对所排放的污染物及其对周边环境质量的影响实施自行监测，并保存原始监测记录。不具备自行监测能力的，应当委托具备相应资质和能力的监测机构代为开展自行监测。

排污单位应当依法公开自行监测信息，同步上传至生态环境主管部门建立的污染源数据管理系统，并对其真实性、准确性负责。

自行监测发现污染物排放超标的，排污单位应当及时向生态环境主管部门报告，采取防止超标排污的有效措施，并加密自行监测频次。

第四十七条 排污单位符合下列情形之一的，应当按照规定安装自动监测设备或者视频监控系统，并与生态环境主管部门的监控设备联网：

（一）实行排污许可重点管理的单位及其他重点排污单位；

（二）排放重点控制挥发性有机物的工业园区；

（三）纳入重点监管的建筑施工工地、码头、混凝土搅拌站和机动车排气检测站；

（四）法律、法规规定的其他情形。

前款规定的排污单位应当保证自动监测设备或者视频监控系统的正常运行和使用，按照要求进行管理和比对，并对监测数据和监控记录的真实性和准确性负责。发现自动监测设备传输数据异常的，应当及时报告生态环境主管部门，并进行检查、修复。重点排污单位还应当依法如实公开自动监测数据。

第四十八条 生态环境监测机构应当按照有关规定和标准开展生态环境监测活动，建立监测全过程的质量管理体系和责任追溯制度，不得篡改、伪造监测数据或者出具虚假监测报告。采样与分析人员、审核与授权签字人，分别对样品和监测原始数据、监测报告的真实性负责，监测机构及其负责人对监测数据的真实性和准确性负责。

生态环境、市场监督管理等部门应当加强对生态环境监测机构的监督检查，并共享有关信息。

第四十九条 负有生态环境保护监督管理职责的部门应当依法公开环境质量、环境监测、生态环境保护规划、应对气候变化、突发环境事件、环境行政许可、环境行政处罚等信息。

发生突发环境事件，市、区人民政府应当依法及时发布有关信息。重大环境信息或者公众特别关注的环境信息应当通过新闻发布会、互联网等多种方式公开。

第五十条 负有生态环境保护监督管理职责的部门应当根据年度监督检查计划，按一定比例随机抽取检查对象、随机选派检查人员，对排污单位开展日常监督检查，并及时公布检查、处理结果。监督检查可以通过现场检查、自动监测、遥感监测、无人机巡查、远红外摄像等方式进行。

第五十一条 任何单位和个人不得为不符合生态环境保护法律、法规规定的生产经营项目提供场地、设备及其他便利，不得为其办理场地使用证明等手续。

镇人民政府、街道办事处、村民委员会、居民委员会发现生产经营活动违反生态环境保护法律、法规规定的，应当予以制止并及时向所在地生态环境主管部门报告。建筑物业主、土地使用权人、物业管理人发现承租人或者承借人的生产经营活动涉嫌违反生态环境保护法律、法规规定的，应当及时向所在地生态环境主管部门报告。

第五十二条 本市依法建立环境信用分级分类动态评价及联合激励惩戒机制，具体实施办法由市人民政府另行制定。

环境信用评价信息应当作为财政支持、行政监管、政府采购、国有土地出让、评先奖优、金融支持、差别化价格收费等工作的重要依据，并向社会公开。

第五十三条 本市推行生态环境保护协议制度。有下列情形之一的，生态环境主管部门可以与排污单位签订生态环境保护协议，明确污染物排放要求以及相应的权利和义务：

（一）生态环境主管部门根据生态环境治理要求，对排污单位提出严于法律、法规和国家、地方有关标准或者排污许可证规定的排放要求的；

（二）排污单位主动提出削减污染物排放要求的；

（三）双方约定的其他情形。

排污单位与生态环境主管部门签订生态环境保护协议并履行约定，实现生态环境保护目标的，应当在环境信用评价中给予加分。

第五十四条 负有生态环境保护监督管理职责的部门应当推动生态环境监测设施、危险废物处理设施、城市污水处理设施、垃圾处理设施等生态环境基础设施向社会公众开放。

鼓励排污单位在确保安全生产前提下，通过设立企业开放日、建设生态环境教育体验场所等形式，向社会公众开放环境污染防治设施。

第五十五条　生态环境主管部门应当定期邀请人大代表、政协委员、市民代表或者聘请社会监督员参与生态环境保护监督工作。

第五章　法律责任

第五十六条　违反本条例第二十五条规定的，依照《中华人民共和国大气污染防治法》《中华人民共和国水污染防治法》《排污许可管理条例》《广东省环境保护条例》等法律、法规有关规定处理。

违反本条例第二十八条、第三十条、第三十二条规定的，依照《中华人民共和国大气污染防治法》《广东省大气污染防治条例》等法律、法规有关规定处理。

违反本条例第三十五条规定的，依照《中华人民共和国噪声污染防治法》等法律、法规有关规定处理。

第五十七条　违反本条例第三十一条规定，有下列行为之一的，由区人民政府确定的监督管理部门依照《中华人民共和国大气污染防治法》《广东省大气污染防治条例》等法律、法规有关规定处理：

（一）露天焚烧塑料、垃圾等产生烟尘和有毒有害气体的；

（二）在禁止露天烧烤的区域露天烧烤或者为露天烧烤提供场地和服务的。

第五十八条　违反本条例第四十二条第一款规定，新建、改建、扩建码头工程未按照要求同步设计、建设岸电设施，或者已建成投入使用的码头未按照要求实施岸电设施改造的，由市港务部门责令限期改正并依法处理。

违反本条例第四十二条第二款规定，船舶未按照规定使用岸电的，由海事管理机构责令限期改正并依法处理。

第五十九条　违反本条例第四十六条规定，依法实行排污许可管理的排污单位有下列行为之一的，由生态环境主管部门依照《中华人民共和国大气污染防治法》《中华人民共和国水污染防治法》《排污许可管理条例》等法律、法规的有关规定处理：

（一）未按照规定制定自行监测方案、实施自行监测或者保存原始监测记录的；

（二）自行监测工作不符合自行监测规范的；

（三）未按照规定公开自行监测信息的；

（四）监测数据不真实、不准确的。

第六十条　违反本条例第四十七条规定，排污单位有下列行为之一的，由生态环境、住房城乡建设等部门依照《中华人民共和国大气污染防治法》《中华人民共和国水污染防治法》《排污许可管理条例》《广东省大气污染防治条例》等法律、法规的有关规定处理：

（一）未按照规定安装自动监测设备或者视频监控系统的；

（二）未按照规定与生态环境主管部门的监控设备联网的；

（三）未保证自动监测设备或者视频监控系统正常运行和使用的；

（四）发现自动监测设备传输数据异常不及时报告生态环境主管部门的；

（五）重点排污单位不公开或者不如实公开自动监测数据的。

第六十一条　违反本条例第四十八条第一款规定，生态环境监测机构未按照有关规定和标准开展生态环境监测活动的，由生态环境主管部门责令停止违法行为，并依照《中华人民共和国环境保护法》《广东省环境保护条例》《广东省水污染防治条例》等法律、法规的有关规定处理。

第六十二条　各级人民政府、有关部门及其工作人员违反本条例，不依法履行职责的，由有权机关责令改正，对负有责任的主管人员和其他直接责任人员依法给予处理。

第六十三条　违反本条例，造成损害的，依法承担侵权责任；构成犯罪的，依法追究刑事责任。

第六章　附　则

第六十四条　本条例自 2022 年 6 月 5 日起施行。

广州市人民政府关于印发广州市全民科学素质行动规划纲要实施方案（2022—2025年）的通知

穗府〔2022〕4号

各区人民政府，市政府各部门、各直属机构：

现将《广州市全民科学素质行动规划纲要实施方案（2022—2025年）》印发给你们，请认真组织实施。实施过程中遇到的问题，请径向市科协反映。

广州市人民政府
2022年3月29日

广州市全民科学素质行动规划纲要实施方案（2022—2025年）

为贯彻落实党中央、国务院关于科普和科学素质建设的重要部署，按照《国务院关于印发全民科学素质行动规划纲要（2021—2035年）的通知》（国发〔2021〕9号）和《广东省人民政府关于印发广东省全民科学素质行动规划纲要实施方案（2021—2025年）的通知》（粤府〔2021〕76号）要求，进一步明确我市"十四五"期间全民科学素质工作目标、重点任务和保障措施等，制定本方案。

一、前言

习近平总书记指出："科技创新、科学普及是实现创新发展的两翼，要把科学普及放在与科技创新同等重要的位置。没有全民科学素质普遍提高，就难以建立起宏大的高素质创新大军，难以实现科技成果快速转化。"这一重要指示精神是新发展阶段科普和科学素质建设高质量发展的根本遵循。

科学素质是国民素质的重要组成部分，是社会文明进步的基础。公民具备科学素质是指崇尚科学精神，树立科学思想，掌握基本科学方法，了解必要科技知识，并具有应用其分析判断事物和解决实际问题的能力。提升科学素质，对于公民树立科学的世界观和方法论，对于增强国家自主创新能力和文化软实力、建设社会主义现代化强国，具有十分重要的意义。

自《广州市人民政府办公厅关于印发广州市全民科学素质行动计划纲要实施方案（2016—2020年）的通知》（穗府办〔2016〕29号）印发实施以来，在市委、市政府坚强领导下，各区和市全民科学素质工作联席会议各成员单位有效发挥大联合、大协作一体优势，面向基层、服务民生，广泛开展各具特色群众性科普品牌活动，着力提升重点人群科学素质，大众传媒科技传播能力大幅增强，科普信息化水平显著提升，科普人才队伍不断壮大，全民科学素质行动取得显著成效，各项目标任务如期实现。2020年我市公民具备科学素质的比例达到17.4%，较2015年（11.7%）提升5.7个百分点，高于全国平均水平（10.56%）、全省平均水平（12.79%）、珠三角城市群平均水平（15.21%），为"十四五"全民科学素质工作奠定了坚实基础。

在充分肯定成绩的同时，也要清醒看到我市公民科学素质水平与发达国家和国内先进地区相比仍有较大差距，公民科学素质工作发展不均衡不充分，不能完全满足市民对高质量科普的需求。主要表现在：城乡差距大，科普资源分布不均衡，农村居民、老年群体、低文化程度人群的科学素质水平仍然较低；基层科普力量薄弱，有效利用互联网等现代信息技术加强科学传播的机制和平台建设还需加强；落实"科学普及与科技创新同等重要"的制度安排尚未形成，经费投入有待加强。

"十四五"时期是我市坚定不移推动实现老城市新活力、"四个出新出彩"，在奋力实现习近平总书记赋予广东的使命任务中勇当排头兵的关键时期。围绕聚焦数字化、绿色化、国际化转型，推动高质量发展、加强高水平治理、创造高品质生活，为全省打造新发展格局战略支点提供重要支撑方面，需要科学素质建设担当更加重要的使命。

二、总体要求

（一）指导思想。

以习近平新时代中国特色社会主义思想为指导，深入贯彻党的十九大和十九届历次全会精神，全面贯彻落实习近平总书记关于科普和科学素质建设的重要论述，坚持党的全面领导，坚持以人民为中心，坚持新发展理念，按照市委、市政府对公民科学素质建设的工作部署，以提高全民科学素质服务高质量发展为目标，以践行社会主义核心价值观、弘扬科学精神为主线，以深化科普供给侧改革为重点，着力打造社会化协同、智慧化传播、规范化建设、产业化推动、国际化合作的科学素质建设生态，营造热爱科学、崇尚创新的社会氛围，提升社会文明程度，为加快建设科技创新强市提供基础支撑。

（二）基本原则。

——突出科学精神引领。践行社会主义核心价值观，弘扬科学精神和科学家精神，传递科学的思想观念和行为方式，加强理性质疑、勇于创新、求真务实、包容失败的创新文化建设，坚定创新自信，形成崇尚创新的社会氛围。

——坚持协同推进。发挥政府在公民科学素质建设中的主导作用，加强统筹协调、政策支持、投入保障。激发高等学校、科研院所、企业、社会团体、基层组织、科学共同体等多元主体活力，激发全民参与积极性，构建政府、社会、市场等协同推进的社会化科普大格局。

——深化供给侧改革。破除制约科普高质量发展的体制机制障碍，突出价值导向，创新组织动员机制，强化政策法规保障，推动科普内容、形式和手段等创新提升，满足全社会对高质量科普的需求。

——扩大开放合作。开展更大范围、更高水平、更加紧密的国际交流合作，推动经验互鉴和资源共享，助力共建粤港澳大湾区国际科技创新中心，营造"要创业到广州、要创新来广州"良好氛围。

（三）工作目标。

到2025年，我市公民具备科学素质的比例达到24.5%，全市各区、各人群科学素质发展不均衡明显改善，科普供给侧改革成效显著，"科学普及与科技创新同等重要"的制度安排不断完善，科学精神在全社会广泛弘扬，崇尚创新的社会氛围日益浓厚，社会文明程度明显提升。

二、提升行动

重点围绕践行社会主义核心价值观，大力弘扬科学精神，培育理性思维，养成文明、健康、绿色、环保的科学生活方式，提高劳动、生产、创新创造的技能,在"十四五"时期实施5项提升行动。

(一)实施青少年科学素质提升行动。

全面提升青少年科学教育水平,激发青少年好奇心和想象力,增强科学兴趣、创新意识和创新能力,培育一大批具备科学家潜质的青少年群体,为加快建设科技创新强市夯实人才基础。

1. 将弘扬科学精神贯穿于育人全链条。坚持立德树人,实施科学家精神进校园行动,持续举办好广州院士专家校园行,将科学精神融入课堂教学和课外实践活动,激励青少年树立投身建设世界科技强国的远大志向,培养学生爱国情怀、社会责任感、创新精神和实践能力。

2. 提升基础教育阶段科学教育水平。完善初高中包括科学、数学、物理、化学、生物学、通用技术、信息技术等学科在内的学业水平考试和综合素质评价制度,引导有创新潜质的学生个性化发展。加强农村中小学科学教育基础设施建设和配备,加大科学教育活动和资源向农村倾斜力度。推进信息技术与科学教育深度融合,推行场景式、体验式、沉浸式学习。探索建立科学教育质量评价和青少年科学素质监测评估体系。

3. 推进高等教育阶段科学教育和科普工作。深化高校理工科教育教学改革,推进科学基础课程建设,加强科学素质在线开放课程建设。深化高校创新创业教育改革,深入实施国家级大学生创新创业训练计划,支持在校大学生开展创新型实验、创业训练和创业实践项目,大力开展各类科技创新实践活动。

4. 实施科技创新后备人才培育计划。建立科学、多元的发现和培育机制,对有科学家潜质的青少年进行个性化培养。统筹协调广州地区科学普及、科技创新优质教育资源,服务学校科技教育工作。积极开展科技类特色高中创建工作。打造一批具有广州特色的全市性青少年科技类竞赛和研学活动品牌项目,积极组织参加教育部、广东省教育厅年度活动清单安排的全国、全省性青少年科技活动,支持中小学校开展STEM(科学、技术、工程和数学)教育及创客教育融合基础教育的实验,积极探索科技创新和应用人才的培养方式。

5. 建立校内外科学教育资源有效衔接机制。实施馆校合作行动,引导中小学充分利用科技馆、博物馆、科普教育基地等科普场所广泛开展各类学习实践活动,组织高等学校、科研院所、学会(协会、研究会)、企业等开发开放优质科学教育活动和资源。鼓励科学家、工程师、医疗卫生人员等科技工作者走进校园，开展科学教育和生理卫生、自我保护等安全健康教育活动。广泛开展科技节、科学营、科技小论文（发明、制作）等科学教育活动。加强对家庭科学教育的指导，提高家长科学教育意识和能力。加强学龄前儿童科学启蒙教育。推动学校、社会和家庭协同育人。

6. 实施教师科学素质提升工程。将科学精神纳入教师培养过程，将科学教育和创新人才培养作为重要内容，加强新科技知识和技能培训。支持有条件的高校开设科学教育本科专业或在师范类本科专业开设科学教育相关课程，增加科学教育相关内容。加大对科学、数学、物理、化学、生物学、通用技术、信息技术等学科教师的培训力度。实施乡村教师支持计划。以多种形式，加大科学教师和科技辅导员培训力度。

（二）实施农民科学素质提升行动。

以提升科技文化素质为重点，不断丰富农村科普活动和科普资源，持续改善农村科普公共服务能力和科普基础设施体系，提高农民文明生活、科学生产、科学经营能力，造就一支适应农业农村现代化发展要求的高素质农民队伍，加快推进乡村全面振兴。

1. 树立相信科学、和谐理性的思想观念。重点围绕保护生态环境、节约能源资源、绿色生产、防灾减灾、卫生健康、移风易俗等，深入开展科普宣传教育活动。发挥科技专家服务团等作用，建立健全农村科普服务"常下乡、常在乡"的长效机制。

2. 开展高素质农民和农村实用人才培训。加强农村实用人才培训基地、高素质农民培育示范基地等农民科学素质提升平台建设。面向农村新型职业农民、乡村科技人才、小农户群体、农村妇女、科普志愿者等开展农民职业技能鉴定和技能等级认定、农村电商技能人才培训，举办技能大赛、农民科学素质网络竞赛、乡土人才创新创业大赛等，培育一批农村创业创新带头人。实施农村妇女素质提升计划，帮助农村妇女参与农业农村现代化建设。

3. 实施乡村振兴科技支撑行动。鼓励高校和科研院所开展乡村振兴智力服务，推广科技小院、专家大院、院（校）地共建等农业科技社会化服务模式。深入推行科技特派员制度，以科普服务乡村振兴战略为重点，以"科普惠农兴村计划"、美丽宜居乡村科普行和科普游农村专线等项目为支撑，大力开展信息技能、农业机械化、农业智能化培训，深入开展文化、科技、卫生"三下乡"，发挥专家、科技企业、"两新"组织等作用，提高农民利用网络和科技解决生产生活问题的本领。引导专业技术学（协）会等社会组织开展农业科技服务，将先进适用的品种、技术、装备、设施导入小农户，实现小农户和现代农业有机衔接。

4. 加强农村科普体系建设。加强科普小镇和科普特色村建设，打造科普氛围浓厚、特色鲜明、要素集聚、辐射带动力强的科普小镇和科普特色村。到2025年，建设科普小镇15个、科普特色村150个。推动科普惠农服务站、农家书屋等服务平台建设。进一步发挥农村中学科技馆、乡村学校少年宫等作用，依托敬老院、农村老年人活动站点等农村养老服务机构设施，开展消防、卫生、安全等方面教育宣传。深入开展科普日、科技周、世界粮食日、健康中国行、千乡万村环保科普行动、农村安居宣传等各类科普活动，传播科学理念，反对封建迷信，帮助农民养成科学健康文明的生产生活方式，提高农民健康素养，建设美丽乡村和宜居村庄。

（三）实施产业工人科学素质提升行动。

以提升技能素质为重点，提高产业工人职业技能和创新能力，打造一支有理想守信念、懂技术会创新、敢担当讲奉献的高素质产业工人队伍，更好服务"制造业立市""质量强市"和现代化经济体系建设。

1. 开展理想信念和职业精神宣传教育。开展"中国梦·劳动美"、最美职工、巾帼建功等活动，大力弘扬劳模精神、劳动精神、工匠精神、"四自"精神，营造劳动光荣的社会风尚、精益求精的敬业风气和勇于创新的文化氛围。

2. 大规模开展职业培训。面向产业工人广泛开展职业技能、信息技术、职业病防治等职业教育和培训，实施技能中国行动计划，办好"广州职工大学堂"、流动课堂、线上微课和职工书屋，组织参加中国技能大赛、"振兴杯"全国青年职业技能大赛，开展青年岗位能手、"青创先锋"评选推荐等工作，开展安全生产宣教活动，做好岗前培训，促进产业工人整体素质提升。

3. 广泛实施职业技能提升。大力推进百万工人职业技能提升工作，开展全民数字技能培训，深入开展求学圆梦行动、"来穗人员融合大学堂"、家政培训、科技创新巾帼行动、创业创新巾帼行动等活动，将绿色发展、安全生产、健康生活、心理疏导、防灾减灾等作为主要内容，针对进城务工人员广泛组织开展培训，提高进城务工人员在城镇的稳定就业和科学生活能力。

4. 发挥企业家提升产业工人科学素质的示范引领作用。弘扬企业家精神，提高企业家科学素质，引导企业家在爱国、创新、诚信、社会责任和国际视野等方面不断提升，做创新发展的探索者、组织者、引领者和提升产业工人科学素质的推动者。鼓励企业积极培养使用创新型技能人才，在关键岗位、关键工序培养使用高技能人才。推动高等学校、职业院校（含技工院校）、职业培训机构等，为产业工人终身学习、技术技能提升提供渠道。发挥社会组织作用，引导、支持企业和社会组织开展职业能力水平评价。发挥"科创中国"创新枢纽城市平台作用，探索建立企业科技创新和产业工人科学素质提升的双促进机制。推动相关互联网企业做好外卖、快递、直播、网约车、网约服务等新兴领域、新业态从业人员的科学素质提升工作。

（四）实施老年人科学素质提升行动。

以提升信息素养和健康素养为重点，丰富面向老年人的科普资源供给内容、渠道途径、方式方法，稳步提升老年人适应社会发展能力，增强获得感、幸福感、安全感，实现老有所乐、老有所学、老有所为。

1. 实施智慧助老行动。聚焦老年人运用智能技术、融入智慧社会的需求和困难，依托老年大学（学校、学习点）、养老服务机构等，普及智能技术知识和技能，提升老年人信息获取、识别和使用能力，有效预防和应对网络谣言、电信诈骗。

2. 加强老年人健康科普服务。依托健康教育系统，推动老年人健康科普进社区、进乡村、进机构、进家庭，开展健康大讲堂、老年健康宣传周等活动，利用广播、电视、报刊、网络等各类媒体，普及合理膳食、食品安全、心理健康、体育锻炼、合理用药、应急处置等知识，提高老年人健康素养。充分利用社区老年人日间照料中心、科普园地、党建园地等阵地为老年人提供健康科普服务。

3. 实施银龄科普行动。积极开发老龄人力资源，大力发展老年协会、老科协等组织，充分发挥老专家在咨询、智库等方面的作用。发展壮大老年志愿者队伍。组建老专家科普报告团，在社区、农村、青少年科普中发挥积极作用。

（五）实施领导干部和公务员科学素质提升行动。

进一步强化领导干部和公务员对科教兴国战略、人才强国战略、创新驱动发展战略的认识，提高科学决策能力，树立科学执政理念，增强推进国家治理体系和治理能力现代化的本领，更好服务党和国家事业的发展。领导干部和公务员的科学素质在各类职业人群中位居前列，在提升公民科学素质中发挥示范引领作用。

1. 全面贯彻新发展理念。切实找准将新发展理念转化为实践的切入点、结合点和着力点，提高领导干部和公务员科学履职水平，强化对科学素质建设重要性和紧迫性的认识。

2. 加强科学素质教育培训。把科学素质教育和科学决策能力作为党政领导干部教育培训的长期任务，纳入党校（行政学院）院校教学计划，进一步提高干部队伍的科学素质和管理水平。重点加强科技行政管理干部、科研机构负责人和国有企业、高新技术企业技术负责人等的教育培训，加强前沿科技知识和全球科技发展趋势学习，突出科学精神、科学思想培养，增强把握科学发展规律的能力。大力开展面向基层领导干部和公务员的科学素质培训工作。

3. 着力提升公务员科学素质。鼓励领导干部和公务员通过网络培训、自学等方式强化科学素质相关内容的学习。加强领导干部和公务员心理健康培训，做好心理健康服务工作。办好珠江科学大讲堂、广州科普大讲坛等院士专家科技讲座，编印《广州市领导干部和公务员科学素质读物》，制作精品科普课件、科普微视频作为市公务员网络大学堂的选修课程。

4. 不断完善干部考核评价机制。在公务员录用考试和任职考察中，强化科学素质有关要求并有效落实。做好电子政务领域新技术、新标准在领导干部和公务员中的推广工作，注重培养基层干部专业能力和专业精神，提升贯彻党的决定、领导基层治理、团结动员群众等方面的能力，特别是增强做好"三农"工作本领，适应新时代乡村振兴的要求。

四、重点工程

深化科普供给侧改革，提高供给效能，服务人民群众对美好生活的向往，着力固根基、扬优势、补短板、强弱项，构建主体多元、途径广泛、手段多样、供给优质、机制有效的全域、全时科学素质建设体系，在"十四五"时期实施6项重点工程。

（一）实施科技资源科普化工程。

建立完善科技资源科普化机制，不断增强科技创新主体科普责任意识，充分发挥科技设施科普功能，提升科技工作者科普能力。

1. 建立完善科技资源科普化机制。推动科技计划项目承担单位和团队，结合科研任务，加强科普工作。推动将科普工作实绩作为科技人员评价、聘用的参考条件。探索将科普工作纳入相关科技创新工作考核，实现科技创新主体、科技创新成果的科普服务评价，引导企业和社会组织建立有效的科技资源科普化机制，探索科普事业与科普产业发展，逐步形成"科普+产业"模式。

2. 实施科技资源科普化专项行动。支持和指导高等学校、科研机构、企业、科学共同体等依托科技资源开发科普资源，开展科普工作，举办科普活动。加强与专业传媒平台、科普社会组织和民间科普资源单位的合作，及时普及重大科技成果。建设科学传播专家工作室，分类制定科技资源科普化工作指南。拓展科技基础设施科普功能，鼓励大科学装置开发科普功能。

3. 强化科技工作者的科普责任。大力弘扬科学家精神，展示科技界优秀典型、生动实践和成就经验，激发全社会创新热情和创造活力。加强科研诚信和科技伦理建设，深入开展科学道德和学风建设宣讲活动，引导广大科技工作者坚守社会责任，自立自强，建功立业，成为践行科学家精神的表率。依托现有的科技馆、博物馆、纪念馆、校史馆等设施和资源，打造一批科学家博物馆和科学家精神教育基地，展示科技界优秀典型、生动实践和成就经验，激发全社会创新热情和创造活力，积极申报国家和省科普教育基地。通过宣传教育、能力培训、榜样示范等增强科技人员科普能力，针对社会热点、焦点问题，主动、及时、准确发声。

（二）实施科普信息化提升工程。

加强科普资源开发和整合，提升优质科普内容资源创作和传播能力，多渠道推进数字科普建设，推动传统媒体与新媒体深度融合，建设即时、泛在、精准的信息化全媒体传播网络，服务数字社会建设。

1. 实施繁荣科普创作资助计划。建立健全科普创作激励机制。支持高等学校、科研院所、企事业单位、科技社团等单位及广大科技工作者面向世界科技前沿、面向经济主战场、面向国家重大需求、面向人民生命健康等重大题材开展科普创作。鼓励和引导社会资金投入科普产品开发，开展科普影视制作、科普图书创作与出版、科普展品展具研发、科普动漫游戏开发、科普微视频和微电影创作、科普网站开发与维护、科普旅游等，促进科普事业的发展。扶持科普创作人才成长，培养科普创作领军人物。持续开展科普讲解大赛、科普作品创作大赛、科普剧大赛等活动，促进科学与艺术结合，生产适合多渠道全媒体传播推广的科普作品。做好优质科普作品的推介与共享服务。

2. 实施全媒体科学传播能力提升计划。推进图书、报刊、音像、电视、广播等传统媒体与新媒体深度融合，鼓励公益广告增加科学传播内容，实现科普内容多渠道、多形式的全媒体传播。引导主流媒体加大科技创新和科学普及的宣传力度，增加科普内容、增设科普节目和专栏。大力发展新媒体科学传播，积极加入省科学传播融媒体联盟。加强媒体从业人员、科普工作人员的科学传播能力建设。鼓励媒体机构与科学共同体开展合作对接，增强科学传播的专业性和权威性。

3. 实施智慧科普建设工程。推进科普与大数据、云计算、人工智能、区块链等技术深度融合，强化需求感知、用户分层、情景应用理念，推动传播方式、组织动员、运营服务等创新升级，运用"科普中国"资源，加强"科普广州"建设，充分利用现有平台构建广州地区科普资源集聚平台、科学传播网络平台和科学辟谣平台。强化科普信息落地应用，与智慧教育、智慧城市、智慧社区等深度融合，推动优质科普资源向农村地区倾斜。

（三）实施科普基础设施建设工程。

建立政府引导、多渠道投入的机制，增加科普基础设施总量，优化科普基础设施布局和结构，实现资源合理配置、高效利用，服务均衡化、广覆盖。

1. 加强对科普基础设施建设的统筹规划与宏观指导。推动科普基础设施建设融入我市国民经济和社会发展规划或其他专项规划，完善科普基础设施建设管理的规范和标准，建立健全分级评价制度。完善社会资金投入科普基础设施建设的优惠政策和法规。按要求推进符合条件的科技馆免费开放。

2. 创新构建现代科技馆体系。加快建设广州科学馆，有序推进区级科学馆均衡布局、分期分批建成，推动建设一批具有地方、产业特色的小型专题科技馆和行业科技馆。推动科技馆与博物馆、文化馆等融合共享，构建服务科学文化素质提升的现代科技馆体系。开展科普展教品创新研发，打造科学家精神教育基地、前沿科技体验基地、公共安全健康教育基地和科学教育资源汇集平台，提升科技馆服务功能。推进数字科技馆建设，统筹流动科技馆、科普大篷车、农村中学科技馆建设，探索多元主体参与的运行机制和模式，提高服务质量和能力。加大特色科普展教品研发和共享。

3. 大力加强科普基地建设。加强对市级科普基地的创建、认定、动态管理和考核工作，吸纳更多社会力量参与科普工作，更好发挥广州地区各类单位开展科普工作的资源优势作用，增强科普资源供给。鼓励和支持各行业各部门建立科普教育、研学等基地，提高科普服务能力。推进图书馆、文化馆、博物馆等公共设施开展科普活动，拓展科普服务功能。引导和促进公园、自然保护区、风景名胜区、电影院等公共场所强化科普服务功能。开发利用有条件的工业遗产和闲置淘汰生产设施，建设科技博物馆、工业博物馆、安全体验场馆等科普场馆。

（四）实施基层科普能力提升工程。

建立健全应急科普协调联动机制，加强各级各类科普组织和科普人才队伍建设，显著提升基层科普工作能力，基本建成平战结合应急科普体系。

1. 建立应急科普宣教协同机制。区级以上人民政府应建立健全重大突发公共事件应急科普工作机制，纳入本级突发事件应急工作整体规划和协调机制。利用已有设施完善我市应急科普宣教平台，储备和传播优质应急科普内容资源，有效开展传染病防治、防灾减灾、应急避险等主题科普宣教活动，全面推进应急科普知识进企业、进农村、进社区、进学校、进家庭，提高公众对突发公共事件的应急处理能力。突发事件状态下，统筹力量直达基层开展应急科普，及时做好政策解读、知识普及和舆情引导等工作。建立应急科普专家队伍，提升应急管理人员和媒体人员的应急科普能力。

2. 健全基层科普服务体系。构建以新时代文明实践中心、党群服务中心、社区服务中心等为阵地，以志愿服务为重要手段的基层科普服务体系。动员学校、医院、科研院所、企业、科学共同体和社会组织等组建科技志愿服务队，完善科技志愿服务管理制度，推进科技志愿服务专业化、规范化、常态化发展，推广群众点单、社区派单、部门领单、科技志愿服务队接单的订单认领模式。建立完善跨区域科普合作和共享机制，鼓励各区开展全领域行动、全地域覆盖、全媒体传播、全民参与共享的全域科普行动。加强科普创新发展联盟建设管理。

3. 实施基层科普服务能力提升工程。深入实施基层科普行动计划。开展全国科普示范区创建活动。加强基层科普设施建设，在城乡社区综合服务设施、社区图书馆等平台拓展科普服务功能。探索建立基层科普展览展示资源共享机制。深入开展爱国卫生运动、全国科普日、科技活动周、防灾减灾日、食品安全宣传周、公众科学日等活动，启动"银龄跨越数字鸿沟"和"碳达峰碳中和"科普专项行动，增进公众对科技发展的了解和支持。深入开展广州公民科学素质竞赛、广州科普游等深受市民欢迎的科普活动，细分受众对象，优化参与方式，创新工作模式，拓宽传播渠道，增强活动成效、提升品牌效应，提供更多全民参与共享的科普产品。

4. 加强专兼职科普队伍建设。建立完善科普人才培养、使用和评价制度，引导和激励科技工作者履行科普责任，将科普成果和科普工作实绩纳入人才评价、绩效考核指标。大力发展科普场馆、科普基地、科技出版、新媒体科普、科普研究等领域专职科普人才队伍。鼓励企业、科研机构、高等学校设立科普岗位。加大高层次科普专门人才培养力度，推动设立科普专业。稳定专职科普人才队伍，不断壮大兼职科普人才队伍，持续发展科普志愿者队伍。大力培养面向基层的科普人才。加强广州市科技专家库、广州市科普专家库和广州科普名师队伍建设。开展科普理论研究、政策研究、媒介研究、创作研究、效果评估等。

（五）实施科普产业繁荣工程。

制定实施培育和壮大科普产业发展的政策措施，加强科普产业市场培育，加强科普产业新技术、新产品的研发、生产和推广，科普产业发展规模和水平实现全国领先。

1. 加强对科普产业发展的宏观指导和政策扶持。区级以上人民政府发展改革、教育、科技、工业和信息化、规划和自然资源、农业农村等部门可以设立财政性科普产业促进项目，加大对公益性科普产品和社会服务的支持力度。科普产业用地享受科研用地同等待遇。加大对科普龙头企业的扶持力度。鼓励企事业单位、社会团体兴办各类科普文化产业。引导和吸引粤港澳大湾区内企业、个人或者外商资金参与联合组建产业基金，逐步实现科普产业的投资多元化。

2. 推动科普市场化产业化。研究探索建设科普产业园。积极引入和扶持一批优秀科普企业、龙头科普企业参与，积极搭建科普产业的研发、生产、销售、服务全产业链，为扶持科普产业发展提供示范。加快推进科普展览、科普图书、科普影视、科普玩具、科普旅游等科普产业发展，积极参加专业化的科创科普领域交易会、博览会，推动中国创新创业成果交易会面向科普产品、科普技术设立展览专区。促进科普与教育、医疗、旅游等融合发展，催生具有科普功能的新业态。推动科普产业同互联网、大数据、人工智能等技术深度融合，建立健全具有广州特色的科普产业体系。

3. 推动科幻产业发展。加大对科幻产业发展的支持力度。探索联合相关研究机构、企业和社会组织等组建促进科幻产业发展联合体，为科幻产业发展提供专业咨询、技术支持等服务。支持科幻原创作品创作与转化，鼓励科幻产业的云服务、内容版权交易、产业投资、商业策划等服务平台建设，鼓励成立科幻中心、想象力研究中心、未来研究中心、科幻联盟、科幻协会等组织。加强科幻人才培养，鼓励高等学校试点探索构建科幻通识课程体系，培育科幻原创团队，支持举办各类科幻主题活动。

（六）实施科学素质国际交流合作工程。

拓展科学素质建设交流渠道，搭建开放合作平台，丰富交流合作内容，增进文明互鉴，推动价值认同，提升开放交流水平，参与全球治理。

1. 拓展国际科技人文交流渠道。加强统筹协调，强化与港澳的对接联系，引导和支持科学共同体联合申办和举办国际科技论坛、学术会议、科普论坛，组织参与国际科普展览与交流活动。加强与有关国家和地区组织的对接合作，强化日常沟通交流。加强与国际知名科普场馆和科普机构的联系与交流，建立国际科普人才互访、引进国外优秀科普展教品等机制。开展青少年交流培育计划，拓展合作领域，提升合作层次。

2. 丰富国际合作内容。搭建公众科学素质促进国际化交流合作平台，开展青少年科技教育、科学传播人才培养、科学素质评测及研究等领域的交流合作。深入开展科学教育、传播和普及双多边合作项目，促进科普产品交流交易。聚焦应对未来发展、粮食安全、能源安全、生命健康、灾害风险、气候变化等人类可持续发展共同挑战，加强青少年、妇女和科技、教育、媒体、文化等领域科技人文交流。

3. 促进"一带一路"科技人文交流。利用中国创新创业成果交易会和中国海外人才交流大会平台，坚持共商共建共享原则，深化与"一带一路"沿线国家公共卫生、绿色发展、科技教育等领域合作。探索科学素质建设合作机制，积极参与国家层面举办的"一带一路"青少年科技活动、科学教师培训等人员交流和合作。

五、组织实施

（一）加强组织领导。

市科协负责全市科学素质建设统筹工作，充分发挥市科普工作联席会议办公室综合协调作用，负责牵头制定科学素质建设工作规划、年度工作计划，会同有关部门共同推进全市公民科学素质建设，并加强对本方案落实情况的督促检查。

其他各有关部门按照本方案的工作分工，将有关任务纳入本部门工作规划和计划，认真履行职责，发挥各自优势，密切配合，形成合力。

各区政府负责领导本地区科学素质建设工作,将科学素质建设作为推动地方经济社会发展的一项重要工作,纳入本地区总体规划,列入年度工作计划,纳入目标管理考核。

(二)建立健全机制。

建立完善方案实施机制。市、区科学素质纲要实施工作办公室与科普工作联席会议制度融合运作,加强统筹协调、工作研究和经验交流,出台相关政策文件,开展专项科学素质提升行动,不断提高科学素质建设工作的效能。

建立健全科普动员激励机制。充分调动社会各界参与科普的积极性,进一步形成党委领导、政府负责、部门分工协作、社会力量广泛参与的良好氛围。充分调动专兼职科普人才和志愿者积极性,配合国家、省推荐在科学素质建设中做出突出贡献的集体和个人,并给予表彰和奖励。

建立健全监测评估机制。依据《中华人民共和国科学技术普及法》《广东省科学技术普及条例》《广州市科学技术普及条例》,完善监测评估体系,配合中国科协定期开展我市公民科学素质监测评估和科学素质建设能力监测评估。加强对科学素质实施工作的督促检查,适时对成员单位、各区的实施工作进行检查、评估和通报,推动工作任务落实。

(三)完善保障条件。

完善法规政策。抓好《广东省科学技术普及条例》的贯彻落实,推动修订《广州市科学技术普及条例》。各区政府在制定和执行国民经济和社会发展规划、相关专项规划以及有关科学技术教育、传播与普及的法规规章政策时,要体现公民科学素质建设的目标和要求。

保障经费投入。市、区两级政府根据有关法规规章政策、财力情况和公民科学素质建设发展的实际需要,逐步提高科普经费的投入水平,并将科普经费列入同级财政预算,保障科普工作顺利开展。各有关部门、事业单位和人民团体根据承担的实施任务,按照预算管理的有关规定,统筹考虑和落实所需经费。完善捐赠公益性科普事业财政、税收政策,提倡吸纳个人、企业、社会组织等社会力量采取设立科普基金、资助科普项目等方式支持科学素质建设。

加强理论研究。围绕有效应对新科技、新应用带来的科技伦理、科技安全、科学谣言等挑战,开展科学素质建设理论与实践研究。深入开展科普对象、手段和方法等研究,打造科学素质建设高端智库。科技工作者、科普工作者承担或参与科学素质行动有关任务所做出的成绩或工作量,应视同履行本职岗位职责，在单位或个人绩效考评时予以认可和计算。

（四）明确进度安排。

启动实施。2022年，推动和指导各区将科学素质建设工作纳入本地区总体规划，各有关部门制定落实相关工作任务的具体方案或措施，并做好动员和宣传工作。

深入实施。2022—2025年，继续完善工作机制，加强检查评估，针对薄弱环节，解决突出问题，及时补齐短板，全面推进各项目标任务的完成。

总结表彰。2025年，对"十四五"期间我市全民科学素质工作进行总结和评估，按照国家和省、市有关规定开展表彰奖励。

广州市数字经济促进条例

(2021年12月31日广州市第十五届人民代表大会常务委员会第六十二次会议通过 2022年3月29日广东省第十三届人民代表大会常务委员会第四十一次会议批准)

第一章 总 则

第一条 为了促进数字经济发展，推动数字技术同实体经济深度融合，加快城市数字化转型，实现经济社会高质量发展，建设具有全球影响力的数字经济引领型城市，根据有关法律、法规，结合本市实际情况，制定本条例。

第二条 本条例适用于本市行政区域内促进数字经济发展的相关活动。

第三条 数字经济发展应当遵循创新驱动、数据赋能、系统协调、开放融合、绿色低碳、普惠共享、聚焦产业、应用先导、包容审慎、安全发展的原则。

第四条 数字经济发展应当以数字产业化和产业数字化为核心，推进数字基础设施建设，实现数据资源价值化，提升城市治理数字化水平，营造良好发展环境，构建数字经济全要素发展体系。

数字产业化主要促进数字产品制造业、数字产品服务业、数字技术应用业、数字要素驱动业等的发展；产业数字化主要促进工业数字化、建筑业数字化、服务业数字化、农业数字化等的发展。

第五条 市、区人民政府应当加强数字经济促进工作，建立领导统筹协调机制，建立数字经济专家咨询委员会，制定和实施促进数字经济发展的政策和工作措施，协调解决发展中的重大问题。

市人民政府应当按照市人民代表大会常务委员会监督工作要求报告本市数字经济发展情况。

第六条 市工业和信息化主管部门负责推进、协调、督促全市数字经济发展工作，并组织实施本条例。

市发展改革、科技、政务服务数据管理、市场监管、统计等部门应当按照职责分工做好数字经济发展相关工作。

区人民政府有关部门应当按照职责分工做好本行政区域内数字经济发展相关工作。

第七条 工业和信息化主管部门应当会同发展改革、规划和自然资源、科技、政务服务数据管理等部门，根据国民经济和社会发展规划、国土空间总体规划制定本行政区域的数字经济发展规划，报同级人民政府批准后实施。

数字经济发展规划应当贯彻落实粤港澳大湾区相关规划在本领域的安排部署，并与国土空间总体规划、其他专项规划，以及碳达峰、碳中和行动计划相衔接。

第八条 市、区人民政府应当推动广州人工智能与数字经济试验区建设，优化各片区的功能布局，支持数字经济相关政策和制度创新在试验区先行先试，建设数字经济高质量发展示范区，辐射带动全市数字经济创新发展，营造数字经济良好生态。

第九条 本市积极融入全球数字经济体系，加强与"一带一路"沿线国家和地区及其他国际合作平台在数字经济领域的交流合作，推动粤港澳大湾区数字经济协同发展，构建数字经济开放体系。

第十条 本市鼓励和支持企业、高等院校、科研机构、学术团体、行业协会、产业联盟、基金会、新型智库等组织和个人参与数字经济发展活动。

第二章 数字产业化

第十一条 市、区人民政府及科技、工业和信息化等部门和产业园区管理机构应当协同高等院校、科研机构和企业，完善数字技术创新体系，在以下领域推动关键数字技术攻关与突破：

（一）集成电路、核心零部件与元器件、新一代半导体、关键装备材料、基础软件、基础算法、核心算法、工业软件等基础领域；

（二）互联网、新一代移动通信、人工智能、大数据、云计算、物联网、区块链、数字孪生、高性能计算、边缘计算、虚拟现实、增强现实、量子信息、卫星导航、类脑智能等前沿技术领域；

（三）其他关键核心技术领域。

对于涉及国家利益和社会公共利益的数字经济领域重大攻关项目，市人民政府可以通过下达指令性任务等方式，组织关键核心技术攻关。

支持高等院校、科研机构、企业实施数字技术与生物技术、材料技术、工程技术等其他技术领域的跨界融合，鼓励建立数字技术开源社区等创新联合体，推动协同创新。

第十二条 市、区人民政府及科技、工业和信息化、发展改革等部门和产业园区管理机构应当推动建设人工智能与数字经济领域实验室、技术创新中心、新型研发机构、工程研究中心、科技企业孵化器等科技创新平台。

市科技、工业和信息化、教育、市场监管等部门应当支持科技研发与知识生产数字化转型，建设可共享的科技大数据集和知识图谱服务平台，推动设计、实验、分析、检验、专利申请、成果转化等科技研发全过程数字化，探索数字化条件下的科技创新和知识生产新模式。

第十三条 市、区人民政府应当支持开展数字经济发展相关理论研究，鼓励科研机构、行业协会、产业联盟、企业等参与制定数字经济国际规则、国际标准、国家标准、行业标准和地方标准，自主制定数字经济企业标准、团体标准。

市、区人民政府及市场监管部门应当支持发展数字技术相关检验检测认证机构和标准试验验证平台，完善数字技术和设备的检测验证、标准制定、技术培训及咨询服务等功能。

第十四条 市、区人民政府及科技、工业和信息化、发展改革等部门和产业园区管理机构应当统筹推动人工智能产业创新发展，推进人工智能在经济、社会和城市治理等领域的应用，构建数据、算法、算力协同发展的人工智能产业链。

市科技、工业和信息化、市场监管等部门应当推动建设人工智能算法创新机构和算法平台体系，鼓励和支持高等院校、科研机构、企业和其他组织开展算法基础研究和算法技术创新，建立算法应用转化体系，构建面向各类应用的共享算法库，建设国际化算法开源平台和开源社区，参与制定算法标准和测评体系，探索首席算法师制度。

第十五条 市、区人民政府及发展改革、工业和信息化、科技等部门和产业园区管理机构应当统筹推动半导体和集成电路产业创新发展，培育壮大芯片设计、制造、封测、装备、应用等产业链，推进新一代半导体及智能传感器等电子元器件产业发展，支持建设半导体和集成电路的优质项目和产业集聚区。

第十六条　市、区人民政府及工业和信息化、科技等部门应当统筹推动智能装备与机器人产业创新发展，支持高端数控机床、增材制造装备、机器人、精密仪器、智能车载设备、可穿戴智能设备、智能医疗设备、金融电子设备、智能照明等产业发展，推动制造装备、生产线、车间、工厂等的智能化改造，培育壮大海洋工程、航空航天、智能无人飞行器、超级工厂系统等新型智能装备产业。

第十七条　市、区人民政府及工业和信息化、科技等部门应当统筹推动超高清视频及新型显示产业创新发展，培育壮大前端采集、内容制作、编码解码、传输存储、终端呈现、行业应用全产业链，发挥国家新型显示技术创新中心作用，建设产业发展集聚区。

第十八条　市、区人民政府及工业和信息化、科技等部门应当统筹推动软件与信息服务业创新发展，培育壮大基础软件、工业软件、新兴平台软件、行业应用软件、互联网服务、地理遥感信息及测绘地理信息服务、数据安全服务等产业链，推进软件与信息服务产品迭代和开源，支持建设高水平软件特色园区，构建自主创新的基础软硬件产业生态。

第十九条　市、区人民政府及工业和信息化等部门应当统筹推动新一代通信产业创新发展，加强通信芯片、基站、天线、终端、关键器件、制造工艺、关键材料等研发及产业化，支持企业拓展新一代通信技术在经济社会领域的创新应用，培育量子信息产业。

第二十条　市、区人民政府及文化广电旅游、新闻出版、工业和信息化、科技、商务等部门应当统筹推动数字创意产业创新发展，培育壮大数字音乐、动漫游戏、数字视听、数字影视、数字出版、互动新媒体、网络文学、创意设计服务等产业链，推动数字创意产业与制造业、教育、文化、商业、旅游及健康等领域跨界融合，推动数字创意设备制造业发展，支持建设各类特色数字创意产业园，鼓励探索创意车间、创意集市、创意云平台等数字创意新模式和新业态。

第二十一条　市、区人民政府及发展改革、工业和信息化、商务、市场监管等部门应当统筹推动平台经济与共享经济创新发展，支持企业建设生产服务、生活服务、科技创新、公共服务等互联网平台，推动平台企业建立数据开放机制，鼓励探索共享设备、共享车间、共享工厂、共享科技资源、共享物流、共享出行等共享经济新型组织模式。

市场监管、公安机关等部门应当按照各自职责督促平台经营者按照公开、公平、公正的原则，建立健全管理制度、交易规则及监管规则，完善服务协议，依法依约履行商品和服务质量保障、平台从业人员和消费者权益保护、数据安全和个人信息保护等责任。

相关行业组织应当根据法律法规及政策制定平台运营的基本规则，指导行业内互联网平台经营者建立健全平台管理规则和制度，促进平台生态开放与互联互通。

第三章　工业数字化

第二十二条　市、区人民政府及工业和信息化等部门应当推动汽车、电子信息、生物医药、轨道交通、船舶与海工装备、新能源与节能环保、新材料与精细化工、服装、家居、美妆、食品饮料等传统优势制造业和其他工业领域的数字化转型，鼓励工业生产方式和组织模式创新，提高全要素生产率，实现工业数字化、网络化、智能化。

第二十三条　市、区人民政府及工业和信息化主管部门应当推动建设工业互联网基础设施，改造升级工业互联网内外网络，推进建设标识解析国家顶级节点（广州）和国家工业互联网大数据广东分中心；支持建设跨行业跨领域及特色专业型工业互联网平台，健全工业互联网安全保障体系。

第二十四条　市、区人民政府及科技、工业和信息化等部门应当鼓励智能制造技术创新，支持设计仿真、离线编程、混合建模、智能感知、高性能控制、人机协作、精益管控等关键核心共性技术攻关，推进增材制造、超精密加工、绿色制造等先进工艺技术开发，加快制造载体、产业供应链、制造全过程等层级的系统集成技术突破，推动关键核心数字技术在设计、生产、物流、销售、管理、服务等制造全生命周期的应用。

第二十五条　市、区人民政府及工业和信息化主管部门应当推动工业互联网普及应用，推进工业企业实施数字化、网络化、智能化、绿色化技术改造，支持工业设备和业务系统应用云计算和平台资源。

市、区人民政府及工业和信息化主管部门应当培育智能化生产、网络化协同、个性化定制、服务化延伸、数字化管理等智能制造新模式新业态，推广建设柔性生产线、智能车间、智能工厂、智慧供应链，培育智能制造示范工厂。

第二十六条 市、区人民政府及工业和信息化、国有资产监督管理等部门应当推动大型企业发挥示范引领作用，培育企业数字化转型服务商，推进关键业务环节全面数字化，带动产业集群上下游中小企业数字化转型。

工业和信息化、科技、商务等部门应当协同平台经营者、产业联盟、行业协会、产业园区管理机构等，合作建立中小企业数字化转型服务体系，提供数字化转型相关咨询、培训、方案设计、测评、检验、融资对接等服务，降低中小企业数字化转型成本。

第二十七条 工业和信息化、发展改革、科技等部门应当推动工业设计数字化发展，促进工业设计资源共享、工业设计空间开放共用，形成完善的工业设计服务体系；支持发展计算机辅助设计、智能设计，推广应用工业设计软件。

第二十八条 市、区人民政府及有关部门应当统筹推进智慧园区数字基础设施建设和数据共享，提升园区公共服务、产业集聚、人才服务、创新协同等智慧化服务水平；支持建设全程感知的一体化智慧园区管理平台；鼓励智慧园区系统开发服务商、行业协会等组织建立智慧园区建设和管理标准。

市、区人民政府及工业和信息化等部门应当推进产业集群数字化改造，促进产业集群利用工业互联网实现全要素、全产业链、全价值链的连接，推动工业数字化转型服务商、关联企业、产业基金等组建产业联合体，开发推广产业集群数字化转型解决方案，促进产业集群一体化协同发展。

第四章 建筑业数字化

第二十九条 市、区人民政府及住房城乡建设、科技、工业和信息化、交通运输、水务、林业园林等部门应当鼓励数字建筑科技创新，支持建筑智能设备、建筑机器人、建筑物联网、集成建造平台等创新与应用，推动建筑部品部件工艺制造、新型传感感知、工程质量检测监测等核心技术的研发应用。

第三十条 住房城乡建设、工业和信息化、交通运输、水务、市场监管、林业园林等部门应当促进智能建造与建筑工业化协同发展，推进建筑信息模型等数字技术在建筑勘察、设计、施工、运维、管理等建筑全过程的集成应用；发展装配式建筑等新型建筑工业化，推动建立以标准部品部件为基础的工业化、智能化、绿色化生产体系。

第三十一条 住房城乡建设、交通运输、水务、林业园林等部门应当推动建筑企业数字化转型，培育数字建筑服务商，支持有条件的企业建设建筑产业互联网平台，探索建筑部品部件、材料供应等领域的数据共享机制。

第三十二条 住房城乡建设、交通运输、水务、林业园林等部门应当鼓励建设工程参建单位推行数字化工地管理模式。鼓励施工单位建设应用数字化工地管理平台，充分运用数字技术实现施工全过程智能化。

第三十三条 住房城乡建设、规划和自然资源等部门应当推动实施建筑工程审批监管体系的数字化改造，建立基于建筑信息模型技术的报建审批、施工图设计审查、竣工验收备案、工程档案管理等工作机制。

与法定工程技术图纸信息一致的建筑信息模型可以一并用于工程建设项目审批，与法定工程技术图纸一并进行监管。通过审批的建筑信息模型应当在城市信息模型平台汇聚，实现数据融通联动。

第五章　服务业数字化

第三十四条 商务部门应当会同发展改革、工业和信息化、交通运输、地方金融监管等部门统筹推动专业市场数字化转型，鼓励专业市场运营服务商、商户应用数字技术提高运营管理能力，培育专业市场数字化转型服务提供商，支持建立专业市场数字化转型协同创新组织，推进专业市场与产业互联网、智慧供应链、数字营销、数字金融等渠道资源深度融合，促进需求端与供给端及产业上下游互联互通，运用数字技术强化专业市场和商品的品牌效应。

第三十五条 商务部门应当会同市场监管、工业和信息化等部门推动零售、超市、商圈等传统商业数字化转型，培育壮大电子商务新业态，支持数字广告等数字营销业态发展，推动传统本土品牌、老字号数字化推广，推进数字服务出口基地建设，促进酒店、农贸市场、家政、维修、休闲服务等生活性服务业数字化转型。

第三十六条 商务部门应当会同交通运输、地方金融监管、港务、空港委等部门统筹推动跨境电商发展，鼓励跨境电商运营商应用数字技术创新服务模式，培育跨界电商综合集成服务商，支持跨境电商关联企业参与国家数字"一带一路"计划，促进跨境电商系统与海关、金融、税务、口岸及综合保税区等数字化系统相衔接，推进跨境电商综合试验区建设。

第三十七条 商务部门应当会同工业和信息化、交通运输、地方金融监管、文化广电旅游等部门统筹推动会展业数字化转型，支持会展运营方和参展商创新线上会展服务模式，培育数字会展服务提供商，推动线上线下会展服务融合，促进会展业与跨境电商、专业市场、数字营销、智慧供应链及智慧文旅等平台协同发展。

第三十八条 市、区人民政府及地方金融监管部门应当推动金融业数字化转型升级，推进数字金融科技创新平台建设，建设金融科技产业聚集区；发展数字普惠金融、供应链金融、绿色金融等金融新业态，推进企业信用信息与融资平台的对接，完善数字金融精准服务中小微企业体系；按照国家规定推进数字人民币应用；探索开展数据资产的质押融资、保险、担保、证券化等金融创新服务。

市、区人民政府及地方金融监管部门应当完善数字经济金融服务体系和风险保障机制，拓宽数字经济市场主体融资渠道，支持数字经济领域有条件的企业上市，扩大金融服务跨境合作。

第三十九条 市、区人民政府及发展改革、交通运输、商务、邮政管理、港务、空港委等单位应当促进城乡物流体系数字化改造，推进货物、车船、飞机、场站等物流要素数字化；支持物流企业数字化转型，建设物流综合数字化平台，提升供应链管理服务的智能化水平；支持物流园区、仓储设施等普及应用数字化技术和智能终端设备；完善城乡社区物流配送中心和智能末端配送设施。

市、区人民政府及商务、港务、空港委等单位应当促进国际物流的数字化，支持智慧口岸建设，完善广州国际贸易单一窗口平台系统功能，推动智慧卡口、无纸化报关等智能通关系统建设；支持相关企业参与国际铁路运输、海上运输等物流数字化平台建设与对接。

第四十条 教育部门应当建设智慧教育公共服务平台，推动智慧校园、智慧课堂建设，促进教育数据和数字教学资源的共建、共享、开放、流通，强化农村、偏远地区及对口支援地区教育数字化建设。

教育部门应当推动人工智能教育普及，规范和发展在线教育，推动线上线下相结合的混合式教学。保护学生视力和身心健康，使用电子产品开展教学时长不得超过国家有关规定。

鼓励社会力量投资、参与教育数字化建设与服务。鼓励学校提供场地、企业投入建设和运营，培育智慧教育新业态新模式。

　　第四十一条　市、区人民政府及卫生健康、医疗保障、市场监管等部门应当支持医疗卫生机构数字化改造，促进智慧医疗便民服务；推进二级以上医疗机构、基层医疗卫生机构及签约家庭医生的智慧医疗一体化建设；优化全民健康信息平台体系建设，提升医疗健康信息互联互通互认水平，完善健康医疗信息标准规范体系；推进数字技术在医学检验检测、临床诊断辅助决策、远程医疗、个人健康管理、公共卫生事件防控、医院智能化管理、卫生监督执法、疾病预防和干预等领域的应用；发展互联网医院、互联网医学检验和互联网药店等新模式。

　　第四十二条　文化广电旅游部门应当会同有关部门建立城市历史文化项目数据库，推动博物馆、图书馆、美术馆、文化馆等文化场馆的数字化改造，鼓励对文化资源进行数字化转化和开发。

　　文化广电旅游部门应当支持智慧旅游景区建设，鼓励开发数字化旅游产品，提供智慧化旅游服务，培育云旅游等网络体验与消费新模式，促进旅游业线上线下融合发展。

　　体育部门应当推动数字化全民健身体系建设，推进体育场馆和设施管理数字化改造，完善训练赛事和市民健身运动的数字化服务体系。

　　第四十三条　市、区人民政府及民政、卫生健康、工业和信息化等部门应当支持智慧健康养老和助残产业发展，促进养老、助残服务机构数字化改造，建设养老、助残公共服务数字化平台，探索建立政府、服务机构、居家社区养老一体化的新模式，满足家庭和个人多层次、多样化的健康养老服务需求。

　　交通运输、卫生健康、民政、体育、文化广电旅游等部门应当坚持智能创新与传统服务相结合，引导社会力量关注老年人、残疾人的信息需求，扩大适老化数字技术和智能产品的供给，满足老年人、残疾人在出行、就医、消费、文体等高频服务事项中运用数字技术的基本需要，同时保留老年人、残疾人熟悉的传统服务方式。

　　交通运输、卫生健康、民政等部门应当强化应急突发事件响应状态下老年人、残疾人的信息服务保障，提供线上线下相结合的应急救援措施。

　　第四十四条　商务、市场监管、工业和信息化等部门应当推进数字技术在餐饮业的创新应用，促进数字餐饮发展；支持开展食材溯源供应链数据共享服务，支持建设餐饮业互联网平台，推动智能化信息管理系统、数控化烹饪设施建设。

市场监管部门应当建立餐饮单位食品安全数字化监管系统，联合教育等部门对学校食堂等重点场所推行在线监测。

人力资源社会保障、文化广电旅游等部门应当鼓励以数字化方式培训粤菜师傅和传播地域餐饮文化，提升广州餐饮业的影响力。

第四十五条　市、区人民政府及有关部门应当支持法律服务、会计、审计、人力资源、咨询、评估、科技服务、检验检测认证等服务业数字化转型，鼓励专业服务业企业与数字技术创新平台、大数据中心等机构的对接，培育新型服务模式，推动专业服务业与智能制造、智能建造、数字农业等领域融合发展。

第六章　农业数字化

第四十六条　市、区人民政府及农业农村、科技等部门应当鼓励数字农业技术创新，支持农业信息智能分析决策、遥感监测、地理信息、农机自动化作业、农产品质量安全快速分析检测和冷链物流等技术攻关和成果转化；建设智慧农业云平台和农业大数据平台；加强农业机器人、无人机等技术和装备的创新与应用，数字农业装备纳入本市农业机械购置补贴范围。

第四十七条　市、区人民政府及农业农村部门应当依托国家种业大数据平台，建设种业智能服务平台，推动种质资源、科研平台、育种和生产基地、种业企业及用种大户等现代育种要素互联互通和数据共享，加快数字技术在花卉、蔬菜、热带水果、水产等地方特色的种质资源研发、保护、交易中的应用，加强种业数字化可追溯管理。

第四十八条　市、区人民政府及农业农村部门应当支持数字农业技术在种植业中的应用；支持智慧农场、数字田园、智慧农业公园建设，发展智能车间农业，推动智能技术和装备在农业种植上的集成应用，推进种植业生产经营智能化管理。

第四十九条　市、区人民政府及农业农村部门应当促进禽畜、水产等本地特色优势养殖业的数字化转型，加快育种管理、环境控制、精准投喂、疫病防控、远程诊断、废弃物处理、质量追溯等数字化技术和设备的研发应用，构建数字化养殖生产、销售、管理和服务系统。

第五十条　农业农村、商务、市场监管等部门应当支持农产品加工与流通领域配套设施的数字化改造，推广农业物联网应用；推进农产品大数据平台和农产品数字化交易平台建设，加快农产品市场的数字化改造；发展定制农业、云农场、智慧休闲农业等农业新业态新模式，支持发展农村电商，促进农产品线上线下渠道融合发展。

第五十一条　市、区人民政府及农业农村等部门应当培育和促进数字农业企业及第三方服务商发展，探索数字农业技术集成应用和产业化模式，推广数字农业技术标准规范应用，推进现代农业产业园建设。

第五十二条　市、区人民政府及网信、农业农村、工业和信息化等部门应当坚持数字基础设施的城乡一体化规划建设，加强农村宽带通信网、移动互联网、数字电视网和下一代互联网等信息通信网络设施建设；完善信息终端和服务供给，构建面向农业农村的综合信息服务体系；推进公共安全、公共管理、公共服务等乡村治理数字化；加强农民数字素养培训，提高农民数字化种养和经营的技能，增强农民网络安全防护意识。

第七章　数字基础设施

第五十三条　新建、改建、扩建建筑工程建设项目，建设、设计等相关单位应当按照有关标准和规范，实现信息通信网络及广播电视网络基础设施建设与主体工程同步规划、同步设计、同步建设、同步验收。

市工业和信息化、通信管理等部门应当统筹推进通信网络基础设施建设。基础电信及广播电视业务经营者应当做好基站、网络、室内分布系统、多功能智能杆塔、汇聚机房规划建设。供电企业应当做好信息通信及广播电视网络配套电力设施容量预留和建设工作，保障通信基站及广播电视设施供电工作。建设单位应当预留和开放信息通信及广播电视网络基础设施所需的站址位置、空间、电力、传输等资源。

建设单位、业主单位、物业服务企业等应当为电信及广播电视业务经营者使用建筑规划用地红线内的配套信息通信及广播电视网络基础设施提供平等接入和使用条件。任何组织和个人不得收取进场费、接入费、协调费、分摊费等费用，不得设置不合理的条件。

第五十四条　市、区人民政府及有关部门应当推进物联网体系建设，统筹规划和管理城市各类感知终端，推动基础设施、城市治理、交通物流、生产制造、营销服务、生活服务等领域建设应用智能感知系统，推动水、电、气、热等表具智能数字化改造，推动各类感知系统互联互通和数据共享。

市工业和信息化主管部门应当制定统一的车联网建设相关技术规范和标准，统筹建设全市车联网云控基础平台。交通运输、住房城乡建设、工业和信息化等部门应当结合智能网联汽车通行需要，推动车联网路侧设备建设，推进道路基础设施、交通标志标识的数字化改造。

市、区人民政府及工业和信息化、交通运输等部门应当鼓励和支持企业开展智能网联汽车的道路测试，分区域探索智能网联汽车应用示范和商业化运营试点。

第五十五条　科技、工业和信息化、政务服务数据管理、发展改革等部门应当建立跨行业技术基础设施多规合一体制机制，统筹推进互联网、人工智能、大数据、云计算、物联网、区块链等新技术基础设施建设，支持建设底层技术平台等基础平台，建立通用技术能力支撑体系；推动新一代移动通信网、量子信息、北斗卫星导航、卫星互联网等未来网络基础设施的研究和建设。

第五十六条　市工业和信息化主管部门应当会同市规划和自然资源、住房城乡建设等部门制定储存和算力基础设施建设规划，构建协同高效、绿色节能的算力中心体系。

市、区人民政府及工业和信息化、科技、发展改革等部门应当推进建设数据中心、超级计算中心、智能计算中心、边缘计算节点等储存和算力基础设施；布局超导计算、量子计算、类脑计算、生物计算、光计算等新型计算体系；鼓励多元主体共同参与储存和算力基础设施建设，面向数字经济的应用场景开放算力资源；探索建立算力交易平台和市场，促进算力资源的高效利用和优化配置。

市工业和信息化主管部门应当推动制定以应用效能为导向的算力中心评价体系和评测标准，加强评估与监测。

第五十七条　市、区人民政府及交通运输、公安机关等部门应当统筹推进智能交通体系建设，促进智能交通基础设施与运输服务、能源及通信网络融合发展，构建交通信息基础设施和综合交通信息枢纽，推动城市道路交通体系的全要素数字化。

市人民政府及有关部门应当推动公路、铁路、城市轨道交通、水路运输、航空等各交通领域数字化转型，加强交通全要素信息的收集、处理、发布、交换、分析、利用等，推动交通管理、交通运输、公众出行等交通建设管理全流程数字化，提升交通系统运行效率和管理水平。

市人民政府及有关部门应当推动建设智能空港、智能港口、数字航道、智能轨道、智能车站等智能交通基础设施，支持发展智能网联汽车、自动驾驶船舶、载货无人飞行器等智能运载工具，鼓励和规范发展定制公交、共享汽车、智能停车、智能公交等出行服务；推动建设智能交通信号灯、智能停车、智能道路系统。

第五十八条 发展改革、工业和信息化、城市管理综合执法、交通运输等部门应当统筹推进智慧能源体系建设，以数字化推动能源高效利用，助推实现碳达峰、碳中和目标，支持能源企业及用户开展下列智慧能源建设活动：

（一）电厂、加油站、加气站、加氢站等智慧化建设和改造，太阳能分布式光伏发电、风光互补路灯等建设；

（二）电网、配电、燃气管网等企业智能系统配置，电网、燃气管网智慧化建设和改造；

（三）电力、热力、冷力、燃气等用户或者第三方机构配置负荷侧智慧终端设备；

（四）第三方机构在负荷侧中心开展区域智慧能源综合服务；

（五）电源、电网、负荷侧储能设施的建设与智慧联通；

（六）主要能源企业、重点用能单位和区域智慧能源管理信息系统建设。

第五十九条 市生态环境部门应当会同有关部门统筹建设全市生态环境监测网络，合理布设生态环境质量监测与污染源监控设施设备，建设生态环境数据资源中心和生态环境监测公共服务、综合决策数字化平台，推动生态环境质量与污染源自动监测监控、分析评估、预报预警、数据管理等方面的研究、开发和应用。

重点排污单位等生产经营单位应当按照相关规定安装、使用、运行及维护在线监测监控设备和治理设施，与生态环境部门联网，依法主动公开监测信息；鼓励其他排污单位安装使用在线监测监控设备及主动公开信息。自然保护地等区域的生态管理机构应当对本辖区生态环境状况进行监测，鼓励采用实时监测技术，并依法公开监测信息。

第六十条 市、区人民政府及住房城乡建设等部门应当统筹建设与完善地下市政基础设施综合管理信息系统。地下管线、地下通道、地下公共停车场、人民防空工程等地下市政基础设施管理部门、行业主管部门及权属单位应当通过地下市政基础设施综合管理信息系统建立信息共享交换机制，及时采集更新相关数据。

地下市政基础设施建设单位应当及时将地下市政基础设施信息录入地下市政基础设施综合管理信息系统，确保地下市政基础设施信息的准确性。

第六十一条 林业园林部门应当推动绿色基础设施的数字化改造，建设森林、绿地、湿地、绿道的数据采集、更新和共享体系，提升动态监测和管控能力；建设城市树木数字化管理系统，建立树木数字档案，并向社会公开树木信息，提高树木种植、管养、迁移、更换的科学化管理水平；建设数字花城、数字花博会、数字林业园林科普等运营平台；应用数字技术拓展公众参与城市绿化决策与监管的渠道。

林业园林部门应当促进林业园林产业数字化转型，推动林业园林科研、种质资源、规划设计、加工、流通、展览、培训等产业链的数字化，培育壮大林业园林数字化企业。

第六十二条 市、区人民政府及水务等部门应当推进智慧水务建设，完善水资源开发利用、城乡供水、节水等信息管理系统，加快供水设施数字化建设和改造；建设水务一体化信息平台，实现对供水、排水、河流、水利等的数字化管理。

供水单位应当建立智能化供水管理系统。高耗水行业、重点监控用水单位应当对用水系统进行数字化改造。

第八章 数据资源

第六十三条 市、区人民政府及政务服务数据管理等部门应当加强对数据管理工作的整体规划和统筹协调，建立健全部门协同、市区联动、政企合作的数据治理体制机制，探索推行首席数据官等数据管理创新制度。

第六十四条 市人民政府应当建设城市大数据平台，实现对全市公共数据资源统一、集约、安全、高效管理。各区人民政府应当按照全市统一规划建设各区大数据平台，将公共数据资源纳入城市大数据平台统一管理。

本市公共数据实行统一目录管理，按照一数据一来源的原则，明确数据采集责任部门。公共管理和服务机构应当依据职能数据清单开展数据采集、汇聚工作，推进数据回流，加强数据质量管控，保证数据的真实性、准确性、完整性、时效性和可用性。

市、区人民政府及有关部门应当按照数据分类分级管理制度，确定本地区、本部门以及相关行业、领域的重要数据具体目录，对列入目录的数据进行重点保护。

第六十五条 公共管理和服务机构应当依法按照无条件共享、有条件共享和不予共享三种类型建立数据共享责任清单。公共管理和服务机构通过共享获取的公共数据，应当用于本单位履职需要，不得超越职权范围提供给第三方或用于其他目的。可以通过数据共享或者核验方式获取的公共数据，公共管理和服务机构不得重复采集或者要求重复提供。

公共管理和服务机构应当建立公共数据开放清单和动态调整机制，依托全市统一的公共数据开放平台开放数据。涉及国家安全、商业秘密和个人信息等法律、法规、规章规定不得开放的公共数据，应当纳入公共数据开放负面清单。

公共数据共享开放的具体办法，由市人民政府另行制定。

第六十六条 市人民政府及有关部门应当推进数据要素市场化配置改革，健全数据要素生产、流通、应用机制，构建数据要素资源流通运营服务体系；探索建立数据交易平台、场所以及数据入场规范、数据经纪人管理等配套制度；鼓励企业开展第三方大数据服务。

市人民政府及政务服务数据管理、统计等部门应当探索数据资产管理制度，建立数据资产评估、登记、保护、争议裁决和统计等制度，推动数据资产凭证生成、存储、归集、流转和应用的全流程管理。

市人民政府及政务服务数据管理等部门应当探索公共数据授权运营机制，支持在可信认证、敏感数据安全应用等场景中，利用区块链、多方安全计算等新技术，推动公共数据有序流通。

第六十七条 数据处理者在数据处理过程中，应当遵循安全可控的原则，建立数据安全管理制度、落实数据安全保护责任，依法保护国家秘密、商业秘密、个人信息和隐私。

市场主体不得利用数据分析对交易条件相同的交易相对人实施差别待遇。

第九章　城市治理数字化

第六十八条 市、区人民政府应当建立数字政府与智慧城市协调工作机制，统筹推进智慧城市建设中的重大任务、重点项目，解决跨部门、跨行业、跨领域的重大问题。

第六十九条　市、区人民政府应当建设数字化城市治理平台，开展城市运行监测分析、协同指挥调度、联动处置等工作，应用数字技术推动城市治理手段、治理模式、治理理念创新，实现城市运行治理科学化、精细化、智能化。

市政务服务数据管理部门应当统筹建设城市运行管理中枢，制定相关标准规范，完善数字基础设施、数据汇集、资源集成、应用场景等功能，推动城市运行数字体征系统建设。公共管理和服务机构应当组织数据采集、梳理，实现与城市运行管理中枢对接，实时监测相关业务领域的运行状态，分析研判、流转处置城市运行事件，反馈处置结果。鼓励社会组织、企业、公众参与城市运行管理中枢应用场景设计。

第七十条　市规划和自然资源等部门应当建设完善本市国土空间基础信息平台和智慧城市时空大数据平台，提升对区域、市域、片区、街区、地块、建筑等不同层次空间要素的数字化表达能力，建设全感知、全周期、全要素、全开放的智慧规划体系。

有关部门在开发业务应用信息系统时，需要利用基础地理信息数据的，应当基于智慧城市时空大数据平台开展设计，确保时空基准统一。

市住房城乡建设部门应当建设城市信息模型平台，构建涵盖地上地下、室内室外、现状未来三维空间全要素的城市建设基础数据库，探索建设数字孪生城市。

第七十一条　市政务服务数据管理部门应当推动数字技术在政务服务领域的全面应用，建设一体化政务服务平台和移动政务平台，推动依申请政务事项和公共服务事项线上线下融合办理，实现全程网办、市内通办和跨域通办。

政务区块链平台应用中留存的电子数据可以作为办理政务服务事项的依据和归档材料。有关部门建设的服务企业和群众的办事系统应当推行电子证照、电子印章、电子签名等数字化应用，并接入全市一体化政务服务平台。有关部门延伸至街道、村居办理的政务服务事项，应当开通网上办理渠道，统一接入移动政务服务平台。鼓励公共管理和服务机构、企事业单位、社会团体在经济社会活动中广泛应用电子证照和电子印章服务。

第七十二条　市场监管部门应当建设一体化市场监督管理平台，实施开办企业全程电子化，完善企业信息共享互认体系，探索数字经济新业态新模式市场主体登记方式。

市场监管部门应当运用数字化技术对企业实施信用风险分级分类监管，引导数字经济领域市场主体依法经营、公平竞争，加大对从事不正当竞争活动等行为的监管，保护市场主体和消费者的合法权益。

市场监管部门应当建立政企协作的质量安全追溯机制，加强对特种设备及其检验机构的数字化监管，鼓励食品、药品、医疗器械等生产经营企业实现质量管控体系的数字化转型。

第七十三条　市人民政府及有关部门应当统筹建设数字化执法监督管理平台，加强执法监督管理平台与其他相关业务系统对接融合，实现视频数据等在线监督管理数据与行政执法信息资源跨部门、跨层级共享应用。

市人民政府及有关部门应当统筹建设行政执法案件办理平台，推动行政执法事项全过程网上办理，形成案件审批网络化和案卷电子化。

执法部门和镇人民政府、街道办事处应当配置移动执法设备，采用视频智能分析、遥感监测、无人机巡查等执法手段，加大数字科技手段在行政执法中的应用。

第七十四条　网信、公安机关、工业和信息化等部门应当依据有关法律、法规，加强对数字基础设施和高科技企业等重点单位网络安全的监管与保护。公安机关应当依法打击利用信息网络实施的非法吸收公众存款、侵犯公民个人信息、集资诈骗、电信诈骗、破坏计算机信息系统等违法犯罪活动。

公安机关、检察院、法院、司法行政等单位应当推动政法跨部门大数据办案平台建设，实现案件数据共享与网上办理业务协同、规范透明、全程留痕、全程监督。

公安机关在政务服务中应当推广可信身份认证、电子证照等数字化应用，打造全覆盖、多渠道、立体化的网上公安政务服务体系。

第七十五条　市、区人民政府及应急管理等部门应当建设应急管理综合平台，建设具备风险感知、监测预警、响应处置等功能的安全生产数字化体系，构建覆盖应急管理事前、事发、事中、事后全链条业务的数字化管理体系。

市、区人民政府及有关部门应当建设突发公共卫生事件应急处置系统，发挥大数据、云计算、移动通信等技术作用，为突发公共卫生事件监测、病原溯源以及病人、疑似病人和传染病病人密切接触者管理等提供数据支撑。根据应急工作需要，可以提供个人健康状态查询服务。

市、区人民政府及应急管理等部门应当建设社会动员应急数字化体系，推进应急资源数据联通、应急标识数字化、应急资源可视化。

应急管理部门应当会同供电、通信、金融、气象等部门探索建立极端灾害条件下城市供电、通信、数据中心、金融等快速恢复机制，开展极端灾害及应对数字化模拟，完善相关灾备设施体系，保障智慧城市系统正常运行。

第七十六条　人力资源社会保障、民政部门应当建设社会保障信息平台，拓展社会保障数字化服务应用，推进社会保险待遇享受资格智能化识别及认证，推动电子社会保障卡在民生服务领域一卡通应用，应用数字化技术提高慈善、救助、福利、志愿服务等社会工作服务水平。

医疗保障部门应当支持互联网医疗等新服务模式发展，积极推进电子凭证、移动支付等在医疗机构的应用。

第七十七条　市、区人民政府应当统筹推进智慧社区数字基础设施、系统平台和应用终端建设，推进政务、商务、服务、家务等社区功能数字化，加强社区网格化治理平台与智慧社区各系统的协同，鼓励居民、业委会、居委会以及服务提供商等多元主体参与智慧社区建设和管理。

市、区人民政府应当推进数据资源一体化和基层事项标准化管理，加强基层治理数据库建设，推行基层数据综合采集，实现一次采集、多方利用，减少数据重复采集。

第十章　发展环境

第七十八条　市、区人民政府应当在本级财政预算中安排资金支持数字经济发展，建立财政投入增长机制，依法落实数字经济领域的税收优惠政策。发展改革、科技、工业和信息化等部门应当安排资金支持数字经济发展。

国有资产监管、财政等部门应当充分利用国有资产和资源投入本市数字经济建设发展，统筹推动国有企业和事业单位积极参与数字基础设施建设、数字技术创新、数字经济核心产业发展、企业数字化改造及数字经济营商环境营造等。

市、区人民政府应当推动数字经济产业用地市场化配置，健全先租后让、租让结合、弹性年期出让等用地市场供应体系；探索与数字经济发展特点相适应的用地模式，优先保障数字经济初创企业用地用房需求；建立发布全市数字经济产业分布图，引导数字经济产业集约、集聚、集群发展。

第七十九条　市、区人民政府及有关部门应当加大对数字经济领军人才及团队、高端人才、急需紧缺人才的培养和引进力度，在入户、住房、医疗、子女教育等方面给予政策支持；鼓励高等院校、科研机构和职业学校设置数字经济领域相关专业，推动校企合作培养人才；支持建立数字技能公共实训基地，加强在职培训。

市、区人民政府及有关部门应当鼓励企业、社会组织等机构制定人才评价规范，支持数字经济领域高层次人才申报国家政府特殊津贴及国家和省其他重点人才工程，对符合条件的高端人才给予奖励或者项目资金支持。

人力资源社会保障部门应当推进人才管理和人力资源服务业数字化转型，支持开展人才数据资源开发利用，探索人才资源规划、招聘引进、使用开发、培养考核等产业链数字化。

第八十条　市、区人民政府及人力资源社会保障部门应当推动构建适应新业态新模式特点的从业人员权益保护机制，探索建立适应跨平台、多雇主间灵活就业的社会保障制度。

市、区人民政府及人力资源社会保障部门应当引导数字经济企业完善灵活从业人员劳动保障措施，保障从业人员合法权益，加强对数字经济从业人员用工服务的指导和对数字经济企业的劳动保障监察。

第八十一条　知识产权管理、司法行政、人民法院等单位应当支持培育和发展数字经济相关知识产权交易市场，加强对技术专利、数字著作权、软件著作权、数字商标、商业秘密、算法及数字内容等的保护，建立完善数字知识产权保护规则、征信和快速维权及多元纠纷解决体系。

知识产权管理部门应当探索建立适应数字经济形态特征的知识产权管理制度，加强对数字经济领域知识产权的保护；加强数字经济领域知识产权综合行政执法，依法打击数字经济领域知识产权侵权行为。

知识产权管理部门应当支持数字经济领域知识产权国际合作，加强对跨境侵权行为的综合治理，提升企业和其他组织知识产权境外布局和境外维权能力。

第八十二条　市、区人民政府及有关部门应当建立数字经济应用场景开放机制，定期发布数字经济应用场景需求清单，公开征集应用场景解决方案；统筹建设数字经济应用场景体验体系，推进政务领域创新应用；支持企业建设展示中心和线上虚拟展厅，鼓励企业、行业组织开展数字技术产业竞赛和展示等体验活动，向社会宣传推广数字技术创新产品。

市人民政府应当编制数字技术创新产品目录，推进创新产品首台、首套示范应用，依法实行数字技术创新产品、设备、服务等政府采购首购制。

市、区人民政府及有关部门应当鼓励学校、科研机构开展数字经济知识普及教育，支持社会团体、企事业单位加强员工数字经济知识和技能培训，提高全民数字素养。

第八十三条 市网信部门应当协调公安机关、政务服务数据管理等部门完善网络安全基础设施，建设网络安全综合监管平台，开展网络安全信息收集、分析和通报工作，按照规定统一发布网络安全监测预警信息；建立网络安全应急响应中心，对网络安全事件的应急处置与网络功能的恢复等提供技术支持和协助。

网信、工业和信息化、公安机关等部门应当鼓励重点行业、骨干企业、社会组织建设漏洞库、病毒库等网络安全基础资源库，促进相关主体之间的信息共享。

第八十四条 市、区人民政府及有关部门应当推动制定诉讼平台技术和数据安全标准，促进政府机构与司法机关数据互融互通，推动法院之间、法院与其他机构之间的资源共享、协同。

市司法行政部门应当建设公共法律服务数字化平台，推行视频会见、法律援助、司法鉴定、公证业务网上办理、电子法律文书等制度，开发智能法律咨询、智能公司合规审查等公共法律服务产品，构建全业务、全时空的法律服务网络；推动建设矛盾纠纷多元化解信息化平台，运用数字技术在线进行诉前分流、调解、司法确认、仲裁等事务。

市中级人民法院应当会同广州互联网法院、广州知识产权法院、广州海事法院建设广州诉讼综合服务数字化平台，推广应用区块链智能合约、电子送达等数字技术。

广州仲裁委员会应当建设仲裁服务数字化平台，完善企业间跨境商事争议在线解决机制，推广互联网仲裁推荐标准，探索互联网仲裁案件在线仲裁新模式。

第八十五条 市人民政府应当推动粤港澳大湾区数字经济协同发展，加强粤港澳大湾区数字经济规则衔接、机制对接，推进数字产业集群协同发展。

市人民政府及科技、工业和信息化等部门应当推动人工智能与数字经济创新平台共建共享，参与广深港澳科技创新走廊的数字经济建设；推进粤港澳超算中心、数据中心、通信网络等数字基础设施互联互通，推动数据跨境安全有序流通。

第八十六条 市、区人民政府及有关部门应当对数字经济领域的新产业、新业态、新模式等创新活动在法律法规允许的范围内实行包容审慎监管。

市司法行政部门负责统筹数字经济领域市场轻微违法违规经营行为免予行政处罚、免予行政强制清单制定工作，市有关部门应当依法制定本部门数字经济领域市场轻微违法违规经营行为免予行政处罚、免予行政强制清单。

对处于研发阶段、缺乏成熟标准或者暂不完全适应既有监管体系的新兴数字技术和产业，应当预留一定包容试错空间，不得简单予以禁止或者不予监管。

鼓励和支持个人、企业、行业协会及相关组织参与数字经济治理活动，建立协同治理的数字经济治理机制。

第八十七条 市、区人民政府有关部门及其工作人员违反本条例规定，不依法履行职责的，由有权机关责令改正，对部门给予通报批评，对直接负责的主管人员和其他直接责任人员依法给予处理；构成犯罪的，依法追究刑事责任。

第十一章 附 则

第八十八条 本条例中下列用语的含义：

（一）数字经济，是指以数据资源为关键生产要素，以现代信息网络作为重要载体，以数字技术的有效使用作为效率提升和经济结构优化的重要推动力的一系列经济活动；

（二）数字技术，是指围绕数据的产生、传输、存储、计算与应用所形成的各类技术，当前主要包括互联网、新一代移动通信、人工智能、大数据、云计算、物联网、区块链、虚拟现实、数字孪生、高性能计算、智能控制、量子科技等技术；

（三）数据，是指任何以电子或者其他方式对信息的记录；

（四）公共管理和服务机构，是指本市国家机关、法律法规授权的具有公共事务管理和公共服务职能的组织；

（五）公共数据，是指公共管理和服务机构在依法履行职责和提供公共服务过程中获取或制作的数据资源，以及法律、法规规定纳入公共数据管理的其他数据资源。

第八十九条 本条例自 2022 年 6 月 1 日起施行。

广州市人民政府关于印发广州市贯彻落实国务院扎实稳住经济一揽子政策措施实施方案的通知

穗府〔2022〕6号

各区人民政府，市政府各部门、各直属机构：

现将《广州市贯彻落实国务院〈扎实稳住经济的一揽子政策措施〉实施方案》印发给你们，请认真贯彻落实。执行中遇到的问题，请径向市发展改革委反映。

广州市人民政府
2022年6月20日

广州市贯彻落实国务院《扎实稳住经济的一揽子政策措施》实施方案

为深入贯彻习近平总书记关于"疫情要防住、经济要稳住、发展要安全"的重要指示要求，推动国务院《扎实稳住经济的一揽子政策措施》以及省实施方案在我市落地落实，结合深化实施2022年以来我市出台的系列稳增长政策措施，加快发挥更大政策效应，制定如下实施方案。

一、财政政策

（一）进一步加大增值税留抵退税政策落实力度。

1. 严格落实国家已出台的小微企业和制造业、科学研究和技术服务业、电力热力燃气及水生产和供应业、软件和信息技术服务业、生态保护和环境治理业、交通运输仓储和邮政业等6个行业留抵退税政策，确保存量留抵税额全额退还、增量留抵税额按月全额退还。采取有力措施加快办理进度，在纳税人自愿申请的基础上，2022年6月30日前集中退还微型企业、小型企业以及制造业等行业中型企业、大型企业存量留抵税额。

2. 紧密对接国家新增批发和零售业，农、林、牧、渔业，住宿和餐饮业，居民服务、修理和其他服务业，教育，卫生和社会工作，文化、体育和娱乐业等7个行业企业实行增量按月全额退还、存量一次性全额退还留抵税额的政策，提前做好工作准备，确保第一时间落实到位。加强退税风险防范，依法严惩偷税、骗税等行为。

3. 落实广州市2022年增值税留抵退税工作方案，建立市财政局、广州市税务局、人民银行广州分行营业管理部跨部门协商工作机制，及时向各区调拨留抵退税专项资金，确保资金及时足额退付企业。

4. 受疫情影响纳税确有困难的纳税人，可向主管税务机关申请房产税、城镇土地使用税困难减免。

5. 优化企业研发项目鉴定流程，全面落实企业研究开发费用税前加计扣除政策。

（二）加快财政支出进度。

6. 各区、各部门加快预算执行进度，加快资金分配下达，加快支付形成实物工作量，涉及基本建设和政府采购的，应履行有关程序，做好相关要素保障，确保资金一经下达即可支出。同时严格落实"过紧日子"要求，更好节用裕民。

7. 加大结转结余资金清理盘活力度，除应急救灾、据实结算等资金外，9月底前未分配下达的当年预算资金，以及未使用完毕的上年结转资金，按规定收回财政统筹使用。对结余资金和连续两年未用完的结转资金，及时清理收回。不能按原用途继续使用的当年安排资金，由财政部门统一办理收回或调整用于经济社会发展急需支持的领域。加强单位实有资金账户管理，严格按规定将存量资金清理上缴财政。

8. 强化库款监测，结合留抵退税、项目建设等需要做好资金调度、加强库款保障，将支持留抵退税专项资金纳入直达范围，确保退税资金及时足额到位。

（三）加快地方政府专项债券发行使用并扩大支持范围。

9. 加快2022年中央和省已下达的专项债券发行使用进度，在6月底基本发行完毕，在8月底前基本使用完毕，已发行的专项债券项目6月底前力争全部开工。

10. 加强专项债券穿透式监测，分区分项目跟踪资金使用情况，每月通报专项债券支出使用情况，每半月调度专项债项目进展，及时协调解决项目建设遇到的问题。

11. 对因短期内难以继续建设实施等原因形成资金闲置的项目，将闲置资金按程序调整用于其他符合要求的成熟项目。对支出使用进度较慢的区或市直部门，将未实际支出额度按一定比例收回，跨区跨部门调剂至管理使用良好、剩余项目资金有效需求较多的区或市直部门使用。

12. 在依法合规、风险可控的前提下，引导商业银行对符合条件的专项债券项目建设主体提供配套融资支持，做好信贷资金和专项债券资金的有效衔接。

13. 密切跟进国家和省适当扩大专项债券支持领域的政策，围绕新型基础设施、新能源项目、公共服务、老旧公用设施改造、消费基础设施等领域加快谋划储备一批专项债券项目，提前做深做细项目前期工作，及时做好我市项目储备工作，继续争取更多专项债额度。

（四）用好政府性融资担保等政策。

14. 落实省的政策，优化融资再担保代偿补偿机制和降费补偿机制，对2022年市融资再担保机构纳入国家融资担保基金授信范围内的小微企业融资担保业务，实际代偿损失给予全额分担补偿，再担保费给予全额补助。

15. 落实省的政策，对与国家融资担保基金合作业务规模较大的政府性融资担保机构给予奖补，支持更多合作融资担保机构聚焦支小支农主业。

16. 完善农业信贷担保体系，充分发挥省农业信贷担保公司的助农扶农作用，探索建立涉农信贷风险分担和补偿机制，确保贷款主体实际负担的担保费率不超过0.8%。

17. 扩大出口信用保险覆盖面，全年支持超3500家外贸企业。拓展产业链承保，深化银保企三方合作，创新保单融资产品，实现短期险保单融资增信保额超100亿元。

18. 发挥政府性融资担保机构尽职免责机制的引导作用，加大对符合条件的科创、涉农、小微和受疫情影响企业的融资增信支持力度。

（五）加大政府采购支持中小企业力度。

19. 落实促进中小企业发展的政府采购政策，政府采购工程根据项目特点、专业类型和专业领域合理划分采购包，积极扩大联合体招标和大企业分包，降低中小企业参与门槛。

20. 加强各级预算单位政府采购项目评估，对适宜由中小企业提供的，预留采购份额专门面向中小企业采购：小额采购项目（200万元以下的货物、服务采购项目，400万元以下的工程采购项目），原则上全部预留给中小企业；超过前述金额的采购项目，预留该部分采购项目的40%以上专门面向中小企业采购，其中预留给小微企业的比例不低于70%。

21. 落实国家将面向小微企业的价格扣除比例由6%—10%提高至10%—20%的政策规定。对未明确预留份额的采购项目或采购包评审时，鼓励按上限实施小微企业价格扣除或增加价格得分。

22. 鼓励推行预付款制度，对于预算单位与中小企业签订合同的，应约定预付款，预付款比例不得低于合同金额的30%，在合同签订后5个工作日内完成支付。政府采购合同履行完毕，应于收到供应商验收申请后7日内组织履约验收。对于满足合同约定支付条件的，预算单位应当自收到发票后15日内完成资金支付，不得将采购文件和合同中未规定的义务作为向供应商付款的条件。

（六）落实社保费缓缴政策。

23. 按照国家和省部署，在确保各项社会保险待遇按时足额支付的前提下，对符合条件地区受疫情影响生产经营出现暂时困难的所有中小微企业、以单位形式参保的个体工商户，阶段性缓缴养老、失业、工伤三项社会保险单位缴费部分，缓缴期限阶段性实施到2022年底。

24. 在落实对餐饮、零售、旅游、民航、公路水路铁路运输等5个特困行业实施阶段性缓缴三项社会保险费政策的基础上，按照国家和省政策规定，以产业链供应链受疫情影响较大、生产经营困难的制造业企业为重点，进一步扩大实施范围，落实养老保险缓缴期限阶段性延长到2022年底。

25. 实施制造业小微企业社保缴费补贴，2022年对市内注册、持续经营的制造业小型微利企业，按企业职工基本养老保险费单位缴费部分一定比例给予补贴。符合税法规定条件的补贴资金作为不征税收入管理，由企业用于社保缴费、员工待遇发放等支出。

26. 简化社保缓缴办理流程，明确中小微企业和受疫情影响地区认定标准，对生产经营困难等适用条件实行告知承诺制，推动实现缓缴即申即享。

（七）加大稳岗支持力度。

27. 深入实施"就业3.0版25条"政策，支持市场主体特别是中小微企业稳定岗位。优化失业保险稳岗返还政策，进一步提高返还比例，大型企业按企业及其职工上年度实际缴纳失业保险费的50%返还，中小微企业按企业及其职工上年度实际缴纳失业保险费的90%返还。社会团体、基金会、社会服务机构、律师事务所、会计师事务所、以单位形式参保的个体工商户参照实施，政策执行期限至2022年底。此前已按30%比例返还的大型企业，及时补足差额。

28. 拓宽失业保险留工补助受益范围，将一次性留工培训补助受益范围由出现中高风险疫情地区的中小微企业扩大至大型企业，以及未出现中高风险疫情地区的餐饮、零售、旅游、民航、公路水路铁路运输等5个行业企业，实施期限至2022年底。

29. 企业招用毕业年度高校毕业生，签订劳动合同并参加失业保险的，按每人不超过1500元的标准发放一次性扩岗补助，与一次性吸纳就业补贴不重复享受，资金从失业保险基金中列支，政策执行期限至2022年底。小微企业招用毕业2年内高校毕业生，签订1年以上劳动合同并缴纳社会保险费的，按规定给予社会保险补贴。对困难毕业生实施专项帮扶。

二、货币金融政策

（八）鼓励对中小微企业和个体工商户、货车司机贷款及受疫情影响的个人住房与消费贷款等实施延期还本付息。

30. 引导商业银行等金融机构继续按市场化原则与中小微企业（含中小微企业主）和个体工商户、货车司机等自主协商，对其贷款实施延期还本付息，努力做到应延尽延，本轮延期还本付息日原则上不超过2022年底。

31. 积极对接中央汽车企业，推动其所属金融子企业发挥引领示范作用，对2022年6月30日前发放的商用货车消费贷款给予6个月延期还本付息支持。

32. 对因感染新冠肺炎住院治疗或隔离、受疫情影响隔离观察或失去收入来源的人群，引导鼓励金融机构对其存续的个人住房、消费等贷款，灵活采取合理延后还款时间、延长贷款期限、延期还本等方式调整还款计划；对符合条件的延期贷款坚持实质性风险判断，不单独因疫情因素下调贷款风险分类，不影响征信记录，并免收罚息。

33. 优化地方金融组织对受疫情影响重点行业、小微企业和个体工商户金融服务。鼓励小额贷款公司对受疫情影响较大企业和个人下调贷款利率、减免手续费用、对贷款适当延期或展期、免除罚息、完善续贷安排。鼓励典当行对受疫情影响较大无法及时办理赎当、续当的当户，不盲目做逾期绝当处理，减免逾期罚息，对其中有续当需求的当户，可先行受理续当，适当延长当户缴纳前期利息及当期续当综合费用的期限，并适当下调当费费率。对受疫情影响较大的承租企业，鼓励融资租赁公司调整还款计划，减免租金利息和罚息。鼓励商业保理公司对受疫情影响较大的中小微企业适当降低融资利率，延长保理融资期限和减免罚息。

（九）加大普惠小微贷款支持力度。

34. 用足用好人民银行新增支农支小再贷款额度。督导和支持市属法人银行落实支农支小再贷款政策，增加发放涉农贷款和普惠小微贷款。

35. 落实省"首贷户"贷款贴息支持政策，对2022年4月1日至2022年6月30日在地方法人金融机构首次申请贷款的小微企业给予不高于1%的贴息补助。

36. 协调推动金融机构和市属国有企业支持中小微企业应收账款质押等融资。自2022年1月1日至2023年6月30日，对符合条件帮助中小企业实现应收账款融资的供应链核心企业，通过中征应收账款融资服务平台在线确认，按实现应收账款融资年化金额不超过1%的额度给予奖励。建立信贷、债券融资对接机制，引导金融机构快速响应产业链核心及配套企业融资需求。推动核心企业签发供应链票据支付上游企业账款，鼓励金融机构依法合规提供供应链应收账款融资服务。鼓励有条件的区针对核心企业、金融机构开展供应链金融给予融资补贴或奖励。

37. 深化供应链金融创新，积极发挥"粤信融""中小融""信易贷"等地方金融服务平台作用，加强与供应链产业链"核心"企业数据合作，基于真实业务数据为上下游中小企业信用赋能，便利中小企业进行融资，有效缩短应收账款账期。

38. 鼓励开展中小企业应收账款信用保险，加大政策支持力度，鼓励有条件的区适当给予企业保费补贴，建立风险共担机制。引导具有资质的保险机构加大产品创新力度，助力减轻中小企业应收账款逾期压力。引导行业加大力度探索银保合作。鼓励保险机构设立企业疫情险，为投保且因突发疫情导致的企业停产或停业给予一定额度赔付。

39. 实施知识产权金融创新促进计划，推广知识产权混合质押和集成电路布图设计、数据知识产权等新领域质押融资，年内融资超100亿元。

40. 按规定落实缩短商业汇票承兑期限，加大再贴现支持力度。

41. 继续引导金融系统向实体经济减费让利，对发放普惠小微贷款的地方法人金融机构，由中央金融管理部门按普惠小微贷款余额增量的2%给予激励资金。

42. 督促金融机构与地方金融组织做到利率、费用公开透明。加大执法检查力度，对金融机构和地方金融组织违法违规的情况坚决予以依法查处。持续监测金融机构2021年以来降准释放资金投向，引导金融机构积极运用降准资金加大对小微企业和民营企业的支持力度。

43. 对服务小微企业表现良好的地方金融组织，适当放宽其融资杠杆和来源，增强服务供给能力。

（十）继续推动实际贷款利率稳中有降。

44. 充分发挥市场利率定价自律机制作用，持续释放贷款市场报价利率（LPR）形成机制改革效能。发挥存款利率市场化调整机制作用，引导金融机构将存款利率下降效果传导至贷款端。

（十一）提高资本市场融资效率。

45. 依托广州市资本市场培育系统，加大拟上市、发债企业储备，落实省企业境内外上市与产业企业债券融资方案，构建符合资本市场规律的培育机制，积极协调解决企业上市、发债过程中的各种问题，指导支持企业完善上市和发债条件，为企业提供优质服务。建立科技型企业上市后备数据库，完善科技型企业上市"绿色通道"制度。

46. 鼓励符合条件的平台企业依法依规到境外公开募集股份及上市。鼓励券商加大对企业赴港上市的服务力度，强化港股IPO企业的专业指导和深度培育。

47. 继续支持和鼓励金融机构发行金融债券，用好"三农"、小微企业、绿色、双创金融债券绿色通道，为重点领域企业提供融资支持。支持受疫情影响较大的重点企业利用中国银行间市场交易商协会、银行间市场清算所股份有限公司等提供的"绿色通道"发行债券。支持跨境电商平台上的中小微企业通过标准化票据从债券市场融资。

48. 支持广东股权交易中心加快建设"科技创新专板""专精特新板""乡村振兴板"，建设非上市证券集中托管平台与拟上市企业综合培育平台。

49. 积极推动申报私募基金份额转让试点。

（十二）加大金融机构对基础设施建设和重大项目的支持力度。

50. 加强重大项目信息向金融部门推送与共享，组织金融机构精准对接市重大项目，在不新增隐性债务的前提下，支持金融机构加大中长期信贷投放力度，灵活创新金融支持方式。

51. 在依法合规的前提下，支持保险资金通过债权计划、股权计划、公募不动产信托投资基金（REITs）等多种方式，投资交通、能源、水利、环保等重大基础设施建设和民生工程。

三、稳投资促消费政策

（十三）加快推进市重点项目建设。

52. 出台实施 2022 年狠抓目标落实持续扩大有效投资工作方案，每周调度，每月通报，加大投资运行预测预警。

53. 成立市重大项目并联审批工作专班，按照近期能开工、尽快形成实物工作量的原则梳理提出重点保障项目清单，优化项目审批环节和时序，加强与国家、省有关部门沟通协调，优化上下联动机制，提速增效开展项目审批。

54. 落实好《广州市推进重大项目稳投资工作领导小组工作方案》，充分发挥9个分领域重大项目专项工作小组作用，分领域对重大项目开展清单化管理，实施"挂图作战"。督促各区建立完善本区重大项目推进机制，狠抓各自关键项目建设。市 1583 个"攻城拔寨"项目按照"上半年完成年度投资60%左右，计划新开工项目大部分上半年动工、9月底前全部动工"目标，全力加快建设。增补一批项目纳入 2022 年市"攻城拔寨"计划统筹实施，推动一批项目尽快启动建设。

55. 严格落实各区重点项目征地拆迁主体责任和属地责任，由区主要领导亲自督导协调，建立工作专班，加快轨道交通、高速公路等重大项目征拆交地及配套设施建设等相关工作。

56. 指导项目单位按程序抓紧开展树木保护专章、专家论证公示等审查论证工作并依法依规提高审批效率。

57. 加快研究我市超高层建筑相关贯彻落实措施，做好相关指引，优化超高层建筑审批流程。

58. 在国家批准我省生态保护红线成果前，建设项目涉及占用生态保护红线（陆域）且在用地预审时已组织开展不可避让论证的，用地报批时占用生态保护红线类型不变且面积不超过预审占用面积10%，原则上可不再开展生态保护红线不可避让论证。全力推动重点项目纳入省关键项目，所需用地用林指标提请省层面加快协调解决。

59. 依法依规实施建设项目豁免环评手续、告知承诺制审批、简化环评编制内容等措施；对具备开工条件且有条件尽快开工的建设项目，先行受理环评，组织开展技术审查等工作，待要件完成后予以批复。

（十四）推进一批论证成熟的水利工程项目。

60. 2022年再开工一批已纳入规划、条件成熟的重大水资源配置、骨干防洪减灾等项目，切实提高水资源保障和防灾减灾能力。重点推动珠江三角洲水资源配置工程（广州段）和广州北江引水工程加快建设，力争南沙区万顷沙、缸瓦沙联围防洪（潮）安全系统提升工程二期—洪奇沥水道、下横沥水道外江碧道建设工程等一批年度计划外的水务项目开工。落实省农村集中供水激励奖补政策，推进农村供水"三同五化"提质改造工程。

61. 加快推进一批重大水利项目前期工作，加快项目立项审批、为尽快开工建设奠定基础。推动南沙区农村生活污水治理工程等水务项目开工。

（十五）加快推动交通基础设施投资。

62. 抓紧启动新一轮城市轨道交通建设规划报批，对纳入规划的交通项目，进一步加强资源要素保障，优化审批程序，抓紧推动上马实施，确保应开尽开、能开尽开。

63. 加快广湛高铁、广汕汕高铁、广佛环线、广花城际、芳白城际等项目建设，推进广州铁路枢纽能级提升工程、广珠（澳）高铁、广河高铁、广佛江珠城际、贵广高铁广宁联络线等项目前期工作，开工建设广州至广州南联络线、广佛环线佛山西站至广州北站段等轨道项目，助力打造"轨道上的大湾区"。

64. 加快白云机场三期扩建等重大机场项目建设。加快南沙港区四期工程建设，推动南沙港区国际通用码头工程尽快开工，加快开展南沙港区五期工程前期工作。

65. 加快增天高速、从埔高速等项目进度，推动狮子洋通道、海珠湾隧道等重点项目建设，抓紧推进北二环高速改扩建工程等前期工作。继续加快农村公路提档升级，年度新改建农村公路28公里。

66. 推动地铁10、11、12号线等10个地铁项目和黄埔有轨电车2号线加快施工，力争上半年轨道交通"攻城拔寨"项目完成投资390亿元，全年超

800亿元。

（十六）因地制宜继续推进城市地下综合管廊建设。

67. 在城市老旧管网改造等工作中协同推进管廊建设，在城市新区根据功能需求积极发展干、支线管廊，合理布局管廊系统，统筹各类管线敷设。

68. 落实入廊收费政策，多措并举解决投融资受阻问题，推动实施一批具备条件的地下综合管廊项目。

（十七）全力推进工业投资。

69. 推动一批在建项目建成投产，力争一批新项目落地建设，积极谋划推动一批重大工业项目储备，推动全年工业投资实现较快增长。推动黄埔、番禺、南沙等重点工业区加快新建、改建一批标准化厂房，为优质成长型制造业企业提供良好发展空间。

70. 进一步加大技改力度，制定广州市工业企业技术改造投资指导目录，对列入目录的技改项目、技改资金优先扶持，加快推动800家工业企业技术改造，全年新增560家规上工业企业数字化转型。

（十八）全力稳定房地产投资。

71. 推进保障性安居工程建设，筹集保障性租赁住房不少于13万套。

72. 促进房地产开发投资健康发展，优化挂牌住宅用地供地时序和区域分布结构，加快去化周期较短区域新建商品住房项目上市供应，加大对刚需和改善性购房需求的支持。

（十九）稳定和扩大民间投资。

73. 密切跟踪国家重大基础设施发展规划编制工作，有针对性抓紧谋划储备一批重大基础设施项目，做深做实前期工作。衔接推进国家、省"十四五"规划重大工程涉穗项目的建设实施工作，优化审批程序、加大金融支持、优先配置要素指标，鼓励和吸引更多社会资本参与重大工程项目。

74. 落实市关于支持社会力量参与重点领域建设的指导意见，加快组建广州市基础设施产业发展基金，拓宽资金来源渠道，加快基础设施和社会民生项目建设。积极开展基础设施REITs试点，推动更多项目纳入国家试点。规范有序推进政府和社会资本合作（PPP）。支持国有资本运营平台合理扩大融资规模，重点投向本市战略性新兴产业和重大项目。

75. 支持攻关突破关键基础产品和技术，在供应链产业链招投标项目中对大中小企业联合体给予倾斜，鼓励民营企业充分发挥自身优势参与攻关。组织开展重点产业链供需合作对接系列活动，引导"链主"企业、大型企业面向中小企业发布产品和服务需求计划。推动市内有条件的企业积极申报专精特新"小巨人"企业。

76. 加快数字政府建设，发展信创产业，提升信创产品和服务在党政机关日常办公、业务系统和重要基础设施应用的广度深度。进一步发挥广州信创联盟作用，构建标准统一的信创保障服务体系，搭建全链条信创生态发布和供需对接渠道，形成集群规模效应。

77. 鼓励民间投资以城市基础设施、社会民生等为重点，通过综合开发模式参与重点领域项目建设。运用投资补助、资本金注入等多种方式，提升基础设施、社会民生补短板项目对民间投资的吸引力。常态化推介对民间资本有吸引力的项目。梳理发布一批应用场景、投资机会，引导社会资本更多投向有利于国计民生领域。

（二十）促进平台经济规范健康发展。

78. 落实省《平台企业经营者合规指引》，促进企业合法依规经营。维护市场竞争秩序，保护中小企业和消费者合法权益，以公平竞争促进平台经济规范健康发展。积极争取创建全国网络市场监管与服务示范区，进一步优化服务机制，完善监管体系。加强反垄断反不正当竞争维权指导工作，积极推进公平竞争集中审查试点，指导、协助平台企业保护商业秘密等知识产权及各种合法权益，支持平台企业创新发展。

79. 充分发挥平台经济的稳就业作用，稳定平台企业及其共生中小微企业的发展预期，以平台企业发展带动中小微企业纾困。成立市加快电商平台提质增量工作专班，落实省有关政策，鼓励电商平台为中小企业和个体工商户减免网店押金、宣传推广等费用，并提供流量支持等服务。

80. 引导平台企业在疫情防控中做好防疫物资和重要民生商品保供"最后一公里"的线上线下联动，将相关平台企业纳入保供企业白名单。鼓励平台企业加快人工智能、云计算、区块链、操作系统、芯片等领域技术研发突破。

（二十一）加大促消费力度。

81. 紧跟全国加快建设统一大市场机遇，推动培育建设国际消费中心城市实施方案任务清单落实落细。鼓励采取多种手段开展促消费活动，谋划节假日消费活动，开展"Young（羊）城 Yeah（夜）市""家电焕新季"等促销活动，配合商务部启动2022年"中华美食荟"暨粤港澳大湾区美食嘉年华。发动金融机构、餐饮电商平台、餐饮企业持续开展餐饮促销活动，推动各类促销活动适当向实体店消费倾斜。打造广州特色网络直播主题促销活动,举办直播电商节,实施直播电商"个十百千万"工程。鼓励各区发放消费券、惠民券等,用于零售、餐饮、文旅、住宿、体育领域消费,活跃消费市场。

82. 激活消费市场氛围。支持精品书店、文博场馆、影院剧场适当延长营业时间。在符合城市管理有关规定前提下,支持各区以划定区域等方式扩大外摆经营场所,允许经营者适度拓展经营场地。

83. 宣传落实好省汽车以旧换新专项行动政策,对报废或转出个人名下广东号牌旧车,同时在市内购买以旧换新推广车型新车并在市内上牌的给予3000—10000元补贴;鼓励购置新能源汽车,对个人消费者2022年6月30日前在省内购买以旧换新推广车型范围内的新能源汽车新车,给予8000元/辆补贴。加快出台实施我市个人领域新能源汽车推广应用政策。全面落实对一定排量以下乘用车减征车辆购置税的支持政策。办好汽车消费节,联合银联开展"羊城欢乐购"汽车专题促销。

84. 进一步优化汽车使用管理,做好节能车增量指标配置额度和临时放宽节能车增量指标申请条件工作,不新出台限制汽车购买的措施。全面实施小微型非营运载客汽车全国"一证通办"措施,放宽流动人口在我市购车条件。全面落实取消二手车限迁政策,取消对符合国五排放标准小型非营运二手车的迁入限制,"珠江三角洲区域内在用国五排放标准轻型汽车可以互迁"政策在2023年6月30日到期后继续执行。完善二手车市场主体登记注册、备案和车辆交易登记管理规定,积极推动在具备条件的二手车交易市场、经销企业设立机动车登记服务站。落实从事二手车经销的纳税人销售其收购的二手车,增值税由2%减按0.5%征收的政策,加快二手车流通。开展汽车整车平行进口业务,衔接落实国家关于完善平行进口汽车环保信息公开制度的要求。对皮卡车进城实施精细化管理,研究进一步放宽皮卡车进城限制。

85. 优化新能源汽车充电桩(站)投资建设运营模式,完善充电基础设施建设标准和停车场设施配建标准,既有停车位安装充电设施的,免予办理规划、用地、建设许可手续,督促物业服务企业配合充电设施建设,逐步实现所有小区和经营性停车场充电设施全覆盖。加快推进客运枢纽等区域充电桩(站)建设,2022年新增建成公共充电桩超过3000个。

86. 组织开展家电生产、销售企业推出惠民让利促消费活动,重点鼓励加大对绿色智能家电、智能手机、可穿戴设备等的促销力度,推动我市家电升级换代。采取企业让利一点、政府支持一点的激励政策,制定具体考核办法和评价机制,加大对家电生产、销售企业的支持力度。

87. 鼓励生产端、贸易端、消费端联合促消费。鼓励家电生产企业开展回收目标责任制行动,引导金融机构提升金融服务能力,更好满足消费升级需求。

四、保粮食能源安全政策

(二十二)健全完善粮食收益保障等政策。

88. 加快发放耕地地力保护补贴,及时发放第二批农资补贴,落实市级种粮千元补贴政策,鼓励区级财政配套补贴资金,弥补成本上涨带来的种粮收益下降。落实省撂荒耕地复耕复种奖补政策,保障粮食生产稳面积、增产量。进一步加强粮食收购备案管理,全力抓好粮食市场化收购,持续深化粮食产销合作。根据市场形势及时启动最低收购价执行预案,落实好国家稻谷最低收购价相关政策要求。

89. 做好农资保障供应。推出"穗供易贷""农服易贷"等金融产品,加大对农业企业和农户支持力度。对接争取国家、省增加在我市化肥储备及投放,积极配合做好钾肥进口工作,设置进口钾肥优先办理专窗,提供"7×24"小时预约通关。

(二十三)抓紧推动实施一批能源项目。

90. 加快推动一批骨干电源电网项目建设,建成投产粤电花都天然气热电联产项目、广东电网直流背靠背广州工程,新增骨干电源装机 92 万千瓦;协调推进广州开发区东区"气代煤"天然气热电冷联产、珠江 LNG 电厂二期骨干电源等项目建设;开工建设黄埔电厂"气代煤"电源项目;加快落实白云恒运天然气发电、从化大唐燃气发电等电源项目建设用地。推进电源项目燃气供气管道建设。

91. 争取新增一批支撑性和调节性清洁煤电项目纳入国家、省电力规划。

(二十四)提高能源资源储备能力和水平。

92. 加强电力保供,针对 2022 年可能出现的用电短缺问题,做好有序用电预案,督促燃煤发电企业落实存煤要求。

93. 抓紧签订落实煤炭供应合同,多渠道保障电煤供应。

94. 加强储气能力建设,建立健全政府储备与企业储备有机结合、互补联动的天然气储备体系。

五、保产业链供应链稳定政策

（二十五）降低市场主体用水用电用网等成本。

95. 全面落实对受疫情影响暂时出现生产经营困难的小微企业和个体工商户用水、用电、用气"欠费不停供"政策，设立6个月的费用缓缴期，到期后视情况予以延长，缓缴期间免收欠费滞纳金。鼓励有条件的区实施中小微企业、个体工商户水电气等费用补贴政策。

96. 清理规范城镇供水供电供气供暖等行业收费，取消不合理收费，规范政府定价和经营者价格收费行为，对保留的收费项目实行清单制管理。

97. 落实国家要求，2022年中小微企业宽带和专线平均资费再降10%。

98. 在招投标领域全面推行保函（保险）替代现金缴纳招投标保证金，鼓励招标人对中小微企业投标人免除投标担保。推进公共资源交易电子化和远程异地评标，积极推广电子保函应用。全面推行保函（保险）替代现金缴纳履约、工程质量等保证金。

（二十六）推动阶段性减免市场主体房屋租金。

99. 落实国家对服务业小微企业和个体工商户的房屋租金减免政策，2022年被列为疫情中高风险地区所在区的服务业小微企业、制造业小微企业和个体工商户承租国有房屋，2022年减免6个月租金，其他区减免3个月租金。

100. 出租人减免租金的可按规定减免当年房产税、城镇土地使用税。因减免租金影响国有企事业单位业绩的，在考核中视实际情况予以认可。鼓励金融机构对减免租金的出租人视需要给予优惠利率质押贷款等支持。

101. 非国有房屋减免租金的可同等享受上款政策优惠。各区可统筹各类资金，对承租非国有房屋的服务业小微企业和个体工商户给予适当帮扶。鼓励非国有房屋租赁主体在平等协商的基础上合理分担疫情带来的损失。

102. 推动在工业园区、产业集聚区集中建设标准厂房，加快办理报建、确权等手续，工业物业产权按规定以幢、层为基本单元分割登记和转让，并允许其按幢、层进行抵押贷款。对工业园区、产业园区租用产业用房的中小微企业给予租金缓缴或减免支持，对运营方减少的租金收入按一定额度给予补助。鼓励国有科技企业孵化载体、大学科技园实施面向初创小微企业及优秀团队适度减免租金等优惠措施。鼓励各区结合自身实际，拿出更多务实管用举措推动减免市场主体房屋租金。

（二十七）加大对民航等受疫情影响较大行业企业的纾困支持力度。

103. 协调和支持全国性银行在穗分行落实国家支持煤炭清洁高效利用、交通物流、科技创新等专项再贷款政策，用好民航应急贷款额度，支持相应领域企业应对疫情冲击、增强高质量发展动力。

104. 加强政府部门与人民银行广州分行、银行业金融机构的信息共享，在依法合规、风险可控的前提下，加强对白云国际机场的信贷、结算等综合金融服务。鼓励银行业金融机构加大对市内机场、航空公司的信贷支持力度。鼓励符合条件的市内机场、航空公司发行公司信用类债券，拓宽多元化融资渠道。对受疫情影响严重的市内机场、航空公司注册发行债务融资工具提供便利服务。

105. 加大对民航基础设施项目建设（前期工作）的支持力度，对民航基础设施建设项目贷款资金给予贴息补助。积极争取民航发展基金等中央财政资金，重点支持民航基础设施建设、安全能力建设、航线网络拓展等。

106. 加强入境航班防疫保障能力建设，全力支持航空公司恢复国际航班，为便利人员往来和对外经贸交流合作创造条件。修订广州市航空客货运航线补贴实施工作方案，加大航线补贴力度，已承诺给予航线补贴的及时将补贴资金全额拨付到位。

107. 支持市属国有企业按照市场化、法治化原则与受疫情影响较大民航企业开展合作，帮助企业纾解资金链紧张问题。

108. 鼓励港口企业减免特定时期内的货物堆存费，鼓励航运公司减免特定时期内的滞箱费，倡导港航相关企业减免外贸进出口相关物流操作费用，继续推动延续免除货物港务费地方政府留存部分的政策。

109. 引导金融机构积极运用降准资金支持文化旅游、餐饮住宿等受疫情影响行业。住宿餐饮、批发零售、文化旅游、民航、公路水路铁路运输等主管部门提出纾困企业名单，报市地方金融监管局汇总后，及时发送人民银行广州分行，对接银行加大信贷支持，合理通过续贷展期、调整还款安排等措施缓解企业资金压力。

110. 引导金融机构加强与餐饮行业相关管理部门信息共享，运用中小微企业和个体工商户的交易流水、经营用房租赁以及有关部门掌握的信用信息等数据，提升风险定价能力，更多发放信用贷款。鼓励符合条件的餐饮企业发行公司信用类债券，拓宽餐饮企业多元化融资渠道。

111. 落实文旅企业纾困扶持资金，主要用于扶持全市重点旅行社、A级旅游景区、文化艺术院团、演出场馆、星级酒店等文旅企业以及文旅促消费活动。

112. 截至 2024 年 12 月 31 日前，对归属本市地方收入的文化事业建设费，按照缴纳义务人应缴费额的 50% 减征。

113. 严格落实服务业增值税加计抵减政策，生产、生活性服务业纳税人按照当期可抵扣进项税额分别加计 10% 和 15% 抵减应纳税额。

（二十八）优化企业复工达产政策。

114. 严格落实国务院和省、市联防联控机制明确的疫情防控措施，区、镇（街道）、村在执行标准、执行力度上要保持一致，不得擅自放大、层层加码。低风险的区域不能随意限制人员流动，有疫情的区域不得在"三区"之外，随意扩大范围禁止堂食、关停生产营业场所。

115. 疫情中高风险地区要按照国家要求建立完善运行保障企业、防疫物资生产企业、连续生产运行企业、产业链供应链重点企业、重点外贸外资企业、"专精特新"中小企业等重点企业复工达产"白名单"制度，及时总结推广"绿色通道"等经验做法，细化实化服务"白名单"企业措施。积极落实省部联动和区域互认，协同推动产业链供应链企业复工达产。加快名单内企业货物清关及转运，在港口、航运、机场、高速通道物流正常运输。开展重点税源暖企行动，加强税源培植巩固。

116. 编制出台广州市支持汽车及核心零部件产业稳链补链强链若干措施，实施"供应商 AB 近地化策略"，推动整车企业梳理关键核心零部件、重要物料"AB 近地化"清单，支持可适配汽车零部件的企业纳入清单，政企联动开展产业链供需对接，吸聚核心供应商在我市及周边区域布局，共同补齐供应链短板。

117. 鼓励紧缺部件、材料适度库存储备，支持各区在汽车产业等大型工业园区自建云仓储、战略紧缺物资仓库等具有公共服务功能的基础设施，通过租金减免等方式吸引优质企业进驻运营并提供专业化、市场化仓储物流服务，鼓励扩大服务对象，拓展盈利模式。

118. 积极引导各区落实属地责任，在发生疫情时鼓励具备条件的企业进行闭环生产，保障其稳定生产，原则上不要求停产。做好疫情防控指导，加强企业员工返岗、物流保障、上下游衔接等方面服务，尽量减少疫情对企业正常生产经营的影响。

119. 支持工业企业在守住疫情防控和安全生产底线的前提下，加大排产力度，提高产能利用效率。鼓励大型企业通过产业纽带、聚集孵化、上下游配套、分工协作、开放应用场景等方式，将中小企业纳入产业链、供应链体系，发布产品和服务采购计划，带动中小企业优化生产经营、提升产品质量。

120. 密切关注国内外疫情发展态势，组织疾控部门持续开展疫情风险研判，加强疫情传播风险评估，动态调整防控政策措施，为企业复工达产提供疫情防控指导。有序推进15分钟核酸采样服务圈建设，合理优化常态化核酸采样点设置，在"穗康""穗好办"等公众端应用共享采样点信息，为公众提供便利的核酸采样服务。

（二十九）完善交通物流保通保畅政策。

121. 全面取消对来自疫情低风险地区货运车辆的防疫通行限制，着力打通制造业物流瓶颈，加快产成品库存周转进度；不得擅自阻断或关闭高速公路、普通公路、航道航匣，严禁硬隔离县乡村公路，不得擅自关停高速公路服务区、港口码头、铁路车站和民用运输机场。严禁限制疫情低风险地区人员正常流动。

122. 对工业企业涉疫地区重点物资运输车辆通行证"应申尽申""应发尽发"，保证重点物资物流通畅。对来自或进出疫情中高风险地区所在地市的货运车辆，落实"即采即走即追"制度。

123. 客货运司机、快递员、船员到异地免费检测点进行核酸检测和抗原检测，视同本地居民纳入监测范围、享受同等政策，所需费用由财政资金予以保障。

124. 常态化运行广州市国际供应链畅通工作专班机制，落实落细"供应链畅通13条"措施。梳理建立全市重点外贸企业名单，持续优化重点企业快速提货协调、直客对接服务等长效服务机制，指导重点企业做好进境邮快件提前放行申请工作，全力确保企业供应链畅通稳定。

125. 制定机场进出港货品快速消杀工作指引，提高货物通行效率。协调海关等相关部门，加快重点企业空港进出口货物通关、提货速度。

（三十）统筹加大对物流枢纽和物流企业的支持力度。

126. 积极争取国家、省支持在我市建设煤炭、油气、铁矿石、粮食大宗商品储运基地。

127. 加快建设布局在我市的国家物流枢纽、骨干冷链物流基地。推动应急物资储备基地建设。引导加快推进多式联运融合发展，降低综合货运成本。

128. 进一步加快农产品供应链体系建设，完善农产品流通骨干网络，加快推进公共型农产品冷链物流基础设施骨干网、放心农产品直供配送网建设。

129. 按照国家部署加快推进县域商业建设行动，推动"一个上行（农产品上行）"和"三个下沉（供应链下沉、物流配送下沉、商品和服务下沉）"。支持开展县域流通服务网络建设提升行动，建设县域集采集配中心，布局建设农产品田头综合服务中心。鼓励有条件的区对零售企业拓展县域市场、下沉品质商品和服务进行补贴。

130. 积极对接争取国家交通物流专项再贷款，推动我市有关企业列入"白名单"并享受相关资金和政策支持。支持交通物流等企业融资，加大结构性货币政策工具对稳定供应链的支持。

131. 在农产品主产区和特色农产品优势区支持建设一批田头小型冷藏保鲜设施，推动建设一批产销冷链集配中心。

（三十一）加快推进重大外资项目积极吸引外商投资。

132. 加快推进一批重大外资项目，持续开展21条"链长制"产业链招商，机制化办好重大招商活动。谋划引进一批重大外资项目，争取纳入国家重大外资项目专班管理，持续跟踪做好服务。

133. 全面落实《鼓励外商投资产业目录》，引导外资更多投向先进制造、科技创新等领域，外资企业可凭在发展改革、商务等部门获得的鼓励类项目信息确认结果直接到海关办理相关免退税手续。支持外商投资设立高科技研发中心，对经认定的外资研发中心，进口科技开发用品免征进口关税和进口环节增值税、消费税。

134. 对认定为省级新型研发机构、博士后工作站的外资研发机构，以及对外资研发机构通过评审的省级企业技术中心创新平台建设项目，争取省给予专项资金资助。对世界500强企业、全球行业龙头企业在广州新设具有独立法人资格的外资研发机构，可按照"一项目一议"方式给予重点支持。

135. 进一步拓宽企业跨境融资渠道，支持符合条件的高新技术和"专精特新"企业开展外债便利化额度试点。

136. 建立跨国公司直通车机制，建立完善与在穗外国协会、外资企业常态化交流机制。积极对接欧美、日韩等驻华商协会及投资促进机构组织开展系列线上线下招商活动。

137. 联合商协会等载体共建"广州外商投资服务工作站"，提升外资企业在穗营商便利性，进一步扩大外商投资。

138. 研究完善境外重点人员疫情防控指引，便利外商来穗。为外资企业派驻广州的外籍员工及家属、开展重要商务活动的全球高管和专业技术人员，以及外贸企业重要海外客户来华提供便利。

139. 为内地企业派遣赴境外参加商务活动提供就近办理证件的便利。对急需办理商务签注或暂时无法网上备案登记的企业，无需"先备案，后办理"，只要符合往来港澳商务签注条件、材料齐全的，允许其在前台窗口进行备案登记和即时申办商务签注，实现港澳商务签注单位备案登记和个人申请"只跑一次"。

六、保基本民生政策

（三十二）实施住房公积金阶段性支持政策。

140. 抓紧出台实施住房公积金阶段性支持政策。受疫情影响的企业，可按规定申请缓缴住房公积金，到期后进行补缴。在此期间，缴存职工正常提取和申请住房公积金贷款，不受缓缴影响。受疫情影响的缴存人，不能正常偿还住房公积金贷款的，不作逾期处理，不作为逾期记录报送征信部门。根据我市房租水平和合理租住面积，提高住房公积金租房提取额度，支持缴存人按需提取。

（三十三）完善农业转移人口和农村劳动力就业创业支持政策。

141. 积极争取省级财政对我市吸纳跨省和省内跨市流动农业转移人口落户的支持。健全基本公共服务同常住人口挂钩、由常住地供给机制，促进非户籍常住人口与户籍人口享受同等基本公共服务。

142. 将符合条件的新市民纳入创业担保贷款扶持范围，新市民属于自主创业的重点群体或创业三年内的，可申请最高额度50万元的个人创业担保贷款。新市民创办的小微企业符合相关条件的，可申请最高500万元小微企业创业担保贷款。

143. 依据国土空间规划和上一年度进城落户人口数量，合理安排各类城镇年度新增建设用地指标。健全住房和土地联动机制，有效增加保障性租赁住房供给，加快完善住房保障体系。

144. 拓宽农村劳动力就地就近就业渠道，举办农村创业创新活动，因地制宜建设乡村振兴帮扶车间，用好村级公益性岗位，大力发展乡村服务业，鼓励农村劳动力就近就业。按照国家部署拿出5%的失业保险基金结余，支持职业技能培训，深入推进"粤菜师傅""广东技工""南粤家政"三项工程

"羊城行动"，提高劳动者就业技能，缓解企业结构性用工短缺。

145. 在农业农村基础设施建设领域推广以工代赈，支持高标准农田、农村人居环境整治、生态林业、农村供水等工程项目吸纳低收入群体参与建设。

146. 推进落实广州市特殊工时试点工作，稳定企业用工。

（三十四）完善社会民生兜底保障措施。

147. 落实好社会救助和保障标准与物价上涨挂钩联动机制，及时启动，足额发放补贴，保障低收入群体不因物价上涨而影响基本生活。健全综合保障机制，落实困难群众分类救济和消费性减免补贴政策。做好重大节日"帮困送温暖"工作。

148. 用好中央和省、市财政下拨的各类救助补助资金，通过财政资金直达机制，及时足额发放到需要帮扶救助的群众手中。提高2022年我市低保等社会救助标准，进一步提升困难群众生活水平。制定我市最低生活保障边缘家庭和支出型困难家庭救助政策，进一步扩大救助范围。开展困难家庭中特殊群体排查救助专项行动，完善救助管理制度和关爱服务体系。

149. 统筹救助资源，针对救助对象的特点和需求精准补贴。取消户籍地、居住地限制，对因疫因灾导致基本生活出现困难的群众先行给予临时救助。

150. 针对发生局部聚集性疫情的地区加强管控，同步推进疫情防控和保障群众基本生活，做好米面油、蔬菜、肉蛋奶等生活物资保供稳价工作。加强对重要民生物资价格的监测，严厉打击价格违法行为。鼓励诚信良好的餐饮企业参与老年人助餐配餐服务。落实广州市老年人助餐配餐服务管理办法，按规定对老年人助餐配餐服务给予支持。

151. 健全应急医疗服务体系，指导医疗机构制定应急预案。发生疫情时，迅速组织对封控区、管控区医疗资源统筹安排，满足特殊群体就医需求。加强线上就诊服务指引，推广"互联网+医疗健康"服务，做好线上诊疗等工作。科学设置120急救电话便民渠道，建立社区与对口医疗机构的直通热线、衔接医疗服务，保障急危重症患者救治诊疗。

152. 统筹发展和安全，出台广州市党政部门及中央、省驻穗有关单位安全生产工作职责及相关配套文件，深入开展安全生产大检查和专项整治三年行动，扎实开展危险化学品、燃气安全"两个集中治理"和自建房安全专项整治，抓好工贸行业安全生产专项整治"百日清零行动"，系统防范化解道路交通、建筑施工、危险化学品、工贸、非煤矿山、燃气等重点行业领域安全风险，持续抓好三防工作，落实强预警强联动强响应机制，不断提升应急救援能力。

七、工作要求

一是压实工作责任。各责任单位对所牵头任务的落实工作负总责，近期要抓紧对本部门本领域工作进行再部署再推动再落实，加强对区落实工作的指导，及时协调解决遇到的问题。各区政府要守土尽责抓落实，结合本地实际，以钉钉子精神下更大力气抓好国家、省、市各项部署要求落实，要加大宣传力度，提高政策知晓度。

二是狠抓落地落实。需要出台配套实施细则的，原则上应于文件印发后一周内全部完成。推进惠企利民政策"免申即享"、快速兑现。对事权在国家和省的政策措施，各责任部门要做好工作沟通衔接，及时跟进落实国家部委和省相关部门后续出台的配套实施细则。

三是加强督办督查。市政府督查室要加强动态监测，综合采取"四不两直"、明察暗访等方式，对各部门、各区工作落实情况进行跟踪督办，推动各项政策措施不折不扣落实到位，按季度向市政府汇总报告实施方案的落实进展情况。

广州市人民政府关于印发广州市支持汽车及核心零部件产业稳链补链强链若干措施的通知

穗府规〔2022〕1号

各区人民政府，市政府各部门、各直属机构：

现将《广州市支持汽车及核心零部件产业稳链补链强链的若干措施》印发给你们，请认真贯彻执行。执行中遇到问题，请径向市工业和信息化局反映。

广州市人民政府
2022年7月6日

广州市支持汽车及核心零部件产业稳链补链强链的若干措施

为认真学习贯彻习近平总书记关于优化和稳定产业链、供应链的重要论述精神，落实党中央、国务院有关部署以及省委、省政府有关要求，坚持"产业第一、制造业立市"，积极应对疫情对重点产业链供应链的冲击，针对我市汽车及核心零部件产业短板弱项，近期坚持以保产业链供应链安全稳定为重心，中长期坚持以创新驱动为引领、以近地化产业园区为载体、以汽车电子等核心零部件为主攻方向、以要素保障为支撑，支持构建涵盖原材料储运、创新研发、生产制造、推广应用与后市场等全生命周期的汽车产业生态，坚定不移走自主品牌创新之路，打造具有国际竞争力的万亿级"智车之城"，特制定本措施。

一、支持构建安全可控的产业链供应链体系

（一）建立常态化工作机制。发挥好由市领导任组长的汽车产业链供应链工作专班作用，梳理全市汽车零部件生产和供应情况，运用税务、海关、电力等大数据源加强产业运行监测，及时分析解决产业链供应链问题，主动预判各种风险挑战，积极应对"黑天鹅""灰犀牛"事件。

（二）建立产业风险管理预案机制。强化统筹协调，迅速应对疫情、自然灾害等不可抗力风险，紧急状态下，在产业链供应链工作专班下成立应急工作组，建立市、区、企业三级线上线下"每日调度"机制。争取国家和省支持，推动供应链重点企业清单区域互认，支持清单内企业在本区域及跨省、市供应链物流通畅，保障其用电用能。加快清单内企业货物清关及转运，保障港口、航空、高速公路等各类运输通道畅通。

（三）深化实施"供应商AB近地化策略"。推动整车企业梳理关键核心零部件、重要物料"AB近地化"清单，支持可适配汽车零部件的电子、材料、轨道交通等领域企业纳入清单，政企联动开展产业链供需对接，吸聚核心供应商在本地及周边区域布局，共同补齐供应链短板。鼓励市智能网联与新能源汽车产业链"链主"企业牵头搭建集采平台，降低采购成本，提升近地化率，促进产业链上下游企业实现供应链安全布局。

对新投资承担"AB近地化"功能或优质的制造类项目，市在区支持的基础上，视项目先进性、紧缺性等因素，对项目予以适当支持。

对"链主"企业牵头搭建的汽车零部件集采平台，支持平台引导整车企业及核心供应商等积极参与联合采购，降低采购成本，提升近地化率。

（四）建设专业化供应链物流体系。市区联动引进培育一批综合型重点物流企业和服务技术型重点物流企业，为固定客户以及大型商业客户提供全流程、全方位、全环节物流服务，提供管理、信息技术以及物流咨询和物流过程控制等支持协助。

认定一批汽车产业领域的"广州市重点供应链服务企业"，对符合条件的企业，按相关规定给予融资、人才落户等方面综合支持，优先纳入产业链和金融链合作清单，组织重点物流企业与金融机构开展供需对接。

建设一批与制造业融合且具有公益属性的供应链物流公共服务平台，鼓励大型交通运输、生产制造企业将自营物流面向汽车产业等重点领域提供公

共物流服务，对符合条件的供应链物流公共服务平台，按相关规定对年度平台实际投入给予资金补助。

支持社会组织、物流公司等机构、企业参与协调跨省市运输、应急物资保障等问题。引导企业应用粤商通 APP、广州企业 12345 热线等各类平台办理电子通行证。对于紧急响应且作出贡献的平台机构或物流公司，"一事一议"予以支持。

（五）鼓励紧缺部件、材料适度库存储备。支持各区在汽车产业等大型工业园区自建云仓储、战略紧缺物资仓库等具有公共服务功能的基础设施，通过租金减免等方式吸引优质企业进驻运营并提供专业化、市场化仓储物流服务，鼓励扩大服务对象，拓展盈利模式。推动国有企业自建一批仓储设施，常态化储备紧缺部件和物料。引导汽车重点企业在一般性库存基础上，适当调高芯片、电子器件、重要原材料等核心零部件及关键资源的储备规模，提高供应短缺风险应对能力。支持一级供应商在广州地区建立二、三级供应商零部件仓库。

新建汽车产业园区须规划预留适当比例用地用于仓储物流。鼓励相关产业基金支持仓储设施项目建设。鼓励广州银行、广州农村商业银行等金融机构向仓储设施建设、紧缺零部件存储等项目提供信贷支持。

二、近地化构建"432"汽车产业园区新格局

（六）打造 4 个自主品牌创新基地。充分发挥属地车企牵头引领作用，大力建设番禺、花都、黄埔、南沙等四个"智能网联与新能源汽车自主品牌创新基地（电子集成系统产业综合基地）"，鼓励各区制定实施汽车产业发展高层次人才经济贡献奖励政策。统筹用好财税、人才、土地、能耗、环保指标倾斜等政策，一基地一方案推动差异化发展。

（七）建设 3 个汽车核心零部件产业园。聚焦智能、网联、新能源等重点方向，按照零部件与整车产值比不低于 0.5∶1 的中期目标，支持增城、白云、从化等区发展汽车电子等核心零部件产业。支持零部件产业园升级发展，打造区域性汽车检测及试验基地的产业服务中心、国际一流的汽车协同创新中心。

（八）对口共建 2 个汽车零部件产业园。用好帮扶政策，推动广清、广梅产业园积极对接粤港澳大湾区汽车整车和核心零部件企业，实施产业梯度转

移。车企联动加快建设广深惠智能网联汽车产业集群。

三、提升汽车产业链自主创新与核心竞争力

（九）开展协同创新。推动车规级芯片设计、测试和生产，支持智能驾驶、智能座舱、整机控制三大平台以及"三电"核心系统等关键技术研发。市科技部门每年在部门预算中安排不超过 5 亿元，专项用于支持汽车产业链上下游企业及适配汽车零部件的相关企业开展核心零部件和关键技术联合研发，单个项目财政资金支持额度不超过 1 亿元。

（十）提升关键核心技术通用性。以汽车电子撬动电子产业整体发展，加强关联产业链的一体性和通用性。支持国家级和省级制造业创新中心、产业创新中心、技术创新中心、企业技术中心研发智能网联与新能源汽车领域的关键共性技术和核心通用零部件，增强智能网联汽车电子相关技术、产品的跨车型适配性和跨产业通用性，推动汽车相关研发成果延伸应用。

（十一）推动汽车零部件再制造。筹划建设粤港澳大湾区绿色循环汽车零部件再制造产业园，开展汽车使用全生命周期管理试点、废旧动力电池梯次利用及再生利用产业试点示范。每个试点示范项目按照项目固定资产投资额给予不超过 30% 的奖励，单个企业最高不超过 1 亿元，同时给予试点示范项目 5 年贷款贴息补助，单个企业每年最高不超过 1000 万元。

（十二）加大引优育强。着力强企补链，积极利用股权投资方式吸引项目落地，借"基"行事，以"投"促引，探索"投贷联动"模式。引进汽车核心零部件一级供应商，组织整车企业年度供应商大会。鼓励整车企业通过导入新车型、引进新投资等方式，提升产能利用率和用地效益。

支持新引进核心零部件企业优先纳入整车供应链体系，鼓励"链主"企业开放应用场景，协同加大技术和产品适配力度，"大手拉小手"促进新引进企业快速成长。

支持汽车及核心零部件领域的中小企业走"专精特新"发展道路，聚焦数字化转型、网络化协同、智能化改造、绿色化提升，定期遴选一批优质企业，同等条件下优先支持申报国家、省、市"专精特新"企业资质评定。

支持引进新投资 20 亿元以上的智能网联与新能源整车制造项目、新投资 10 亿元以上的智能网联与新能源汽车研发项目、汽车及核心零部件领域的国家级"专精特新"企业项目，市在区支持的基础上，视项目先进性、紧缺性等因素，对项目予以适当支持。对本地整车及零部件企业的增资或扩产项目视同新引进项目。

（十三）推动"软件和硬件协同定义汽车"变革。鼓励整车企业搭建电子电气架构、整车基础软件、智能座舱软件、自动驾驶软件等全栈研发体系，重点突破高精度地图、软硬件整合和软件算法三大核心技术。支持整车企业前装、配置超前的硬件，通过在线升级持续获取软件服务增值。对符合工业和信息化部L3自动驾驶及以上级别的车型，按照每个车型1000万元给予整车企业奖励，单个企业每年最高不超过3000万元。

四、加快新能源汽车推广应用

（十四）支持新能源汽车推广。聚焦碳达峰碳中和目标，大力促进新能源汽车消费，拓展示范应用场景和规模，推动一批整车制造申请国家新能源汽车准入许可。

支持优化新能源汽车通行环境，新能源汽车进入实行政府指导价、政府定价管理的停车场充电的，或进入中心六区由市交通行政主管部门管理的城市道路临时泊位充电的，按相关规定享受免费停车优惠。出台新能源汽车应用、通行等方案细则，从市场需求侧引领产业发展。

支持购置使用新能源汽车，对在个人领域推广应用符合条件的新能源汽车按相关规定给予综合性补贴。建立完善新能源汽车运行动态监测机制，进一步深化新能源中小客车指标申请信息服务工作。支持汽车金融、二手车交易、维保美容、数据增值等后市场发展，加快布局新能源汽车"三电"维修等售后市场，探索建设汽车博物馆、汽车主题公园，弘扬广州汽车文化。

支持建设广东燃料电池汽车示范城市群，聚焦市政、环卫、物流等重点场景，加快燃料电池重型卡车、专用车、公交车示范运营，统筹使用国家、省、市各级财政资金，重点支持关键零部件产业链技术创新和提升产业化能力、氢气供应、燃料电池汽车等领域。

（十五）支持动力电池技术突破。支持动力电池多元化发展，推动电池制造逐步向小轻型化、多样化、时长化、环保化发展。鼓励市内动力电池生产企业提升产品竞争力，对重点电池项目按"一事一议"方式给予支持。

（十六）支持构建"一快一慢"充电设施体系。推动现有公共充电站点转型升级，鼓励超级大功率直流快充设施按加油站模式布点建设，在居住社区和地下停车场全面推进布局智能有序慢充系统。积极引导社会资本投资我市充电基础设施建设，推进快充设施和换电设施发展，统筹使用中央和省下达我市的充电基础设施专项补贴资金，对超级大功率直流快充设施、换电站给予建设补贴。

五、强化要素资源供给保障

（十七）保障用地用房。坚持"土地要素跟着项目走"，优先将汽车产业项目列入市重点建设项目。汽车产业项目纳入年度土地利用计划，其中列入重点建设项目的专项保障建设用地指标，未列入重点建设项目的优先统筹保障建设用地指标，加快办理用地报批手续，满足4个创新基地和3个核心零部件产业园建设发展的用地需求。相关区政府应编制"4+3"基地园区规划，提出新增用地与存量盘活的土地资源整合方案，促进批而未供用地与项目用地需求衔接。支持汽车产业园内"链主"企业、省级及以上"专精特新"企业等市场主体的产业项目优先纳入新型产业用地（M0）试点。

推动"4+3"基地园区内村镇工业集聚区整治提升，针对性地建设一批与项目、企业、生产线精准对接的"量身定制"厂房和用于研发设计、中试测试等的"非标用房"。对解决企业用房较好的区，在建设用地指标、项目引进等方面给予重点倾斜。加快推进园区周边道路、公交地铁等配套基础设施建设。

（十八）加大资金投入。用好市发展改革委、科技局、工业和信息化局等部门的财政资金，通过股权投资、项目奖补、贷款贴息等方式加大对汽车产业稳链补链强链项目的扶持力度，推动4个创新基地和3个核心零部件产业园建设发展。支持设立总规模100亿元的广州智能网联与新能源汽车产业发展基金，吸引整车及产业链上下游企业等社会资本参加，用于支持企业扩大生产，招引外地优质企业、项目落户我市。设立子基金跟投汽车及核心零部件技术攻关项目，推动创新成果产业化。充分利用市"链金合作"金融机构2300亿元授信额度，帮助企业降低融资成本。

（十九）培育人才队伍。大力引进包括院士、海外科学家、科技型企业家等在内的汽车产业相关高层次领军人才，围绕汽车产业重大需求或关键技术难题，面向全球引进高层次科技人才（团队）来穗创新创业。对符合条件的领军人才及高级管理人才，市、区统筹强化住房保障，各区按有关规定解决子女入学问题。建立面向全体汽车产业劳动者的职业培训制度，构建政府、学校、企业和社会"四位一体"的汽车产业高技能人才培训体系，加快公共实训基地建设。充分发挥广州市智能网联与新能源汽车人才联合会等社会组织的人才、技术、项目、信息资源共建共享作用。鼓励符合条件的高校加强智能网联与新能源汽车学院、汽车相关学科专业建设。

（二十）优化用能保障。重点保障汽车产业用水、用电、用气需求，加快汽车产业基地园区周边水电气网建设改造。落实国家、省有序用电工作要求，完善用电政企联动工作机制，实施错峰用电时，对重点汽车企业给予优先用电保障。统筹用好能耗指标、排放容量，保障汽车产业链重点园区、重点企业新建和技改项目的用能、排放需求，优先实施节能审查。积极争取省政府支持4个创新基地和3个核心零部件产业园建设，对列入省、市重点项目的高能耗自主品牌汽车及零部件项目，差别化、精准化完善能耗考核方式和范围。分解下达节能环保约束性指标时为汽车产业链企业发展预留合理空间。疫情期间汽车企业尤其中小企业生产经营所需的用水、用电，可实施阶段性缓缴费用，缓缴期间实行"欠费不停供"措施。

本措施自印发之日起施行，有效期至2025年12月31日。有关支持、补助和奖励等应按照规定程序纳入各相关部门管理的资金实施细则、管理办法、申报指南等文件中执行。

广州市绿化条例

（2011年12月14日广州市第十三届人民代表大会常务委员会第四十六次会议通过 2012年3月30日广东省第十一届人民代表大会常务委员会第三十三次会议批准

根据2015年5月20日广州市第十四届人民代表大会常务委员会第三十九次会议通过并经2015年12月3日广东省第十二届人民代表大会常务委员会第二十一次会议批准的《广州市人民代表大会常务委员会关于因行政区划调整修改〈广州市建筑条例〉等六十六件地方性法规的决定》第一次修正

根据2018年9月29日广州市第十五届人民代表大会常务委员会第十七次会议通过并经2018年11月29日广东省第十三届人民代表大会常务委员会第七次会议批准的《广州市人民代表大会常务委员会关于修改〈广州市水务管理条例〉等六项地方性法规的决定》第二次修正

根据2019年11月20日广州市第十五届人民代表大会常务委员会第二十九次会议通过并经2020年7月29日广东省第十三届人民代表大会常务委员会第二十二次会议批准的《广州市人民代表大会常务委员会关于修改〈广州经济技术开发区条例〉等三十二件地方性法规的决定》第三次修正

2022年5月26日广州市第十六届人民代表大会常务委员会第三次会议修订 2022年7月28日广东省第十三届人民代表大会常务委员会第四十五次会议批准）

第一章 总　则

第一条　为了贯彻习近平生态文明思想，践行绿水青山就是金山银山理念，促进人与自然和谐共生，走科学、生态、节俭的绿化发展之路，坚持以人民为中心，推动本市绿化事业高质量发展，根据《中华人民共和国森林法》《城市绿化条例》等有关法律、法规，结合本市实际，制定本条例。

第二条　本条例适用于本市行政区域内绿化的规划、建设、保护和管理活动。

第三条　本市绿化工作应当依托广州山水林田湖草海自然禀赋，秉承传统山水城市格局，赓续城市历史文脉，塑造依山、沿江、滨海的风貌特色，实现老城市新活力。

第四条　市、区人民政府应当统筹做好本行政区域内的绿化工作，将其纳入国民经济和社会发展规划，保障公共绿化所需经费。

镇人民政府、街道办事处应当按照职责做好本辖区内的绿化工作。

各级绿化委员会应当充分发挥组织领导、宣传发动、协调指导等作用，指导监督全民义务植树活动，推动绿化宣传教育，提高公众绿化意识。

本市绿化工作应当纳入林长制体系。各级林长应当按照有关规定，认真履行绿化工作相关职责。

第五条　市绿化行政主管部门负责本市行政区域内的绿化工作，组织实施本条例。

区绿化行政主管部门负责本行政区域内的绿化工作。

发展改革、财政、规划和自然资源、生态环境、住房城乡建设、交通运输、水务、农业农村、文化广电旅游、城市管理综合执法等部门和电力、通信等单位应当依照有关法律、法规的规定，在各自的职责范围内协同实施本条例。

第六条　各级人民政府应当鼓励村民委员会、村集体经济组织进行绿化建设和养护，并根据实际情况给予资金、技术等方面的支持。

支持绿化相关行业协会组织开展行业培训，建立健全行业自律制度，引导成员依法诚信经营，承担社会责任。

鼓励单位和个人以投资、捐赠、认种认养、植树纪念、科普宣传等方式，参与绿化工作。

第七条　绿化行政主管部门应当加强数字平台建设，完善绿化资源数字档案，定期开展绿化资源监测和绿化生态效益评估，及时更新、维护和公开数据信息，实行市、区联动和数据共享，实现绿化规划、建设、保护和管理等工作智慧化。

第八条　本市推进绿地生态系统碳汇工作，普及碳排放知识，倡导低碳生产生活方式和实现碳中和的绿色环保理念。

市、区人民政府应当加强绿化专业人才培养，推动绿化科学技术研究，推广应用绿化先进技术，保护生物多样性，发展特色乡土植物。

鼓励和支持在绿化中使用符合标准的再生水、雨水，以及餐厨垃圾和污泥处理处置后的产品。引导和支持绿化废弃物资源化利用。

第九条　绿化行政主管部门应当将绿化规划、建设、保护和管理等相关信息主动向社会公开，接受社会监督。

任何单位和个人都有权对破坏绿化的行为进行劝阻、投诉和举报。绿化行政主管部门应当向社会公布统一受理投诉、举报的方式和途径。

绿化行政主管部门接到投诉、举报后应当调查处理，并在受理之日起十五日内将处理情况书面答复投诉人、举报人；市政务服务便民热线接到绿化方面投诉、举报的，按照市政务服务便民热线管理相关规定办理。

第二章　规划和建设

第十条　市人民政府应当根据本市经济社会发展状况和绿化发展需要组织编制和实施绿化规划，建立绿化规划实施情况评估机制，定期对绿化规划实施成效进行全面评估。

绿化规划应当适应健康、安全、宜居、防灾避险需要，保护和利用原有的地形、地貌、水体、植被和历史文化遗址等自然、人文资源，符合环境保护功能，北部突显山体森林生态风貌，中部突显传统与现代交融岭南园林风貌，南部突显滨海风貌。

市绿化行政主管部门应当参与国土空间总体规划编制工作，根据绿化规划提出绿化工作总体要求，与国土空间总体规划相衔接。

第十一条　市绿化行政主管部门应当根据国土空间总体规划，编制市绿地系统规划，报市人民政府批准后纳入国土空间详细规划，并报上一级人民政府绿化行政主管部门备案；区绿化行政主管部门应当根据市绿地系统规划，结合本区实际，编制区绿地系统规划，报区人民政府批准并报市绿化行政主管部门备案。

市绿地系统规划应当明确本市绿地发展目标和指标、空间格局、各类绿地规模、控制和保护原则；区绿地系统规划应当明确各区绿地发展目标和指标、镇绿地发展要求、各类绿地的规划布局和分期建设计划。

市绿地系统规划和区绿地系统规划报批前，组织编制规划的部门应当将规划草案予以公示，并采取论证会、听证会或者其他形式征求有关部门、公众和专家的意见。

规划和自然资源行政管理部门组织编制的国土空间详细规划应当包含绿地系统规划中涉及国土空间管控的内容，保障绿地系统规划的落实。

绿地系统规划确定的各类绿化用地按照国家有关规定划定绿线，并实行绿线管理。

第十二条 编制市绿地系统规划应当确定本市适宜种植的绿化树种名录，因地制宜，节俭务实，优先使用乡土植物，推广抗逆性强、养护成本低、生态效应高的植物品种，保持植物群落的多样性和合理性；选用外来植物种类的，应当对其适应性、安全性等进行专项论证并明确相应的技术措施。

第十三条 编制市绿地系统规划应当将本市生态功能突出且具有长期保护价值的已建成绿地确定为永久保护绿地。永久保护绿地实行名录管理。市绿化行政主管部门应当经专家论证、听取公众意见后，编制永久保护绿地名录，报市人民政府批准后向社会公布，并在永久保护绿地的显著位置设置告示牌。

第十四条 任何单位和个人不得随意变更绿化相关规划，不得擅自改变绿化用地面积、性质和用途或者破坏其地形、地貌、水体和植被。

有下列情形之一的，方可改变绿化用地性质：

（一）因国家重大建设工程、行政区划调整、省级以上人民政府制定的国土空间规划发生变更的；

（二）因本市公益性基础设施建设需要变更永久保护绿地之外的其他绿化用地性质的。

第十五条 因本条例第十四条规定的原因确需修改规划绿地性质的，规划和自然资源行政管理部门应当在征求绿化行政主管部门的意见后，按照法定的条件和程序调整国土空间详细规划。

因上述原因减少规划绿地的，规划和自然资源行政管理部门应当在调整规划的同时在该详细规划单元内增补落实同等面积、同等质量的绿地。确实无法增补的，在该绿地周边地区增补落实。

规划和自然资源行政管理部门应当在调整规划后十日内将改变结果告知绿化行政主管部门。

第十六条 城乡建设工程应当在国土空间详细规划调整方案、立项文件、设计方案、初步设计中编制树木保护专章，城市更新项目制定片区策划和设计方案的，还应当在相关文件中编制树木保护专章，最大限度避免占用绿地、迁移和砍伐树木。无法避免的，应当在树木保护专章中提出保护利用方案。

城乡建设工程涉及国土空间详细规划调整的，规划和自然资源行政管理部门对于数量较多且集中连片分布古树名木、古树后续资源、大树的区域，应当优先将其规划为公园绿地或者防护绿地。

建设单位应当在项目设计、实施、验收全过程中落实树木保护专章的要求，绿化行政主管部门应当加强监督和指导。树木保护专章的编制技术指引由市绿化行政主管部门另行制定。

第十七条 政府投资建设的公园、珠江两岸等公共绿地，由绿化行政主管部门依照法定程序确定的建设单位负责建设；道路附属绿地和河涌附属绿地，由交通运输、水务等相关行政管理部门依照法定程序确定的建设单位负责建设，绿化行政主管部门实施监督管理。

公路、铁路、高压输电线走廊、江河等两侧防护绿地以及有毒有害的重污染单位和危险品仓库周边防护林带，由相关部门或者单位按照有关标准负责建设。宜林海岸线应当建设防护林带。

绿化行政主管部门应当加强公园建设。

第十八条 建设工程项目的绿地率应当符合《广东省城市绿化条例》等规定的标准。规划和自然资源行政管理部门办理建设用地和建设工程规划许可时，对建设工程配套绿化用地的要求不得低于相关规定标准。

在历史文化名镇、历史文化名村、历史文化街区、历史风貌区、传统村落、历史建筑、文物保护单位保护范围内进行建设活动，应当保护其自然景观和历史环境要素，不得减少保护规划确定的绿地面积。

第十九条 公共建筑、市政公用设施、办公楼、居民住宅楼等建（构）筑物适宜立体绿化的，各级人民政府应当采取措施鼓励进行立体绿化。

第二十条 建设工程配套绿化工程应当与主体工程同时建设，同时交付使用。绿化工程建设费用应当纳入建设工程总投资。

居住区建设工程绿化用地的面积和位置应当在房屋买卖合同所附的小区建设工程设计方案总平面图中予以明示。

第二十一条 绿地建设应当注重生态效应，增强绿地的保水、渗水功能，绿化种植区域不得硬底化，土方回填后的土壤质量、地形坡度、标高和密实度等应当符合设计规范要求。在地下建（构）筑物的地面上绿化或者在建（构）筑物上进行立体绿化的，绿地有效覆土层和土壤质量必须符合绿化工程规范。

公共绿地乔木树冠绿化覆盖面积应当不低于绿地总面积的百分之六十。

第二十二条 新建、扩建道路应当种植行道树，因地制宜选用遮荫效果良好的树种，并优先选用乡土树种。同一道路的行道树应当有统一的景观风格。行道树应当按照有关技术规范种植，符合行车视线、行车净空、道路照明和行人通行的要求。

城市主干道的行道树应当选择适度规格的苗木，且胸径不得小于十厘米。除必须截干栽植的树种外，应当使用全冠苗。

市人民政府应当将冠大荫浓的行道树形成的且具有自身特色的林荫路确定为特色风貌林荫路。特色风貌林荫路的认定和管理办法由市绿化行政主管部门另行制定，报市人民政府批准后公布施行。

第二十三条 公共绿地绿化工程施工前，建设单位应当将绿化工程初步设计报送绿化行政主管部门审批。申请绿化工程初步设计审批，应当提交符合初步设计深度要求的图纸、包含工程投资概算和资金来源等内容的绿化工程设计文件。

绿化行政主管部门应当组织专家对初步设计进行评审，并将初步设计和专家评审意见向社会公示，听取公众的意见，公示时间不得少于十五日。

绿化行政主管部门应当在受理申请之日起二十日内作出是否许可的决定；不予许可的，应当书面说明理由。

第二十四条 绿化工程建设应当符合国家、省和本市有关标准和规范。

绿化工程开工前，建设单位应当按照国家、省和本市有关规定向审批该工程初步设计的绿化行政主管部门办理工程质量安全监督和开工报告备案手续。

绿化行政主管部门应当加强绿化工程质量安全监督管理，可以委托绿化工程质量安全监督机构具体实施。

第二十五条 公共绿地绿化工程竣工后，建设单位应当组织竣工验收，验收合格后方可交付使用。公共绿地绿化工程竣工验收合格之日起十五日内，建设单位应当向审批该工程初步设计的绿化行政主管部门办理竣工验收备案手续。绿化行政主管部门发现建设单位在竣工验收过程中违反国家、省和本市有关规定的，责令停止使用，重新组织竣工验收。

建设工程配套绿化工程应当纳入建设工程竣工验收范围，建设单位应当将验收结果载于建设工程竣工验收报告，并按照有关规定报住房城乡建设等行政管理部门备案。规划和自然资源行政管理部门应当对配套绿化用地的面积和位置是否符合规划许可的内容予以核实。住房城乡建设等行政管理部门应当将相关竣工验收资料与绿化行政主管部门实现信息资源共享。

绿化工程竣工验收后，绿化行政主管部门应当加强对其使用和维护的监督管理。

第二十六条 已建成的公共绿地的主要树种和绿化景观不得随意变更。因特殊原因确需变更的，绿化行政主管部门应当组织专家对变更的必要性和合理性进行论证，并将变更方案和专家论证意见向社会公示，听取公众的意见，公示时间不得少于十五日。

第二十七条 市绿化行政主管部门应当建立绿化工程市场信用体系，主动公布市场主体信用记录，并将市场主体信用记录作为投标人资格审查和评标的重要参考。

第二十八条 绿道建设应当依托自然资源和人文特色，坚持生态化、本土化、多样化、人性化的原则，利用沿途植被、湿地、河涌、公园、人文景观等资源，形成覆盖全域、城乡贯通的绿道网络，为公众提供便捷、舒适的休闲空间。绿道建设应当包括绿廊、慢行道、驿站和指示标牌等设施，并符合有关标准和规范。

碧道建设应当利用河道沿线现有绿道、古驿道、健身步道、历史文化游径等线性空间，提升其生态、文化和公共服务功能。

第二十九条 编制村庄规划应当因地制宜科学布局农村绿化用地，安排农村公园或者游园的用地。村庄居住区绿地率应当符合国土空间规划的要求。

村民委员会、村集体经济组织应当组织村民参加农村绿化建设，对村旁、宅旁、路旁、水旁和住宅庭院进行绿化。

第三章 保护和管理

第三十条 绿地保护和管理责任按照下列规定确定：

（一）政府投资建设的公共绿地，由绿化行政主管部门依照法定程序确定的单位负责；

（二）本款第一项规定以外的其他公共绿地，由建设单位负责；

（三）单位附属绿地，由该单位负责；

（四）居住区绿地由提供管理服务的物业服务人按照物业服务合同约定负责，没有物业服务人的，由业主或者业主委员会负责；

（五）生产绿地，由经营单位负责；

（六）建设工程范围内保留的绿地，在建设期间由建设单位负责；

（七）农村公园和游园等农村绿化，由村民委员会或者村集体经济组织负责。

其他绿地，依照相关法律、法规确定保护和管理责任人。法律、法规没有规定的，由所在区绿化行政主管部门或者由其依照法定程序确定的单位负责。

对本条第一款第一项和第二款规定的绿地，绿化行政主管部门应当将绿地保护和管理责任人向社会公布，并在相应绿地的显著位置设置告示牌。

第三十一条 绿地保护和管理责任人应当按照国家、省和本市绿化保护和管理技术标准，以及与绿化相关的交通安全、通讯、无障碍等技术标准对绿地进行保护和管理。

绿化行政主管部门应当对绿地保护和管理责任人的保护和管理工作进行监督、检查和指导。

第三十二条 市人民政府应当将具有突出历史文化价值、体现一定历史时期代表性造园艺术的园林确定为历史名园，并建立历史名园档案。历史名园的评定和保护管理办法由市绿化行政主管部门会同相关部门另行制定，报市人民政府批准后公布施行。

历史名园保护应当以保护原有风貌和格局为原则，保护历史名园建筑格局风貌、植物景观风貌和山形水系原有格局。禁止损毁、非法拆改具有历史文化价值的建筑及其附属物。

绿化行政主管部门应当加强岭南园林营造技艺的保护和传承工作，鼓励创新和发展岭南传统园林技艺。

第三十三条　任何单位和个人不得擅自占用绿地，已占用的必须限期归还，并恢复绿地的使用功能。

因城乡建设或者城乡基础设施维护需要临时占用已建成绿地的，建设单位应当征求所有权人意见，经绿化行政主管部门批准并按照有关规定办理临时用地手续。批准的内容包括临时占用绿地的位置、面积、期限、相关责任人、使用权限和要求等。临时占用绿地期限不得超过一年。因特殊原因需要延期的，应当在临时占用绿地许可期限届满三十日前申请，申请延期不超过两次，每次不超过六个月。

第三十四条　申请临时占用绿地，应当提交绿地情况、占用和恢复方案、所有权人意见，建设项目还应当提供立项、工程建设许可文件等资料。

因同一工程项目临时占用绿地的，按照下列权限审批：

（一）临时占用历史名园，以及面积在七千平方米以上的其他绿地的，由市绿化行政主管部门审核后，报市人民政府审批；

（二）临时占用市管绿地、特色风貌林荫路，以及面积在一千五百平方米以上不足七千平方米的其他绿地的，报市绿化行政主管部门审批；

（三）临时占用本款第一项和第二项规定以外其他绿地的，报区绿化行政主管部门审批。

申请临时占用绿地，需报绿化行政主管部门审批的，应当自受理申请之日起十日内作出是否许可的决定；需报市人民政府审批的，应当自受理申请之日起二十日内作出是否许可的决定。不予许可的，应当书面说明理由。

因紧急抢险救灾确需临时占用绿地的，可以先行占用，但应当在险情排除后五日内补办审批手续。

第三十五条　经批准临时占用绿地的，建设单位应当对绿地所有权人进行补偿。

绿化行政主管部门应当定期检查临时占用绿地情况，及时纠正超期占用、挪作他用等情形，并向社会公布。

建设单位应当在临时占用绿地期满之日起十日内开展绿地恢复工作。绿化行政主管部门应当对临时占用绿地的恢复工作进行监督和指导。

第三十六条　任何单位和个人不得擅自迁移、砍伐树木，但生产绿地、个人自有房屋庭院内的零星树木和法律、法规另有规定的除外。古树名木和古树后续资源的迁移、砍伐适用本条例第五十一条、第五十二条的规定。

因下列原因确需迁移或者砍伐树木的，应当向绿化行政主管部门提出申请：

（一）城乡建设或者城乡基础设施维护需要；

（二）严重影响居住采光、通风和安全，或者对人身安全、交通安全、其他设施构成威胁；

（三）发现检疫性病虫害或者新传入的危险性有害生物，采取防治措施未能有效治理的；

（四）树木已经死亡的；

（五）法律、法规规定的其他情形。

绿化行政主管部门在审查迁移、砍伐树木申请时，应当进行现场查勘，能够迁移且有迁移价值的，不得批准砍伐。

因紧急抢险救灾确需迁移、砍伐树木的，可以先行迁移、砍伐，但应当在险情排除后五日内补办审批手续。

经批准迁移、砍伐树木的，应当对树木所有权人进行补偿；树木迁移后一年内未成活或者经批准砍伐树木的，应当按照国家、省和本市有关规定补植相应的树木或者采取其他补救措施。

第三十七条 申请迁移、砍伐树木，应当提交树木情况、实施方案、所有权人意见和当地居民意见，建设项目还应当提供立项、工程建设许可文件等资料。

因同一工程项目或者同一事由迁移、砍伐树木的，按照下列权限审批：

（一）迁移、砍伐历史名园的树木，以及二百株以上其他树木的，由市绿化行政主管部门审核后，报市人民政府审批；

（二）迁移、砍伐市管绿地、特色风貌林荫路的树木，以及二十株以上不足二百株或者胸径四十厘米以上其他树木的，报市绿化行政主管部门审批；

（三）迁移、砍伐本款第一项和第二项规定以外其他树木的，报区绿化行政主管部门审批。

申请迁移、砍伐树木，需报绿化行政主管部门审批的，应当自受理申请之日起十五日内作出是否许可的决定；需报市人民政府审批的，应当自受理申请之日起二十日内作出是否许可的决定。不予许可的，应当书面说明理由。

第三十八条 申请迁移树木，属于下列情形的，绿化行政主管部门应当组织专家论证，并向社会公示，听取公众的意见，公示时间不得少于十五日：

（一）涉及大树十株以上的；

（二）涉及城市道路、公园绿地以及其他绿地树木五十株以上的；

（三）涉及历史名园、特色风貌林荫路、历史文化名镇、历史文化名村、历史文化街区、历史风貌区、传统村落、重要滨水景观风貌区树木的。

申请砍伐树木的，绿化行政主管部门应当组织专业机构鉴定、组织专家论证，并向社会公示，听取公众的意见，公示时间不得少于十五日。

第三十九条 修剪树木的，应当由绿地保护和管理责任人按照兼顾公共安全和树木正常生长原则制定修剪方案，并按照有关树木修剪技术规范进行修剪。绿化行政主管部门应当加强监督和指导。

修剪公共绿地的树木，应当由专业养护单位进行。修剪单位附属绿地和居住区绿地的树木，应当将修剪方案提前十日在现场显著位置公示，并告知区绿化行政主管部门。区绿化行政主管部门应当派专业技术人员进行监督，确保修剪符合规范要求。

古树名木和古树后续资源的修剪适用本条例第五十一条、第五十二条的规定。

第四十条 修剪历史名园、特色风貌林荫路的树木，应当经市绿化行政主管部门审批。因紧急抢险救灾确需修剪历史名园、特色风貌林荫路树木的，可以先行修剪，但应当在险情排除后五日内补办审批手续。

申请修剪历史名园、特色风貌林荫路的树木，应当提交树木情况、实施方案、修剪原因等资料。

市绿化行政主管部门应当自受理申请之日起十日内作出是否许可的决定；不予许可的，应当书面说明理由。

第四十一条 经批准迁移行道树或者其他公共绿地的树木，应当将树木移植于附近的公共绿地或者生产绿地。申请人应当落实迁移地点，承担迁移和养护费用，采取保护措施，并于迁移完成后十五日内将迁移数量、树种、胸径、移植地点和养护管理等信息资料报送绿化行政主管部门。绿化行政主管部门应当就迁移数量、树种等情况制作树木迁移档案。

市、区人民政府应当加强用于假植的生产绿地建设。绿化行政主管部门应当监督和指导迁移树木的养护和管理，对假植于生产绿地的公共绿地树木统筹用于绿地恢复或者城乡绿化建设。

第四十二条 建设工程施工可能影响绿地使用功能和树木正常生长的，在设计和施工时，建设单位、施工单位应当采取避让和保护措施。

经批准临时占用绿地或者迁移、砍伐、修剪树木的，施工单位应当在现场显著位置设置告示牌进行公示。公示期从施工开工前三日起至完工之日止。

第四十三条 在绿地内，禁止下列损害绿化及其设施的行为：

（一）丢弃废弃物，倾倒、排放有毒有害物质，堆放、焚烧物料；

（二）在树木和公共设施上涂、写、刻、画或者悬挂重物；

（三）攀、折、钉、拴树木；

（四）损害树根、树干、树皮，树穴表面硬底化；

（五）擅自采摘花果枝叶，践踏绿地；

（六）损坏绿化的娱乐活动；

（七）以树承重，就树搭建；

（八）损坏树木支架、栏杆、花基、绿地供排水等绿化设施；

（九）建坟、采石取土；

（十）违反有关规定截除树木主干、去除树冠；

（十一）其他损害绿化及其设施的行为。

第四十四条 绿化行政主管部门应当建立绿化区域有害生物疫情监测预报系统，编制灾害事件应急预案，健全有害生物预警预防控制体系，防止外来有害物种入侵。

建设单位在进行绿化时不得采用带有检疫性有害生物或者危险性有害生物的植物。对绿化植物进行有害生物防治，应当遵守国家有关法律、法规的规定，推广无公害防治措施，防止环境污染，保证生态安全。

第四章　古树名木保护

第四十五条 本市古树实行分级管理。古树分为一级和二级。树龄在三百年以上的古树为一级古树，树龄在一百年以上不足三百年的古树为二级古树。

珍贵稀有的，或者具有重要历史、文化、景观和科学价值的，或者具有重要纪念意义的树木为名木。名木按照一级古树保护。

树龄在八十年以上不足一百年的树木或者胸径八十厘米以上的树木为古树后续资源。

第四十六条 市绿化行政主管部门应当组织对古树名木进行普查、鉴定、定级、登记、编号，建立档案并定期更新，统一设置标志。

古树名木应当按照国家有关规定予以确认并向社会公布。

区绿化行政主管部门应当组织对辖区内的古树后续资源进行调查登记，建立档案和设置标志，向社会公布，并报市绿化行政主管部门备案。

市、区绿化行政主管部门应当建立古树名木、古树后续资源检查制度，利用信息化、数字化技术手段进行动态监测，开展定期巡查，对一级古树和名木至少每三个月巡查一次，对二级古树至少每六个月巡查一次，对古树后续资源至少每年巡查一次，并采取宣传、培训、技术支持等各种措施开展保护工作。

第四十七条　鼓励志愿者在古树名木、古树后续资源普查、巡查、养护、科普宣传等环节发挥积极作用，参与古树名木、古树后续资源的保护和管理。绿化行政主管部门应当给予支持和指导。

第四十八条　古树名木、古树后续资源的保护和管理责任按照下列规定确定：

（一）公共绿地内的古树名木、古树后续资源，由绿化行政主管部门依法确定的保护和管理责任人负责；

（二）铁路、公路、河道用地范围内的古树名木、古树后续资源，分别由铁路、公路、河道管理部门负责；

（三）风景名胜区内的古树名木、古树后续资源，由风景名胜区管理机构负责；

（四）散生在各单位管界内以及个人自有房屋庭院内的古树名木、古树后续资源，由所在单位或者个人负责；

（五）散生在居住区绿地内的古树名木、古树后续资源，由绿地保护和管理责任人负责；

（六）散生在林地、房前屋后的古树名木、古树后续资源，由林地使用权人、宅基地使用权人负责。

第四十九条　区绿化行政主管部门应当对古树名木、古树后续资源的保护和管理责任人进行登记，并经常性对保护和管理责任人的保护和管理工作进行检查、指导和监督。保护和管理责任人发生变更的，应当及时告知区绿化行政主管部门。

绿化行政主管部门应当按照保护和管理技术规范，根据级别制定分株保护方案或者指引，古树名木、古树后续资源保护和管理责任人应当按照方案或者指引开展保护和管理工作。发现树木病虫害或者生长异常等情况，保护和管理责任人应当立即向区绿化行政主管部门报告，由市、区绿化行政主管部门组织专业养护单位进行抢救和复壮。

第五十条 在古树名木树干边缘外五米范围，古树名木的保护和管理责任人应当设置保护标志，必要时设置护栏等保护设施。

古树名木树冠边缘外五米范围内、古树后续资源树冠边缘外二米范围内，为控制保护范围。

在古树名木、古树后续资源控制保护范围内进行建设工程施工的，在设计和施工前，建设单位、施工单位应当与保护和管理责任人共同制定避让和保护措施。行政管理部门在办理相关行政许可手续时，应当在征求绿化行政主管部门的意见后，报市人民政府审批。

第五十一条 严禁砍伐、擅自迁移古树名木。严禁砍伐古树后续资源。城乡建设应当采取措施避让古树名木、古树后续资源。

因重大公益性市政建设确需迁移古树名木的，应当经市绿化行政主管部门审核同意，并报市人民政府审批。古树名木迁移和管理的具体办法由市人民政府另行制定。

因公益性基础设施建设确需迁移古树后续资源的，或者确需修剪古树名木、古树后续资源的，应当经市绿化行政主管部门审批。属于古树名木、古树后续资源的果树，其所有权人或者使用权人因生产经营需要，在确保树体健康的前提下进行的修枝、采果等生产经营行为除外，但应当按照相关技术规范进行。

古树名木、古树后续资源移植和移植后五年内的养护，应当由专业的绿化养护单位进行；移植费用和移植后五年内的养护费用，由建设单位承担。

第五十二条 申请迁移古树后续资源或者修剪古树名木、古树后续资源，应当提交树木健康调查情况、实施方案、所有权人意见，以及建设项目立项、工程建设许可文件等资料。

迁移古树名木、古树后续资源的，市绿化行政主管部门应当组织专家对其必要性和合理性进行论证，并将专家论证意见向社会公示，听取公众的意见，公示时间不得少于十五日。

市绿化行政主管部门应当自受理申请之日起十五日内作出是否许可的决定；不予许可的，应当书面说明理由。

第五十三条 古树名木、古树后续资源死亡的，保护和管理责任人应当及时向区绿化行政主管部门报告。区绿化行政主管部门应当查明原因、明确责任，经市绿化行政主管部门组织鉴定、核实后办理注销。

第五十四条 禁止下列损害古树名木、古树后续资源及其保护设施的行为：

（一）本条例第四十三条规定的行为；

（二）在古树名木或者古树后续资源控制保护范围内堆放物料，挖坑取土，倾倒垃圾、有毒有害物质，动用明火或者排放烟气；

（三）损坏古树名木、古树后续资源的保护标志、标牌等设施；

（四）在古树名木或者古树后续资源树干上捆绑电缆、电灯等影响树木正常生长的物件；

（五）其他损害古树名木、古树后续资源或者影响古树名木、古树后续资源正常生长的行为。

第五章 法律责任

第五十五条 本条例规定的行政处罚，由绿化行政主管部门负责实施，法律、法规明确规定由其他单位实施的除外。

绿化行政主管部门可以委托符合《中华人民共和国行政处罚法》规定条件的组织实施本条例规定的行政处罚。

符合《中华人民共和国行政强制法》规定的代履行情形的，绿化行政主管部门可以依法实施代履行，或者委托没有利害关系的第三人代履行，相关费用由当事人承担。

第五十六条 违反本条例第十四条第一款规定，擅自改变绿化用地面积、性质和用途或者破坏其地形、地貌、水体和植被的，责令限期改正，恢复原状，并按照改变的绿地面积处以该土地使用权基准地价三倍以上五倍以下的罚款；属划拨土地的，参考同类土地使用权基准地价处以三倍以上五倍以下的罚款。

第五十七条 违反本条例第二十三条第一款规定，绿化工程初步设计未经绿化行政主管部门审批的，或者未按照批准的绿化工程初步设计进行施工的，责令停止违法行为、限期改正或者采取其他补救措施。

第五十八条 违反本条例第二十四条第一款规定，绿化工程建设未按照有关标准和规范进行的，责令限期改正。

第五十九条 违反本条例第二十五条规定，建设单位有下列行为之一的，按照《建设工程质量管理条例》的规定进行处理：

（一）未组织竣工验收，擅自交付使用的；

（二）验收不合格，擅自交付使用的；

（三）对不合格的建设工程按照合格工程验收的。

第六十条 违反本条例第三十一条第一款规定，绿地保护和管理责任人未按照有关标准对绿地进行保护和管理的，责令限期改正；逾期不改正的，处以五千元以上二万元以下罚款。

第六十一条 违反本条例第三十三条规定，未经批准临时占用绿地的或者经批准临时占用但期满后未申请延期的，责令限期改正，恢复原状，并按照临时占用的绿地面积处以每平方米三百元以上六百元以下罚款；临时占用绿地期满后擅自改变绿地性质的，按照本条例第五十六条规定予以处罚。

违反本条例第三十五条第三款规定，建设单位未在临时占用绿地期满之日起十日内开展绿地恢复工作的，责令限期改正；逾期不改正的，按照临时占用的绿地面积处以每平方米三百元以上六百元以下罚款。

第六十二条 违反本条例第三十六条、第三十九条、第四十条、第五十一条规定的，责令停止违法行为，并按照下列规定进行处罚：

（一）擅自砍伐或者迁移树木的，处以每株二千元以上二万元以下罚款。

（二）砍伐一级古树或者名木的，处以每株一百万元以上二百万元以下罚款；砍伐二级古树的，处以每株五十万元以上一百万元以下罚款；砍伐古树后续资源的，处以每株十万元以上五十万元以下罚款。

（三）擅自迁移一级古树或者名木的，处以每株三十万元以上五十万元以下罚款；擅自迁移二级古树的，处以每株二十万元以上三十万元以下罚款；擅自迁移古树后续资源的，处以每株五万元以上二十万元以下罚款。擅自迁移古树名木、古树后续资源造成死亡的，按照砍伐古树名木、古树后续资源的规定予以处罚。

（四）擅自修剪历史名园、特色风貌林荫路的树木，或者未按照有关树木修剪技术规范修剪的，处以每株五百元以上五千元以下罚款。

（五）擅自修剪一级古树或者名木的，处以每株一万元以上二万元以下罚款；擅自修剪二级古树的，处以每株五千元以上一万五千元以下罚款；擅自修剪古树后续资源的，处以每株二千元以上一万元以下罚款。

违反本条例第三十六条第五款规定，未按照规定补植树木或者采取其他补救措施的，责令限期改正；逾期不改正的，分别按照擅自迁移、擅自砍伐树木的规定予以处罚。

第六十三条 违反本条例第四十二条第二款规定，施工单位未按照规定进行公示的，责令限期改正；逾期不改正的，处以二千元以上二万元以下罚款。

第六十四条 违反本条例第四十二条第一款、第五十条第三款规定，建设单位、施工单位未采取避让和保护措施造成绿化损害或者树木死亡的，责令限期补植或者采取其他补救措施，并处以每株二千元以上二万元以下罚款。造成古树名木、古树后续资源损害或者死亡的，按照本条例第六十八条的规定予以处罚。

第六十五条 违反本条例第四十三条规定的，责令停止侵害、恢复原状，并按照下列规定予以处罚：

（一）违反第一、二、三、五、六、七、八、九、十一项规定的，依照《广东省城市绿化条例》有关规定处罚；

（二）违反第四项规定的，处以一百元以上五百元以下罚款；造成树木死亡，按照擅自砍伐树木的规定予以处罚；

（三）违反第十项规定的，按照擅自砍伐树木的规定予以处罚。

第六十六条 违反本条例第四十四条第二款规定，采用带有检疫性有害生物或者危险性有害生物的植物进行绿化，责令停止违法行为，限期改正，并处以一万元以上五万元以下罚款。

第六十七条 违反本条例第四十九条第二款规定，古树名木、古树后续资源保护和管理责任人未按照保护方案或者指引开展保护和管理工作的，责令限期改正。造成一级古树或者名木损害的，处以每株二万元以上四万元以下罚款；造成二级古树损害的，处以每株一万元以上三万元以下罚款；造成古树后续资源损害的，处以每株五千元以上二万元以下罚款。造成一级古树或者名木死亡的，处以每株六万元以上八万元以下罚款；造成二级古树死亡的，处以每株五万元以上七万元以下罚款；造成古树后续资源死亡的，处以每株三万元以上五万元以下罚款。

第六十八条 违反本条例第五十四条规定，损害古树名木、古树后续资源的，责令停止侵害，恢复原状，并处以罚款。损害一级古树或者名木的，处以每株三万元以上五万元以下罚款；损害二级古树的，处以每株二万元以上四万元以下罚款；损害古树后续资源的，处以每株一万元以上三万元以下罚款，并依法承担赔偿责任。损害古树名木或者古树后续资源保护设施的，责令停止侵害，恢复原状，并处以一千元以上五千元以下罚款。损害古树名木、古树后续资源造成死亡的，按照砍伐古树名木、古树后续资源的规定予以处罚。

第六十九条　违反本条例第三十六条、第四十三条、第五十一条、第五十四条规定，擅自迁移或者砍伐树木、古树名木或者古树后续资源，损害绿化及其设施，损害古树名木、古树后续资源及其保护设施，造成损失的，由责任单位和责任人依法承担赔偿责任；应当给予治安管理处罚的，由公安机关根据有关法律、法规给予处罚；构成犯罪的，依法追究刑事责任。

第七十条　绿化行政主管部门和其他行政管理部门及其工作人员违反本条例，有下列行为之一的，由有权机关责令改正，对直接负责的主管人员和其他直接责任人员依法给予处分；构成犯罪的，依法追究刑事责任：

（一）违反本条例第十五条第一款、第二款规定，未按照规定改变规划绿地性质的，或者未按照规定增补落实规划绿地的；

（二）违反本条例第十八条第一款规定办理建设用地和建设工程规划许可的；

（三）违反本条例第二十三条第三款、第三十四条第三款、第三十七条第三款、第四十条第三款、第五十二条第三款规定，未在规定期限内作出是否许可决定的；

（四）违反本条例第二十六条规定，未按照规定的程序变更已建成的公共绿地的主要树种和绿化景观的；

（五）违反本条例第三十三条、第三十四条规定，未按照法定条件、程序批准临时占用绿地的；

（六）违反本条例第三十五条第三款规定，未对临时占用绿地的恢复工作进行监督和指导的；

（七）违反本条例第三十六条、第三十七条、第四十条规定，未按照法定条件、程序批准迁移、砍伐、修剪树木的；

（八）违反本条例第四十一条规定，未制作树木迁移档案，未监督和指导迁移树木的养护和管理的；

（九）违反本条例第四十六条规定，未对古树名木、古树后续资源进行普查、鉴定、定级、登记、编号，或者未建立档案，或者未设置标志并向社会公布的，或者未进行定期巡查的；

（十）违反本条例第四十九条的规定，未对古树名木、古树后续资源的保护和管理责任人进行登记，或者未对古树名木、古树后续资源制定分株保护

方案或者指引的,或者未对古树名木、古树后续资源组织抢救和复壮的;

(十一)违反本条例第五十一条、第五十二条规定,未按照法定条件、程序批准迁移古树名木、古树后续资源,或者未按照法定程序批准修剪古树名木、古树后续资源的;

(十二)未按照规定向社会征求意见、组织专家论证、向社会公示的;

(十三)徇私舞弊,滥用职权,玩忽职守,不依法履行法定职责,损害公民、法人或者其他组织合法权益的其他行为。

第六章 附 则

第七十一条 本条例所称绿地是指已建成的、在建的和绿化规划确定的绿地,包括:

(一)公共绿地,是指向公众开放的各级综合性公园和专类公园、社区公园、带状公园、农村公园、游园、防护绿地、街旁绿地、道路和广场绿地、河涌附属绿地等;

(二)单位附属绿地,是指机关、团体、部队、学校、企事业单位用地范围内的绿地;

(三)居住区绿地,是指居住区、居住小区、住宅组团、房前屋后等居住用地范围内的绿地;

(四)生产绿地,是指为园林绿化提供苗木、花草、种子的圃地。

本条例所称规划绿地,是指国土空间详细规划确定的绿地。

本条例所称绿地率,是指绿化用地占建设工程项目可建设用地面积的比例。

本条例所称大树,其具体标准由市绿化行政主管部门依法另行确定。

第七十二条 军事禁区和军事管理区的绿化建设与管理,依照《中国人民解放军绿化条例》和国家有关规定执行。

第七十三条 本条例自2022年10月1日起施行。

附录1：2018—2022年广州市人大常委会出台的地方性法规一览表

编号	地方性法规名称	立法形式	实施时间
1	广州市水务管理条例	修正	2018-12-21
2	广州市社会工作服务条例	制定	2019-01-01
3	广州市实施《中华人民共和国工会法》办法	修订	2019-09-01
4	广州市机动车排气污染防治规定	修订	2019-09-01
5	广州市供水用水条例	制定	2019-10-01
6	广州市母乳喂养促进条例	制定	2020-03-01
7	广州市禁止滥食野生动物条例	制定	2020-06-01
8	广州市依法行政条例	修正	2020-07-29
9	广州市安全生产条例	修正	2020-08-20
10	广州市公园条例	修正	2020-08-20
11	广州市妇女权益保障规定	修正	2020-08-20
12	广州市教育经费投入与管理条例	修正	2020-08-20
13	广州市公共汽车电车客运管理条例	修正	2020-08-20
14	广州市违法建设查处条例	修正	2020-08-20
15	广州市历史文化名城保护条例	修正	2020-08-20
16	广州市残疾人权益保障条例	修正	2020-08-20
17	广州市生活垃圾分类管理条例	修正	2020-08-20
18	广州市城镇房地产登记办法	修正	2020-08-20
19	广州市城市快速路路政管理条例	修正	2020-08-20
20	广州市白云山风景名胜区保护条例	修正	2020-08-20
21	广州市文物保护规定	修正	2020-08-20
22	广州市未成年人保护规定	修正	2020-08-20

续表

编号	地方性法规名称	立法形式	实施时间
23	广州市湿地保护规定	修正	2020-08-20
24	广州市科学技术普及条例	修正	2020-08-20
25	广州市邮政管理条例	修正	2020-08-20
26	广州市森林公园管理条例	修正	2020-08-20
27	广州市控制吸烟条例	修正	2020-08-20
28	广州市生态公益林条例	修正	2020-08-20
29	广州市非机动车和摩托车管理规定	修正	2020-08-20
30	广州市公共图书馆条例	修正	2020-08-20
31	广州市饮用水水源污染防治规定	修正	2020-08-20
32	广州市荣誉市民称号授予条例	修正	2020-08-20
33	广州市奖励和保护见义勇为人员条例	修正	2020-08-20
34	广州市全民健身条例	修正	2020-08-20
35	广州市文明行为促进条例	制定	2020-10-01
36	广州市房屋租赁管理规定	制定	2020-12-01
37	广州市烟花爆竹安全管理规定	制定	2021-04-01
38	广州市反餐饮浪费条例	制定	2020-12-15
39	广州市优化营商环境条例	制定	2020-12-31
40	广州市物业管理条例	制定	2021-01-01
41	广州市幼儿园条例	制定	2021-06-01
42	广州市流溪河流域保护条例	修正	2021-06-15
43	广州市科技创新条例	制定	2021-07-01
44	广州市慈善促进条例	制定	2021-09-01
45	广州市养老服务条例	制定	2021-10-01
46	广州市停车场条例	修正	2021-10-20
47	广州市物业管理条例	修正	2021-10-20
48	广州市人民防空管理规定	修正	2021-10-20
49	广州市未成年人保护规定	修正	2021-10-20
50	广州市殡葬管理规定	修正	2021-10-20
51	广州市巡游出租汽车客运管理条例	修正	2021-10-20
52	广州经济技术开发区条例	修正	2021-10-20

续表

编号	地方性法规名称	立法形式	实施时间
53	广州市旅游条例	修正	2021-10-20
54	广州市临空经济区条例	制定	2021-12-31
55	广州市地名管理规定	制定	2021-12-31
56	广州市宗教事务管理条例	修订	2022-02-01
57	广州市平安建设条例	制定	2022-03-01
58	广州市排水条例	制定	2022-03-01
59	广州市不动产登记办法	制定	2022-03-01
60	广州市学校安全管理条例	制定	2022-05-01
61	广州市数字经济促进条例	制定	2022-06-01
62	广州市生态环境保护条例	制定	2022-06-05
63	广州市绿化条例	修正	2022-10-01

说明：资料出自广州市人大常委会官方网站。

附录2：2018—2022年广州市人大常委会有关决议决定（节选）

编号	地方性法规名称	通过时间
1	广州市人民代表大会常务委员会关于小流域综合治理情况报告的决议	2018-09-29
2	广州市人民代表大会常务委员会关于促进我市学前教育普惠优质健康发展的决定	2018-09-29
3	广州市人民代表大会常务委员会关于促进广州仲裁事业发展的决定	2018-09-29
4	广州市人民代表大会常务委员会关于加强数据信息报送、推进在线联网监督的决定	2019-05-29
5	广州市人民代表大会常务委员会关于支持和促进检察机关公益诉讼工作的决定	2019-07-31
6	广州市人民代表大会常务委员会关于推进全面实施污泥干化焚烧处理处置的决定	2019-09-30
7	广州市人民代表大会常务委员会关于加强我市历史文化资源保护、传承和发展的决定	2019-11-20
8	广州市人民代表大会常务委员会关于支持深圳建设中国特色社会主义先行示范区推动广州实现老城市新活力的决定	2020-01-03
9	广州市人民代表大会常务委员会关于依法全力做好新冠肺炎疫情防控工作的决定	2020-02-11
10	广州市人民代表大会常务委员会关于加强法律服务工作促进粤港澳大湾区建设的决定	2020-09-23
11	广州市人民代表大会常务委员会关于开展民生实事项目人大代表票决制工作的决定	2020-10-28

续表

编号	地方性法规名称	通过时间
12	广州市人民代表大会常务委员会关于加快我市职业教育发展的决议	2020-11-04

说明：资料出自广州市人大常委会官方网站；2021—2022年没有相关决定决议入选此表。

附录3：《广州市人民政府公报》刊登 2018—2022年政府文件目录（节选）

编号	文件名称	年份
\multicolumn{3}{c}{广州市人民政府令}
1	广州市石油天然气管道保护规定（政府令第159号）	2018
2	广州市气象灾害防御规定（政府令第162号）	2018
3	广州市法律援助实施办法（政府令第163号）	2019
4	广州市房屋使用安全管理规定（政府令第164号）	2019
5	广州市政府信息共享管理规定（政府令第165号）	2019
6	广州市公共信用信息管理规定（政府令第166号）	2019
7	广州市人民政府规章制定办法（政府令第169号）	2020
8	广州市规章制定公众参与办法（政府令第170号）	2020
9	广州市非物质文化遗产保护办法（政府令第171号）	2020
10	广州市无障碍环境建设管理规定（政府令第172号）	2020
11	广州市互联网租赁自行车管理办法（政府令第174号）	2020
12	广州市拥军优属实施办法（政府令第175号）	2020
13	广州市人民政府关于下放、委托和收回一批市级行政权力事项的决定（政府令第178号）	2021
14	广州市老年人优待办法（政府令第179号）	2021
15	广州市井盖设施管理办法（政府令第180号）	2021
16	广州市电梯安全管理办法（政府令第181号）	2021

续表

编号	文件名称	年份
17	广州市献血管理规定（政府令第182号）	2021
18	广州市房屋交易监督管理办法（政府令第184号）	2021
19	广州市社会保障卡管理办法（政府令第185号）	2021
20	广州市爱国卫生工作规定（政府令第186号）	2022
21	广州市北京路步行街地区管理规定（政府令第187号）	2022
22	广州市公共法律服务促进办法（政府令第189号）	2022
23	广州市测绘地理信息管理办法（政府令第190号）	2022
24	广州市政务服务便民热线管理办法（政府令第191号）	2022
25	广州市重大行政决策程序规定（政府令第192号）	2022
26	广州市社会医疗保险规定（政府令第193号）	2022
\multicolumn{2}{c}{广州市人民政府文件}	
27	广州市人民政府关于印发广州市创建国家知识产权强市行动计划（2017—2020年）的通知（穗府〔2018〕2号）	2018
28	广州市人民政府关于落实广东省降低制造业企业成本若干政策措施的实施意见（穗府〔2018〕3号）	2018
29	广州市人民政府关于修订广州市降低实体经济企业成本实施方案的通知（穗府〔2018〕4号）	2018
30	广州市人民政府关于印发广州市促进健康及养老产业发展行动计划（2017—2020年）的通知（穗府〔2018〕6号）	2018
31	广州市人民政府关于修订广州市建设"中国制造2025"试点示范城市实施方案的通知（穗府〔2018〕7号）	2018
32	广州市人民政府关于珠三角国家自主创新示范区（广州）先行先试的若干政策意见（穗府〔2018〕8号）	2018
33	广州市人民政府关于市属国有企业发展混合所有制经济的实施意见（穗府〔2018〕11号）	2018
34	广州市人民政府关于印发广州市工程建设项目审批制度改革试点实施方案的通知（穗府〔2018〕12号）	2018
35	广州市人民政府关于加强我市人口调控和服务管理工作的意见（穗府〔2018〕14号）	2018

续表

编号	文件名称	年份
36	广州市人民政府关于印发广州市建立完善守信联合激励和失信联合惩戒机制实施方案的通知（穗府〔2019〕1号）	2019
37	广州市人民政府关于印发广州市深化商事制度改革实施方案的通知（穗府〔2019〕5号）	2019
38	广州市人民政府关于印发广州市加强基础与应用基础研究实施方案的通知（穗府〔2019〕6号）	2019
39	广州市人民政府关于印发广州市市级与区级财政事权和支出责任划分改革实施方案的通知（穗府〔2019〕7号）	2019
40	广州市人民政府关于将一批市级行政职权事项继续委托区实施的决定（穗府〔2019〕8号）	2019
41	广州市人民政府关于落实广东省降低制造业企业成本若干政策措施的实施意见（穗府〔2019〕9号）	2019
42	广州市人民政府关于加强农村集体经济组织管理的指导意见（穗府〔2019〕11号）	2019
43	广州市人民政府转发广东省人民政府转发国务院关于开展第七次全国人口普查的通知（穗府〔2020〕1号）	2020
44	广州市人民政府关于贯彻落实《政府投资条例》的实施意见（穗府〔2020〕3号）	2020
45	广州市人民政府关于印发广州市加快打造数字经济创新引领型城市若干措施的通知（穗府〔2020〕4号）	2020
46	广州市人民政府关于加快服务贸易和服务外包发展的实施意见（穗府〔2020〕5号）	2020
47	广州市人民政府关于实施健康广州行动的意见（穗府〔2020〕9号）	2020
48	广州市人民政府关于印发进一步支持中国进出口商品交易会提升影响力辐射面的通知（穗府〔2020〕10号）	2020
49	广州市人民政府关于印发全面推进农房管控和乡村风貌提升实施方案的通知（穗府〔2020〕11号）	2020
50	广州市人民政府关于取消和重心下移一批市级行政权力事项的决定（穗府〔2021〕1号）	2021
51	广州市人民政府关于公布第九批广州市文物保护单位名单的通知（穗府〔2021〕5号）	2021

续表

编号	文件名称	年份
52	广州市人民政府关于印发广州市用绣花功夫建设更具国际竞争力营商环境若干措施的通知（穗府〔2021〕6号）	2021
53	广州市人民政府关于印发广州市国民经济和社会发展第十四个五年规划和2035年远景目标纲要的通知（穗府〔2021〕7号）	2021
54	广州市人民政府关于印发广州市建设国家数字经济创新发展试验区实施方案的通知（穗府〔2021〕10号）	2021
55	广州市人民政府关于印发广州市交通物流融合发展第十四个五年规划的通知（穗府〔2021〕12号）	2021
56	广州市人民政府关于印发广州市加快培育建设国际消费中心城市实施方案的通知（穗府〔2021〕15号）	2021
57	广州市人民政府关于印发广州市建设国家营商环境创新试点城市实施方案的通知（穗府〔2022〕1号）	2022
58	广州市人民政府关于印发广州市全民科学素质行动规划纲要实施方案（2022—2025年）的通知（穗府〔2022〕4号）	2022
59	广州市人民政府关于印发广州市全民健身实施计划（2021—2025年）的通知（穗府〔2022〕5号）	2022
60	广州市人民政府关于印发广州市贯彻落实国务院扎实稳住经济一揽子政策措施实施方案的通知（穗府〔2022〕6号）	2022
61	广州市人民政府关于印发广州市妇女发展规划和广州市儿童发展规划的通知（穗府〔2022〕7号）	2022
	广州市人民政府行政规范性文件	
62	广州市人民政府关于将一批市级公共服务事项调整由区实施的通知（穗府规〔2018〕2号）	2018
63	广州市人民政府关于第三批清理规范市政府部门行政审批中介服务事项的决定（穗府规〔2018〕3号）	2018
64	广州市人民政府关于印发广州市土地储备管理办法的通知（穗府规〔2018〕4号）	2018
65	广州市人民政府关于取消33项证明事项的通知（穗府规〔2018〕14号）	2018
66	广州市人民政府关于加快工业和信息化产业发展的扶持意见（穗府规〔2018〕15号）	2018

续表

编号	文件名称	年份
67	广州市人民政府关于进一步加强困境儿童保障工作的实施意见（穗府规〔2018〕16号）	2018
68	广州市人民政府关于进一步促进就业的实施意见（穗府规〔2018〕19号）	2018
69	广州市人民政府关于印发支持广州区域金融中心建设若干规定的通知（穗府规〔2019〕1号）	2019
70	广州市人民政府关于修订广州市工业用地使用权先租赁后出让和弹性年期出让实施办法的通知（穗府规〔2019〕2号）	2019
71	广州市人民政府关于取消一批证明事项的通知（穗府规〔2019〕4号）	2019
72	广州市人民政府关于印发进一步加快促进科技创新政策措施的通知（穗府规〔2019〕5号）	2019
73	广州市人民政府关于印发广州市加快生物医药产业发展若干规定（修订）的通知（穗府规〔2020〕1号）	2020
74	广州市人民政府关于印发广州市坚决打赢新冠肺炎疫情防控阻击战努力实现全年经济社会发展目标任务若干措施的通知（穗府规〔2020〕2号）	2020
75	广州市人民政府关于将第二批市级公共服务事项调整由区实施的通知（穗府规〔2020〕5号）	2020
76	广州市人民政府关于印发广州市户籍迁入管理规定的通知（穗府规〔2020〕6号）	2020
77	广州市人民政府关于印发广州市精准支持现代物流高质量发展若干措施的通知（穗府规〔2021〕1号）	2021
78	广州市人民政府关于印发广州市国有土地上房屋征收与补偿实施办法的通知（穗府规〔2021〕2号）	2021
79	广州市人民政府关于印发积极应对新冠肺炎疫情影响着力为企业纾困减负若干措施的通知（穗府规〔2021〕3号）	2021
80	广州市人民政府关于印发广州市"三线一单"生态环境分区管控方案的通知（穗府规〔2021〕4号）	2021
81	广州市人民政府关于印发广州市来穗人员积分制服务管埋规定的通知（穗府规〔2021〕7号）	2021
82	广州市人民政府关于印发广州市推进制造业数字化转型若干政策措施的通知（穗府规〔2021〕8号）	2021

续表

编号	文件名称	年份
83	广州市人民政府关于印发广州市支持汽车及核心零部件产业稳链补链强链若干措施的通知（穗府规〔2022〕1号）	2022
84	广州市人民政府办公厅关于构建促进产业发展政策体系的意见（穗府办〔2018〕1号）	2018
85	广州市人民政府办公厅关于修订加快广州跨境电子商务发展若干措施（试行）的通知（穗府办〔2018〕4号）	2018
86	广州市人民政府办公厅关于印发广州市汽车产业2025战略规划的通知（穗府办〔2018〕5号）	2018
87	广州市人民政府办公厅关于印发广州市建立现代医院管理制度实施方案的通知（穗府办〔2018〕6号）	2018
88	广州市人民政府办公厅关于印发广州市国民营养计划（2018—2030年）实施方案的通知（穗府办〔2018〕8号）	2018
89	广州市人民政府办公厅关于推进健康医疗大数据应用的实施意见（穗府办〔2018〕11号）	2018
90	广州市人民政府办公厅关于印发广州综合交通枢纽总体规划（2018—2035年）的通知（穗府办〔2018〕12号）	2018
91	广州市人民政府办公厅关于印发广州市加快超高清视频产业发展行动计划（2018—2020年）的通知（穗府办〔2018〕13号）	2018
92	广州市人民政府办公厅关于印发广州地区深化公立医院综合改革行动方案的通知（穗府办〔2019〕1号）	2019
93	广州市人民政府办公厅关于印发广州市完善促进消费体制机制实施方案（2019—2020年）的通知（穗府办〔2019〕2号）	2019
94	广州市人民政府办公厅关于印发广州市医疗卫生设施布局规划的通知（穗府办〔2019〕3号）	2019
95	广州市人民政府办公厅关于印发广州市涉农资金统筹整合实施方案的通知（穗府办〔2019〕6号）	2019
96	广州市人民政府办公厅关于印发广州市促进学前教育普惠健康发展行动方案的通知（穗府办〔2019〕7号）	2019
97	广州市人民政府办公厅转发市国资委关于以管资本为主推进职能转变改革国有资本授权经营体制实施方案的通知（穗府办〔2020〕1号）	2020
98	广州市人民政府办公厅关于印发广州市推进新型基础设施建设实施方案（2020—2022年）的通知（穗府办〔2020〕8号）	2020

续表

编号	文件名称	年份
99	广州市人民政府办公厅关于印发广州构建世界级旅游目的地三年行动计划（2021—2023年）的通知（穗府办〔2021〕2号）	2021
100	广州市人民政府办公厅关于印发广州市城市管理和综合执法"十四五"规划的通知（穗府办〔2021〕5号）	2021
101	广州市人民政府办公厅关于进一步加强住房保障工作的意见（穗府办〔2021〕6号）	2021
102	广州市人民政府办公厅关于印发广州市养老服务体系建设"十四五"规划的通知（穗府办〔2021〕7号）	2021
103	广州市人民政府办公厅关于印发广州市应急管理第十四个五年规划（2021—2025年）的通知（穗府办〔2021〕8号）	2021
104	广州市人民政府办公厅关于印发广州市金融发展"十四五"规划的通知（穗府办〔2021〕9号）	2021
105	广州市人民政府办公厅关于印发广州市服务业发展"十四五"规划的通知（穗府办〔2021〕10号）	2021
106	广州市人民政府办公厅关于印发广州临空经济发展"十四五"规划的通知（穗府办〔2021〕11号）	2021
107	广州市人民政府办公厅关于印发广州市教育事业发展"十四五"规划的通知（穗府办〔2021〕13号）	2021
108	广州市人民政府办公厅关于印发广州市国有金融资本出资人职责实施办法（暂行）的通知（穗府办〔2021〕14号）	2021
109	广州市人民政府办公厅关于印发广州市科技创新"十四五"规划的通知（穗府办〔2022〕1号）	2022
110	广州市人民政府办公厅关于印发广州市卫生健康事业发展"十四五"规划的通知（穗府办〔2022〕3号）	2022
111	广州市人民政府办公厅关于印发广州市战略性新兴产业发展"十四五"规划的通知（穗府办〔2022〕4号）	2022
112	广州市人民政府办公厅关于印发广州市消防工作"十四五"规划的通知（穗府办〔2022〕6号）	2022
113	广州市人民政府办公厅关于印发广州市建设粤港澳大湾区理财和资管中心实施方案的通知（穗府办〔2022〕7号）	2022
114	广州市人民政府办公厅关于印发广州市市场监督管理"十四五"规划的通知（穗府办〔2022〕8号）	2022

续表

编号	文件名称	年份
115	广州市人民政府办公厅关于印发广州市商务发展"十四五"规划的通知（穗府办〔2022〕9号）	2022
116	广州市人民政府办公厅关于印发广州市工业和信息化发展"十四五"规划的通知（穗府办〔2022〕10号）	2022
117	广州市人民政府办公厅关于印发广州市人口发展及社会领域公共服务体系建设"十四五"规划的通知（穗府办〔2022〕11号）	2022
118	广州市人民政府办公厅关于印发广州市城市基础设施发展"十四五"规划的通知（穗府办〔2022〕12号）	2022
119	广州市人民政府办公厅关于印发广州市农业农村现代化"十四五"规划的通知（穗府办〔2022〕13号）	2022
120	广州市人民政府办公厅关于金融支持全面推进乡村振兴的实施意见（穗府办〔2022〕15号）	2022
121	广州市人民政府办公厅关于印发广州市生态环境保护"十四五"规划的通知（穗府办〔2022〕16号）	2022
122	广州市人民政府办公厅关于印发广州市基于城市信息模型的智慧城建"十四五"规划的通知（穗府办〔2022〕17号）	2022
123	广州市人民政府办公厅佛山市人民政府办公室关于印发广佛全域同城化"十四五"发展规划的通知（穗府办〔2022〕18号）	2022
124	广州市人民政府办公厅关于印发广州市促进创新链产业链融合发展行动计划（2022—2025年）的通知（穗府办〔2022〕19号）	2022
125	广州市人民政府办公厅梅州市人民政府办公室关于印发广州市对口帮扶梅州市助推老区苏区全面振兴发展规划（2021—2025年）的通知（穗府办〔2022〕20号）	2022
126	广州市人民政府办公厅关于印发广州市海洋经济发展"十四五"规划的通知（穗府办〔2022〕21号）	2022
127	广州市人民政府办公厅关于印发广州市数字政府改革建设"十四五"规划的通知（穗府办〔2022〕22号）	2022
128	广州市人民政府办公厅关于印发广州市生态文明建设"十四五"规划的通知（穗府办〔2022〕23号）	2022
129	广州市人民政府办公厅关于印发广州市能源发展"十四五"规划的通知（穗府办〔2022〕24号）	2022
130	广州市人民政府办公厅清远市人民政府办公室关于印发广清一体化"十四五"发展规划的通知（穗府办〔2022〕26号）	2022

续表

编号	文件名称	年份
广州市人民政府办公厅行政规范性文件		
131	广州市人民政府办公厅关于印发广州市加快生物医药产业发展若干规定（试行）的通知（穗府办规〔2018〕5号）	2018
132	广州市人民政府办公厅关于加强土地管理的实施意见（穗府办规〔2018〕7号）	2018
133	广州市人民政府办公厅关于印发广州市促进总部经济发展暂行办法的通知（穗府办规〔2018〕9号）	2018
134	广州市人民政府办公厅关于印发广州重大民生决策公众意见咨询委员会工作规定的通知（穗府办规〔2018〕10号）	2018
135	广州市人民政府办公厅关于印发广州市促进企业加快落户若干办法（试行）的通知（穗府办规〔2018〕16号）	2018
136	广州市人民政府办公厅关于进一步加强征收农村集体土地留用地管理的意见（穗府办规〔2018〕17号）	2018
137	广州市人民政府办公厅关于印发广州市鼓励创业投资促进创新创业发展（穗府办规〔2018〕18号）	2018
138	广州市人民政府办公厅关于印发广州市激发社会组织创新能力实施办法的通知（穗府办规〔2018〕19号）	2018
139	广州市人民政府办公厅关于加快发展高端专业服务业的意见（穗府办规〔2018〕22号）	2018
140	广州市人民政府办公厅关于印发广州市扶持电影产业发展暂行规定的通知（穗府办规〔2018〕23号）	2018
141	广州市人民政府办公厅关于进一步加强户籍家庭住房保障工作的通知（穗府办规〔2018〕24号）	2018
142	广州市人民政府办公厅关于规范广州市环卫行业用工的意见（穗府办规〔2018〕25号）	2018
143	广州市人民政府办公厅关于印发广州市供销合作社社有资产管理办法的通知（穗府办规〔2018〕26号）	2018
144	广州市人民政府办公厅关于加快文化产业创新发展的实施意见（穗府办规〔2018〕28号）	2018
145	广州市人民政府办公厅关于印发广州市深化"互联网+先进制造业"发展工业互联网行动计划的通知（穗府办规〔2018〕29号）	2018

续表

编号	文件名称	年份
146	广州市人民政府办公厅关于全面放开养老服务市场提升养老服务质量的通知（穗府办规〔2019〕2号）	2019
147	广州市人民政府办公厅关于印发广州市深入推进城市更新工作实施细则的通知（穗府办规〔2019〕5号）	2019
148	广州市人民政府办公厅关于农转居参保人员并入城乡居民养老保险的通知（穗府办规〔2019〕8号）	2019
149	广州市人民政府办公厅关于广州市村级工业园整治提升的实施意见（穗府办规〔2019〕9号）	2019
150	广州市人民政府办公厅关于印发广州市重大行政决策听证办法的通知（穗府办规〔2019〕11号）	2019
151	广州市人民政府办公厅关于印发广州市职工生育保险实施办法的通知（穗府办规〔2019〕12号）	2019
152	广州市人民政府办公厅关于印发广州市临时救助办法的通知（穗府办规〔2019〕13号）	2019
153	广州市人民政府办公厅关于印发广州市医疗救助办法的通知（穗府办规〔2019〕14号）	2019
154	广州市人民政府办公厅关于印发支持中小微企业在打赢疫情防控阻击战中健康发展的十五条措施的通知（穗府办规〔2020〕1号）	2020
155	广州市人民政府办公厅关于印发广州市加快软件和信息技术服务业发展若干措施的通知（穗府办规〔2020〕2号）	2020
156	广州市人民政府办公厅关于印发广州市促进历史建筑合理利用实施办法的通知（穗府办规〔2020〕3号）	2020
157	广州市人民政府办公厅关于印发广州市见义勇为人员奖励和保障实施办法的通知（穗府办规〔2020〕8号）	2020
158	广州市人民政府办公厅关于印发应对疫情影响进一步支持中小微企业健康发展若干措施的通知（穗府办规〔2020〕9号）	2020
159	广州市人民政府办公厅关于印发广州市引进人才入户管理办法的通知（穗府办规〔2020〕10号）	2020
160	广州市人民政府办公厅关于印发广州市积分制入户管理办法的通知（穗府办规〔2020〕11号）	2020
161	广州市人民政府办公厅关于印发广州市政策性入户管理办法的通知（穗府办规〔2020〕12号）	2020

续表

编号	文件名称	年份
162	广州市人民政府办公厅关于大力发展装配式建筑加快推进建筑产业现代化的实施意见（穗府办规〔2020〕16号）	2020
163	广州市人民政府办公厅关于印发广州市乡村建设规划许可证实施办法的通知（穗府办规〔2020〕17号）	2020
164	广州市人民政府办公厅关于加强农村住宅建设管理的实施意见（穗府办规〔2020〕18号）	2020
165	广州市人民政府办公厅关于印发广州市产业发展资金管理办法的通知（穗府办规〔2020〕19号）	2020
166	广州市人民政府办公厅关于印发广州市风险投资市场规范发展管理办法的通知（穗府办规〔2020〕21号）	2020
167	广州市人民政府办公厅关于促进汽车产业加快发展的意见（穗府办规〔2020〕25号）	2020
168	广州市人民政府办公厅关于印发广州市海绵城市建设管理办法的通知（穗府办规〔2020〕27号）	2020
169	广州市人民政府办公厅关于印发广州市拾遗物品管理规定的通知（穗府办规〔2021〕1号）	2021
170	广州市人民政府办公厅关于进一步放宽商事主体住所经营场所条件的意见（穗府办规〔2021〕2号）	2021
171	广州市人民政府办公厅关于印发进一步加强校车安全管理若干措施的通知（穗府办规〔2021〕4号）	2021
172	广州市人民政府办公厅关于进一步加强户籍家庭住房保障工作的通知（穗府办规〔2021〕5号）	2021
173	广州市人民政府办公厅关于进一步加强特困人员救助供养工作的通知（穗府办规〔2021〕7号）	2021
174	广州市人民政府办公厅关于印发广州市城乡居民基本养老保险实施办法的通知（穗府办规〔2021〕8号）	2021
175	广州市人民政府办公厅关于印发广州市促进文化和旅游产业高质量发展若干措施的通知（穗府办规〔2021〕9号）	2021
176	广州市人民政府办公厅关于新时期进一步促进科技金融与产业融合发展的实施意见（穗府办规〔2021〕12号）	2021
177	广州市人民政府办公厅关于印发广州市城乡居民社会医疗保险办法的通知（穗府办规〔2021〕14号）	2021

续表

编号	文件名称	年份
178	广州市人民政府办公厅关于印发广州市城乡居民大病医疗保险办法的通知（穗府办规〔2021〕15号）	2021
179	广州市人民政府办公厅关于印发广州市灵活就业人员参加住房公积金制度试点管理办法的通知（穗府办规〔2021〕17号）	2021
180	广州市人民政府办公厅关于印发广州市加快电网建设规定的通知（穗府办规〔2021〕18号）	2021
181	广州市人民政府办公厅关于印发广州市"专精特新"中小企业培育三年行动方案（2022—2024）的通知（穗府办规〔2022〕4号）	2022
182	广州市人民政府办公厅关于优化市场准入环境全面提升开办企业一体化便利服务的意见（穗府办规〔2022〕7号）	2022
183	广州市人民政府办公厅关于印发广州市计划生育奖励和特别扶助办法的通知（穗府办规〔2022〕8号）	2022
184	广州市人民政府办公厅关于印发广州市打击涉人类辅助生殖技术领域违法违规行为办法（试行）的通知（穗府办规〔2022〕10号）	2022
185	广州市人民政府办公厅关于印发广州市支持村镇工业集聚区更新改造试点项目的土地规划管理若干措施（试行）的通知（穗府办规〔2022〕12号）	2022
186	广州市人民政府办公厅关于印发广州市居家社区养老服务管理办法的通知（穗府办规〔2022〕13号）	2022
187	广州市人民政府办公厅关于印发困难群众消费性减免和补贴政策的通知（穗府办规〔2022〕14号）	2022

后 记

党的十九大以来，中共广州市委、广州市人民政府深入学习贯彻习近平新时代中国特色社会主义思想，牢记习近平总书记对广州寄予的殷切期望，推动广州加快实现老城市新活力和"四个出新出彩"，充分发挥广州的国家中心城市和综合性门户城市引领作用。特别是面对突如其来的新型冠状病毒疫情，广州统筹疫情防控和经济社会发展，坚定不移推进决胜全面建成小康社会、决战决胜脱贫攻坚，全面增强国际商贸中心、综合交通枢纽功能，培育提升科技教育文化中心功能，着力建设国际大都市，取得显著成绩，留下了浓墨重彩的一笔。为反映党的十九大以来至党的二十大召开前广州改革发展主要情况，我室启动编辑《十九大以来广州改革发展主要文献选编（2018—2022）》。

我室对党的十九大以来至2022年10月党的二十大召开前国家、省、市出台的关于广州的文件（以市出台文件为主）进行了甄选，力求基本反映广州市改革与发展的重要领域，涵盖经济、政治、文化、社会和生态文明建设等方面。因篇幅所限，一些文件采用摘录形式。对涉及党内规范性文件，受文件发放范围及保密有关规定限制，未收录；部分文件因有效期已过或废止或已修订，未收录。市人大常委会制定的地方性法规、出台的决议决定，根据该书选编原则收录部分文件，其余文件展示在附录附表中。

我室黄小晶、刘冬燕审定本书；文献研究部李启伦参与篇目甄选、编辑和审校；郑剑锋拟定工作方案，牵头篇目征集、甄选、编辑和审校；谢建新、朱忠泽、郭治、石中胤参与文件收集、审校工作。

在本书审稿中，市委宣传部、市委统战部、市委政研室、市人大常委会办公厅、市政府办公厅、市发展改革委、市卫生健康委、市科学技术局、市政务服务数据管理局、市民政局、市农业农村局等单位提出了篇目审核意见。市直有关单位在该书的文献征集过程中给予了大力支持，提出了很多宝贵意见和建议。在本书付梓之际，一并表示感谢！

由于编者水平有限，若有错漏之处，敬请批评指正。

中共广州市委党史文献研究室

2022 年 12 月